"十二五"国家重点图书出版规划项目

关学文库　总主编　刘学智　方光华

刘光蕡评传

武占江 著

西北大学出版社

总　序

张载(1020—1077),字子厚,宋凤翔府郿县(今陕西眉县)人,祖籍大梁,宋仁宗嘉祐二年(1057)进士。张载出身于官宦之家。祖父张复在宋真宗时官至给事中、集贤院学士,死后赠司空。父亲张迪在宋仁宗时官至殿中丞、知涪州事,赠尚书都官郎中。张迪死后,张载与全家遂侨居于凤翔府郿县横渠镇之南。因他曾在此聚徒讲学,世称"横渠先生"。他的学术思想在学术史上被称为"横渠之学",他所代表的学派被后人称为"关学"。张载与程颢、程颐同为北宋理学的创始人。可以说,关学是由张载创立并于宋元明清时期,一直在关中地区传衍的地域性理学学派,亦称关中理学。

关学基本文献整理与相关研究不仅是中国思想学术史的重要课题,也是体现中国思想文化传承与创新的重要举措。《关学文库》以继承、弘扬和创新中华文化为宗旨,以文献整理的系统性、学术研究的开拓性为特点,是我国第一部对上起于北宋、下迄于清末民初,绵延八百余年的关中理学的基本文献资料进行整理与研究的大型丛书。这项重点文化工程的完成,对于完整呈现关学的历史面貌、发展脉络和鲜明特色,彰显关学精神,推动传统文化创造性转化、创新性发展无疑具有重要意义。在《关学文库》即将出版发行之际,我仅就关学、关学与程朱理学的关系、关学的思想特质、《关学文库》的整体构成等谈几点意见,以供读者参考。

一、作为理学重要构成部分的关学

众所周知,宋明理学是中国儒学发展的新形态与新阶段,一般被称为新儒学。但在新儒学中,构成较为复杂。比较典型的则是程朱理学与陆王心学。南宋学者吕本中较早提到"关学"这一概念。南宋朱熹、吕祖谦编选的《近思录》较早地梳理了北宋理学发展的统绪,关学是作为理学的重要一支来作介绍的。朱熹在《伊洛渊源录》中,将张载的"关学"与周敦颐的"濂学"、二程(程颢、程颐)的"洛学"并列加以考察。明初宋濂、王袆等人纂修《元史》,将宋代理学概括为"濂洛关闽"四大派别,其中虽有地域文化的特色,但它们的思想内涵及其影响并不限于某个地域,而成为中华思想文化史上重要的一页,即宋代理学。

根据洛学代表人物程颢、程颐以及闽学代表人物朱熹对记载关学思想的理解、评价和吸收,张载创始的关学本质上当是理学,而且是影响全国的思想文化学派。过去,我们在编写《中国思想通史》第四卷、《宋明理学史》上册的时候,在关学学术旨归和历史作用上曾作过探讨,但是也不能不顾及古代学术史考镜源流的基本看法。

需要注意的是,张载后学,如蓝田吕氏等,在张载去世后多归二程门下,如果拘泥门户之见,似乎张载关学发展有所中断,但学术思想的传承往往较学者的理解和判断复杂得多。关学,如同其他学术形态一样,也是一个源远流长、不断推陈出新的形态。关学没有中断过,它不断与程朱理学、陆王心学融合。明清时期,关学的学术基本是朱子学、阳明学的传入及与张载关学的融会过程。因此,由宋至清的关学,实际是中国理学的重要组成部分,它是一个动态的且具有包容性和创新性的概念,它开启了清初王船山学术的先河。

《关学文库》所遴选的作品与人物,结合学术史已有研究成果,如《宋元学案》《明儒学案》《关学编》及《关学续编》《关学宗传》等,均是关中理学的典型代表,上起北宋张载,下至晚清的刘光蕡、民国时期的牛兆濂,能够反映关中理学的发展源流及其学术内容的丰富性、深刻性。与历史上的《关中丛书》相比,这套文库更加丰富醇纯,是对前贤整理文献思想与实践的进一步继承与发展,其学术意义不言而喻。

二、张载关学与程朱理学的关系

佛教传入中土后,有所谓"三教合一"说,主张儒、道、释融合渗透,或称三教"会通"。唐朝初期可以看到三教并举的文化现象。当历史演进到北宋时期,由于书院建立,学术思想有了更多自由交流的场所,从而促进了学人的独立思考,使他们对儒家经学笺注主义提出了怀疑,呼唤新思想的出现,于是理学应时而生。理学主体是儒学,兼采佛、道思想,研究如何将它们融合为一个整体,这是一个重要的课题。从理学产生时起,不同时代有不同的理学学派。

容并不完全相同。他提出"太虚即气"的观点,认为没有超越"气"之上的"太极"或"理"世界,换言之,"气"不是被人创造出的产物。又由此推论出天下万物由"气"聚而成;物毁气散,复归于虚空(或"太虚")。在气聚、气散即物成物毁的运行过程中,才显示出事物的条理性。张载说:"太虚不能无气,气不能不聚而为万物,万物不能不散而为太虚,循是出入,是皆不得已而然也。"(《正蒙》卷一)他用这个观点去看万物的成毁。这些观点极大地影响了清初大思想家王船山。

张载在《西铭》中说:"乾称父,坤称母。予兹藐焉,乃混然中处。故天地之塞,吾其体;天地之帅,吾其性。民,吾同胞;物,吾与也。"天地是万物和人的父母,人是天地间藐小的一物。天、地、人三者共处于宇宙之中。由于三者都是气聚之物,天地之性就是人之性,所以人类是我的同胞,万物是我的朋友,归根到底,万物与人类的本性是一致的。进而认为,人们"尊高年,所以长其长;慈孤弱,所以幼其幼。圣,其合德;贤,其秀也。凡天下疲癃残疾、茕独鳏寡,皆吾兄弟之颠连而无告者也"。这里所表述的是一种高尚的人道主义精神境界。

二程思想与张载有别,他们通过对张载气本论的取舍和改造,又吸收佛教的有关思想,建构了"万理归于一理"的理论体系。在人性论方面,二程在张载人性论的基础上进一步深化了孟子的性善论。二程赞同张载将人性分为"天地之性"和"气质之性"。但二程认为"天地之性"是天理在人性中的体现,未受任何损害和扭曲,因而是至善无瑕的;"气质之性"是气化而生的,也叫"才",它由气禀决定,禀清气则为善,禀浊气则为恶,正因为气质之性不可避免地受到了"气"的侵蚀而出现"气之偏",因而具有恶的因素。在二程看来,善与恶的对立,实际上是"天理"与"人欲"的对立。

朱熹将张载气本论进行改造,把有关"气"的学说纳入他的天理论体系中。朱熹接受"气"生万物的思想,但与张载的气本论不同,朱熹不再将"理"看成是"气"的属性,而是"气"的本原。天理与万事万物是一种怎样的关系?朱熹关于"理一分殊"的理论回答了这一问题。他认为:"太极只是个极好至善的道理。人人有一太极,物物有一太极。"又说:"太极非是别为一物,即阴阳而在阴阳,即五行而在五行,即万物而在万物,只是一个理而已。"(《朱子语类》卷九四)"理一分殊"理论包括一理摄万理与万理归于一理两个方面,这与张载思想有别。

比如，在"三教融合"过程中，如何理解"气"与"理"（理的问题是回避不开的，华严宗的"事理说"早在唐代就有很大影响）的关系？理学如何捍卫儒学早期关于人性善恶的基本观点，又不致只在"善"与"恶"的对立中打圈子？如何理解宇宙？宇宙与社会及个人有何关系？君子、士大夫怎么做才能维护自身的价值和尊严，又能坚持修齐治平的准则？这些都是中国思想史中宇宙观与人生观的大问题。对这些问题的研究和认识，不可能一开始就有一个统一的看法，需要在思想文化演进的历史进程中逐步加以解决。宋代理学的产生及不同学派的存在，就是上述思想文化发展历史的写照，因而理学在实质上是中国思想文化的传承创新，具有重要的历史意义。

张载关学、二程洛学、南宋时朱熹闽学各有自己的特色。作为理学的创建者之一，张载胸怀"为天地立心，为生民立命，为往圣继绝学，为万世开太平"的学术抱负，在对儒学学说进行传承发展中做出了重要的理论贡献。北宋时期，学者们重视对《易》的研究。《易》富于哲理性，他通过对《易》的解说，阐述对宇宙和人生的见解，积极发挥《四书》义理，并融合佛、道，将儒家的思想提升到一个新的高度。

张载与洛学的代表人物程颢、程颐等人曾有过密切的学术交往，彼此或多或少在学术思想上相互产生过一定的影响。宋仁宗嘉祐元年（1056），张载来到京师汴京，讲授《易》学，曾与程颢一起终日切磋学术，探讨学问（参见《二程集·河南程氏遗书》卷二上）。张载是二程之父程珦的表弟，为二程表叔，二程对张载的人品和学术非常敬重。通过与二程的切磋与交流，张载对自成一家之言的学术思想充满自信："吾道自足，何事旁求！"（吕大临《横渠先生行状》）

因为张载与程颢、程颐之间为亲属关系，在学术上有密切的交往，关学后传不拘门户，如吕氏三兄弟吕大忠、吕大钧、吕大临，苏昞、范育、薛昌朝以及种师道、游师雄、潘拯、李复、田腴、邵彦明、张舜民等，在张载去世后一些人投到二程门下，继续研究学术，也因此关学的学术地位在学术史上常常有意无意地受到贬低甚至质疑（包括程门弟子的贬低和质疑）。事实上，在理学发展史上，张载以其关学卓然成家，具有鲜明的特点和理论建树，这是不能否定的。反过来，张载的一些观点和思想也影响了二程的思想体系，对后来的程朱学说及闽学的形成也有重要的启迪意义，这也是客观的事实。

张载依据《易》建立自己的思想体系，但是，在基本点上和《易》的原有内总之，宋明理学反映出儒、道、释三者融合所达到的理论高度。这一思想的融合完成于两宋时期。张载开创的关学为此做出了重要的学术贡献。正如清初思想家王船山所说："张子之学，上承孔孟之志，下救来兹之失，如皎日丽天，无幽不烛，圣人复起，未有能易焉者也。"（《张子正蒙注·序论》）船山之学继承发扬了张载学说，又有新的创造。

三、关学的特色

关学既有深邃的理论，又重视实用。这可以概括为以下几个方面：

首先，学风笃实，注重践履。黄宗羲指出："关学世有渊源，皆以躬行礼教为本。"（《明儒学案·师说》）躬行礼教，学风朴质是关学的显著特征。受张载的影响，其弟子蓝田"三吕"也"务为实践之学，取古礼，绎其义，陈其数，而力行之"（《宋元学案·吕范诸儒学案》），特别是吕大临。明代吕柟其行亦"一准之以礼"（《关学编》）。即使清代的关学学者王心敬、李元春、贺瑞麟等人，依然守礼不辍。

其次，崇尚气节，敦善厚行。关学学者大都注意砥砺操行，敦厚士风，具有不阿权贵、不苟于世的特点。张载曾两次被荐入京，但当发现政治理想难以实现时，毅然辞官，回归乡里，教授弟子。明代杨爵、吕柟、冯从吾等均敢于仗义执言，即使触犯龙颜，被判入狱，依旧不改初衷，体现了大义凛然的独立人格和卓异的精神风貌。清代关学大儒李颙，在皇权面前铮铮铁骨，操志高洁。这些关学学者"穷则独善其身，达则兼善天下"，体现出"富贵不能淫，贫贱不能移，威武不能屈"的"大丈夫"气节。

最后，求真求实，开放会通。关学学者大多不主一家，具有比较宽广的学术胸怀。张载善于吸收新的自然科学成果，不断充实丰富自己的儒学理论。他注意对物理、气象、生物等自然现象做客观的观察和合理的解释，具有科学精神。后世关学学者韩邦奇、王徵等都重视自然科学。三原学派的代表人物王恕以治易入仕，晚年精研儒家经典，强调用心求学，求其"放心"，用心考证，求疏通之解，形成了有独立主见的治国理政观念。关学学者坚持传统，但并不拘泥传统，能够因时而化，不断地融合会通学术思想，具有鲜明的开放性和包容性特征。由张载到"三吕"、吕柟、冯从吾、李颙等，这种融会贯通的学术精神得到不断承传和弘扬。

四、《关学文库》的整体构成

关学文献遗存丰厚，但是长期以来没有得到应有的保护和整理，除少量著作如《正蒙》《泾野先生五经说》《少墟集》《元儒考略》等在清代收入《四库全书》之外，大量的著作仍散存于陕西、北京、上海等地的图书馆或民间，其中有的在大陆已成孤本（如韩邦奇的《禹贡详略》、李因笃的《受祺堂文集》家藏抄本），有的已残缺不全（如《南大吉集》收入的《瑞泉集》残本，现重庆图书馆存有原书，国家图书馆仅存胶片；收入的南大吉诗文，搜自西北大学图书馆藏《周雅续》）。即使晚近的刘光蕡、牛兆濂等人的著述，其流传亦稀世罕见。民国时期曾有宋联奎主持编纂《关中丛书》（邵力子题书名），但该丛书所收书籍涉及关中历史、地理、文学、艺术等诸多方面，内容驳杂，基本上不能算作是关学学术视野的文献整理。20世纪70年代以来，中华书局将《张载集》《蓝田吕氏遗著辑校》《关学编（附续编）》《泾野子内篇》《二曲集》等收入《理学丛书》陆续出版，这些仅是关学文献的很少一部分。全方位系统梳理关学学术文献仍系空白。

关学典籍的收集与整理，是关学学术研究的重要基础，文献整理的严重滞后，直接影响到关学研究的深入和关学精神的弘扬，影响到对历史文化的传承和中国文化精神的发掘。

现在将要出版的《关学文库》由两部分内容组成，共40种，47册，约2300余万字。

一是文献整理类，即对关学史上重要文献进行搜集、抢救和整理（标点、校勘），其中涉及关学重要学人29人，编订文献26部。这些文献分别是：《张子全书》《蓝田吕氏集》《李复集》《元代关学三家集》《王恕集》《薛敬之张舜典集》《马理集》《吕柟集·泾野经学文集》《吕柟集·泾野子内篇》《吕柟集·泾野先生文集》《韩邦奇集》《南大吉集》《杨爵集》《冯从吾集》《王徵集》《王建常集》《王弘撰集》《李颙集》《李柏集》《李因笃集》《王心敬集》《李元春集》《贺瑞麟集》《刘光蕡集》《牛兆濂集》以及《关学史文献辑校》。

二是学术研究类，其中一些以"评传"或年谱的形式，对关学重要学人进行个案研究，主要涉及眉县张载、蓝田吕大临、高陵吕柟、长安冯从吾、朝邑韩邦奇、周至李颙、眉县李柏、富平李因笃、户县王心敬、咸阳刘光蕡等学人，共11部。它们分别是：《张载思想研究》《张载年谱》《吕大临评传》《吕柟评传》

《韩邦奇评传》《冯从吾评传》《李颙评传》《李柏评传》《李因笃评传》《王心敬评传》《刘光蕡评传》等。此外,针对关学的主要理论问题与思想学术演变历程进行研究,共3部。这些著作分别是:《关学精神论》《关学思想史》《关学学术编年》等。

在这两部分内容中,文献整理是文库的重点内容和主体部分。

《关学文库》系"十二五"国家重点图书出版规划项目,国家出版基金项目、陕西出版资金资助项目,得到了中共陕西省委、陕西省人民政府和国家新闻出版广电总局的大力支持。本文库历时五年编撰完成,凝结着全体参与者的智慧和心血。总主编刘学智、方光华教授,项目总负责徐晔、马来同志统筹全书,精心组织,西北大学、陕西师范大学、中国人民大学、华东师范大学、郑州大学等十余所院校的数十位专家学者协力攻关,精益求精,体现出深沉厚重的历史使命感和复兴民族文化的责任感;他们孜孜矻矻,持之以恒,任劳任怨,乐于奉献,以古人为己之学相互勉励,在整理研究古代文献的同时,不断锤炼学识,砥砺德行,努力追求朴实的学风和严谨的学术品格。出版社组织专业编辑、外审专家通力合作,希望尽最大可能提高该文库的学术品质。我谨向大家卓有成效的工作表示衷心的感谢。由于时间紧迫、经验不足等原因,文库书稿中的疏漏差错难以完全避免。希望读者朋友们在阅读使用时加以批评指正,以便日后进一步修订,努力使该文库更加完善。

张岂之
2015年1月8日
于西北大学中国思想文化研究所

前 言

提起李岳瑞、于右任、张季鸾,近代史学界可谓无人不知,而对他们的老师刘古愚(名光蕡,晚年自号古愚,以号行世)知道的恐怕就很少了。梁启超在《中国近三百年学术史》中提到刘古愚和他的著作《学记臆解》,为梁启超此书作注解的人亦不知刘古愚何许人也,与这些闻人弟子相比,刘古愚身后甚为寥落。长期以来,他的名声与他的贡献不太相称。刘古愚一生的事业在西北,他是西北地区走向近代化的启蒙者、伟大的教育家,更是一位赤诚的爱国者,他把满腔的热血都播撒在救国救民的事业之中。著名报人张季鸾评价他的老师刘古愚"至诚济世,忘家与身","卒殉其事以终",这绝无过誉之处。其实,刘古愚晚年在西北确有赫赫之名,被誉为关中大儒、关学后劲(梁启超语)、经学领袖(于右任语)。他直接发起了西北地区的维新运动,其思想影响了辛亥革命一代人,特别是西北地区的共产党人多受其思想的哺育;他深深地为该地区埋下了文明的火种,他的功业与事迹曾经长期在关中老百姓中口耳相传。他的活动还受到外国传教士的注意,上海出版的《万国公报》刊文介绍了刘古愚的活动(1896年),并对刘古愚的思想进行了评述。20世纪20年代,刘古愚遗著出版的时候,康有为、陈三立、李岳瑞、张季鸾等都曾为刘古愚的著作作序或跋,对刘古愚的一生给予高度评价。之后,在风雷激荡的岁月中,他的身影逐渐为尘封的历史所遮盖,提到他的人越来越少,即便如此,只要对陕甘近代历史进行总结,刘古愚总是一个绕不过去的关键人物。

20世纪80年代以来,首先是在陕西本地,研究者的目光再次投射到刘古愚的身上,陕西学界整理出版了刘古愚弟子张鹏一1939年写成的《刘古愚年谱》,编辑排印了《刘古愚教育文选》,并有一批研究论文面世,刘古愚作为一位教育家再度受到人们的重视。同时,由于他在近代文化史上多方面的贡献,许多研究者自觉不自觉地再次与刘古愚迎面相遇,他开始由一个"地域性人物"向"全国性人物"转化。刘古愚受到全国学界的关注是通过以下几条途径实现的。

第一,学者在探索近代新思想传播过程中再次"发现"了刘古愚。"进化论"是在近代产生过巨大影响的新思想,而严复《天演论》第一个刊印本就是在刘古愚主持的味经书院刊书处诞生的,要研究《天演论》及严复思想的演变历程,"味经本"《天演论》至关重要:它是未经严复修改的版本,与此后众多的版本有着很大的不同。1981年,邬国义先生首先对"味经本"《天演论》的刊发时间提出自己的看法,认为"味经本"《天演论》不是如封面上所标注的出版于1895年,因为书中出现了"光绪二十二年丙申(1896年)"的字样。邬国义的说法引起学界的关注,汤志钧先生对"味经本"《天演论》也提出了自己的看法,关于《天演论》版本流传情况一时成为热点,人们由《天演论》问题开始关注到刘古愚。安徽大学王天根先生对刘古愚在戊戌维新时期的活动进行了比较详细地研究和介绍,认为他是西北地区维新思潮兴起的重要推动者。

第二,在研究报刊史的过程中,学者也追溯到了刘古愚。梁经旭、张惠民等先生在这方面下了不少功夫,他们发现,陕西第一份近代性报刊是刘古愚所主持的《时务斋随录》,之后刘古愚的弟子分别创办了陕西第一份报纸,第一份研究机构的学报,刘古愚所主持的味经书院刊书处还是近代西北地区著名的出版中心,刘古愚是陕西新式新闻报刊事业的奠基人。王天根先生也对味经书院刊书处及西北地区的"维新氛围"与"媒介建构"进行了介绍,刘古愚又被看作中国新闻出版事业方面的重要人物。其实,刘古愚对中国新式新闻传播事业无论是直接还是间接贡献都是多方面的。张季鸾即深受刘古愚影响,《大公报》骨干人物王云生、曹谷冰、李侠文等提到张季鸾,都会谈到这一点。刘古愚弟子于右任所创办的《竖三民》是辛亥革命前后很有影响的报纸;刘古愚的再传弟子吴宓、李伯虞都是现代新闻出版界的要角,吴宓为《学衡》杂志主编,李伯虞长期为上海著名大报《新闻报》主笔。

第三,学者在研究自然科学史的过程中注意到刘古愚。20世纪30年代,著名数学史专家李俨在陕西搜集数学史资料的时候就注意到刘古愚,搜集了大批刘古愚主持刊刻的数学书籍以及味经书院师生的数学著作,并对这批书籍进行了初步的介绍。2007年天津师范大学研究生韩洁在李俨先生所搜集的资料基础上,撰写了《〈味经时务斋课稿丛抄〉研究》的硕士论文,对刘古愚领导下的味经书院的数学教育以及味经书院师生的数学著作进行了进一步研究和介绍。另外,农学界对刘古愚在农学方面的贡献也进行了研究。

第四,学者在研究近代教育方面涉及到刘古愚。新加坡学者严寿澂研究蒯光典时发现,当时能够和蒯光典普及教育思想相提并论的只有刘古愚和王照,并对刘古愚的普及教育思想进行了介绍。毫无疑问,刘古愚是中国近代著名的教育家,本书对他这方面的成就介绍比较详细,这里所要强调的是刘古愚在教育方面所做的工作,陕西之外(梁经旭、张惠民除外)的人以前并不了解,但是他们在各自的研究领域都不约而同地"发现"了刘古愚,这说明刘古愚在中国近代史上具有突出的贡献,尘封的历史最终难掩其光辉。

1997年,笔者与任大援老师合作出版了《刘古愚评传》,对刘古愚的生平、思想进行了比较全面的介绍。本次重写"评传"与点校刘古愚的著作同时进行。起初是想把主要精力集中在《刘古愚先生遗书》的点校方面,至于其"评传"稍加修订、扩充就可以了。但是在点校《刘古愚先生遗书》的过程中,有了许多新的认识和想法,加之近年来学界关于刘古愚的研究又有了不少新成果,着笔之后发现已经不是修订了,完全是重写。篇幅也由20多万字扩充到40万字,从内容到视角,都有了很大调整。与原书相比,以下几个方面的区别是需要对读者交代的。

首先,乡邦贤达与地方建设者。前书《刘古愚评传》主要是运用思想史的写法,刘古愚的生平是作为其思想的背景处理的,因而在交代其主要事迹之后即着眼于其思想的介绍与分析。20年来,近代史的研究有了很大的发展,除原来的革命视角、近代化视角之外,社会史的研究视角也越来越受到重视,革命、现代化最终都要落实到具体的社会建设方面,中国社会的现代化毕竟不仅仅是精英人物的现代化,也不仅仅是政治的发展过程,省级、县级乃至乡村社会的发展情况越来越受到学者的关注。而具有举人身份、五品国子监学正头衔的刘古愚就是这样一位沟通省与县乡的中间人物,他既是陕甘地区著名书院的院长,又是乡村头面人物,对地方教育、经济、社会事业有着多方面的直接贡献和影响,因此我们的研究视角也更多地倾向于其在社会事务方面的思想与贡献。对于刘古愚身边师友做了比较多的介绍,把刘古愚放在当时更为广阔的社会场景中,希望通过这一侧面来管窥陕甘走向近代的过程,并为乡绅在中国近代化过程中的作用、地位提供一个案例。

其次,大转折时期过渡人物的不懈探索。毫无疑问,刘古愚是一个时代的先觉者,但生活在传统社会中,面对着强大的保守势力,如何说服人们打破旧局面是他一生重要的课题。对这种在传统经史文化中陶铸出来,而对西方文化鲜有直接接触的庞大社会群体，刘古愚更多的是用传统的话语表达新的思想，这在他的思想中又体现了两个突出的特点：一是六经注我的方式，即用旧语言表达新内容，采取对传统经史进行新诠释的方法来表达新思想。以旧的经史研究范式来看，这是一种叛逆，是一种破坏。二是不能抛弃旧的文化符号和一些言说系统，比如五经形式上的权威，甚至没有突破"西学中源"的窠臼，主张发扬孔教，采用旧的范畴表述思想，如明德新民、经世守身，等等。从新的思想体系来看，又不免让人觉得"蹩脚""迂腐"。但就是用这样的"旧语言"，刘古愚完成了对传统教育思想、经济思想、民族思想的根本性转化，并对理学思想的许多重要方面也进行了具有转折性的新阐释。同时，他又敏感地意识到，在各种汹涌澎湃的新思潮冲击之下，传统有被全盘否定的苗头，他难以认可这种"玉石俱焚"的倾向。刘古愚犹如一个正在羽化成蝶的蛹，蝴蝶的一大半已经从蛹中化出，还有一部分在那坚硬躯壳中跃动。这是一个艰难而生动的过程：新的、旧的依然血脉相连，我们难以机械地说他的思想哪块是先进的，哪块是保守、落后的。正因为他没有完全斩断与旧思想、旧形式的联系，他保留着旧体系的精华，那种文化的断裂还不是很严重。这种情形给我们现时代的人以很大启示。我们尽量把他的思想放在新旧转折的这个大坐标、大视野中去分析，清理出他新的脉络；分析其对传统持守的意义，以反照"五四"以来我们否定了哪些不该否定的东西，今天应该再找回哪些珍贵的东西。当然，这样做很有难度，任何后人的评介都对被评介者有一定程度的遗漏，能做到什么程度，只有让读者去评判了。

再次，典型的地域文化特色。国家危亡、时代的大变局，这是刘古愚与近代先进人物所面临的共同时代问题。鸦片战争以来，尤其是甲午战争以来，中国已经与世界体系紧紧联系在一起，世界上的任何大事对中国都有影响，中国的任何重大举措，都难以忽视世界因素的影响，尤其是不能摆脱世界因素的制约和束缚。与一些近代著名思想家、改革者不同的是，刘古愚身处偏远的内地，他生平只有一次曾东出潼关，更没有出洋游历的机会，对中国以外世界的体会多是通过间接的渠道得来的。从根本上说，新思想是思想家根据当前的形势、为解决当时的实际问题而提出的方案，但是在提出方案的过程中都有个人生活环境、生活经历以及自身思想影响的因素，所以历代思想家的思想就呈现出诸多不同之处。比如康有为以今文经学为依托，章太炎的思想有浓重的大乘佛学色彩以及庄子思想的影子，严复借助西方社会科学和自然科学精神构建其思想体系。在刘古愚的身上更多地表现出了地域文化对他的影响,张载开创的关学是刘古愚思想的底色。具体地说关学思想中经世致用的实学特点支持其思想不断转向现代化,实学思想是其新思想生长壮大的砧木。刘古愚既是关学精神的受惠者,又是关学本身发展环节中的一位转折性人物,他将传统关学融进现代学术洪流之中。这是内地学者、思想家思想转型的一个独特案例。

第四,戊戌维新运动的陕西模式。目前学界对于戊戌维新运动的研究还是主要集中在核心事件、核心地区及核心人物方面,对于地方维新运动关注不够。上海、湖南、天津等地的维新运动之所以长期以来受到关注,是因为这些地方是戊戌维新运动"宏观叙事"中不可或缺的一环,离开这些地区,全国性的戊戌维新运动"大事件"的链条就不完整。相比较而言,与中枢激烈的思想政治斗争关系不太密切的陕西维新运动则被忽略。实际上,除了湖南、上海、天津以外,全国各地的维新变法活动都不约而同地进行着,如山西、贵州等地在巡抚、学政等高级官员的推动下创办学堂,传播时务之学,维新运动也开展得有声有色,这些地区的思想变革、社会改革也在持续进行,是全国大变革的一个有机组成部分。我们可以把这些地区称为"维新运动"的"次级地区"。如果我们换一个视角来看,这样的"次级地区"绝不是不重要的地区,其事件也绝不是不重要的事件。就陕西而言,维新运动的各个方面都呈现出了与东南地区不同的特点,如地方士绅成为维新运动的主要推动力量;关心经济问题,注重新式生产工具的推广和应用;以教育为主,尤其致力于基层县乡思想、风俗、文化的改进;具有突出的自发性和相对独立性,陕西"味经讲会"的成立比北京强学会还要早;注重民族问题,致力于通过文化融通、经济发展来消除各民族间的隔阂;传统优秀学术文化的作用明显;等等。有鉴于此,我们在书中提出了"戊戌维新的陕西模式",以表征陕西维新运动的个性特点。对各个省市的研究将推动戊戌维新运动的研究走向深化、细化,也会反过来推动对整个维新运动的认识走向深入。我们在这里提出这个概念也只是一些初步的想法,希望得到学界同仁的指教。

作为一部研究性的评传,我们在行文中坚持平实、客观的态度,首先是把事件交代清楚,把传主的思想客观地表述出来,尽量接近事情的本真;采取中立的研究态度,避免个人的主观意识和情感成分掺杂其间,有一分材料说一分话。但是,任何的"转述"都已经对事情的本真有了一定的"疏离",纯粹的客观是做不到的,而且人物是鲜活的,他不仅有外化的"客观行动",还有内在的灵魂。"客观行动"是事件,可以给后人以借鉴,而灵魂则多诉诸感性,给后人以陶冶和感染。在这方面,笔者不愿避免主观感情的介入,做一个纯客观的"旁观者",在评价其道德情操、爱国情怀等方面怀一种敬畏的心情,而在把握这部分内容的时候又是最难的。尽管黾勉从事,但还是难以完整描摹其高尚人格,只能管中窥豹略见一斑,如果我们读刘古愚自己的文字,他的形象会更丰富、高大、感人,这也是笔者深感不足的地方。正如庄子所说,"成也,毁也",只愿本部"评传"对这位贤达不至于丢失太多的东西。

武占江
2013 年 10 月于石家庄

目 录

总　序 ………………………………………… 张岂之（1）
前　言 ……………………………………………………（1）

上编　经世守身的坎坷一生

第一章　身值剧变　论学交友

一、早经离乱 ……………………………………………（2）
二、游学关中书院，结交良师益友 ……………………（4）
三、身在塾馆，心存天下 ………………………………（8）
四、参与咸长赈灾 ………………………………………（10）
五、与乡间士绅相互砥砺 ………………………………（11）

第二章　掌教味经书院

一、经始维艰 ……………………………………………（19）
二、创设"求友斋" ………………………………………（24）
三、接掌味经书院 ………………………………………（28）
四、泰西机器必行于中国 ………………………………（36）
五、创立刊书处与官书局 ………………………………（41）
六、学术大旨 ……………………………………………（46）

第三章　经世守身　利济苍生

一、咸阳赈灾 ……………………………………………（50）
二、筹办保甲 ……………………………………………（52）

三、试种白蜡树 …………………………………………（55）

第四章　维新变法　求富求强（上）

一、甲午创痛 …………………………………………（59）
二、谋划革新 …………………………………………（62）
三、创设时务斋 ………………………………………（67）
四、陕西近代报刊的发轫 ……………………………（70）
五、维新时期学会的前驱——味经讲会 ……………（75）
六、励学斋正误与考实 ………………………………（81）

第五章　维新变法　求富求强（中）

七、创办崇实书院 ……………………………………（89）
八、谋划近代化纺织工厂 ……………………………（92）
九、派员南下考察 ……………………………………（96）
十、与梁启超通信，沟通东南 ………………………（104）
十一、与康有为的维新变法活动桴鼓相应 …………（113）

第六章　维新变法　求富求强（下）

十二、大力推广自然科学教育 ………………………（123）
十三、"时务书籍"的大力刊行及味经版《天演论》
　　　问题 …………………………………………（132）
十四、内地守御　壕垒战法 …………………………（141）
十五、开发边疆　河套屯田 …………………………（146）
十六、赤心报国　临难不苟 …………………………（149）

第七章　隐居烟霞　富教关心

一、辟地烟霞讲堂开 …………………………………（167）
二、全民皆学延宗脉 …………………………………（171）
三、康济黎民设义仓 …………………………………（179）

四、农桑机械是经纶 …………………………………………（187）

五、深山讲武固关河 …………………………………………（195）

六、弘道甘梁竭忠忱 …………………………………………（199）

下编　维道济时的思想体系

第八章　社会、政治思想

一、治乡观 ……………………………………………………（211）

二、政治思想 …………………………………………………（218）

第九章　教育思想

一、教育内容须根本改变 ……………………………………（234）

二、全民皆学与普及教育 ……………………………………（239）

三、教学方法 …………………………………………………（250）

第十章　经济思想

一、对传统义利观、理欲观的新阐释 ………………………（256）

二、经济在创造文明、推动社会进步方面的重要意义 …（261）

三、经济是仁义的基础，是仁义的必要内涵 ………………（266）

四、对一些经济现象的认识 …………………………………（268）

第十一章　理学思想

一、天元与人性 ………………………………………………（274）

二、明德说 ……………………………………………………（278）

三、诚意论 ……………………………………………………（281）

四、治国平天下 ………………………………………………（287）

五、孝道与仁体 ………………………………………………（290）

六、刘古愚理学思想的特点 …………………………………（297）

第十二章　经学思想与方法

　　一、经学研究举例……………………………………（308）
　　二、与康有为的联系及今文经方法的运用……………（316）
　　三、今文经学在刘古愚学术思想体系中的地位………（333）

第十三章　刘古愚与关中地方文化

　　一、关学的传统及关中学者的学派自觉………………（337）
　　二、关学的经世致用实学传统及李颙对这一传统的
　　　　复兴与张大…………………………………………（346）
　　三、李颙开辟关学"适用"的新境界 …………………（356）
　　四、以关学优秀传统为支撑,解决时代重大问题
　　　　——关学传统与刘古愚独特的学术思想 …………（364）
　　五、维新运动的陕西模式………………………………（373）

参考文献 ……………………………………………………（380）
后　记 ………………………………………………………（387）

上 编

经世守身的坎坷一生

第一章　身值剧变　论学交友

一、早经离乱

刘古愚,名光蕡,字焕唐,原名一新,晚年自号古愚,生于道光二十三年癸卯(1843)八月二十一日,陕西咸阳马庄乡天阁村人。曾祖刘祥,祖父刘志舜,父亲刘辉,字韫玉,县学生员出身。刘古愚兄弟四人,他排行第三。刘古愚早年资料留下来的很少,《刘古愚年谱》(以下简称《年谱》)记载,刘辉为县学生员,刘古愚家境算不上富裕,但能够满足温饱,应该是耕读之家,文化环境较好。刘古愚启蒙教育是在家里完成的,15岁的时候才进乡塾,那时已经打下较好的根底,"诸经成诵",开始阅读《通鉴纲目》①。刘古愚少年时期的教育状况还是不错的,父亲对他要求非常严格,精心挑选学行好的孩子做刘古愚的伴读,刘古愚也非常用功,读书习字,寒暑不辍,从小养成了一心向学的良好习惯②,这为他以后的发展打下了较好的基础。

但是,少年安稳的生活很快被打破,大约16岁的时候③(1858)母亲魏氏病卒。18岁时(1860),刘古愚的父亲又处于弥留之际,那天正是中秋节,愁云惨淡,风雨交加,彻夜不停,刘辉没有挨到天亮即撒手人寰。那个无月的中秋在刘古愚年少的心灵中留下深深的创痛,终生不能忘怀,后来每议及此事,都"伤感不置"④。父母见背,刘古愚成为孤儿,在几位兄长的帮助下,19岁时娶魏氏为妻,得以成家立室。

也就是在这一年,他才开始真正对自己生活的这个世界有了深切的认识。五年前,英法联军发动第二次鸦片战争,攻入北京,焚毁圆明园,火光烛天,通宵达旦。咸丰皇帝逃往热河,恭亲王奕䜣出面与洋人谈判,清政府被迫

---

①④　张鹏一:《刘古愚年谱》,西安:陕西旅游出版社,1989年版,第7、9页。

②　刘古愚之子刘瑞骃所撰写的《行状》中云:"幼时先大父教之,严觅学子伴读,寒暑不辍。"见《烟霞草堂文集》附录,1918年王典章思过斋刻本。

③　刘古愚母亲去世的确切时间已不可考,张鹏一根据刘瑞骃所撰写的《行状》,大致定在1858年,见《刘古愚年谱》第8页。

签订了《北京条约》,英法侵略势力深入到长江流域。在第二次鸦片战争中,俄国也趁火打劫,东北大片大片的膏腴沃野被鲸吞。约成后,清政府即命人将条约印刷,交各督抚、府尹宣布。此年,刘古愚赴县城应试,见到县衙墙壁上张贴着与各国所签的条约文本,在条约的末尾,英国国王、法国总统与清朝皇帝赫然并列。这给年轻的刘古愚以巨大冲击,他认识到存在着比中国强大的可怕势力,萌发了学习西方文化的念头。此外,"条约"规定传教士可以在内地自由传教,这样,中国固有的文化必将受到强劲的挑战,"六经"也许有一朝消灭之虞,于是他萌生了刊布经史的愿望。①

外患的冲击在心灵,内忧则直接威胁着身家性命。同治元年(1862)4月,太平天国"扶王"陈得才率部入陕,围攻商州,不久撤围。太平军的战火虽然没有直接烧到关中,但是长久以来蓄积的回汉矛盾却乘机爆发。5月13日,回民领袖任武在渭南仓头镇杀死团练大臣张芾,揭竿起事。由于陕兵多被调出与太平军作战,力量空虚,渭河两岸回民群起响应,局面很快失控,关中陷入战乱。本次回民起义有很强的自发性和盲目性,不是有组织、有目的地攻城略地,而往往是就地杀掠,战事多在村镇间进行,百姓遭受巨大灾难,关中地区备受荼毒。同年8月,西捻军首领张宗禹入洛南,回民、太平军、捻军三支武装力量一时并起,陕西陷入严重的战乱。而回民起义波及面最广,持续时间最长,战火绵延到甘肃、青海、新疆,直到1874年才最后结束。这次战乱给波及地区带来巨大灾难,陕甘地区人口锐减,甘肃肃州(今甘肃酒泉)战乱之前有数十万人口,战后仅存百余人②。关中地区为回民起义的发源地,经济、文化受到巨大破坏,许多家庭支离破碎,凡是经历那场战乱的人都留下了深深的创痕。战后又遭饥荒,赤地千里,饿殍遍野。刘古愚善古文,许多人都慕名求其为故去的家人作墓志铭,在刘古愚的文集中保存了许多这方面的资料。从中我们可以看出,无论是富商大贾还是一般的百姓,都对那场战乱记忆甚深,不少人的生命轨迹由战争而改变。

战乱使刘古愚陷入极端困苦的境地,他先是到兴平避难,后来又辗转到了礼泉县城,栖身在文庙的小屋之中。晚上为人磨面,白天卖饽饦(一种面食),聊以谋生。当时礼泉县城被围,城中人口不论是原籍人士还是外来避难者,都要轮流到城上守卫。即使在这样的战乱当中,刘古愚依然书卷随身,不

---

①② 张鹏一:《刘古愚年谱》,第10、17页。

肯废学。有一天,刘古愚在城上值守,时至深夜,其他守城者已经熟睡,刘古愚借着城墙上的灯光读书。突然发现围攻者悄悄爬墙,就要登上女墙。刘古愚大声呼喊,守城者从睡梦中醒来,慌无所措。刘古愚急忙将女墙上的滚木推下去,登城者退却,县城得以保全。后来攻城者又挖地道,守城者无法应对。刘古愚曾经听一位杨姓"学官"说《墨子》中记载有守城的办法,但是刘古愚当时无法找到《墨子》,只有《文选》一部,他通过《文选》及其注释查阅到破地道的办法:将一口大缸放在城根,人人缸内,可听到地下的挖土声。负责守城的"学官"采纳了刘古愚的意见,屡次挫败敌人的地道战法。地道无效,后来攻城者只好退却,礼泉县城得以保全。这次事件对刘古愚影响很大,使他认识到读书须求实用,而且书中定有能够指导现实的内容,乱世中的宝贵经验是他实学思想的实践基础。直到晚年,刘古愚依然对这段经历记忆犹新,不断与弟子张鹏一等人谈及此事。

二、游学关中书院,结交良师益友

在礼泉流亡两年之后,刘古愚于同治三年(1864)到省城长安(今西安)避乱。次年参加童生考试,名列第一,成为西安府学生员,得以到关中书院学习。入府学,有了固定的膏火(由官方发给官学学生的学费),窘迫的生活略有改善。由于成绩好,还有奖励,刘古愚将府学得来的奖金全部用来养家,"自煮仓米为粥,朝夕果腹,不肯向人乞贷。"[①]刘古愚耿介的性格在这里初步显示出来。尽管自己的生活依然困顿,但是毕竟有了一个安定的生活环境,得以阅读以前无法见到的藏书,尤其是在这里结识了业师黄彭年以及良友李寅、柏景伟,这三人都是学有专精,而且推崇实学,并身体力行。年轻的刘古愚深受他们的影响,他的思想基调就是在与这三人的交往过程中形成的,刘古愚真正的学问根基也由此奠定。

黄彭年(1824—1890),字子寿,号陶楼,晚号更生,原籍湖南醴陵,祖父黄经林迁至贵州贵筑(今属贵阳市)。黄彭年中道光二十五年(1845)进士,授翰林院庶吉士,散馆,授编修。曾随父在家乡办团练,先后入川督骆秉章及陕抚刘蓉幕府,两次主讲保定莲池书院。光绪八年(1882),黄彭年60岁时任湖北按察使,历有转调,卒于湖北布政使任上。黄彭年为官清廉,有才干,学问

---

① 刘瑞骝:《行状》,《烟霞草堂文集》附录,1918年王典章思过斋刻本。

渊博，尤其注重经世致用之学，通舆地，著有《东三省边防考略》《金沙江考略》《历代关隘津梁考存》《铜运考略》等。他第二次主讲保定莲池书院的时候，主持编纂成300卷的《畿辅通志》，为清代一流志书。

李寅(1840—1878)，字敬恒，与刘古愚是同乡，世居咸阳县庇礼村(今咸阳市渭城区渭阳镇)。李寅家境富厚，有田产、商号。李寅母亲殷氏年少聪颖，识字通文。还在李寅没有学会说话的时候，母亲便将字写在木板之上，自己念字，令儿子用手指出。据刘古愚描述，李寅"躯仅中材，然神伟气峻，目棱棱有光，食兼人粟，绝有力，挽巨槊，舞如飞。火枪、弓矢咸命中。尝遇材官角射，君就引劲弓，发六矢，中其五，观者惊异，谢不及"。少年求学时就喜欢兵法，不屑为章句记诵之学，与当时热心科第的一般士子迥然不同，他"研究经史，泛览百家，天文地理、农田水利、兵法书画之类"①无不研习。性情豪放，闲暇之时则纵酒狂歌，属文赋诗，以太白自命。

柏景伟(1830—1891)，字子俊，号忍庵，晚号沣西老农，陕西长安县沣籍村人，咸丰乙卯(1855)举人，长刘古愚10余岁。柏景伟不守帖括，致力于经世致用之学，尤其喜欢谈论研究兵事。当时吏治腐败，官吏苟且偷惰，乡里豪绅欺压百姓，无所顾忌，年轻的柏景伟侠肝义胆，以抑强扶弱自任，声言"有欺凌贫弱者，余即主也"②。有感于东南多事，曾组织上百名健壮青年，朝夕操练，以图异日报国。回民起义后，他入提督傅先宗幕，赴甘肃作战。不久回家乡办团练，后来又入左宗棠幕府，对西北兵事多有建白。曾就招抚董福祥③事向当道献策，董福祥部将扈彰④部五千人为刘典所招抚就是直接出自柏景伟的策划。柏景伟热心公益事业，曾参与赈灾，施种牛痘等事，为一方之望。

---

① 刘古愚：《翰林院编修李君行略》，《烟霞草堂文集》卷三，1918年王典章思过斋刻本。

② 刘古愚：《同知衔升用知县柏子俊先生墓铭》，《烟霞草堂文集》卷三。

③ 董福祥(1839—1908)，字星五，汉族。甘肃环县毛井王朝山人(清属甘肃固原县)，清末著名将领，官至甘肃提督。同治五年(1862)陕甘回民起事时，董福祥据甘肃安化(今甘肃庆阳)率众起兵，活动于陇东、陕北，声势颇大，抗击回民，并与清政府对抗。后降刘松山部，随左宗棠与起事回民作战，在之后收复新疆的战争中起到重要作用。甲午战争后率部进京拱卫京畿，后与八国联军作战，失败后护卫西太后出逃西安。清政府与八国联军议和，他以"首凶"被革职。

④ 扈彰，刘古愚撰《同知衔升用知县柏子俊先生墓铭》作"扈璋"，张鹏一所撰《刘古愚年谱》(19页)，孙志亮、马林安、陈国庆主编《陕西近代史》(西北大学出版社，1992年版，第123页)均作"扈彰"。

刘古愚勤奋向学的态度以及优异的成绩很快引起黄彭年的注意,黄对刘古愚的文章非常赏识,对他着意栽培。黄彭年在正常课业之外借给刘古愚一册《大学衍义》,让他研读,并告诉刘古愚,读完第一册再来换第二册。第二天刘古愚便去向黄彭年借第二册,黄彭年惊讶于刘古愚读书之快,于是就书中的内容对刘进行考问,刘古愚的应对让黄彭年非常满意,便把《大学衍义》全部借给了他。刘古愚读完后,写了一篇数千字的"书后",记录了自己的读书心得。黄彭年看后,对刘古愚愈发器重,从此师生之间结下深厚的友谊。

当时李寅也在书院学习,刘古愚的优异表现也引起了李寅的注意,二人遂成至交。李寅经常邀刘古愚到家中做客,并且在学业方面对刘古愚倾囊相授。他将《王文成公阳明全集》借给刘古愚阅读,刘古愚在阅读王阳明著作过程中遇到什么问题,总是向李寅请教,李寅为他剖析精微,细致耐心。李寅把家中的藏书全部向刘古愚开放,并且指导刘古愚,读书要专、精结合:"不博览无以尽变,不反观无以自成。"①李寅家里丰富的藏书为刘古愚打开了另外一个世界,他兴趣非常广泛,如饥似渴地广泛阅读各种书籍,就是在李寅家里刘古愚发现了朱世杰的《四元玉鉴细草》。刘古愚深知西方列强轮船行海、火炮命中都是以数学为基础,今天有缘得见此书,正与自己多年的抱负相投。但算学久为秦中绝学,无人讲习,刘古愚没有一点基础,也无从向人求教,只有靠自己琢磨研习。刚拿到这本算数专著之后,刘古愚苦思冥想,难以索解,整整研读了三天三夜,以致累得吐血,最后才得以理出头绪,这是刘古愚研习数学的开始,也是近代陕西读书人重新学习数学的开始。在此后的教育生涯中,刘古愚一直把数学作为重要科目,使"绝学"得以重新在三秦大地扎根,此后"陕人多精几何,明测算,师(笔者按:即张鹏一的老师刘古愚)所启迪也"②。

李寅和柏景伟早就认识,经过李寅的介绍,同治六年(1867)刘古愚初识柏景伟。此时柏景伟正在左宗棠幕府,处于当时陕西的权力中枢,他多年办团练、参与甘肃军务,此时已经成为一方之望,而刘古愚还是个默默无闻的府学生员。柏景伟从李寅那里得知刘古愚的情况后很想结识他,就向刘古愚发出了邀请,但是刘古愚并没有答应柏景伟的邀请,他不阿权势的耿介性格于

---

① 刘古愚:《翰林院编修李君行略》,《烟霞草堂文集》卷三。
② 张鹏一:《刘古愚年谱》,第16页。又见李岳瑞:《刘古愚墓志铭》,《烟霞草堂文集》附录。

此可见一斑。碰了钉子的柏景伟却亲自到书院去拜访刘古愚,正好刘古愚有事外出,没有会面,但是柏看到了刘古愚桌子上的日记后大为叹服,惊呼:"这是我的老师啊,怎么可以当朋友对待呢?"①此后,刘古愚与柏景伟正式订交,成为终身挚友。

三个人中柏景伟最大,李寅比刘古愚长三岁,这种相交到终老而无冲突的友谊世所罕见。他们之所以能够如此,首先是志同道合。刘古愚的地位、家境与李、柏二人相比有很大的差距,但是二人并不以贫富贵贱定所交,他们欣赏的是刘古愚勤奋向学的精神和突出的才华。虽然一贫如洗,但是刘古愚磊落耿介,对于权贵不肯低眉折腰,俯首下心,他不是趋炎附势地攀附李、柏。一旦二人倾心接纳,刘古愚即坦诚相待,可谓"衣敝缊袍,与衣狐貉者立,而不耻"(《论语·子罕》)。更为难得的是他们三人意气相投,都具有率真、耿介、刚直的脾性,积极入世,肩负以天下为己任的责任感,积极为桑梓谋福利,但又能看破功名利禄,不为其所累。此三人宦途都不能显达,某种程度上又活得自在酣畅,能够冲破各种压力,把自己的个性贯彻始终,所以他们都不是凡夫俗子。

长安府学的一段经历对刘古愚一生影响非常大,可以说奠定了他思想的基本底色。刘古愚一生思想学术有两个突出的特点,一是提倡理学,以心学为最终归依,但是反对分别门户,兼采程朱与陆王,二者相资为用。二是提倡实学。这种"实学"是指向现实问题,能够切实服务于现实社会的各种有益的学问,包括传统以及西方的各种自然科学及实用技术,当然也包括各种传统的经学、史学方面的学问。这种为学倾向与以科举入仕为目的的帖括之学、琐碎空疏的考据之学是相对立的。刘古愚的学术特色及倾向与颜习斋非常类似,又契合李二曲"明体适用"的主张,这与关学传统是一致的。他的这种思想与学术倾向一是来自对现实的感受与认识,二是来自师友的直接启迪。如上所述,第二次鸦片战争后,列强对中国的威胁使他萌生了研究西方之所以富强的动机。同治元年(1862)以来,陕西成为四战之地,饱受战乱的经历使他具有深重的现实关怀。黄彭年、李寅、柏景伟此三人都是文武兼修,尤其是对现实的军事、社会治安等都有实际经验,学有专长,而且他们的学问精华也都是从实际经验中获得,是契合当世之务的真正"实学"。他们以其藏书、

---

① 张鹏一:《刘古愚年谱》,第18页。

经历、学识滋养了年轻的刘古愚,使刘形成了对社会、学术的基本看法。

三、身在塾馆,心存天下

进入关中书院的第二年(1866)刘古愚开始了设馆授徒的生涯,应三原王益农之聘,教其次子王宪章。后来,宪章幼弟典章①亦从学于刘。做私塾教师,教学生做八股文以应付科举考试自然是必备的内容,而且刘古愚本人也准备应考。他边教边学,也就是在书院学习阶段,他曾经专门研究制举之业,为此他还曾拜武昌人王家璧(字孝凤)为师。同治九年(1870),刘古愚在关中书院学满肄业,第二年,曾短暂地在渭南南原坳底村贺家坐馆,教其子贺象贤。同治十一年(1872)又回到咸阳,开始在李寅家设馆,教其子李岳瑞,当时李岳瑞才十岁。刘古愚在李寅家设馆长达七年之久,光绪四年(1878)李寅病逝,次年刘古愚离开李家,到三原东街张云生家之"二然处"教张云生的弟弟张集祐。在二然处设馆两年,光绪七年(1881),到三原胡子周的"古月斋"任教,教胡子周之子胡坊、胡垣、胡墀②,三原县陈涛开始受业于刘古愚,刘古愚的侄子刘瑞驹也于此时从学。光绪十二年(1886),刘古愚到泾阳县泾干书院任山长,次年任味经书院山长,结束了长达20年的设馆授徒生涯。

刘古愚20年的私塾生涯中培养出了一批人才。最早从学于刘古愚的是王典章,王氏为陕西巨室,王典章历官四川、广州等地,所在皆有政声。他后来组织刊刻了刘的著作,使刘古愚的思想、言行得以流传后世。李岳瑞10岁开始拜刘古愚为师,在家中随刘学习。16岁父亲李寅去世后,刘古愚辞李氏塾师,李岳瑞又相继在张氏"二然处"、胡氏"古月斋"继续随刘古愚学习。光绪八年(1882)李岳瑞中举,次年成进士,入翰林院,为庶吉士,散馆后,任工部主事。刘古愚既是李岳瑞的恩师,又为父执,李岳瑞丧父后,刘古愚对李岳瑞实际上兼教育与抚养的双重责任,二人名为师徒,情同父子。李岳瑞深受父亲及刘古愚经世致用、以天下为己任思想的影响,为挽救国家危亡,积极建言

---

① 王典章在刘古愚去世后陆续搜集刊刻了他的遗作,辑成《烟霞草堂文集》《遗书》及《遗书续刻》,也就是现在所见到的《刘古愚先生全书》。

② 胡坊、胡垣本是胡子周之子,胡坊过继给其长兄砺锋为后,后来胡砺锋又生五子,反将其子胡墀过继给胡子周,因此三人均为胡子周的儿子。见《西宁知府胡公丽生墓志铭》,《烟霞草堂文集》卷四。张鹏一撰《刘古愚年谱》第39—40页,谓胡坊、胡垣、胡墀是胡子周的侄子,胡垣没有被过继,无论如何不可能是胡子周的侄子,胡墀本是胡子周侄而为嗣子,年谱说法不确。

献策。甲午战争后,参与了康有为组织的"公车上书",光绪二十三年(1897)与宋伯鲁一起组织了"关西学会",积极鼓动维新变法,成为维新时期的重要人物。

在充当私塾教师的20年中,刘古愚结交了一批关中士绅,与学界、商界、政界多有往还,与柏景伟、李寅积极投身于乡邦公益事业,进一步锻炼了才干。学术上也有很大进展,除了攻八股文之外,泛览经史,潜心钻研数学,并向学生传授数学;由于列强不断地对中国边疆蚕食鲸吞,刘古愚开始研究西学;一直密切关注着中国政局,苦思救国之策,致力于研究富国强兵之策。

与当时一般士子一样,刘古愚早年也致力于科举考试。同治十二年(1873)与好友赵舒翘(字展如)一起参加乡试,刘古愚落第,赵舒翘中举。赵舒翘是长安县大袁村人,比刘古愚小三岁,是柏景伟的门生,与刘古愚情同手足,二人互相激赏,以道义相勉励。赵舒翘曾写诗赠刘古愚曰:"他年若结金兰谱,亲笔书君第一人。"赵舒翘第二年中进士,授刑部主事,他不畏权势,仗义执言,为官甚有政声。赵舒翘外出做官后,与刘古愚经常书信往还。

光绪元年(1875)朝廷开恩科,刘古愚中本省乡试第27名举人,这使他的身份有了很大提高。光绪二年(1876)李寅辞官回籍奉养母亲,刘古愚会试报罢,二人结伴同行,到保定莲池书院拜会昔日关中书院业师黄彭年。黄彭年此时正在李鸿章幕府,主持修纂《畿辅通志》。言谈中自然说到中国四境的危机以及正在西北地区进行的大规模战争。黄彭年说,西洋各国与中国事事相关,西洋事情不可不知。刘古愚问:"西洋各国与中国有战事,直隶如何应付?"黄谓:"中国他省督抚可言战事,惟直隶总督则不能。天津逼近京师,一有战事,京师首先震动,此地势使然。"①列强往往是通过天津直接威胁北京,迫使清政府多次签订城下之盟。此番话对刘古愚触动非常大。但是刘古愚并没有受黄彭年消极避战思想的影响。

光绪五年(1879),日本进兵琉球国,虏其王尚泰,改置冲绳县。当时琉球曾向清政府求救,朝廷并没有理会。针对此事,刘古愚曾经对身边的人说:

> 倭人岂弹丸三岛之是羡,大欲在朝鲜耳!倭新变法,武备未娴,欲耀威三韩,而惧中国问罪之师,乃小试于琉球,以窥伺朝旨。今不速张挞伐,使彼知藩服非中国所爱,不二十年,羽翼既成,横绝东海,

---

① 张鹏一:《刘古愚年谱》,第30页。

朝鲜不支,必折而入于倭,俄将南下而争,辽海之间,自兹多事矣!①不能说清政府及当朝大吏对日本入侵台湾、吞并琉球的危机没有认识,也不能说当局对此没有准备,北洋水师就是因此而筹建的。尽管如此,当时主理外交事务的李鸿章对日本的各种侵略阴谋确实注意不够,处处上当,而日本通过外交的手段束缚中国手脚,为其武力侵略创造条件。刘古愚的思想是主动防御,对日本的每一步见招拆招,给予有效应对则是非常高明的。而且作为只出过潼关一次,偏居内地的一位举人,对日本侵略中国的策略洞若观火,对此后二三十年的局势预料如此准确,确实难能可贵。

四、参与咸长赈灾

刘古愚中举的第二年,参加了由柏景伟发起的大型赈灾活动。光绪三年(1877)河南、山西、陕西大旱,陕西尤甚。渭北各地为重灾区,树皮、草根几乎全被吃光,百姓卖妻鬻子,不能相顾。邰阳(今陕西合阳)地区饥民已经有揭竿而起者。经此灾难,同州(今陕西大荔)、凤翔一带饿死者占总人口十分之六七。面对这种情形,柏景伟向巡抚谭钟麟上书,建议奏请朝廷告灾,请求拨付七八十万两白银以赈灾。为了切实解救目前的燃眉之急,建议巡抚谭钟麟与陕甘总督左宗棠商议,先从每年解往甘肃的200万军费中截留10万,用作赈灾款项;同时饬令各属州县,立即进入救灾状态;并把官府现存粮食以及常平仓粮食拿出来,先分发给灾情最重的渭北各县。

柏景伟的建议并没有得到谭钟麟的回应,陕西灾情依然在发展。就在柏、李、刘等人联名上书的同时,鄠县(今陕西户县)一个管财物户口的小吏向质将本地所受灾情写明,装在县令上书巡抚的公文中,而谭巡抚的回答是"这不符合公文的惯例"②。柏景伟又与李寅等联合陕西士绅直接向朝廷上书,请都察院代奏。书到都察院后,御史梁景先、编修崔志道上疏告灾,朝廷才得知陕西的情况,准许陕西可以截留30万石漕粮用来赈灾。署理西安知府宫尔铎(农山),邀请柏景伟出面主持本府首县咸宁、长安两地的救灾事务,以为他县表率。柏景伟与李寅、刘古愚详细制订赈灾计划,确保每一粒粮食都落在灾民口中。具体的救灾方法刘古愚在柏景伟的《墓志铭》中有简要的记载:

---

① 李岳瑞:《墓志铭并序》,见《烟霞草堂文集》附录。
② 张鹏一:《刘古愚年谱》,第32页。

> 先生创为各村保各村法：以贫民稽富民粟，使无藏匿；以富民核贫民户，使无冒滥。不足，以巨室之捐输济之。①

大致的原则是，最大限度地动员救灾资源，官府和富户都把粮食拿出来救灾；官府治理与村民自治相结合，在官府力量的监督下，每个村子充分发挥自我治理、自我监督的功能，穷人监督富人的财产，使富人不得隐匿；富人监督穷人的人数，不致多报冒领。柏景伟的这个救荒办法简单有效，村民互相监督，一村之内，彼此熟悉，不可能有任何的欺瞒，真正做到了完全透明。其结果是"富不苦抑勒，而贫得实惠。"刘古愚说："古所谓'救荒无善策'，得先生法，弊悉除。"这种评价是毫不夸张的。关中商人也参与到赈灾活动中，柏景伟聘请王益农负责购粮事宜，极大地动员了社会资源。由于柏景伟等士绅的竭力呼吁、主持，陕西灾民得到实惠，他们的救济活动直接挽回了数十万人的性命②。

在这一事件中，柏景伟、李寅为民请命与不畏强权的性格充分地体现出来，直接向朝廷上书就等于公开站到了巡抚谭钟麟的对立面。梁景先等人在奏折中弹劾布政使蒋凝学，指其衰病，赈灾不力，并参陕西各州县不恤民命，内有陕绅上书"抚藩厌闻灾欸"等语。谭钟麟听说之后大为恼怒，李寅抱病参加赈灾，经历了繁剧的劳力之后，于第二年去世，年仅39岁。他的儿子李岳瑞在他及刘古愚的影响、教导下，青史留名，也算是对李寅早逝的一种弥补吧。

五、与乡间士绅相互砥砺

李寅对刘古愚一生帮助非常大，他以其丰富的学识指导刘古愚走上学术正途，尤其是通过李寅的机缘，刘古愚得以研究朱世杰的数学著作，使刘成为通晓自然科学的大学问家。李寅在生活上也给予刘古愚以极大的帮助，延聘他为西宾，每顿饭都供给酒肉，以这种体面的方式使刘古愚免于生活的困顿。可以说李寅为刘古愚打开了两扇门，一扇是学术之门，一扇是交游之门。李寅家有自己的商业，刘古愚通过与李寅的接触，对商人以及商业的作用、地位有了积极的看法和评价，最后他自己也以"名儒办商务"。当然，在近代史上，像李寅那样的民间豪杰也所在多有，但大多数被历史的长河裹挟而去，甚至连名字都没有留下。刘古愚一生的主要交往对象集中在乡绅阶层，他的文字

---

①② 刘古愚：《同知衔升用知县柏子俊先生墓铭》，《烟霞草堂文集》卷三。

为我们保留了许多正史及官方资料难以见到的陕西地方这一阶层人士的生动资料。刘古愚成为陕甘一方之望,又擅古文,当时许多人以能让刘古愚为其长辈作墓志铭为荣。而刘古愚性情耿直,不轻易许人,一旦答应,即秉笔直书,不作谀墓之文。他的文集中现存有各种墓志铭、祭文、寿序、谱序、行略等人物传记性质的文章38篇,通过这些资料我们得以对那些官方资料中无法见到的人物有所了解,也可以探索刘古愚思想发展、成熟的一些线索和大致轨迹。

在刘古愚的笔下,商人或与商业有关的人士占很大比重,刘古愚对他们评价也比较高。刘古愚认识较早并且对他影响较大的商人是王益农。王益农对钱币的原理有很深的认识,通过他,刘古愚学到了许多金融知识,开始认识到金融与国力的重要关系,这促使他对传统的重农抑商思想进行系统反思。咸丰年间,陕西铜钱铸造衰落,市面上流行"大钱""铁钱",这些货币质量低劣,携带不便,日渐失去货币的信用,民间自发出现了"钱票"。这种"钱票"是以一种铜钱为根的纸币,凭此纸币可以换得铜钱,携带方便,而不受"大钱""铁钱"之害。随着钱票的流行,陕西官方设立"恒通字号",也发行"钱票"。回民起义后,陕西陷入多年的战乱之中,为了筹措粮饷、器械,官方的恒通钱票迅速增加,总数不下数百万贯。谭钟麟任陕西巡抚后(1872年正月护理,1875年实授,1879年调离,冯誉骥继任),他看到恒通钱票大量流行民间,基本没有回收,恒通字号内部票根又不清楚,一旦恒通钱票失去信用,百姓手中所持钱票将是一堆废纸,无法换取铜钱。于是谭钟麟强令恒通字号将所发钱票全部收回。这种做法的动机是好的,但是钱票流行的基础是陕西缺乏高质量的铜钱,如果没有足够的铜钱供应,强行废除钱票,货币缺乏的问题仍然不能解决。而且恒通钱票在民间流行已久,一旦收回,势必引起市场的混乱。谭钟麟的这一做法造成"粮价日增,银价日减"①的不良后果。这种结果是怎么造成的,刘古愚没有详细说明,可能是谭钟麟用银子来回收钱票,使市场上的银两大增,而铜钱以及代替铜钱的钱票锐减,所以银贱而粮食价格上涨。居住在城中没有土地的数十万市民因为粮价上涨而遭受重大损失,立即陷入困境。柏景伟、刘古愚对此甚为忧虑,王益农就此现象进行了分析。他说,谭钟麟此举确实是一种为百姓考虑的长远之计,但是太过急躁,相应的配套措

---

① 刘古愚:《王翁益农墓志铭》,《烟霞草堂文集》卷四。

施没有跟上。一刀切地收回钱票,而铜钱缺乏的局面并没有改变,所以钱票还是有存在的必要性。考虑官方的恒通钱票可能失去信用,可以逐渐收回,用民间有信用的钱票予以取代,这样既可以避免官方钱票的危害,又方便民间流通,也不会带来物价的波动。王益农又为刘古愚讲解了当时中国各种钱币之间的关系以及钱法与国力休戚相关的道理。铜钱是受国家控制的,由国家来铸造,但是民间长久以来又通行银两,实际上当时的银子并不是真正意义的货币,它是一种商品,即银块,这种银块是民间自发流通的,政府并没有进行控制。由于成色的不同,与铜钱的兑换率时常有波动,这种波动对手持铜钱的贫苦百姓影响最大。王益农还从中国与外国金融往来的大局出发进行分析。因为银贵钱贱,国家所控制的铜钱不能支配银子,而反受银子的控制,所以国家从根本上并不能掌握金融,也难以通过金融的手段充分支配全国的财力。鉴于此,国家应该以银子为母,铜钱为子,这实际上是一种银本位思想,以价值高的货币为本位,这是符合金融规律的。尤其是西方的银圆通行东南,势必也会流通到西北,外国人用银圆来支配中国的铜钱,国家的利权将为外国人所操控。除了银子国家不能控制之外,当时通行的"会票"也处于民间自发流通状态,而且一纸会票,动辄代表数百万两银子,通行万里。这些金融手段都有被外国控制的危险。如果中国把这些金融手段都进行合理的整顿,综合利用,掌握自己国家的金融命脉,未必不可与西洋竞争。

通过与王益农的接触,刘古愚对经济问题有了深入的认识,对商业的进步作用有了切身的体会,逐渐摒弃传统的重农抑商思想,开始重新认识中国古代管子、商鞅的轻重之术,认为在列国纷争的时代,必须讲究轻重之术,"今海禁大开,各国挟其银钱以制吾万物之命,如益农所言,固有心世道者所宜加之意也。"[①]在这种认识视野之下,对传统的经济思想进行了系统的清理,形成了自己对经济问题系统、独特的认识。刘古愚的经济思想后文还有专门论述。

胡砺锋、胡子周(砺廉)兄弟也是刘古愚的挚友,刘古愚与胡氏也有极深的渊源。胡氏保持着亦官亦商的传统,刘古愚从光绪七年(1881)到十二年(1886)一直在胡氏"古月斋"教授胡家子弟读书;与胡家子弟一起在古月斋向刘古愚问学的还有陈涛、李岳瑞。陈涛的父亲陈小苑,与柏景伟、胡子周一

---

① 刘古愚:《王翁益农墓志铭》,《烟霞草堂文集》卷四。

样,与刘古愚都是莫逆之交。刘古愚的女儿嫁给了胡子周长兄胡砺锋的儿子胡均。胡氏子弟又在味经书院继续从刘学习。

胡子周兄弟表现出了与当时一般商人不同的见识和胸襟。同治元年壬戌(1862)回民起义爆发,三原城被围,守城者不通兵事,城垣多次陷于危殆之中,城内人心惶惶。胡砺锋母亲杨氏矢志必死,胡砺锋让兄弟子侄出城逃命,他也抱着必死之志坚守危城。他出资募集死士拼命抵抗,三原城竟然得以保全。胡砺锋为守城花费多达十余万。光绪十二年丙戌(1886)胡砺锋以资任甘肃庆阳知府。当时的庆阳非常萧条,城内居民不满200户,一府收入不足2000两白银,和他一起赴任的随从也纷纷离开。胡砺锋在此澄清吏治,劝课农桑,整顿治安,大兴文教,五年之后,庆阳的面貌有了很大改观。他兴办各项事业的经费许多出自自己的俸禄,俸禄不足就从家里调集资金①。在庆阳为官八年,清廉之名远播,后调任西宁知府,深受百姓爱戴,于光绪二十三年(1897)卒于任,时年56岁。当时"囊橐如洗,衣衾棺椁皆借贷为之"②。

胡子周喜结宾客,交游广泛,身居乡里,心怀天下。曾到南方游历:

> 晚游鄂渚,登黄鹤楼,拜胡文忠遗像,俯瞰大江,顺流而东,至镇江,登金、焦两山,寻韩蕲王战金宗弼处。南入浙,游西湖,观钱塘之潮,返棹金陵,登雨花台,慨发逆数十愚氓几疲天下力。抵申浦,观中外通商、夷情向背、物力耗息。北及维扬,将溯江由夔、万入蜀境,窥三峡之胜。③

他对于天下大事以及中国当时的弊病有很深的了解。认为治理天下需要人才,而从宋、元、明以来,国家以经义取士,读书人只是为了获取功名,抄袭章句,没有实际才能,千人一律,并无特操,虽然受过教育,但是胸无诗书,目无古今,难以适应当今时事的需要。光绪十年(1884),法国侵入越南,步步逼近中国边境,最终爆发了中法战争,他在碧云阁置酒与刘古愚畅谈:

> 夫算,小数也,西人精之,利器械、裕货财,以凭陵我中国者。求实,则末技有至用;叩虚,则大道亦空言也。事变方殷,人谋宜豫。豫莫如储才,储之如何? 道义以端其趋,经史以广其识,博观勤习以宏其才,敛虚憍之气,以求实用,如是焉已。吾衰矣,愿出千金,请子

---

① 刘古愚:《胡丽生太守五秩寿序》,《烟霞草堂文集》卷二。
② 刘古愚:《西宁知府胡公丽生墓志铭》,《烟霞草堂文集》卷四。
③ 刘古愚:《议叙道胡君子周墓志铭》,《烟霞草堂文集》卷四。

与子俊为之。①

胡子周于是捐银1000两,由柏景伟和刘古愚在味经书院一起创立了"求友斋",倡导算学等实用之学,而八股制艺则不在讲授之列。

陈小苑也是一位不屑于科举制艺而提倡实行、关心事务的民间志士。他少年时豪纵不羁,喜欢武术,行侠仗义,不屑于八股章句之学。海疆战起,曾想联络一些志士赴东南投军,后来陕西回民起义爆发,没有成行。之后即隐于市井,以绘画、养花、垂钓自娱。一次在溪边垂钓时发现一个土洞,里面供奉着孙思邈的塑像,塑像旁边放着《千金方》等书。他便持书把竿,边垂钓边研读,三个月,略通医理,后以行医寄情。于贫苦人常不收诊费,深受百姓爱戴,人皆呼之为"陈爷"。光绪五年(1879)春,刘古愚到三原东关拜访好友侯鼎臣,看到一位老者,长须飘飘,目光炯炯,当刘古愚看到他的时候,对方也在打量着自己,此人当时给刘古愚留下深刻印象,经询问旁边人得知此为"善医陈爷"。此后刘古愚与陈小苑成为莫逆之交。陈小苑的儿子陈涛后来随刘古愚到胡氏"古月斋"学习,刘古愚执教味经书院的时候,陈涛一直追随左右。陈涛才华出众,深为刘古愚所欣赏和信任,刘古愚创办机器织布局时,陈涛受命到湖北、上海考察相关事宜,不断地将东南地区的维新举措、新出书报及各种信息传播到味经书院,使陕西的维新运动与东南声气相通,也为相对落后的陕西吹进了清新之风。

张香亭(蕙)是一位宅心仁厚的义商,刘古愚从张家那里阅读上海所出的报纸,增加了对国内外大事的了解。张香亭13岁就失去了父亲,由于家贫,不得不学习商业。晚年受聘于泾阳吴氏,为其经营商业,直到71岁才辞职归里,次年即去世。张香亭一生经商,由于信誉素著,积累了大量的财富。回民起义后,房屋田产都毁于战火,一贫如洗,乡人都乐意借贷给他,以此张家得以复振。战乱后,为吴氏经营借贷业,由于百姓困乏,张香亭不忍严苛追责本利,几年来无所建树,后来辞职归里。张香亭的长子张培吉在扬州一带经商,留心时事,挑选上海出版的各种书籍、报纸每月都寄其弟张秉枢。张秉枢当时在味经书院读书,刘古愚得以阅读上海的各种书报,同时刘古愚也惊叹于张培吉选择得精到审慎,始悉张氏非一般商人。张秉枢是刘古愚门下最精通

---

① 刘古愚:《议叙道胡君子周墓志铭》,《烟霞草堂文集》卷四。

算术的人，"陕土无出其右者"①。刘古愚去世后，张秉枢继续联合同志（大多为刘门弟子），在三原宏道书院传授数学以及其他自然科学、外语等，大大促进了陕西教育的现代化进程。

傅峣山与袁耀宗都是富商，他们都为泾阳吴氏经营盐业，深得吴氏信任，自己也因此起家。傅峣山也是一位义商，家资富厚，仗义疏财，他对刘古愚说："人们说梦粪得财，财确实是粪土，只有运化流动于田野才能显现其精华，如果将财聚集起来，则恶臭难闻，所以'货'字从化。"②刘古愚与柏景伟设立求友斋、刊书处，许多乡民都认为刘古愚此举迂腐，而傅峣山始终从精神上、财力上大力支持，曾出资捐刻《十三经读本》。

袁耀宗经常往返于淮盐集散地扬州与泾阳之间。明朝实行开中法，用淮盐盐引招募商人往北方长城边塞输送军粮。这一政策曾经使商人与军队两得其便，许多商人因此暴富，明朝边塞也有了充足的粮食。后来一些商人干脆雇人在边塞地区屯垦，不用长途贩运粮食，节省了成本，获利更厚。陕西曾经有许多商人经营此业，到清末时期，唯独泾阳吴氏能够继续维持而不坠③。刘古愚从袁耀宗那里对明朝开中法有了详细的了解，刘古愚后来提出在河套屯田的方案，将军事训练与屯垦防守相结合，厉行教育，弥合蒙古族人与汉人之间的民族隔阂，实现民族团结，共同抵御沙俄在西北对我国土地的侵略。

在与这些商人的接触中，刘古愚感到他们识大体，热心公益，关心文教，并且有力量促成各项有益的事业。而且他们周游四方，见多识广，使各地风俗互通，发家致富的同时也使国力强盛。在西方殖民势力凭借商业的力量侵略中国的时代背景下，他彻底改变了对商业、商人的看法，认为他们是推动文明发展的重要力量。

兴平张伯良（芳）以成功地举办团练、维持一方安定而得到刘古愚的尊敬。张伯良是柏景伟的好友，回民起义后，柏景伟与张伯良分别到各自的家乡组织团练。刘古愚对张伯良成功地训练团练、筹办保甲、义仓的事情充满了敬佩和羡慕之情。刘古愚非常重视保甲，提出人自为战、家自为守的团练法、壕堑战法，用于在内地抵御外国入侵；晚年力行实践文武并重的教育，这些思想和张伯良的实践有很大关系。

---

① 刘古愚：《张香亭家传》，《烟霞草堂文集》卷三。
② 刘古愚：《候选同知傅君峣山墓志铭》，《烟霞草堂文集》卷四。
③ 刘古愚：《候选同知袁君耀宗墓志铭》，《烟霞草堂文集》卷四。

张伯良的儿子张元际、张元勋都曾经从学于刘古愚,尤其是张元际,先后从学于柏景伟、刘古愚、贺瑞麟等关中耆宿,后来成为著名学者。民国年间的历任陕西主政者都对张元际礼敬有加。张元际继柏景伟、刘古愚、贺瑞麟之后,又对《关学编》进行了续补。

另外,刘古愚交往中值得一提的还有两位:因办团练而在维持一方安定中有所作为的侯鼎臣与张荩臣。侯鼎臣是三原人,是刘古愚的好友,他们在同治六年(1867)结识,又同年中举,相交莫逆。侯鼎臣长刘古愚12岁,当同治初年回民起义、关中大乱的时候,侯鼎臣已过而立之年。同治元年(1862),三原城被围,多次濒临溃败的险境,忽然有人率数十人呼啸而至,出现在县城北门之下,守城者张皇失措,以为敌人的援兵来了。三原县令余葵阶发现原来是侯鼎臣率援军到了,即刻开门迎接,得此生力军,三原城由此转危为安。

刘古愚与张荩臣终身未谋面,但对张却非常熟悉,万分钦佩。据侯鼎臣讲述,西捻军首领张总愚(即张宗禹)率重兵围困富平庄里镇,庄里镇有城墙可资防守。在城下与捻军激战的是湘军刘松山部与淮军郭宝昌部。战斗非常激烈,清军数量不及捻军十分之一,城防压力很大。当时侯鼎臣就在城上,守城者毫不惊慌,大家相信城池坚固,轻易不会陷落,而主持修筑庄里镇城墙的就是张荩臣。与侯鼎臣一样,张荩臣也是未雨绸缪,在危难之际,平时的准备就发挥了关键的作用。上述张伯良、侯鼎臣、张荩臣的军事行为及思想对刘古愚影响很大,刘古愚尤其钦佩他们急公好义的思想境界以及在复杂环境中把事情办成的能力。刘古愚在家乡设立义仓、义塾,并修筑堡寨就是"步荩臣后。"刘古愚1895年参与创办机器织布局,事关重大,希望有个相与筹划的人,他又想到了侯鼎臣给他介绍的张荩臣,但是荩臣已经作古。刘古愚为荩臣作墓志铭饱含着深深的痛惜同道、忧心国运的深挚情感:

> 捍卫一乡与捍卫一世,其用力难易诚不可与道里计。然孤举则难成,众擎则易济,天下固一乡之推,一乡即天下之例也。安得千百荩臣,各为其乡捍卫,俾中国安全,誓黄河泰山而带砺。呜呼!天之方蹶,无然泄泄。荩臣逝矣,予不知何心,望苍苍而陨泣。①

此铭作于1895年,刘古愚此时正积极投入到挽救民族危亡的各项维新活动中,其中涉及军事防御方面的有建设团练以及壕堑战法等,刘古愚研究这些

---

① 刘古愚:《候选县丞张君荩臣墓志铭》,《烟霞草堂文集》卷四。

问题直接受到上述诸乡贤的影响,把他们的许多有效做法吸收到自己的思想、方案当中。刘古愚的目光与胸怀有的方面又超过了这些地方贤达,他更加关注的是在海军覆灭,东部海疆撤守的情况下,如何与外国侵略者在内地周旋,如何动员全国力量竭力保持国家于不灭的问题,而不是斤斤计较于内战;相反,对于内战,刘古愚主张通过教育来消除民族隔阂,通过发展经济来实现民族间的融通。刘古愚也深深认识到,在火器时代,传统的城池已经不能有效抵御外国侵略了,必须通过壕堑等新式的防御工事才能有效抵挡火炮。刘古愚从这些人身上学到的是经世致用的态度以及以天下为己任的抱负,当然也包括许多具体的知识和技术。由此铭也可以看到,刘古愚社会治理思想的核心——治乡观与这些乡邦贤达的实践有着直接的关系。

第二章　掌教味经书院

光绪十二年(1886)刘古愚结束了私塾生涯,主讲于泾阳县泾干书院,次年,移讲味经书院,刘古愚的主要事业就在这里展开。味经书院有着与陕西其他书院明显不同的特色,它是为了矫正士子沉湎于八股、废弃经史、不问世事的弊端而新创设的书院,经过几任学政、山长、监院的艰苦经营才得以维系,最终成为陕甘地区重要的教育中心,也是新学术、新思想的策源地。

一、经始维艰

(一)谋划宏规

味经书院由当时由陕甘学政许振祎[①]创设。许振祎于同治十年(1871)六月二十一日接篆陕甘学政任,当时陕甘地区兵事还没有完全结束,地方一派残破,总督左宗棠忙于军务,无暇他顾。许振祎以振兴文教为己任,下车伊始,即致力于恢复岁课考试。他很快就认识到陕甘地区教育方面存在的问题。首先是兵燹过后,文教废弛。由于战争疮痍未复,人多贫困,无力从师受学,各府县官办书院多处于荒废状态,身负教责者往往不予重视。另外,陕甘层次较高的关中书院与宏道书院也是积弊甚深。面对这种情况,许振祎着手恢复旧的书院,在泾阳县,借助瀛洲书院延请教师讲学;同时筹划建立体制有别于传统书院的教育机构。

新书院定名为"味经书院",其突出的特点有三个方面。第一,不同于旧书院以八股制艺为主要内容,新书院制艺之外,主要讲授实学。许振祎心目

---

① 许振祎,江西奉新人,字仙屏,拔贡出生,清同治二年(1863)进士。他与曾国藩为师生关系,早在1853年便用辟置的方式,以内阁中书的身份进入曾国藩幕府,为曾氏襄赞军事,处理文稿,深得信任。1863年中进士,授编修,充国史馆协修。1871年任陕甘学政,1876年任史馆纂修、武英殿纂修等职。1882年任河南彰、卫、怀道。1885年,任河南按察使,次年迁江宁布政使。1888年徐淮地区被淹,筹赈济,借公帑贷民耕种,又修复维扬里下河堤防。1890年任河道总督。最后官至广东巡抚。

中的"实学"主要通过讲授七经、《资治通鉴》、《资治通鉴纲目》以及历代正史及《大学衍义》《大学衍义补》《文献通考》来实现,希望通过教授这些经书、史书、历代典章制度以使学生鉴古知今,培育实际才干。讲授、考课除了制艺之外,还有策论、经解、诗赋、法戒录等。第二,不同于一般书院"阅课"外院长不与学生经常接触的做法,味经书院山长每日都要到讲堂为学生讲学,亲自评阅学生札记,考核纪律。第三,味经书院由官方创立之后,日常经营由非官方的士绅负责,书院日常经费使用官方不得干涉,书院基本运行规则官方也不得未征询院长意见而擅自更动。这三项新规定是由许振祎一手创立的,前两条说的是教学内容和方法,第三条是制度保障。实际上这三条措施落实下来是很不容易的,尤其是日常运营经费官方不许染指一项更难保障。许振祎在落实第三条方面费了很大心思,采取有效的保障措施,不致因为官员的变动而影响其稳定性。他于同治十年(1871)六月到任,十一年(1872)二月泾阳吴建勋就捐出了书院基址的主要部分,同治十二年(1873)十二月十五日朝廷颁发上谕,批准许振祎关于味经书院运营规则的奏折。在这样一个简短的事件过程中,我们可以看出,许振祎为了保障官绅合办机制能够长远运行下去,特意请了圣旨,有了朝廷的圣旨①,督抚、学政就不能擅自更动,许振祎的这一举措奠定了味经书院稳定发展的基础。

(二)筹资营建

味经书院的第一笔营建资金来自民间的捐助。虽然陕西战乱刚刚结束,但是民众在振兴文教方面还是比较有积极性的,从三州九县共募集资金白银14678.22两,捐款最多的县是泾阳,共1400两,最少的是沔阳,119.8两。虽然各县所捐银两的绝对数目并不多,但是由于许振祎规定经费由士绅支配,官方不得染指,各种各样的议论非难即纷至沓来,说陕西大乱之后不应该即修重大工程,甚至还有人说,许振祎强令捐款,逼出人命。但是许振祎不为浮言所动,加紧修建步伐,到他离任时,书院基本建筑大致完成。许振祎调离之后,谣言更甚,有人中伤主持工程的监院怡养源,说他建造一面外屏糜费白银3000两。各种谣言之下,以前踊跃认捐的都裹足不前,经费来源断绝,书院运

---

① 上谕云:"著即知照陕甘督抚、学政立案,嗣后均照此次所定章程办理,钦此。"《陕甘味经书院志》,收入《烟霞草堂遗书续刻》,《经始》第一。

营面临着巨大困难。但是学生已经召集起来了,不能解散,首任院长史兆熊自减束脩,监院怡养源通过借贷给学生发膏火。继任学政吴大澂开始对此事也有所怀疑,了解实情后,他积极承担起续建味经书院的责任,重新开始募集资金。同治十三年(1874)又有人开始捐款。光绪元年(1875)陕西巡抚拨款白银 1 万两,到光绪二年(1876),共筹集到库平银 15589.6 两,除 2000 两还债之外,剩下的作为本金,借贷给商人,按照每月一分的标准收取利息,这样,书院基本上可以维持日常运营。但是经费依然紧张,需要节俭维持,而且不少设施还需要进一步修缮。后来吴大澂通过整顿官田、继任学政慕子荷(名荣干)带头捐款,除了一些兴建支出之外,书院出贷本金增加到 17139.4 两,基本满足了书院的需要①。发商生息的本金大部分(11589.6 两)交布政使,由布政使贷给各地商人(主要是典当商),每四月支领一次(二、六、十月底),如果商人没有及时将息银上交藩库,则布政使先为书院垫支。另有 2000 多两直接由泾阳县送蒲城、兴平商人生息,向书院支付息银方式如藩库例,书院只要与布政使及泾阳县领取息银,而不必与商人一一交涉,免去了许多周折。借助官府的力量,使书院的日常收入有了保障,这是学政吴大澂与布政使商议后确定的制度。

书院的地皮是泾阳商人吴建勋捐助的,吴建勋先后捐地是十亩零六分;光绪十九年(1893),吴建勋族弟吴建常又捐地一亩七分五厘五毫。光绪十六年(1890),书院又将西南角一小片地方计价买入,总面积十多亩,房屋共计一百七十余间,学生刚过百人。

另外,在《陕甘味经书院志》中,刘古愚对每笔银两的来源都进行了详细的记载,精确到毫。书院筹集资金"综计前后银两筹自捐输者,二万零三百四十四两四钱七分:拨自藩库者一万两;得自营田者,三千五百四十九两八钱。"则味经书院前后用银 33893.27 两。银两来源除藩库 1 万两外均出自各县捐助,每县捐助数额都有明细。光绪十七年(1891),陕西巡抚鹿传霖会同陕甘总督杨昌濬在十一月十四日奏折中说:"光绪十一年据该县孀妇吴周氏率子念昔禀称,其故翁二品封职、布政使衔前湖北候补道吴蔚文,故夫前候选郎中吴聘遗嘱,情愿独力捐修。即由该氏自行择人经理,于十一年五月动工,至十六年八月落成。工料经费共用银 40785 两有奇。其急公好义之忱未敢壅塞

---

① 刘古愚:《陕甘味经书院志》,《烟霞草堂遗书续刻》,《筹养》第三。

于上闻。合无仰恳天恩赏给已故候选郎中吴聘及其妻吴周氏二品封典。"奏折中的孀妇就是泾阳著名的"安吴寡妇"吴周氏。此文收入台北"故宫博物院"编《宫中档光绪朝奏折》第六辑第716、717页,宋原放主编《中国出版史料:近代部分》第一卷(汪家熔辑注,湖北教育出版社、山东教育出版社2004年版)第432、433页注释2引用该奏折。该奏折与《味经书院志》有较大出入,其一是银两来源为吴周氏独自承担,其二是书院修建也由吴周氏选人,其三是书院建造用银总数超过《味经书院志》载总数7000两。这里更为可信的是《味经书院志》的说法。该志由亲身经历此事的寇守信编出初稿,寇对书院初建、营运各项事业的相关"文移各件均存底稿"①,后来刘古愚对此初稿的体例进行了调整,成今本《陕甘味经书院志》。志成后藏之书院,当时吴周氏侄辈吴建寅、吴建常均在书院读书,吴周氏捐助给味经书院刻一书的银两刘古愚都写有题跋,加以说明,若其独自出资捐建书院,志中焉能抹杀?而鹿传霖奏折的主题是为吴氏求封典,对吴周氏的事情夸大其词,不仅严重失实,而且陕西官绅经营、筹资的艰辛努力被抹杀,实为不德之举。

(三)学风初定

许振祎是创设味经书院的灵魂人物,他排除各种困难,尽心竭力地动员各方力量投入到书院的建设中。在书院建设方面陕西士绅也做出很大贡献。具体负责营建事宜的有候铨同知怡立方(字养源),城固训导姚劭诚,澄城教谕王贤辅,候选教职张极、杨彝珍、吴乙东、谢鸿、猷从九、牛兴宗等。在谣诼纷起的氛围中,这些人身负很大压力。尤其是姚广文(劭诚),辞去城固训导的职位负责书院的建设事宜,任劳任怨,出力甚多。书院建设初具规模后,姚广文辞职归里,后续事宜由怡养源等人主持。当时许振祎调离陕西学政,吴大澂继任,经费来源一度断绝,怡养源靠借贷维持日常运营。开课后,监院都没有专门的办公场所,暂居学生号舍。要把书院的创设思想真正落到实处,选择院长是关键。许振祎多方访寻之后,决定聘史兆熊为首任院长。史兆熊字梦轩,城固人,道光甲午(1834)举人,当时以候铨同知任平利训导,人品学问俱佳。许振祎力邀史兆熊出任院长,三请之后,史才答应出山,任职三个月之后就提出辞呈,当时许振祎正在甘肃主持考课,学生闻讯后立即修书一封,

---

① 刘古愚:《陕甘味经书院志》,《烟霞草堂遗书续刻》,《规制》第四附《监院题名》。

情辞恳切,盛情挽留。了解到学政对新书院和自己如此重视,史兆熊也以知己相报,收回辞呈,不顾年迈,把全部精力和心血投入到书院之中。

在书院教法方面,史兆熊筚路蓝缕,奠定了味经书院的基本教学规程。首先严肃纪律,申明各种禁戒,禁止吸食鸦片,禁止赌钱游娼,禁止出入戏场饭馆,禁止诱骗赊贷,严门禁、慎火烛,要求学生每日早起,勤奋读书。详细制定了学生每日作息时间,规定写字、读书的具体进度,每月一次官课、两次堂课,都要限时写出文章,另加三次文课,五更出题,正午交卷。学生每人准备一本课程册,详细记录学习的内容、进程、心得,每五天汇齐课程册,评出优秀者,张贴讲堂,以资表扬,并方便其他学生观摩。强调学生要注意小学,对五经四书的字词有确实的了解。每月逢二、七日设立讲会,由院长主讲。院长会讲的时候允许书院以外的农工商贾各界旁听。每半月有一次或两次学生会谈,由学生讲述自己的读书、学习心得,讲述的内容可以是近日学习心得,也可以谈古论今,议题不拘一格,院长与监院到场。每月朔望由院长、监院率领学生拜谒至圣先师孔子。

三年之后,史兆熊旧疾复发,实在不能支持,于是辞职归里。去职前,他推荐柏景伟主持书院学务,并就书院应该坚持的各项事宜致书柏景伟,殷殷嘱托。但是柏景伟当时正忙于赈灾事宜,而且肺病在身,没有到任。此后的三任院长分别是赵宜烜、李垚、安维峻,他们对于评判课艺等事例行公事,没有多大精力与热情的投入,学生如何学习、各项规章执行情况如何,不予留意、督责,书院各项规章"废弛不可问矣"[①]。

史兆熊去后五年,也就是光绪九年(1883)柏景伟应聘为书院山长。鉴于书院各项规章废弛,柏景伟首先整饬纪律,恢复史兆熊所定各项规章,在严格执行方面尤有过之。柏景伟针对书院的实际,对于学生容易触犯的以下几个方面特别强调:第一,严格执行朔望祭拜孔子的礼仪;第二,严禁擅自出入;第三,禁吸食鸦片;第四,禁引诱赌博;第五,禁争竞滋事;第六,禁群饮纵谈;第七,禁锁占空房。在制度执行方面柏景伟非常严格,对于违纪行为严加惩处,对于一心向学者奖拔不遗余力。经过一番整顿,书院良好的学风又得以恢复。在教学内容方面,柏景伟强调读四书、读经书、读通鉴、读时文、读古文。古文包括《春秋三传》《国语》《战国策》《史记》《汉书》《庄子》《离骚》以及唐

---

① 刘古愚:《陕甘味经书院志》,《烟霞草堂遗书续刻》,《教法》第五。

宋八大家文,初学者可先从唐宋八大家入手,由浅入深,读古文的主要目的是让学生领会做文章的谋篇布局,如何用字、炼句,提高写作能力。柏景伟举人出身,有较深的文化修养,又负经世致用之才,曾经有多年的军旅经历,参与、主持过各种重大事件,在他的竭力整顿之下,一年之间,书院即有重大起色。

二、创设"求友斋"

在刘古愚正式主讲味经书院的前一年,也就是光绪十一年(1885),他已经参与到味经书院的教学事务中了,那就是"求友斋"的创设。求友斋是在中法战争期间,关中士人受时局触动,为了矫正陕甘地区学风空疏的状况,出于为国家培养切合实用的人才而创立的。光绪九年(1883),法国迫使越南签订不平等条约,使越南开始沦为殖民地。由于当时越南与中国有朝贡关系,中法之间开始交涉,一直没有达成和议。光绪十年(1884)闰五月初一日,法国攻击中国驻越南凉山军队,六月十五日又攻击台湾基隆,七月初三宣布与中国开战,之前已经对福建马尾军港进行攻击。清政府不得不于七月初七下诏与法国宣战。诏书说:"沿海各口如有法兵轮驶入,著即督率防军合力攻击,悉数驱除。其陆路各军有应行进兵之处,亦即著赶速前进。……此事系法人渝盟肇衅,至此外通商各国与中国订约已久,毫无嫌隙,断不可因法人之事有伤和好。著沿海各督抚严饬地方官及各营统领,将各国商民一律保护,即法国官、商、教民有愿留内地,安分守业者,亦当一律保护。倘有干预军事等情,一经查出,即照公例惩治。"① 刘古愚与他的朋友们对时局的发展非常关注,他与胡子周、柏景伟、赵舒翘经常讨论朝局,并思考着自己能为国家做些什么有用的事情。在给柏景伟的信中,刘古愚根据朝廷邸报以及洋报所得到的消息对时局进行分析:"又载西报云:朝命遍谕通商各国,越南旧属中国,中外共

---

① 朱寿朋编,张静庐等点校《光绪朝东华录》,《光绪十年癸未》第122页,总第1774页,北京:中华书局,1958年版。陕西旅游出版社1989年点校出版的《刘古愚年谱》也部分引用了此上谕,但文字有出入,《刘古愚年谱》引用上谕文字如:"沿海各口如有法兵轮驶入,著即督率防军合力攻击。"无《东华录》中"悉数驱除"四字。又如:"此事系法人渝盟肇衅,不得已而用兵至此。外通商各国与中国订约已久,毫无嫌隙,断不可因法人之事有伤和好,将此通谕知之。"对照《东华录》"不得已用兵"是从"此事系法人渝盟肇衅"前32字处移来,"将此通谕知之"之前有65字未录,知张鹏一《刘古愚年谱》对此上谕是节引,而不是全部照录。而且标点本《刘古愚年谱》将"至此"后用句号隔开,属上读,致使下句"外通商各国……"句意不通,因此此处引用中华书局本《光绪朝东华录》。

知,法人无端生事,自开兵端,天朝顾念和好,反复理谕,而彼狡谋愈肆,只得相见以兵。凡各通商埠头,天朝力能保护,照旧贸易,不必惊恐等语。此谕亦颇中窥要,与外洋用兵,必须披其党羽,盖亦鉴道光年间之失而用之也"。刘古愚赞成朝廷将法国与其他国家区别对待的原则,赞成战时保护各商民以及法国守法官商及传教士,这与道光年间将外国人不予区分的做法相比,是一种进步。而且中法战争期间,张佩纶、张之洞等清流派在舆论上颇占优势,这些人又分别被派往前线,督理军务,刘古愚认为当时的形势是"群贤毕进,法之事当如此办理。"①此时刘古愚刚过不惑之年(42岁),对时局比较乐观,有一种昂扬向上的情绪。柏景伟对陆上形势比较放心:"恭读此次上谕,天威震怒,足慑夷人胆,规复越疆,攻所必救,且各省备御严密,俱得先著,当无意外之患。"但是海上可受攻击之处太多,防不胜防,而且国库空虚,难以支撑长久的战局。法国人阴鸷坚韧,千方百计地用各种计谋欺诈引诱,多处进攻,以消耗我们的力量,这是很大的危机。对于这种艰险形势,不能不做长远之谋。赵舒翘对中法战事比较悲观,他在给柏景伟的信中说,北京市面萧条,"大局败坏,即在目前"。柏景伟将此意也透露给刘古愚,刘古愚不相信目前时局已经到了不可收拾的地步,北京市面萧条大概是因为阜康银号倒闭,"大臣尚有老成,庶僚则亦多謇谔。虽外省积习未能骤返,然是非亦有明时,此而谓大局败坏,即在目前,未识人事,安知天命?宜其谓朝政为二三言官所把持也。弟不敢谓天下必无变故,然殷忧启圣,而非大局败坏不可收拾"②。

在中法战争期间,柏景伟考虑的是列强不断地挑衅、侵略,中国国力衰弱,人才缺乏,作为一位乡间士绅,如何能为挽救国家的危机做些切实有效的事情。刘古愚虽然对时局比较乐观,但从未忘记隐伏的危机,在报效国家的思想方面,他与柏景伟并无二致。胡子周虽然身居市井,但从小留心时务,对于当时中国的弊病有深入的洞察,西方凭借算术等技术而使器械精良,财富充裕,中国的读书人为科举所禁锢,不通技术,不求实用,成天讲论治国平天下的大道,不过是空谈,于事无补。如今事变正急,应对事变的最好办法就是培养贤才、储备适应新形势下的真正人才。他拿出1000两银子做提倡,希望刘古愚和柏景伟在教育方面能够改弦更张,宣讲实学,力黜空谈。柏景伟对胡子周的倡议非常赞成,他相信,如果认真去做,就能够像先贤周至路德那

---

①② 张鹏一:《刘古愚年谱》,第45—46页。

样造就一大批有用人才,这种地域性的人才也能够使国家大局有巨大改观,胡林翼、李鸿章造就了湖北、安徽地方人才,而这些人如今正成为国家的栋梁。出于共同的志向,胡子周、柏景伟、刘古愚三人一拍即合。光绪十一年(1885),"求友斋"即在味经书院创办起来了。

设立求友斋的宗旨是为了矫正空疏无用的学风,改变所学非所用的状况。取疑义赏奇、乐多贤友之意,命名为"求友斋"①。虽然味经书院以实学为标榜,但是在书院大规模地讲授实学仍然得不到社会的认可和生徒的普遍支持,只能在认识水平比较高的学生中开设这样一个"特别班"。求友斋创设之初,出于推广文化以及教学自身的需要,就兼有刻书的功能,校勘书籍也是学生的课业内容之一。当时柏景伟和刘古愚打算以求友斋为依托,陆续刊刻《十三经注疏》、廿四史②。

求友斋的教学内容分经、史、政、道四项,同时附有天文、地理、算法、掌故各学,至于文章、诗赋则不再开设。采取老师讲述以及师生相互讨论方式进行教学。学生须作论说文,每季第一月出题,第二月收卷。入斋者按不同的成绩评出等级,酌情予以奖励。书院之外及外地有兴趣的人也可以听讲。

与许振祎创设味经书院时所设想的"实学"相比,求友斋更为突出的是对时事以及数学等科学技术的提倡。刘古愚从同治十一年(1872)开始研究数学,此后一直坚持,不断取得进步。他学算学的起步就是朱世杰的《四元玉鉴细草》,而这部书讲的主要是天元术即方程,通过此书,刘古愚通高等方程。光绪九年(1883),在天算学及三角测量方面又有了很大进步。他在该年给柏景伟的信中说:"弟近得梅氏《历算全书》,探中法之奥窔,无西学之诘屈,弟前所衍测量说皆其旧法,而又不备,直可焚之,不敢示人矣。……欲知天学,必熟于三角测量,梅氏书亦以测量为明天算之门路。弟前所制器,均不适用,祈兄想一善作之法,庶于算学有益。"③从中我们可以看出,刘古愚一直在学习并研究数学,而且还研读了不少西方的数学著作。在没有得到梅文鼎的著作之前,他一直在自学钻研三角测量法,而且大有收获,有些方面达到了梅文鼎的高度。通过梅氏的《历算全书》,刘古愚在三角测量法方面有了很大进步。求友斋刊刻了《梅氏筹算》《平三角举要》《九章翼》等数学著作。《梅氏

---

① 张鹏一:《刘古愚年谱》,第49页。
② 刘古愚:《候选同知傅君崷山墓志铭》,《烟霞草堂文集》卷四。
③ 张鹏一:《刘古愚年谱》,第42页。

筹算》是《历算全书》的一部分,原为七卷,梅文鼎的孙子梅瑴成将其中与《笔算》一书中重复的部分删除,定为二卷。求友斋所刊刻的《梅氏筹算》为三卷本,恢复了梅瑴成所删除的《算法》部分,包括加减法及命分、约分、开方、分秒、隅差法,另外,平方、立方法用简便方法①,则是又在梅文鼎祖孙之外形成了一个新版本。《平三角举要》也是梅文鼎的著作,求友斋在刊刻时补充一部分表,也是不同于原书的新版本。

除了讲授数学之外,传统自然科学方面的实用技术也在求友斋进行了讲授和推广。明清之际陕西大儒李二曲的弟子杨屾(双山)力行二曲"明体适用"之教,除了对性命之学深究力行外,对于农学、医术均有精深的研究,他本人就是一个名医,杨屾所著农书《豳风广义》也在求友斋刊书处被印行于世。求友斋学生都参与书籍校勘,可以说刊书也是学生们一个学习的过程。求友斋计划招收学生40名,首批入斋学习、有姓名可考的有:李岳瑞、陈涛、胡坊、蒋善训、王典章、贺景贤、郭毓章、薛宝辰、马承基、毛凤枝、毛昌杰、杨蕙、孙澂海、张元勋、张遇乙、王凤文等②。刘古愚对数学等自然科学传授的成绩慢慢显现出来。光绪十六年(1890),陕西布政史陶模组织测绘陕西省地图,求友斋的学生陈涛、成安、张遇乙、孙澂海、张元勋、程麟、陈孝先参与了测绘。当时除味经书院外,其他书院的学生皆不通算术,不知测绘仪器为何物。孙澂海曾经自制圆周仪,但比较粗糙。他后来从照相机的三脚架得到启发,利用所学的数学三角知识制成了测绘用的"象限仪",在测绘中发挥了重要作用。对此刘古愚很为赞赏,为之专作《象限仪铭》,该文收入现在的《烟霞草堂文集》第三卷。

求友斋经费除了胡子周捐赠的1000两之外,泾阳吴周氏(安吴寡妇)捐银2000两③,这是最基本的经费。将此经费借贷给商人,求友斋日常费用由利息支付。求友斋发生的费用主要是学生的膏奖以及刊刻书籍。由于当时陕甘风气落后,很少有人认识到转变学习方式、研究实学的重要性,因此必须对学生有一定的膏火补助和学业奖励。与求友斋刊书、课士的要求相比,区区3000两白银的本金是很紧张的,所以柏景伟、刘古愚一直在苦思筹款之方。求友斋其他的经费来源就是热心公益的绅商捐资刊书。比如傅峣山捐

---

① 刘古愚:《求友斋刻〈梅氏筹算〉跋》,《烟霞草堂文集》卷三。
② 张鹏一:《刘古愚年谱》,第50页。
③ 刘古愚:《同知衔升用知县柏子俊先生墓铭》,《烟霞草堂文集》卷四。

银1000两刊刻《十三经读本》,黄彭年捐银50两刻《平三角举要》等。

刘古愚参与求友斋的教学活动在陕甘近代教育史、思想史上有其重要意义。它恢复了久已成为"绝学"的数学教育与传播,而刘古愚所传授的数学已经不是传统的中国古法,也不限于明清之际所输入的西方天文、数学等自然科学,包括近代西方传入的新内容,因此求友斋可以说是陕甘近代自然科学教育的开端。当时致力于教育和刊刻经史的比较著名的还有三原贺瑞麟,但贺瑞麟谨守程朱之学,与西学、自然科学无涉。求友斋不仅仅传授自然科学,它还引导学生关心时事,研究当下社会、政治形势,传播西学。求友斋虽然人数不多,但是他们突破传统的教育模式,开始逐步与时代需求合拍。甲午战争之后,刘古愚之所以能够在陕西掀起维新风潮,很大程度上是因为有了这些人的应和。李岳瑞将北京的信息传送到陕西,陈涛、孙澂海、杨蕙到湖北、上海考察,将东南新思潮输入陕甘。他们一时成为时代英杰,使新文化、新思想在陕甘地区生根发芽,并不断传承下去。因此求友斋是陕西最早的启蒙机构,确实起到了"一空标榜拘虚之习,而务以圣贤道德、豪杰功名相与纠绳……为关辅力挽衰颓"①的作用,说它是陕西文化走向近代化的滥觞也不为过。

三、接掌味经书院

味经求友斋创设一年后,刘古愚主讲于泾阳县城西北隅的泾干书院,更便利了他参与求友斋的教学及刻书事宜。同年冬,柏景伟调到西安的关中书院,临行前向学政林启推荐刘古愚主持味经书院,得到批准。光绪十三年(1887)正月,刘古愚正式主持味经书院事务,直到1898年戊戌政变,历时12年之久。柏景伟为了使刘古愚便于管理学生,保持味经书院的良好作风,命他的门生萧钟琪、杨蕙、牟瑾、王寿岳、王寿祺、郭毓章、王文鉴等留在味经书院,以延续柏景伟时期的良好传统。以前曾经在家塾从学于刘古愚的胡坊、陈涛也来到味经书院,另外,柏景伟的儿子柏震蕃(字孝先)以及蒋善训等也于是年执贽于刘古愚门下。在味经书院的教育发展史上,史兆熊是奠基者,柏景伟振衰起弊,有中兴之功,刘古愚则将味经书院的教育水平推向最高峰。

刘古愚接任后的思路与柏景伟大致相同,一是严肃纪律,二是投入全部

---

① 张鹏一:《刘古愚年谱》,第49页。

精力与热情,大力提高教学质量。此时刘古愚45岁,正值壮年,他对学生的学习成果及时进行反馈,学生无法偷懒,也不忍偷懒。平时经常与学生聊天,以道义相砥砺,日久天长,学生对刘古愚仰之若父,能得刘古愚一言肯定者,终身不忘。

刘古愚另外一项下大力气整顿的事务就是坚决禁绝鸦片。规定学生有犯戒者要么请罪悔过,限日戒绝,要么立即开除。经过不懈努力,味经书院消灭了吸食鸦片的现象,这在其他书院中是做不到的,味经书院在这方面是唯一的一例。

严格纪律、根绝鸦片,需要严厉的手段,刘古愚的身上确实有耿介不群的特性,有一种"虽千万人吾往矣"的决心,但是在教学方面,刘古愚却是宽严结合,其底色是宽,这种"宽"实出于一种深挚的爱。他非常尊重学生的个性,能因材施教,尤其对于幼童非常有耐心,反对让幼儿机械地背诵,更反对体罚学生,说学舍不是公堂,不能用刑罚的手段对待学生,强调对幼儿教育要用浅显的语言,先讲明经史的道理。这样的言论在《学记臆解》《示子瑞骏》等著作中有集中表现。

具体到教学内容与教学方法,刘古愚曾经对味经诸生讲述过课程册的格式和要求,名曰《味经书院诸生课程册条目》,我们将此文略作介绍,也可见当时书院教学的一些具体情形。课程册的宗旨取"日知其所亡,月无忘其所能"之意,功能在记录平日所学,并由此积累资料、增长学力。课程册用纸由书院发放,因为是散页,所以每人须写上姓名,课程册要填写、记录的内容主要有四个部分,即诵读、温习、讲阅、居业。

诵读方面要求填写每天读书起止,学生平均每天读经300字,用三年半的时间可以把六经、四书读完。读书是学子本业,不习诗书,目无古今,不可以称为真儒。温习的对象主要是经史,也要求写明每天温书起止。刘古愚强调,"旧书不厌百回读"这是非常有道理的,同样是一本书,今天读和以前读趣味迥然有别,少时所读之书壮年之后再读,见解又有不同,读书所得会随时随境而有所不同,因此,温习非常重要。讲阅指就自己专精的部分进行讲论。在学习过程中需要专精于某一方面,否则经史子集浩如烟海,从何入手?如果没有比较稳定的钻研方向,想起来随意去读,最终在学业上难有收获。应该在道德、经济、考据、辞章方面立定趋向,而后循序渐进,致志一书,专心一门,天长日久,自能融会贯通。这样做也可以检摄学者粗浮之心,使之精锐沉细。讲阅的具体方法在后面的"居业"条目下详细说明。讲阅项也要注明每日所看书名及起止页码。

"居业"之"居"为"居积"的意思，积累时间长了，自然就会进步。其细目有十项。(1)点勘句读。古人讲读书要眼到、口到、心到，曾文正(国藩)增加"手到"一项。眼、口、心虽到，但是难以留下痕迹，均一过辄了，"手到"记录下眼、口、心到的收获，又可以验证其他"三到"的效果。(2)校订错讹。仿照保定莲池书院校勘法，或者以各本对勘，或者依据他书校对，找出各本篇章字句间的不同之处，意义有何区别也须详细考证，精心审定，有所收获，就记录下来。(3)纂录义类。这也是模仿莲池书院的做法。就某一问题，或从各书中搜集相关材料，得出研究结果；或从一本书中就某些问题进行专门辑录。(4)曲证旁通。就是在读书过程中，发现各书的观点可以互相证明的部分，或者看一本书的时候对另外一本书有了新的理解，都要记录下来。经、史、子、集均可互证。(5)切己体贴。犹如前人讲学的"语录"，讲学有得，或对人情物理及政事因革有所悟解，或反省自身，对世事有所感悟，均须记录。(6)典章考据。大则兵刑、礼乐、农田、水利、天文、地理、国朝掌故，以及名物、象数、声音、训诂等类，都在考索范围之内。有所得，及时记录。(7)摹拟文法。古人文章必有所本，了解了该文章本于何人、仿自何处就能知道他与前人有什么变化。如班固沿袭《史记》之体例，欧阳修学习太史公之神韵，都有其独得之处。辞章之学，须从此下手。(8)抄录故实。分门别类抄录各种典故、事迹，注明出自某书。古人没有类书，所用典故都是来自自己的阅读，有自己的选择和心得，学有根柢，写文章、遣词造句才不会人云亦云。(9)存疑待问。刘古愚对于问学求教及记录疑难问题非常重视。他说，人们不愿看书，往往是因为开卷之后，多有不解，但是又不敢向他人请教，这样，不理解的还是不理解，更加觉得看书太难，最后就放弃读书了。所以，向人求教、问学是能够坚持读书的关键。(10)余功。写字作文、作诗，非多读书不能日有进益，这番道理，前人已经说过，就是算数、律历、天文、占验、地理、形势、兵法、水利，这些实用性、技术性学问，也是不多读经史，不能领会其本原，故诵习、讲阅为本，而其他各项皆余功。

从此《条目》可以看出，味经书院学生学习的主要内容是经史，这与求友斋侧重于科学与技术有所不同，又与一般书院主要讲八股文区别开来，仍然执行的是许振祎的基本思路，同时借鉴了刘古愚业师黄彭年在莲池书院的方法。除四书之外的经史不是科举考试直接出题的范围,将经史作为主要研读对象,已经是一种进步。在此基础上,刘古愚也强调了在学习过程中要注意兵刑、礼乐、农田、水利、天文、地理、国朝掌故以及名物、象数、声音、训诂等内容,这些固然也不外传统"实学"的范围,但是这离现实的实用性更近,"兵刑、礼乐、农田、水利、天文、地理"等内容都可以与西方自然科学互证,倾向于古还是今,甚至倾向于西学,全在教学者自己的掌握。正如刘古愚在"余功"中所说,研究这些部分非多读经书不可,也可以反过来理解,研究经书也要多注意这些实用、技术性的学问。

执教味经书院第三年(光绪十五年,1889),刘古愚又带领学生读《资治通鉴》(以下简称《通鉴》)与《汉书》。为了让更多学生能够同时读《通鉴》,刘古愚仿照顾炎武的读书法,想出了一种读、听结合的办法。把书院的学生进行分组,每组20人,轮流诵读,每月初七、十四、十七、二十一、二十四、二十七日为读《通鉴》日。参与读书者从句读到考证、义理、辞章等方面的要求与"居业十目"①大致相同。实行了一段时间之后,刘古愚在评阅学生课程册时发现没有多大进步,对读史方法又进行了调整,模仿苏东坡读书法,又研究出一套读《汉书》的办法。依然采用读《通鉴》那样的"听读"法,对于具体读法,刘古愚规定得更为详细。下面是《示味经书院诸生读〈汉书〉法》的部分原文。②

一、研理。理学之名,起于北宋,实上承洙泗之传《春秋》,而后,由战国及秦,异学争鸣,纷乱特甚。至汉武时,一尊孔氏,当时诸儒,虽不如宋儒研求之精切,而开辟榛芜,以留斯文一线,其砥柱中流之功,不可缺也。故性命之源、天人之故,以及勉强学问之功,王伯义利之辨,宋儒所极力发明者,大义微言,莫不萌芽于汉。尔等有志研求,凡《汉书》所载有为宋儒所引者,及类宋儒所语、当时士大夫制行有与宋儒近者,均为疏明录出。

二、治经。经遭秦火,非汉儒搜罗,不能复出。虽经文不免残缺,不无支离,然孔氏遗言,赖以不坠。尔等有志经学,于《汉书》中传经源流,及诸人平日引用,均须录出。《诗》《书》《易》《礼》《春

---

① 刘古愚:《示味经书院诸生读〈通鉴〉法》,《烟霞草堂文集》卷八。
② 刘古愚:《烟霞草堂文集》卷八。

秋》，各有专家，诂训部分，派别无相淆乱，可先将《艺文志》录出，以考证各传。

三、史法。纪、表、志、传，始于子长，断代始于孟坚。孟坚虽诋訾《史记》，实无一不本《史记》也。但子长笔力高迈，文如天马行空，不易捉摸。孟则谨严整赡，法律井然，易于追步。如留心史学，则先以《史记》与《汉书》相较，纪、表之详略，书、志之去取，传之或分或合，一一深思其故，即字句之不同，亦较其工拙。次以表、纪、志考证于传，其抵牾处，正复不少，一一疏明录出，如《史》《汉》均不载兵制，可取表、传中语，参以他书，补成《西汉兵志》，亦是用心一法。

四、文法。文莫盛于汉，而汉文分两派：一散行，源于司马子长；一骈体，源于司马相如。骈体典丽裔皇，气息丰腴，自汉及六朝皆用。自韩退之追踪子长，以为复古，而散行特尊，遂擅古文之称，骈体不能与之敌矣。其实一阴一阳之谓道，文之工拙，不在整散、奇偶之间也。故凡读文，当求其义法与其声情。义法，理也；声情，气也；体裁，貌也。人之貌或无同，而理气不异。实则貌不相远，气犹相近，理则无一相袭者。故每读古人之文，当先求其命意所在，次乃审其抑扬起伏，次乃玩其声音节奏，则其文之源流，悉能了然于心，自与我为一矣。其字句机轴以及命意树骨，彼此相袭，当求其始自何人，胸中方能辨泾渭。刘子政笔意茂穆，气息浓郁，与《国语》为近，曾南丰、朱子宗之，此又一派。

五、考官制。汉之官制，多本于秦时。有增益变革，须考之纪、传，其迁、除、升、拜之年月，与其官秩之大小，均须留心，则一代之官制可以了然矣。《汉官仪》虽如戏具，实欲学者娴习汉家仪制，其书所据，均有典要，可取观之，以引心思。

六、考典礼。汉杂王伯，是古今一大升降，然后世郊庙、朝野一切礼文，悉本之于汉，而康成《诗》《礼》注多引汉制。苟于汉之典礼一一悉其源流，则以上考三代，下考唐宋，均无难矣。

七、兵刑舆地。《汉书》有《刑法志》无《兵》志，其兵制均见于纪、传中，如番戍、讲肄之类，可一一录出，更考之他书，即可得其兵制大略。至刑法，则康成注《礼》，多引《汉律》，可钞出以与他书参考。地舆、郡国、县邑，可考建置改易年月，乡、亭可据本传文理，以考其所在。而班氏兄弟均习边事,于西域道路、方向尤悉,此尤近日急务。

八、律历。先即本术以求其立法之源,次以近日之法以较其疏密,次于纪、传叙事之初日月以核其合否,不知算术者,止较日月亦可。

九、字学。《汉书》行之民间,不如经书之广,故字形未经改窜,其训诂、声音多存古谊,即方言、时语,亦有益于经义、词章,随时录出,足为穷经作文之助。其经义别解,亦可录出。

十、人名。古今同姓者甚多,每易混淆,其有传者,尚易分别,惟纪、表、志、传中所见,外夷贼盗姓名,往往不可句读,须细查前后,方能知为几人。可分为韵,编录为一帙(每名须载有传无传,见于何处)。

十一、佚书。古人著作,至今失佚者甚多,前人引用,因传于后,一一录出,就可得其梗概。如纬书虽系后人伪作,在今即好古书。他如注家之所引,均资考证,一一录出,其引用现存之书,可取原本较其同异。

十二、灾异。汉儒好谈灾异,宣、元、成、哀之际遂成风俗,学问以此为精,奏疏以此为要。其善者固可悚动人主,使常存敬畏之心,余则近于占士之为,然其学亦有渊源,可取《五行传》与各传参较,即可略知其故。古以日、月、五星交食、凌犯,均为灾异,今则皆有定法,可算而知。然理数相因,与其人人妄谈灾异,不如一一本之经史。虽不必据为定论,亦可略知天人相通之故。

以上各条刘古愚要求每位参与读《汉书》的学生每人选择一门,搜集相关材料,也可参证他书。也可以多人共同选择一类,但必须仔细阅读全书,不可草草一听了之。上列各条,在《汉书》《志》《表》中有的,先将《志》《表》内容抄下来,然后再以《纪》《传》中的材料相考证,所考证的事情都要注明出于何处。如果有人有新的想法,不在上列各条之内,也可以自己设计研读、考证科目,不加限制。总的原则是认真研读,不要轻易放过。

刘古愚设计的读《汉书》方法规定细致,使学生有可操作性,也便于检查、考核。尤其是这一读书法指示了正确的做学问方法,很见学术功力,比如第一目"研理",如果真能做到将宋儒所引《汉书》内容一一摘录出来,那么宋学与汉学的联系和区别也就可以大致明了,而汉宋之争正是清代以来学界延续不绝的焦点问题之一,这一方法是清理汉宋分别的正途。第二目"治经",提示的是从史学的角度去治经,从《艺文志》入手,先把五经传承的相关资料摘抄出来,然后将其他部分相关传经的源流以及各色人物在不同场合的引用一一摘录出来,经此一番工夫之后,西汉经学传承、发展的基本过程也就清楚了,要钩稽秦火之后,经学的存废以及经学与西汉政治、文化的关系,除此路外,实别无他途。第六目"考典礼",要求诸生将《汉书》中有关典礼部分与郑玄《诗》《礼》的注释相印证,因为郑玄注释各经多引汉代典章制度,而礼制是典章制度中的重要部分,将郑玄所引条文与史书中所载的实际应用情况相结合,以清理汉代的典礼制度,就能够得出切实合理的认识。第七目"兵刑舆地",指出将郑玄注《礼》所引汉律与《汉书》及其他书籍中有关内容相对应,可以加深对汉代刑律的理解。这四目的内容体现出刘古愚对经学有着深厚的造诣,他对经史互证运用非常娴熟,而在思想深处也主张经史互证。这也说明刘古愚非常清楚,经学也不过是一种史料,这与章学诚"六经皆史"的观点一致。但是就现有的《刘古愚先生全书》来看,刘古愚专门的经学考证文章很少,能够体现他这种比较平实、客观研究风格的著作也不多,《烟霞草堂文集》卷一中的《两南宫敬叔考》《漆沮既从解》应该是此类风格经学研究成果的代表,尤其是《漆沮既从解》,引用经书资料与《水经注》相参证,评价包括清儒在内的历代有关研究成果,又结合地理知识,加以实际考察所得,否定了传统的以"石川河"为《禹贡》"漆沮"的说法,并提出今洛水为古"漆沮"的新说法。但是这样风格的作品在刘古愚的有关经学著作中并不多,现在流传下来的他对经学的解释,要么是继承宋明理学的方法,要么是今文经的说法,有些看起来就是明显的附会,甚至刘古愚自己也承认他的解释有附会的成分。之所以出现这样的现象一是如刘古愚不少弟子所云,现存著作大多是教授学生的讲稿,不是正式的著作,刘古愚有不少研究成果还没有来得及整理出来,就突然去世了。二是即使有些著作是专门撰著的,也是有感而发,是为了影响现实,不是"为学问而学问"的平实之论。尤其是戊戌变法期间接受康有为今文经学的影响,戊戌政变后,即用今文经微言大义的方法发忧愤伤时之论。从这些内容来看,刘古愚的经学研究确实多附会之处,六经注我的特点突出,而其真正的学术性的经学造诣反而湮没不彰。

他重视汉代礼制,又通晓汉代典礼,上溯三代、下及唐宋,都有章可循。

汉代礼乐典章来自三代，中间有很大的损益变化，而汉代文献又很少流传，因此《汉书》等正史及汉人的经典注文就成了研究该时期典章礼乐不可或缺的重要资料。唐宋之后，官私文献甚多，其间因革变化的痕迹相对就清楚多了，因此汉代是承上启下的关键。由此可见刘古愚纵向贯通的眼光和见识。

第三目"史法"指出班固对司马迁的继承以及班固、司马迁在文笔以及章法安排方面的异同优劣。《史记》《汉书》之间纪、表之详略，书、志之去取，传之或分或合，须详细究期间的原因；二书表、纪、志与传之间也有不少抵牾之处，对这些问题进行整理，这又是精深学问的入门之径。

第四目"文法"也是刘古愚将自己心得倾囊相授的体现。刘古愚说"文莫盛于汉"，实在是肺腑之言，是自己多年实践的体会。刘古愚的文字风格确实是从汉文脱胎演化而来，加以自己诚挚、浓郁的思想情感而独具一格。看刘古愚的文章第一感觉是朴拙、厚重而有骨感，句法谨严，用字俭省，不枝不蔓，细品之后，于厚重之中又见灵动，于骨感处见浓郁，尤其是他为人撰写的墓志铭以及为数不多的诗作更能体现这些特点。通过这段文字，我们可以看出刘古愚的文法实受汉代文人影响很大，无论是散体的史传文字，还是对仗的骈体文，刘古愚兼收并蓄。读书如果真能达意之所在，然后而审其抑扬起伏、玩其声音节奏，那自然就会将其化在自己的文章之中，写作自会大有益。其他部分至于官制、人名、佚书都是做学问的门径。

需要注意的是第八目"律历"、第十二目"灾异"中有这样的表述："先即本术以求其立法之源，次以近日之法以较其疏密，次于纪传叙事之初，日月以核其合否，不知算术者，止较日月亦可。""古以日、月、五星交食、凌犯，均为灾异，今则皆有定法，可算而知。然理数相因，与其人人妄谈灾异，不如一一本之经史。虽不必据为定论，亦可略知天人相通之故。""本术以求其历法之源"是研究古代历法的基本技术，在此基础上，用现代的数学以推定其是否准确，太阳、月亮，金、木、水、火、土五大行星都有固定的运行轨迹与周期，相对于五大行星而言，日月在什么位置，都可以推算出来。由于古人对日月以及五大行星的运行周期认识不准确，在此基础上推算出来的运行轨迹也有与运行情况不相符的现象，古人认为这是上天示警，与人间祸福相连，至于日食、月食也被赋予与人事祸福相联系的意义，此即所谓"灾异"。刘古愚告诉学生这些现象都可以推算而知。《汉书》等古书记载的灾异现象虽然并非事实，但是也反映了一种特定的认识状况，用今天的话来说就是一种文化现象，这已经是用科学的方法解释天象了。"以近日之法以较其疏密"就是用当时的自然科学方法来检验古代的历法,将此作为一门研究对象也是科学的方法。可见,刘古愚借助古代经史,向味经书院学生讲授近代科学技术,至于"不知算术者,止较日月亦可"则是不知者、不愿知者不强求,是因材施教的办法。

四、泰西机器必行于中国

刘古愚在对学生进行数学等科学技术教育的同时,也坚定而艰难地进行着推广西方现代科学技术的启蒙。刘古愚自第二次鸦片战争之后即认识到西方的自然科学技术必须效法,这是一个不可逆转的趋势,学习这些科学技术是国家自强必由之路,也是士子报国的重要途径。这一思想来自他对当时中国的处境以及发展趋势的研判,在与黄彭年、李寅、柏景伟等师友以及身边的工商各界人士的交往中这一认识得到加强,他专心自学数学,即决意以此思想来警醒世人,以开风气,以适应时代的需要。执教味经书院之后,有了一个较大的推广平台,不懈地向学生传播相关思想、知识。光绪十九年(1893)给味经书院诸生出题《论西洋机器之利,中国今日必不能拒,当效法之》[①]。刘古愚对学生的答卷逐一批答,反复辩论,耐心地征引经书,讲解当代中国的形势。这些课卷已经无法看到了,但后来刘古愚在这些批答的基础上形成了一篇文章,题名为《泰西机器必行于中国说》,此文也是为了进一步开导学生而成。该文后来收入《烟霞草堂文集》卷一。分析此文,我们可以看到刘古愚启蒙学生情形之一斑。

文章一开头即亮明观点:"机器入中国,天欲合五大洲为一,气运之所趋,不惟中国不能阻,即西人亦不能秘其术不令入中国也。"然后引用《周易·系辞下》关于叙述上古文明演进、器物制造的文字以证明自伏羲、神农、黄帝以来的社会是逐步演进的,器物制造也在不断进步,上古圣人不能反对百姓对便利器物的追求。刘古愚在文中说,孔子所做的《系辞》谈到黄帝、尧、舜时只说穷变通久,取法于乾坤两卦,接下来才说制造舟车、杵臼、弧矢、文字等事务,这说明黄帝以前没有这些器物。从盘古开天辟地到神农氏之时,那些经史以外的记载、传说虽然未必都可信,但是肯定有数千年之久上古之民过着没有舟车等器物的生活,加之山川阻隔,人们不相往来,可以想见。没有重门

---

① 张鹏一:《刘古愚年谱》,第82页。

击柝、弓矢,则说明没有盗贼;没有杵臼、宫室、棺椁,说明风俗简朴;没有书契、文字,则说明人心纯厚,不尔虞我诈。在这种数千年简朴浑穆、人人相安无事的状态下,如果有人和他们说尧舜之后的舟车、弧矢、文字,他们一定觉得这些都是骇人听闻,就像人们看火炮、火轮、舟车、电线、气球,也会把它当作是奇技淫巧,恐怕泄露天地之奇,破坏淳朴的人心,必然也会有人竭力阻止,而不让这些新式器械推行。但这是办不到的,这些器物确实给百姓带来便利,为百姓内心所喜,他们会争相采用,圣人治理天下,不会强迫百姓不采用便利的新工具。实际上,如果有便利于人的器物产生,即使是十分残忍的东西,圣人也不能废弃不用。弓箭的前身是弹弓,是古代孝子发明的,他们用弹弓发射泥丸为父母猎取鸟兽。蚩尤创造了各种金属兵器,于是羽箭代替了泥丸,木棒转换为利刃,没听说过黄帝用泥丸、木棒来抵御蚩尤坚利的"五兵",更没听说过黄帝擒杀蚩尤,连他创造的"五兵"也废弃了。泥丸、木棒与五兵的差异就如现在弓箭、刀矛与火炮的差异,黄帝、尧、舜三位圣人都不能废弃"五兵",近代人又怎能废弃兵器而不用呢?

有的学生说机器会使人"淫心舍力",孔子对反对淫心舍力的鲁公父文伯之母敬姜给予肯定。对于这样的观点刘古愚是通过古代与现代的事实进行辩驳和说服。汉代赵过发明牛耕技术,在此之前,人们都是以人力耕田,《论语》《周礼》有"合耦""耦而耕"之说。采用牛耕后,一牛之力足以代替十余人之力;西洋人提到机器说相当于若干匹马力,这与用牛耕代替"耦而耕"是同样的道理。当时用牛耕的时候农夫依旧淳朴耐劳,并没有"淫心舍力",为什么采用机器就导致"淫心舍力"呢?现在西洋数十国凭借着坚固的轮船、凌厉的火炮对中国虎视眈眈,伺机侵吞,我们用血肉之躯去抵挡敌人的坚船利炮,这是仁者忍心做的吗?不忍心于此而求胜于外洋,兵器必须用先进的机械,造福于人的器械难道不该采用吗?军用机器使人强,民用机器使人富,西洋凭借精良的机器生产出廉价产品销售到中国,中国每年有数千万的银两流出,这犹如人生有瘘疮,每天都在消耗精气,天长日久,将羸弱自毙,怎么还有能力与人争斗呢?所以要效法西方现代兵器,必须先学习制造日用器械,有了财富的积累,军器制造才可能继续下去。中国主要收入来源的农业已经不能与外洋匹敌,工商业更不必说了,工商受困,农业就会更加困窘。在文章的最后,刘古愚饱含感情地说:

呜呼,嗜欲将至,有开必先。舟车、弧矢、书契之作,天欲合中国之九州为一也;火车、电线、机器之作,天欲合地球之万国为一也。天欲开之,谁能违之?西洋人固感于气运之先,而惟恐或后,中国人乃欲急于气运之后,而思争先,其能焉,否耶?天意茫茫,世事难料,震旦古称清淑之气所钟,神灵首出,未必不仍在中土,起而收黄帝、尧、舜之功,萃万国之玉帛于涂山,诛后至之防风氏,为两间重新气象。愿士人息心静气,拭目待之,无拾老庄唾余,欲返浑沌于春秋之后,而自戾于孔子也。

在这篇文章中,刘古愚大力提倡效法西洋机器,是出于对现实的认识,中国要自存、自强必须学习西方的先进科学技术,这是大势所趋,毫无疑问。

在柏景伟、刘古愚的苦心经营下,味经书院迎来了它的鼎盛时期,四方才俊慕名来学,求友斋、刊书处、官书局等各项事业次第展开,书院藏书日益丰富。官方对味经书院也非常支持,在岁科两试中选拔优秀学生送到味经书院与三原宏道书院,名为"上舍生",给予优厚的膏火,鼓励其向刘古愚学习经史、舆地、数学,以为全省之表率,"味经诸生之盛以此数年间为最"①。无论是内部环境还是外部环境,味经书院都达到较好状态。

自许振祎草创、吴大澂续建直至戊戌政变,历任学政对味经书院都很支持,陕甘高层官员督抚藩臬都未有与味经书院发生较大冲突的现象,而且在关键时候,往往给予资金、政策上的支持,这也是味经书院得以较快发展的外部因素。光绪十一年(1885)也就是柏景伟和刘古愚创设求友斋的那年,刘古愚关中书院业师黄彭年调任陕西按察使,黄彭年对味经书院的事业非常支持,光绪十三年(1887)刘古愚主讲味经书院后,黄彭年会同柏景伟以及陕西督粮道曾怀清(名铄)筹集一笔资金,到外省购置了一批图书,设立售书局发卖,同时,捐给书院6037卷。该年十一月,黄彭年升任江苏布政使,曾怀清继任按察使。次年正月,陶模由直隶按察使升任陕西布政使。八月,学政柯逢时到任。除柯逢时与刘古愚有一次戏剧性的冲突之外,曾怀清、陶模都非常敬佩刘古愚,私人之间也结下深厚的友谊。陶模的儿子陶拙存也是刘古愚的弟子,刘去世后曾经参与校勘刘古愚的遗著。戊戌政变时,正是由于陶模的保护,刘古愚才得以免受拘捕。后来陶模任两广总督,刘古愚的弟子陈涛因受参与维新运动的牵连而到广东投奔陶模父子。冲突之后,柯逢时对刘古愚

---

① 张鹏一:《刘古愚年谱》,第64页。

愈加赞赏和信任,委托刘古愚经营官书局。此时泾阳县地方官也与刘古愚甚为相得,他初到味经书院任职的时候,县令为易润芝(字兰生),敬佩刘古愚的学问,赞同他的教法,命其子易怀清从学于刘古愚,其婿陈伯本向刘古愚学习算术,而陈伯本的族叔又是刘古愚中举人时的座师,两家颇有渊源。光绪十五年(1889)易润芝卸任,涂官俊(字邵卿)继为泾阳令,涂官俊是一代循吏,曾两为泾阳令,为政宽猛相济,深得泾阳百姓爱戴。涂官俊治理泾阳的许多措施就是来自刘古愚的建议,刘古愚也借涂官俊使其治理韬略稍得施展,因此刘古愚引涂官俊为知己,涂去世后,刘古愚曾为文哭奠。

  柯逢时任学政时,味经书院又有了很大发展。柯逢时,字逊庵,湖北武昌人,张之洞的门生,光绪十四年(1888)任陕西学政。在北京时,听到了人们关于刘古愚的谗言,对刘心存芥蒂。到任后,不和刘古愚商议,擅自更改书院制度。这与味经书院的传统相背。味经书院自许振祎礼聘史兆熊之后,书院院长地位就很高,而且许振祎当时为了维护其倡导真学问的特色,制定了一套章程,此章程经过皇帝的允准,包括学政在内的地方官未经山长及出资绅董的同意不得擅自更改章程。因为味经书院是由地方士绅主办的,官方并没有日常拨款,地方士绅有决定书院基本规则的权力。柯逢时的这种做法极大地违背了味经书院的传统,也是对刘古愚的不尊重。对此,刘古愚不能委曲求全,便向柯逢时递交辞呈,随即搬离书院家居。柯逢时更改书院章程的痕迹只是在《陕甘味经书院志》之中有所体现,他将官课、堂课、经课的膏火等次及数量做了改变,如味经书院原来规定一次超等十名,十名中又分为三个等级,膏火分别是二两、一两五钱、一两;特等二十名,中间又分为两个等级,膏火分别为八钱、五钱;一等四十名,都是一钱。柯逢时规定不分超、特、一,共取前三十名。一名,三两;二名至五名,二两;六名至十名,一两六钱;十一名至二十名,一两;二十一名至三十名,六钱。①

  刘古愚给柏景伟的信中说到:"多讲经史,方能长人之识见。若又疲劳精神于八股之中,则学宪多一阅文幕友足矣,奚必此院长为也。来岁仍照今年章程,可无须弟之在院,若改换章程,则当为弟留有余地,使得照应一切也。兄与学宪既可往来,此意似可预达也。"②可见刘古愚所争者是味经书院的风

---

① 刘古愚:《陕甘味经书院志》,《烟霞草堂遗书续刻》《筹养》第三。
② 张鹏一:《刘古愚年谱》,第58页。

格。柯逢时没想到刘古愚会毅然辞职,后来他致函陶模说:"刘某去味经讲习,请荐一人代之。"陶模回信说:"刘某学问深邃,人望所归,舍此无可荐者。"陶模这样鲜明的态度使柯逢时开始重新认识刘古愚,他派监院持关书到刘古愚家中,仍聘其为书院院长。监院请了三次,刘古愚闭门不见。在这样的往还过程中,柯逢时对刘古愚的学问与节操了解更深了,他反而开始敬佩刘古愚,非请刘出山不可。他听到刘古愚在西安的讯息,即亲往西安敦请,但到西安后才知道刘古愚仍在咸阳,但是地方官员不能私出驻地之外的他县,柯逢时无法亲到咸阳去面请刘古愚,在万分焦急,"计虑俱穷"的情况下,他打听到柏景伟为刘古愚生平莫逆之友,于是托柏景伟一定要把刘请出来。柏景伟在信中向柯逢时提及刘古愚不愿看八股文,不应以此相强,刘古愚在柏景伟的信中也提到柯逢时必须放弃对章程的修改,否则不会赴任。柯逢时接受了刘古愚的要求,刘古愚最终答应重新回到院长任上。得此消息,柯逢时十分高兴,急忙赶来书院向刘谢过,不胜慨叹地说:"我几失君,我之过,我知之。"指着自己的双眼说:"我有眼不识人"。又指着耳朵和嘴巴说:"我的耳朵太软,爱听闲言。我的嘴太坏,听到什么便不分青红皂白地说了出来。"最后指着胸口说:"我心中并无他意,只是口耳不慎,以致产生误会,千万别见怪啊。"由于刘古愚先生的高足张鹏一的记述,使我们生动地了解了这幕喜剧,柯逢时直来直去率真坦诚的性格也跃然纸上。接触多了,他更加深入了解了这位耿直的教育家,在给友人的信中说:"我走遍天下,认识的人太多了,刘某实为第一人。"[①]他不但恢复了味经书院的章程,而且还想把宏道书院的章程也让刘古愚来制定。经过这次风波,刘与柯成为挚交,以后刘的各项举措大都得到柯逢时的大力支持,真可谓不打不相识。

柯逢时到任次年,对书院进行了扩建,在讲堂东侧建起了藏书楼,三架三楹,中设至圣位,前列庑舍,左右各三架,将对书院有功的学政许振祎、吴大澂之名题于藏书楼,并设神主祭祀前院长史兆熊及前监院寇守信、怡立方。柯逢时又筹集资金,凿渠引白渠之水到书院,使书院师生结束了饮用咸苦井水的历史。刘古愚又利用咸宁节妇赵刘氏捐刻《列女传》的余资,在书院前建半规形水池,将水池命名为"清白池",以纪念赵刘氏的义举。为了支持味经书院学生学习测算,柯逢时在书院东侧建立了"通儒台",柯逢时亲自题铭于基

[①] 张鹏一:《刘古愚年谱》,第57页。

座,以资鼓励。刘古愚带领学生演习各种实验仪器,光绪十八年(1892),味经书院学生、八旗驻防子弟成安与张遇乙制成可借助三角法测试数据的"经纬仪",置于通儒台上。仪器制成后,成安与张遇乙都因事离开了书院,后其他学生少有过问经纬仪作者。三年后,张遇乙再次来味经书院学习,刘古愚让他"自为测算于正、斜、弧三角,本形、次形、垂弧、较角及边角不相对等法,各演草"①,让学生吴建寅②用浅显的文字说明用法,以引导更多的学生研究天算。

五、创立刊书处与官书局

柯逢时另外一个重大举措就是在味经书院设立刊书处及售书处。陕西自同治元年(1862)以来陷入长期的战乱,乱定之后,百废待兴,书籍尤其缺乏。陕西没有一个成规模、高水平的出版机构,包括学生学习用书都要从外省购买,所买者大多是民间书肆刊刻的"坊本",质高价差,经书都删节不全,错讹不断,许多民间人士面临想读书找不到书的境地,关中如此,关中之外的南北地区,就是这样的坊本也难以见到。③别说是科学书籍,就是质量较高的经史也很缺乏,许多经书文字都删节不全。书籍的缺乏严重地影响了文教事业的发展。柏景伟、刘古愚这些长期从事教育的人对此深有感触,早就有大规模刊刻书籍的打算。柯逢时到任后,对刊书事业非常热心,认为要整体提高陕西的教育水平,非解决书籍这个根本问题不可。于是他和省中督抚藩臬反复咨商,又广泛条告各属州县,得到政策和资金的支持,于光绪十七年(1891)八月在味经书院设立了刊书处,两年后,吴建寅又为味经书院捐地一亩七分,在此设立了售书处。刊书、售书事宜柯逢时均委托刘古愚管理。

刊书资金大部分由柯逢时筹集而来,藩库拨款1000两以表明对此事的支持和提倡,柯逢时自己捐献1000两,从泾阳县募集5000两,从三原募1000两,加上其他人的捐集共约10000两,以此作为基金,分别贷给各地商人,用所得利息作为刊书处运营的资本,这和味经书院的运营机制是一样的。此外还有出资委托味经书院刻指定书籍的,如傅万积承父(傅峣山)志续刻十一经读本(此时《易经读本》《诗经读本》在求友斋已经刻成),咸宁孀妇赵刘氏承

---

① 刘古愚:《味经书院通儒台经纬仪用法跋》,《烟霞草堂文集》卷三。
② 吴建寅即为著名学者吴宓的生父。
③ 张鹏一:《刘古愚年谱》,第70页。

夫志欲刊书籍等。资本增加之后，刊书能力大大提高，味经书院所设立的求友斋也合并到刊书处之中。

　　刊书处的基本章程及运营规则确定后，具体的校书刻书事宜便由刘古愚一人负责，刘古愚对这项事业特别重视，把它看成培养有真才实学人才的一个不可多得的机会，为此他专门制定了《校刊章程》。味经刊书主要是用雕版，负责刻字之人均选专门工匠，而校书之责则由味经书院的学生充任。对于担当校书的人员也严加选择，只有曾参与求友斋校书之人才能列入正式校刊之列，凡未曾校过书的，无论是刘素日所知的学生，还是新来书院学习的新生，均列为"学校"（校勘学员）。自行选择经史习校，写成校刊札记，经过一段时间（一般一年）后，由院长批准才能参加正式校书。"学校"待遇与正式校书者相同，这样保证了校书者的高水平。刘古愚详细地规定了校书、刻版的进程。刻工每日刻200字，40名工匠每日刻8000字，每月24万字。参加校书者第一批不足20人，初校、复校共需完成48万字，每人每天须校1200多字。校书须遵守"宁详毋略、宁严毋宽、宁泛博毋固陋"的原则，务求保证质量。经书本文及注释都要详加考订，一笔一画皆须确定无疑，不能马虎，除本书互加订正外，还要与其他书籍对刊。这样不但能保证校书质量，也是读书学习的好方法，学问功夫即由此进益，这中间贯穿着校书与教学统一的原则。充校学生每月校书20天，其余时间学习其他课程。每人必须写出《校刊札记》，由院长评阅。《札记》既是校书记录，也是每个人的学习任务，学业优劣、校书质量高下均从《札记》评出，张榜公布，由正副董事按规定予以奖惩赏罚，刘古愚还详细制定了赏罚的标准。校书不但是个考订字句的问题，更是认真阅读深入钻研的好机会，为了促使学生更好地利用这一机会，他还规定除了《校刊札记》外还须有专门笔记。对"义理、考据、词章以及天文、舆地、兵刑、礼乐、农田、水利"等各项都应认真研究，学生们可以根据自己的情况及爱好，任选一门，在校刊中遇到有关内容随手记录，之后必然在这方面学有专长，成就自己的学业。至于刊书校书的宗旨、益处及学生应持的态度，刘古愚更是不厌其烦地谆谆告诫。由于刘古愚的全力投入、认真组织，味经书院所刊各书质量优异且价格便宜，大大便利了陕甘士子。

　　刊书处最早开始校勘的是五代史，始于光绪十七年（1891），以乾隆武英殿本为底本。初校、复校的学生有："三原王正枢、长安王寿祺、凤翔牟瑾、长安王寿岳、咸阳田沣、泾阳刘清垣、咸宁（今陕西西安）曹建业、泾阳孙澂海、渭南贺象贤、扶风赵籈乾、保安(今陕西志丹)王文鉴、兴平张元勋、富平刘梦熊、华州(今陕西华县)郭毓章、满洲驻防恩特亨、泾阳周斯亿、郃阳(今陕西合阳)萧钟秀、朝邑(今陕西大荔)张遇乙、咸宁蒋善训,共19人"。

光绪十八年(1892),刘古愚组织学生校辑《三礼佚说》。《三礼佚说》是宋代蓝田吕大忠、吕大防、吕大钧、吕大临传世著作中不存的礼学内容,主要从乾隆年间由方苞领衔编纂的《三礼义疏》中辑录,该书多引吕氏礼说,不下200条。此举起因是陕西学政黎荣翰奏请吕大临从祀文庙。后来奏折得到朝廷批准,吕大临位置在东庑谢良佐之次。吕大临是北宋理学创始人之一张载的高弟,张载去世后,又从学于程颢、程颐兄弟,在程门也名声很盛。吕大临与他的三位兄长吕大忠、吕大防、吕大钧均精于礼学,显示了张载关学"躬行礼教"、注重实践的特点。刘古愚对校勘吕氏兄弟的著作非常热心,他让参与校勘的学生每人手执一本《三礼义疏》,将书中引用吕氏兄弟的条目一一摘录,并注明所引出自四兄弟中的哪位。其他书中有引用吕氏兄弟礼说的内容也要一一摘录。刘古愚勉励弟子:"此为吾陕学派起见,想诸生必乐于从事也。"①

光绪十九年(1893)校勘《毛诗注疏》,参与校勘的学生有恩特亨,郃阳雷登垲、萧钟秀,保安王文鉴,渭南贺象贤,咸阳田沣、程麟、高维岳,扶风赵籈乾,三原王正枢,兴平冯光裕,华州郭毓章,泾阳刘清垣,富平刘梦熊、陈廷贤,朝邑张遇乙。光绪二十年(1894),校勘武英殿本《史记》与宋本《尔雅》。参与校对的除了上述人员之外,新加入的有三原胡均、富平陈廷栋、渭南田祖芳。

刊书处和售书处的创立是近代陕甘文化事业的关键性设施,对陕甘地区文化发展具有重要意义。

第一,培养了一大批通经致用的优秀人才。刘的及门高第如陈涛、杨蕙、孙澂海、邢廷荚、郭毓章、王含初、张鹏一、张秉枢、张元勋、胡均、成安、张遇乙、吴建常等都参加过多次校书,他们不但对各种实际事务能应裕自如,对于国学也有精到的造诣。1894年张鹏翼(后改名鹏一)在味经书院参加《史记》的校刊,为治学打下坚实的基础,他后来成为著名的学者,著有《太史公年谱》《鱼豢魏略补遗》《唐代日本来往长安考》等,未刊行的还有许多,如《后魏延

---

① 张鹏一:《刘古愚年谱》,第74页。

长地志》《唐金石考》《唐金石拓片集》《吕刻唐长安城考证》《在山堂日记》等。① 刘古愚先生的良苦用心在他的弟子身上结出了硕果。在科考方面参与校书的学生也取得较好成绩,据《陕甘味经书院志》《诸生题名》,在光绪二十一年甲午(1895)之前第一次参加校对五代史的19学生中,有14名中举。

自味经书院成立以来,光绪戊子(1888)所中举人数首次超过10名(11名),光绪甲午科(1894)达到15名,为《味经书院志》统计数据的最高峰,该志诸生题名即截止于此年。②

第二,为维新思想在陕西的生成、传播与发展起到物质保障作用,成为陕甘地区近代化启蒙的策源地,对该地区的近代过起着持久的启蒙作用。

刘古愚很早就具有维新思想,《马关条约》签订之后,即以教育改革为主要形式,展开了大规模的维新活动,与北京、上海、武汉的维新运动相应和。陕西维新运动之所以有如此大的声势,味经书院的刊书设备和人才起到了重要的推动作用,新式书报被迅速出版,新思想得到有力传播。康有为的历次上书及相关著作在刊书处迅速刊行,严复《天演论》的味经本成为第一个公开出版的刻本。如果没有刊书处的条件,这样的传播效果是达不到的。回銮新政后,陕西学政沈卫于1902年将三原宏道书院改为宏道大学堂(后为宏道高等学堂),将味经、崇实两书院并入,刊书处成为独立的出版机构,名为味经官书局,停止木刻,改用聚珍版铅字,"在上海购买铅板活字大小数号及铜模机器等件"③。沈卫仍然遵照柯逢时奏折所请之精神,请绅士负责,已经卸任山长的刘古愚依然是名义上的负责人。刘古愚去世后,光绪三十二年(1906)他的女婿也是刘的入室弟子胡均任宏道学堂监督,刘古愚的其他弟子成为宏道

---

① 《从张鹏一日记看康有为"盗经"风波》,《文博》,1995年第3期。

② 张鹏一《刘古愚年谱》也有历年来诸生乡试中举名单,如光绪十七年(1891):郃阳李祯,长安王寿岳、王寿祺,米脂高增爵,富平常懋得、张之燮,蒲城张彪、薛善述,宝鸡王绳武,朝邑侣树森,泾阳周斯亿;光绪十九年(1893)慈禧太后六旬万寿中举者:泾阳张翰云,保安王文鉴,咸阳高维岳,潼关宁述俞,绥德马有麟,米脂贺锡龄,宝鸡荣易光,澄城姬慎思;光绪二十年甲午乡试:清涧张瑚树,华州郭毓章,三原胡均,兴平刘锡纯,驻防正蓝旗成安,澄城曹钦生,大荔李泰,蒲城郭铸、孙瑞重,富平陈廷贤,城固史允端,长安刘映藜,韩城高鸿□(《年谱》字缺,依《陕甘味经书院志》当为"渐"字),凤翔郑书同,长安宋应相。分见《刘古愚年谱》第72、82、87页。

③ 张惠民:《清末陕西著名出版机构——味经官书局》,《编辑学刊》,1995年第4期。

学堂的骨干。张秉枢为自然科学教授兼斋长；教务长为礼泉王绍庭（名世德），讲授算数、代数、几何、三角；冯光裕为国文教授。这些人承担起传统的学问及西学、自然科学的教授任务，宏道学堂一时成为陕西教学水平最高的学校。味经官书局与书院互为表里，成为当时陕西的思想文化中心。吴宓曾对此有生动的回忆。

> 味经官书局董事（实即局长）孟永寿表兄之办公室，夙为宏道诸教授、学者及当地名贤"新学家"聚集、谈论之场所（星期日及晚间尤多）。宓随从旁听，获益甚多。且该处陈列京、沪及日本之书籍、报章、杂志、小说颇丰备，亦资宓饱读。如商务印书馆所出之《说部丛书》第一集至第十集（每集十种。）（共书一百部），宓已全读。第二部尚未及半。惟宓之私感，近年书报内容，似大退步，精神亦不及前数年。例如，现出之《月月小说》，即不如以前之绣像小说（上画彩色孔雀），更不如《新小说月报》。《恨海》《文明小史》《老残游记》《二十年目睹之怪现状》，甚至《官场现形记》，亦无能追武或并美者。译出之书，尤其猥杂而平庸。近年秦晋陇之留日学生所出之《夏声》杂志，宓惟爱读其中所登陈波澜姑丈（涛）之诗（《伤春》二十首等）。近年之《国粹学报》为人所称道，宓读之，既不能了解，亦无兴趣。未有若壬寅、癸卯年之《新民丛报》《新小说》者矣。（梁任公之《国风报》[杂志]，特注重财政之研究。宓亦不喜。）①

刊书处及官书局还于光绪三十四年创办了《关中学报》，王绍庭、张秉枢等均为主要撰述人，《关中学报》是最早的学术机构出版的学报。《关中学报》"除注重发表本校师生的研究成果外，大部分篇幅都是用于报道时事，介绍西方先进科技知识，传播西方文化。这些科技知识虽然是初等的、基础的介绍，但极大地开阔了国人的视野，特别对于处于祖国内陆、消息闭塞的陕西及西北地区来说，这些知识是前所未闻的。"《关中学报》为半月刊，出版周期短，时效性强，成为传播西方先进科技知识的前沿阵地。它在启迪民智，普及教育方面做出了应有的贡献，这不但在陕西，就是在全国也有一定的代

---

① 吴宓：《吴宓自编年谱》，吴学昭整理，北京：生活·读书·新知三联书店，1995年版，第78—79页。

表性和典型性,在近代中文期刊史上占有一定的位置。"①

第三,对陕西文化水平的提升做出巨大贡献。

从求友斋到刊书处、售书处,近代陕西有了自己专门的印刷出版机构,改变了从外省购置图书售卖的历史。依托味经书院的校勘出版力量,刊书的质量得以保证,各种经史方面质量精良的版本陆续面世,陕甘士子开始摆脱靠删节不全、错讹严重的坊本学习的局面。沈卫创设机器印刷,使出版能力大大增强。可以毫不夸张地说,味经刊书处及后来的官书局是陕甘地区水平最高的出版机构。宣统三年(1911),陕西省立图书馆成立,味经官书局归图书馆管理,官书局的刊书及藏书成了陕西省文化传承的基干。

与刘古愚、柏子俊等刊刻图书同时,三原的贺瑞麟也在刊刻书籍。贺瑞麟也是清末关中大儒,比刘古愚年长,他毕生致力于理学研究与教授,门人弟子特别多。他严守程朱之学,程朱以外之学皆被斥为异端。贺瑞麟不像刘那样豪爽倜傥,他威仪严整,即使夏日也是容貌严肃、衣冠楚楚,是程朱理学的忠实实践者,与刘古愚齐名。这二位一尊理学,一倡实学,是陕甘学界领袖。1891年,经学政柯逢时保荐,贺瑞麟由国子监学正加赏五品衔,刘古愚赏加国子监学正衔,柏景伟交部议叙。②

六、学术大旨

正当刘古愚在味经书院事业开始有起色的时候,他的挚友柏景伟于光绪十六年(1890)辞去关中书院讲席,归老沣籍村,筑沣西草堂以度晚年,并与贺瑞麟一起编辑《关学编》。刘古愚为他写了"沣西草堂"四字大匾,刘古愚从不为人写字,这是生平唯一的一次③。归老次年,柏景伟染疾不治,于是年十月十六日病逝,终年61岁。光绪二十五年(1899),陕西巡抚端方奏请将柏景伟列于国史馆《儒林传》。柏景伟染病期间,刘古愚两次到沣籍村探视,并与柏景伟商讨《关学编》的定稿事宜。由柏景伟口授,刘古愚代笔,写下了《关学编》前序。重刻《关学编》前序署名柏景伟,实是出于刘古愚手笔,后序署名刘古愚,主要是交代了柏景伟刊刻《关学编》的缘由,前序集中谈了学术主

---

① 张惠民:《〈关中学报〉的传播理念及其科技传播实践》,《河北农业大学学报》(农林教育版),2005年第4期。
② 张鹏一:《刘古愚年谱》,第71页。
③ 张鹏一:《刘古愚年谱》,第67页。

张。此主张与柏景伟的风格不矛盾,但与刘古愚生平学术特点相对照,尤其契合,刘古愚的及门高弟张鹏一在所编订的《刘古愚年谱》中也说:"先师为学宗旨,具见此序。"①该序集中谈学术见解的部分摘引如下。

> 自周公集三代,学术备于官师,见于《七略》,道学之统自关中始。成、康而后,世教陵夷,遂至春秋,大圣首出东鲁,微言所被,关中为略。降及战国,秦遂灭学。汉、唐诸儒,训诂笺注,循流而昧其源,逐末而亡其本。自宋横渠张子出,与濂、洛鼎立,独尊礼教,王而农诸儒谓为尼山的传,可驾濂、洛而上。然道学初起,无所谓门户也,关中人士多及程子之门。宋既南渡,金溪兄弟与朱子并时而生,其说始合终离,而朱子之传特广。关中沦于金、元,许鲁斋衍朱子之绪,一时奉天、高陵诸儒与相唱和,皆朱子学也。明则段容思起于皋兰,吕泾野振于高陵,先后王平川、韩苑洛其学又微别。而阳明崛起东南,渭南南元善传其说以归,是为关中有王学之始。越数十年,王学特盛,恭定立朝,与东林诸君子声气相应,而邹南皋、高景逸又其同志,故于"天泉证道"之语不稍假借,而极服膺"致良知"三字。盖统程、朱、陆、王而一之,集关学之大成者,则冯恭定公也。于是二曲、丰川超卓特立,而说近陆、王,桐阁博大刚毅,而确守程、朱。今刊恭定所编《关学》,即继以二家之续,盖皆导源于恭定而不能出其范者也。
>
> 窃论之:同此性命,同此身心,同此伦常,同此家、国、天下,道未异,学何可异也?于词章禄利之中,决然有志圣贤之为,此其非贤即智。贤则有所为也,智则有所知也。为衣食之事未有不知粟帛者也,知粟帛之美未有不为衣食者也。故"理一分殊"之旨,与"主静立人极""体认天理"之说,学者不以为异,而其所持究未尝同也。然则"主静穷理"与"先立乎大""致良知"之说,得其所以同,亦何害其为异也。明自神宗倦勤,公道不彰,朝议纷然。东林诸儒,以清议持于下,讲肆林立,极丰而蔽,盖有目无古今,胸无经史,侈谈性命者矣。纪纲渐坏,中原鼎沸,诸儒目经乱离,痛心疾首,遂谓明不亡于流贼而忘②于心学,于是矫之以确守程、朱,矫之以博通经史,矫之以

---

① 张鹏一:《刘古愚年谱》,第79页。

② 应为"亡"。

坚苦自立。承平既久，而汉学大炽，以训诂笺注之为，加于格致诚正之上，不惟陆、王为禅，即程、朱亦逊其记丑而博，亦何异蜀、朔角立，而章、蔡承其后也。

……

窃谓士必严于义利之辨，范之以礼而能不自欺其心，则张子所谓礼教与圣门克己复礼、成周官礼，未必不同条共贯，是即人皆可为尧、舜之实，而纷纭之说均可以息，亦何人不可以自勉哉？呜呼！是恭定望人之苦心，亦刊恭定遗编者之苦心也。①

此序彰显了柏景伟、刘古愚学术的三个维度：一是理学，为修身立德之根本。二是实学，学必有益于实用，学习理学必求实有益于身心修养，不能流于空谈；理学之外必须掌握经世致用、与时世相适应的具体才能。这两部分就是所谓的"经世"与"守身"一贯，"明德"（内在修养）与"新民"（外在经世才能）一贯。由这两个维度必然引出第三个维度，那就是西学。这是从肯定的角度来说。从否定的角度来说，刘古愚和柏景伟反对章句训诂，反对理学只顾分门户，互相攻击，而不是吸取程朱、陆王各派之长，实用之于身心。在这一序文中我们看到，刘古愚学术的个性很突出，也看出当时关中学者、大儒之间有着明显的共性，那就是尊奉理学。另外就是关中近代学者受到张载以来关学的突出影响，无论是宗理学还是倡实学，这都是张载学术的突出特点②。当然，柏景伟与刘古愚的学术也有区别，二人在理学中皆以心学为旨归，综合程朱、陆王各家各派，刘古愚宗王阳明，而柏景伟"以刘念台慎独为归"③。相比而言，柏景伟对西学及自然科学的造诣不如刘古愚。

刘古愚反对理学门户相争的态度非常坚定，即使是乡贤大儒，也不会出于门户之见而为之争地位。比如在论及张载的时候，虽然引用了王夫之（而农）赞扬张载为"尼山（孔子）的传"的话，但是落实于北宋张载、二程这些理学创始人无门户观念上面。对于明初诸大儒如顾炎武、王夫之等人批判心学的具体语境也进行分析，实际上也是指出了他们的偏颇。关中大儒李二曲最后归于独居斗室，过分强调"坚苦自立"而与实际脱离。刘古愚对此也予以否定，这与一味"确守程朱""博通经史"的偏颇也是一样的。至于清代盛行一

---

① 刘古愚：《重刻关学编前序（代）》，《烟霞草堂文集》卷二。
② 武占江：《李颙与关学》，《西北大学学报》，1998年第1期。
③ 刘古愚：《同知衔升用知县柏子俊先生墓铭》，《烟霞草堂文集》卷三。

时,在当时也为东南诸大家长项的考据学,刘古愚则无所赞成,抨击甚力。

结合当时实际,以现代的观点来看,刘古愚的这种学术取向符合了时代的潮流,也有很突出的开放性。当然,考据学绝非无用,对整理典籍、传承文化有着不可磨灭的贡献。但是当时万分急迫的形势已经让人无暇顾及考据训诂了,尤其是把考据训诂当作真学问而排斥其他则更不合理。而且当时面临着传统学术体系的转型问题,纯汉学的、古文经式的考据训诂难以和新学、西学结合;今文经学一时可以附会西学、容纳新思想,实际上已经是对经学的破坏,对旧学问的否定。而理学虽然在其语言系统、论述方法方面与西学也有很大差距,但是它直接诉诸心性修养、个人精神境界建构,仍然可以起到正人心、维系价值的作用。经学虽然也有此作用,但是宋明以来的理学是对经学中关于身心修养部分的集中与发展,而且吸收了佛教、道教的许多成分,其价值是巨大的。理学的修身效用和西学、新学的实用价值在一定程度上可以结合。站在今天的立场上来看,否定了理学的修养体系,中国文化将显得枯萎,而且中国也不可能完全依照外来的文化去建构自己的精神家园,因此理学的内容、资源就是必要而且宝贵的,刘古愚的学术取向有其高、有其大的地方。

第三章　经世守身　利济苍生

一、咸阳赈灾

就在柏景伟去世的第二年（1892年），刘古愚独立办了一件大事——主持咸阳赈灾。该年关中再次遭遇旱灾，咸阳、定边、镇坪灾情尤甚。秋末，咸阳县令陈丹书把灾情报到省上。初冬，省宪决定咸阳、定边、镇坪属于灾区，应予赈济。此时，县令陈丹书身患重病，不能视事，赈事未毕，陈即去世。县丞林子禾被推为查赈委员，总理咸阳赈务。清代赈荒的体制政策集历代之大成，建立了一套行之有效的赈济体系①。但是，清代吏治的腐败也到了非常严重的程度，官吏正式薪俸很少，地方政府正式的编制人员也不多，办理各种事务都假手于胥吏，而胥吏欺上瞒下已成习惯，不管什么样的事情，都要捞上一把，犹如一群饿狼。林子禾深知其中情形，为了把救济灾民的事情办得干净、有效，只有借助有名望的地方士绅，为此力请刘古愚主持此事。当时的刘古愚虚龄49岁，正值壮年，因课士刊书等诸多事迹已成为陕甘名绅。林子禾认识刘古愚是由于布政使李用清的推荐，二人见面后，林子禾对刘古愚已倾心接纳，遇到这样的大事，他便全力托付。刘古愚受命后，即有条不紊地展开各项工作。他聘用商人负责管理往来账目，带着两名学生（其中有他的侄子刘瑞驹）办理此事。他把救灾当作一项综合治理工程，借助救济清查户口的便利，准备推行保甲制，希望在保甲的基础之上推行他政学合一、兵民合一的政治主张。他们详细地清查了户口、财产。其中田地分为若干项，如水田、旱田，是租赁还是出租，房屋有多少间，禽畜的数目等，这些都要详细地造册登记，以使有限的粮食发到那些最急需的人手中。为了如实地做好这项工作，核查户口之事由刘古愚及其门生负责，而林子禾则率领差役跟在后面保障各项工作的顺利推行。经过三次反复核查，公布了受赈者的名单及等级，并且留给民众以讨论的余地和时间，如果有不该救济的被列入，允许揭发，遗漏的

---

① 参见李向军：《清代救灾的制度建设与社会效果》，《历史研究》，1995年第5期。

可以陈请补入。谎报灾情的按调查结果予以诘问,不使他们有空子可钻。那些流亡异乡的亲戚、邻居,乡约(受政府任命处理基层事务者)可以如章填写名册,归来后即如实予以救济。救灾名册核定后,由味经书院刊印,作为救灾的根据。经过20多个日夜的奋斗,一本清楚明白的花名册被刊印了出来,它如实地反映了咸阳的灾情和百姓所面临的危险处境。事迄后,林子禾来到西安向布政使请求拨发救济粮,当受灾的详细名册呈现在李用清面前时,他不禁落下泪来:"百姓困厄如此,现在才开始拨粮,太迟了,咸阳县令蒙蔽了我,这也是我的罪过呀。"①原来,根据灾情报告,只决定救济塬上(陕西称高地为塬)的居民,经过林子禾再次上书,说明塬下居民的土地也有在塬上的,而且塬上与塬下灾情相同。这样赈灾的范围才被扩展到全县。阅过花名册,清楚地了解了灾情,李用清马上询问所需粮食数量,立即予以筹办。后来,林、李二人议妥,咸阳共发救灾粮食15000石。在咸阳,林子禾已经截留粮食1000石,又于省仓领粮4000石,从东路船运5000石,剩下的5000石另行筹措,先用这10000石以供急需。

时至腊月,诸事齐备,开始发放粮食,先从高塬极贫的地方开始。赈粮一月一发,发粮前先公布名单,载明应领者姓名及所领粮食的数量,由乡约散给百姓,领粮时再发给凭票,以备下次之用。咸阳每年冬天设有粥厂,到岁末终止。由县衙主持,官丁监督。林、刘二人协商后,粥厂仍继续运营,对于管理方法则做了改变。在粥厂设长桌数张,查赈委员坐在首位,味经诸生依次入座,桌上写明各人职责,众人各司其职。另印名单一份,准备若干凭牌,发给领粥之人,领到之后将牌交上,以此作为扣除赈粮的凭证。有了名单凭牌,粥厂秩序井然,往年强者多领弱者无粥可食的弊病被根除,而且放粮与放粥相得益彰,互不干扰。赈灾过程中,各项关键程序都由所聘商人及刘古愚与味经诸生管理,支发钱物由商人经手,花名册及各种有关籍册由味经书院的学生管理。林子禾对于官场习气很熟悉,规定胥吏只有协助之责,重要的事情一概谢绝插手。而且严格纪律,有敲诈灾民者必严惩不贷,并扣除他们的薪水。由于主持者廉洁,协办者有法,咸阳赈务办得十分出色,保证粮食都进入饥民口中。布政使命令定边、镇坪两处都遵照咸阳的章程来办理救灾事务。

林、刘二人不但考虑到冬季赈灾之事,而且也筹划了第二年的应对之法。

---

① 林子禾:《赈务三纪》,转引自张鹏一:《刘古愚年谱》,第74页。

一冬无雪,春天雨水又少,对此林子禾十分担心,怕再遇上一个灾年,即使当局救济,往返购粮之时必有许多黎庶转徙沟壑,他对此不得不未雨绸缪。除了节约用粮外,封起了大荔巨富李某屯集的 2000 石粮食,以供不时之需。后来,二三月连续降雨,麦收有望,才于四月十日撤局,结束了赈务。先后共经历了六个月,用粮 9300 余石。余粮原准备应付第二年灾荒,后禀明布政使,借与次贫户。在救灾的过程中,收到捐助银两 4000 多两,除去救灾过程中所用的运费、局费、粥厂费之外,剩下 3000 多两,禀明上级,这些银子一半用于咸阳城工,一半作为公用储备粮,设仓储备。这些仓储粮平时出借给贫民,利息低于市场价,这样做的好处一是维持了粮食的储备,二是解决了贫民的燃眉之急。仓储事宜也由刘古愚经理,刘古愚设立义仓即缘于此。最后,各项事宜交割清楚,咸阳赈务至此结束。

这是一次少见的干净、高效的赈灾活动,布政使李用清与林子禾的对话对此做了总结。李用清说咸阳赈务是各地最好的,定边、镇坪的赈务即依此模式办理。林子禾说:"上承宪旨,官不掣肘,又有贤绅相助,俾无贻误而抵于成。然而扪心自问,抱歉负疚殊多也,何功焉?"李用清又解释说:"善,子其休诸。盖咸秦墟也,功利之风,儒生不免。焕唐叔侄以孤立之势,起而挽之。事以身先,如素好饮,局中先禁酒肉,捐巨金,辞薪水,功归人,过己任,劳逸亦同,其行异,故人亦以异而忌之。而后进诸生则惟师训是遵,有足尚者。所愿继起后贤,无为习俗移,诸贤之幸,亦咸邑之幸也夫。"①

林子禾与李用清的这番对话道出了此事成功的关键。乡绅的严密筹划与官方的真正支持是办好事情的两个必要因素。

二、筹办保甲

在救灾的同时,为长远之计,同时拟办保甲。乡里保甲也是刘古愚社会政治思想的寄托所在。他有一个持之一贯的主张,就是兵民合一、文武不分,治乡是治国的根本,治乡也是实现他兵民合一、文武不分主张的入手处。这些主张在深层思想方面都统一于普及教育、"全民皆学",对此他持之甚笃,至死不渝。刘古愚的总体思想甚至可以概括为"富教本位论",即百姓生活的富裕与必要的教育是解决一切问题的根本,舍此二途,一切皆无从谈起。这一

---

① 林子禾:《赈务三纪》,转引自张鹏一:《刘古愚年谱》,第 76 页。

思想源于他对中国当时大势的深刻洞见和自己在乡里的亲身实践。刘古愚年轻时候就认识到,西方兵力强盛的根本原因在于将科学技术应用于军事,士兵有文化,经过专门训练,形成各种先进的兵制与战法。将兵之间互相熟悉,军令顺畅。支持这种专业化兵制的是科学技术和强大的经济力量。而中国的军队到清末时,八旗与绿营已完全腐化,士兵大多是地痞无赖,没有文化,缺乏严格的专业化训练。尤其是中国传统上贱视武人,士兵基本不识字。面对西方新式军队,士兵必须有文化,地位必须提高,有士人那样的保家卫国责任感,才有战斗力。提高士兵地位,就是要把士兵及将官都像士人一样看待,士兵要受教育;士人也要研究军事,从事军事,其他农工商各界都应该有士人那样的地位。兵民合一、文武不分实际上是转变传统的军事观念,实现军队地位、技术、战法、士兵素质的现代化。在具体的军队训练、士兵选拔、战法方面刘古愚都有专门论述,他著有《团练私议》《壕堑私议》,设想过河套屯田,实行屯垦与戍边相结合。在这些思想如何落实方面,刘古愚所提方案来自其切身实践,主要是办团练和教学的实践,实际上刘古愚是以在野乡绅的视角看问题的。

在他论述这些思想、方案的时候,将中国与西方相对比永远是最根本的立足点,这是当时的实际,也是问题的由来。另外,最突出的说理方式还是借用中国古代典籍,将春秋以前的社会作为主要的论据,这也与刘古愚所设定的说服对象(学生及内地一般民众)直接相关。

《唐府兵论》可能是刘古愚较早的有关这一思想的论述。这篇文章篇幅不长,却以唐府兵为中心,对历代兵制进行了评论。对府兵制,宋、明两代人士都有较高评价,宋人认为实行兵农合一可以避免当时养兵制造成的弊端;明人认为当时的卫所制度吸取了府兵制的精华,如李家兵、戚家兵、洪兵、卢兵、左兵,以及南渡之四镇将。府兵制一定程度实现了兵农合一,但仍然有许多农民并没包括到府兵制中,而且农以外的士、工、商各界也与兵无关。一有事变,正规军失败,百姓都不知兵,国家遂告崩溃。这里刘古愚并不满足于兵农合一,要全民皆知兵。因此,在他看来府兵制不是最好的制度。历代军事的主要缺点在于兵民相分,西汉军制、唐府兵制及两宋的募兵制是兵农、兵民逐渐分离的过程,因而造成了许多消极的后果。唐府兵制虽与农业结合,但士兵还具有一定的职业性,致使其施行不及百年即告废除,引起了唐末五代的将士拥兵自重,唐政权遂败坏而不可收拾。宋代意识到前代的弊端,但矫枉过正,实行厢禁军制,士兵及其家小全被养了起来,兵民进一步分离,造成了难以革除的积贫积弱的弊病。此外他还对西晋、明、清兵制有所评论,皆以兵民结合或分离为优劣标准。在文中刘古愚具体论述了兵民相分的缺点。首先,兵民相分只有一部分人参与军事训练,如有大事,兵若溃败,事遂不可挽回,只有全民皆兵才能加强国防力量。其次,兵民相分,引起苦乐不均,士卒整日操劳,无片刻闲暇,人莫愿为,而农人输粟之后,即可安枕而卧,这样导致唐府兵的瓦解,动摇了国防力量。最后,兵民相分必然文武分途,在太平无事之时文吏日尊,形成了崇文抑武的风气,谓开二石弓不如识一丁字。而武将多为莽夫,腹无诗书,一旦天下有变,文官不知兵,遂成武将专制的局面,害莫愈此。刘古愚认为中国古代理想的兵制是《周礼》所记载的全民皆兵,人人知兵。春秋时期,士人文武不分,平时习文练武,战时全民皆兵。由此可见,刘古愚文武不分、兵民不分与古希腊的"公民兵"制度类似。

《管子·小匡》虽然有兵农分离的成分,但还不是最好的制度,只是与刘古愚的理想比较接近,由于记载比较详细,因此在具体实践展开上,刘古愚即先取法《管子》的做法,从推行保甲法开始。

《小匡》篇记载了基层的组织制度。五家为轨,设轨长,十轨为里,里长为有司,四里为连,有连长,十连为乡,由良人为首领。五家各出一人组成一伍,由轨长率领,是最小的军事单位;每里就有 50 人参加军队,称为小戎,有司统领;连有军人 200,称为卒,由连长统领;到了乡这一级就组成了一支 2000 人的军队,称为旅,由良人统帅;五乡组成一师,有万人,这就是春秋时期的所谓一军,由五乡的统帅节制。当时齐国共分 21 乡,工商之乡 6,不服兵役,士乡 15,正好组成三军,由国君及贵族国氏、高氏统领,这就是齐国兵民合一的体制。农闲之时练兵,秋季进行检阅。平时生产及治安、宗教等活动都在这种体制下进行。由于每一个军事单位的士兵平时都是邻居,互相熟习,在作战中也能同仇敌忾,生死相依,既有利于生产生活,也加强了战斗力。刘古愚以此为蓝本,以图解决清末兵将不相习、兵兵不相知、上下相隔的弊病,并著有《管子〈小匡篇〉评》发挥他的思想主张。他认为只要健全了基层的保甲组织,并在此之上,依《管子》治乡、治鄙法层层统属,层层纠察,下民之情必能顺利地通达有司,上宪之意亦可毫无阻碍地达到小民这一层,这是管仲治乡治鄙的真精神,这也是刘古愚兵民合一倡行保甲的出发点和深远意蕴。

光绪十五年(1889),涂官俊再任泾阳令,他接受刘古愚的建议,曾经推行过保甲法。涂官俊,字邵卿,江西东乡人。光绪元年(1875)乡试为解首,次年中进士第四名,被派到陕西富平任知县。此后调任泾阳、长安、宜君,之后回到泾阳,光绪二十年(1894)卒于官。

在第一次任泾阳县令的时候,涂官俊与刘古愚就相交莫逆。再掌泾阳后,在上次治理的基础上,开始推行保甲制,而保甲制的方案就是刘古愚提供的①。泾阳全县分为44里,里上设乡,44里分为10乡;里下设甲,分设正副里正、甲正,乡设总查,选邑中贤人充任各级领导。县里的有关事情如农田、水利、蚕桑、种畜、户口、田产、征发、钱粮、词讼、缉捕、教化,读书都以之为单位,层层传达,逐级奉行。另外还恢复了《礼记》和《周礼》中记载的乡饮之礼,聚一里之众共同宴饮行礼,敦睦乡里,实行亲亲之义,以期改善社会风气。基层百姓有什么疾苦、意见,可以通过里正、甲长层层上达,政令畅通,官民无隔,效率高,县府早晨发出指令,晚上就可以得到地方反馈。各种罪犯、盗匪无容身之处,他们的行踪也在涂官俊的掌握之中,缉拿盗匪,如有神助。一天三更后,涂官俊突然招呼数十名强壮衙役,渡泾水到南原,在一个土室中抓住两名土匪。一次到乡间巡视,见到一人,涂官俊盯着他说:"你是富平盗匪李某。"对方已经更改姓名,不承认是盗匪,涂官俊将其带到富平对质,事实面前,李某哑口无言,只有伏法。光绪十九年(1893),风传有"会匪"要造反,人心惶惶,涂官俊安坐不动,因为他知道"会匪"的首领已经被关起来了。这种办法开始的时候比较繁巨,一旦保甲制走上轨道之后,各种设施纤悉精详,效率很高,主官反而得以超脱。据刘古愚说,涂官俊"日坐琴堂,无幽不烛,无隐不彰"②。

三、试种白蜡树

白蜡树学名 Fraxinus chinensis Roxb,又名樗,属木樨科落叶乔木,在我国南北各地及朝鲜、日本、越南均有分布,本属70余种,我国有20多种。适宜

---

① 刘古愚之子刘瑞骃所撰《行状》:"尝缮册详陈保甲办法:每乡择稳练绅者,分任总查,里正副诸名目以次,治各乡水利、农田、社仓、义学,并查户口多少,贫富勤惰,隆其礼貌,以时延接。涂公始病太繁,府君曰:'一县必始于一乡,故王道至纤至悉,《周礼》《管子》,其法可师,何繁为?'涂公行之,治泾七载,巨细皆悉,泾因以治。盖府君早年尝佐柏君办团练、赈济、清丈田亩、施种牛痘各事,又代拟上刘果敏招安土匪、平定善后方略,均行之而验。自柏君没后,惟于涂公治泾时稍纾蕴抱。"

② 刘古愚:《祭涂公邵卿文》,《烟霞草堂文集》卷四。

在湿润的环境中成长,木材坚硬、枝条柔韧性很大,可以编筐。树皮有药用价值,被称为"秦皮",是一味清热泻火的中药。更重要的是,白蜡树上往往寄生着白蜡虫。白蜡虫(Ericeruspela)属于半翅目蚧科,寄生在白蜡、女贞等树之上。雄虫能分泌一种蜡汁,这种蜡汁逐渐包围虫体,而且黏着在树上。如果气候、温度适宜,每株树上往往有许多白蜡裹在枝上,犹如冬日的树挂。白蜡是重要的原材料,广泛地运用在医药、纺织、模型制作等行业。宋元之际的周密在《癸辛杂识》(约成书于1281到1296年间)就记载了江浙地区人工繁育采集白蜡的情形,至于我国利用白蜡的历史则更长。南朝梁代陶弘景的《名医别录》较早记载了对白蜡的利用。

早在光绪十三年(1887),刘古愚正在泾干书院教书,柏景伟的学生杨蕙(字凤轩,后成为刘古愚的弟子)从四川雅州归来,前往拜谒刘古愚,言谈之中涉及四川的风情物产,即介绍了四川雅州人民开发利用白蜡树,获得丰厚的利益,农民凭此改善了生活,增加了财富之事。杨凤轩对之十分羡慕,大力赞赏。刘古愚也深为所动,不禁慨叹道:"可惜我们陕西却没有白蜡树!"杨凤轩说:"泾阳县北山就有此树,只是我们陕西人没有人经营罢了。"①经此一说,刘古愚不禁怦然心动。

此后,每遇从泾阳北山路过的人,刘便向之打探问询,终于在光绪十七年(1891)夏天,门人王怀堂找到了白蜡树,并拿回了标本给刘古愚看,这更坚定了刘古愚试种白蜡树的决心。同年初冬,也就是蜡树成蜡的季节,刘古愚率弟子杨凤轩(刘主讲味经时,杨凤轩奉柏景伟之命从学于刘,已成了他的弟子)、孙晴帆、王怀堂、卢敏政等八九人进山寻找考察白蜡树。走遍了泾阳、礼泉、淳化的山山水水,最后终于在礼泉昭陵东山顶天寺找到了白蜡树。当时正值秋尽冬来之时,树叶已经落尽,山上的一株株白蜡树格外显眼,枝丫上裹满了虫蜡,洁白如银,仿佛春天盛开的梨花,又似冬日沾满冰霜的树挂,堪称奇观。刘古愚为了弄清楚眼前所见之树是不是白蜡虫寄居的场所,他们对蜡树进行了仔细的观察。在裹满白蜡的树枝间竟然找到了少许蜡虫蜕皮后遗下的薄壳,但这还不能排除蜡虫在别处生活、于此处分泌蜡汁的可能性。当地居民对此也是日见而不能知,他们只知道这树叫作"白蜡娃",究竟白蜡从

---

① 刘古愚:《复郏学舍始末记》,以下有关白蜡树事参考《刘古愚年谱》及《与曾怀清方伯书》。

何而来,有何用处却是一无所知。只有实地考察蜡树及蜡虫的四季生长过程才能对此有确切的认识。经过整整一个春天的实地观察,终于弄清楚了蜡虫的大致生长过程,并且确定了蜡虫除了在白蜡树上寄居之外,龙柏、女贞等树也是它们生活的场所,于是刘古愚开始了小范围的人工挂虫采蜡实验。

他让泾阳生员毛俊、礼泉生员王怀堂负责,带领学生遍山搜摘虫泡,共得到600多颗,分别挂在礼泉朝阳山前后的600多株树上,以便于集中观察、管理。许多被移到其他树上的虫种继续发育生长,夏至后,开始分泌蜡汁,树上逐渐积淀了许多白蜡。越是茂盛的树木白蜡越多。有400多棵树上的蜡虫在新居生长得比较顺利,其他近200株不知什么原因没有分泌白蜡。后来又由于五月飞霜,六月大旱,挂虫之树枯死100多株,最后渡尽劫波的有278棵树,长势及生蜡情况均令人满意。虽然有许多意外,但通过这次考察及试挂,了解了蜡虫的生活史及产蜡的过程和数量,为进一步实验打下了基础,这个结果还是鼓舞人心的。

刘古愚决定进一步实验,满怀信心地要掌握这门技术,之后向全省推广。他砍倒了30多株树以试炼白蜡,余下的全部作为来年的虫种,扩大实验的规模。在刘古愚的影响之下,林子禾前往朝阳山刘古愚的实验场地考察,认为有推广的前途,决定予以支持。林子禾便将此事告诉了曾怀清,建议政府予以援手。刘古愚把实验的详细过程及推广价值、计划也禀告曾怀清,得到了曾的支持。曾怀清筹集700两白银作为实验经费,林子禾也捐款200两以玉成其事。于是实验继续进行。此时刘古愚把种树之事办成一项系统的工程,在制蜡有收获之后,乡学、保甲等便次第展开。由于筹集到了一笔经费,吸取上次靠天养树的教训,刘古愚采纳门人王怀堂的建议,把挂虫之树移到便于灌溉的地方,以减轻自然灾害的影响。礼泉九嵕山烟霞洞附近有两条小河,可以浇树,于是购买了此处王姓的别业,开始移树挂虫。此外还在泾阳的钻天岭、咸阳的魏家泉也购地建立实验基地。刘古愚以礼泉烟霞洞基地为重点,在九嵕山的东北设立了一所义塾,以图实践他的理想。

白蜡虫对环境要求较高,其最适宜的生长环境年降雨量在1000—1500毫米之间,全年日照时间应在1000—1500小时,适宜在亚热带生长。而关中地区的自然条件总体上是不适应白蜡虫大规模生长的。刘古愚及其弟子挂树的许多虫种由于水旱温度等关系,枯死太多,收获甚少,进一步推广的前途并不乐观。但是在五年多实验的基础上,刘古愚也摸清了白蜡虫的基本生长习性。

  实验的不顺并没有打消刘古愚的积极性,他还在与学生继续研究。但是光绪二十年(1894)中日甲午战争爆发,次年签订了《马关条约》,国家形势发生了根本变化,国家到了生死存亡的关头,刘古愚本人的精力主要投入到筹办味经书院、时务斋及崇实书院上,以后各项维新事业次第展开,就没有精力去专门进行实验了。义塾、实验虽有专人负责,但由于在白蜡树试种方面的热心响应者王怀堂不幸去世,私塾种树事宜由刘青障负责,此后日渐式微,此事便荒废下来,白蜡虫的实验遂以失败告终。

  如今礼泉昭陵东的烟霞洞已成为著名的风景名胜地,在如画的景致中,在这个名字中充满了田园诗风味的土地上,刘古愚先生手植的女贞、龙柏等依然遒劲挺拔,而四方的游客们可曾知道在100多年前有一位关心民瘼的大儒先哲在这里进行过感人的实验吗?徜徉在浓荫之下,婆娑的枝叶披垂掩映,沙沙的树叶声中也许饱含着对先贤的怀念吧。

第四章 维新变法 求富求强(上)

一、甲午创痛

甲午战争对中国的损害是前所未有的,对中国士大夫的刺激也是前所未有的。首先,战争给清政府的国防能力及国防信心以毁灭性的打击,中国面临被瓜分的危险。自镇压太平天国及捻军起义之后,清政府的武装力量表面上看起来有所提升,朝野上下都有一种加强国防自强自立的希望和信心。19世纪70年代,左宗棠收复新疆,在之后的与俄国交涉过程中,中国以武力为后盾,为收复伊犁,抱着不惜与俄国开战的决心,加上曾继泽等外交官的出色努力,于1881年使俄国改定条约,收回了部分土地。中法战争双方互有胜负,中国的军力和国防此时尚有一定的实力。在西北收复国土的同时,又着手筹办北洋水师。1888年,北洋水师成军,当时是亚洲第一支海军力量,其中的定远、镇远两舰铁甲坚固,装有重炮,在当时世界上也是比较先进的,尤其为日本所忌惮。但是,在甲午战争中,这支当时现代化程度最高的军队全军覆没。陆地战场,清政府的各种军队包括八旗驻防、各种地方部队、湘军、淮军都在战场上亮相,除了小规模的伏击战之外,涉及土地、城市攻防的战争无一胜利。当日军攻占威海卫,消灭北洋水师,在辽东夺取牛庄、营口、田庄台的时候,清政府的意志最终被打垮,不得不签订城下之盟。在这次战争中,固然有一些将官临阵脱逃,但是中国的抵抗意志及求胜决心还是很强的,朝廷当中光绪皇帝以及翁同龢等主战派官员付出了巨大的努力,前线将士奋勇杀敌,无论是白发将军宋庆、盛京将军依克唐阿等统帅,还是魏光涛、马玉崑、聂士成、左宝贵、徐邦道等将领都勇猛顽强,与敌人奋勇搏杀,不惜血洒疆场,尤其是海军将士表现得最为英勇悲壮,但是最终都无法挽回失败的命运。甲午战争虽然是黄海海上以及山东、辽东等部分地区的战争,实际上清政府当时最先进的军事力量以及各种军队都参与了战斗,可以说亮出了全部家底,因此,这次失败也是整体上的失败。这使清政府基本上失去了与世界强国武力较量的信心,1897年德国强占胶州湾,包括翁同龢在内的朝廷重臣都不敢言战,至于义和团运动时慈禧太后与"八国"宣战,那不过是相信巫术、迷信的一次失去理性的蛮干。如果说在战争的初期西方还有人认为清政府有战胜日本进而振作的可能的话,当1894年底到1895年初的时候,列强已经彻底看清大清国藩篱尽毁的现实,瓜分中国的话题在中外报刊公开谈论。1895年2月,由美国传教士林乐知在上海主办的《万国公报》刊登了对前英国驻华公使威妥玛的专访,威妥玛对瓜分中国的观点毫不隐讳:"日本而得逞其志,或欲夷朝鲜而为其郡县,一切皆仿日本新章办理,或日本又图得毗连朝境内之一地,亦未可知,然姑不必问日本之于何止境也。俄人必将怒马独出,日本使蕙然自知其真实本领,总之,日本与中国搆衅,无论或得或失,必皆不能稍占便宜……俄人倘在中国之北强为干预,我仪图之,曾不踰时,法国必猝起于中国之南,法国与俄国固早有盟约者也。且不第此法也。法人别有不说于中国者,必将借口于旧账之未清,而思乘机以结算。当此之际,若使无从旁阻之者,俄法两国,则竟瓜分中国矣。然而各大国岂真袖手旁观哉?欧洲有德国焉,决不肯任俄法两国别有新增之权势,美洲有美国焉,大东方商务往来,多于恒河沙数,亦未必肯嘿尔而息,而恪守甘为局外之恒言也。"①向西方学习的日本尚且能够将中国彻底击败,西方任何一个强国要灭亡中国也是有可能的。威妥玛甚至预言中国如果处置不慎,会因此次战争走向四分五裂,"吁!华人当此之时,处此之势,岂尚有妙策以筹自保哉?朝廷即或疏虞,各行省必将分裂,直如泥沙之涣散耳!"由上述言论我们可以看到,威妥玛等西方人士对中国当时的认识是非常深刻的,中国彻底被瓜分后来没有实现,一方面是列强震慑于义和团运动中表现出的民间力量,这是他们此前所没有预料到的;另外一个重要原因是列强之间的相互忌惮,中国就是在这样一种屈辱的"平衡"中而得以不亡。至于他所说的中国如"泥沙之涣散"则也是实情,孙中山等革命先行者对此也痛恨不已。20年后,袁世凯称帝败亡,中国也无可奈何地陷入了军阀混战之中。

其次,巨额赔款以及允许日本在内地开设工厂等规定,使列强对中国的经济侵略进一步加深。停战后,中国要负担对日本2亿两库平银的战争赔款以及3000万两的赎辽费,另外还有日本占领军的军费,这些费用都有苛刻的

---

① 林乐知著,叶尊闻翻译:《前使华威妥玛大臣答东方时局问》,《万国公报》复刊本第73卷。

时间限制,刻不容缓。在战争期间清政府财政已经难以支持,司农仰屋,罗掘无计;对日赔款相当于清政府三年的财政收入,为了让日本撤兵,清政府只好向俄罗斯等国举借外债,这些外债都有巨大的折扣和高额的利息,并附有政治条件。从此中国走上了依赖外债度日的道路。这些政治性借款犹如插在中国肌体的一支支吸管,中国这条庞大而虚弱的东方巨龙的膏血就这样被年复一年地吸吮着。虽然借外债犹如饮鸩止渴,但是为了渡过目前的危机,不得不剜肉补疮,一借再借。允许日本在内地开设工厂,这样的条款其他列强也可以利益均沾。本来凭借机器生产而具有资本优势的西方商品就对中国经济有着巨大的冲击,在内地制造又节省了运费,这对中国民族工商业的冲击就更加严重了。

再次,甲午战争使中国的制度缺陷充分地暴露出来,知识分子群逐渐觉醒,认识到非变法不足以救亡图存,社会思潮开始了整体转向。当时人们最直观的认识就是传统的军事制度已经到了山穷水尽的地步。早在1895年初,《申报》就刊载文章指出战争中中国军队的种种乱象:传统的八旗、各种地方军队非常腐败,军队所报数字远远大于实际数量,而政府按照上报数字拨款,这些款项都进入领兵者的囊中。遇到操练、检阅之时就靠流氓与乞丐充数。① 军队训练废弛,军事指挥系统也非常混乱,在甲午战争中,我们看到中国军队有勇将,无良将,更缺乏统筹全局的帅才。李鸿章是甲午战争的实际指挥者,但是这位当时被列强看好、在内战中崛起的政治强人在对外战争中却非常蹩脚。战守举棋不定,指挥前后矛盾,尤其是没有及时把前线用兵权统一起来。陆地战场各支军队互不统属,不能形成合力。

北洋舰队是在李鸿章一手经营下发展起来的,但是统帅丁汝昌于海军是外行,而且李鸿章本人又采取消极方针,使丁汝昌不敢主动寻求战机,最终是被动挨打,直至全军覆没。不仅李鸿章,从前线方面将领到战场统帅,以及光绪皇帝和中枢最高决策集团都没有表现出良好的战争掌控能力。陆军互不统属,海军当中也有着深深的画地为牢的观念,当时日军俘获威海卫军港的残存军舰的时候,与日军接洽投降的牛昶昞提出,在威海卫的广丙号军舰不属于北洋水师,要求日军予以开释。牛昶昞的言论被日军刊登在报纸上,一时被各国传为笑谈。一省之内的各支军队都难以互相配合,山东和辽东更谈

---

① 《兵事蠡测》,《申报》光绪二十年十二月九日,即公元1895年1月4日。

不上彼此应援。日本之所以敢于挑战庞大的清帝国,就是看到中国力量涣散,难以形成合力,认为中国十八行省实际上是十八小国,不足为惧。

军事是政治的继续和体现,清政府的腐败在军队中的体现无所不在。正当日本瞄准北洋水师而大力添置快船快炮的时候,慈禧太后却将海军军费挪用于修建颐和园工程。对于日本的企图,李鸿章等大臣不是不清楚,但是为了保持禄位,也只有对慈禧的做法予以配合。

在日本以全国国力相赌的这场大战中,清政府外面一层遮人眼目的包装被戳破,各种落后、腐败最终暴露在聚光灯下。《万国公报》对甲午战争的全过程进行了跟踪报道,战后又发表了一系列的分析文章,中国知识分子通过这些报道以及其他渠道对清政府落后、腐败有了真切的了解。割地赔款使他们更有切肤之痛,尤其是败在土地面积、国民数量远远不及中国,并且长期落后的日本手中,这使知识阶层最终警醒,认识到必须对现有的制度进行改革,否则中国只有死路一条。在这种情况下,士人群体发出了变法、改革的呐喊,200年来文字狱的高压再也不能使士人缄默不言了。体制内的官员通过各种渠道上书,表达自己的意见,尤其是那些尚未正式进入官僚阶层的举人也通过"公车上书"表达了"公共舆论",士人阶层被动员起来,清政府的言论禁锢被冲破①。接着,借助新式报刊,主张维新变法的思潮蓬勃而起,救亡图存的潮流浩荡涌流,中国的思想文化界迎来了一个新的时代。

二、谋划革新

刘古愚就是当时觉醒的知识分子之一。甲午战争以来,刘古愚即密切关注时局的发展,对中日之间的差距以及中国军队中存在的问题也了解颇深:"今西洋之兵皆素训练,步武整齐,枪炮猛烈,我仍用招募乌合之众,其人率贫无衣食,计无复之,始肯入伍,犹为上选;次则溃卒、游勇、会匪、奸民,凶横强

---

① 新中国成立后,史学界一般采用康有为《我史》以及梁启超等康门弟子的说法:康有为组织18省1300多名举人进行"公车上书",掀起了维新变法思潮。后来不断有人怀疑康有为这种说法的真实性。茅海建在前人研究的基础上,利用档案材料证明康有为并没有组织如此大规模的"公车上书",而且其上书并没有递到都察院,是一次流产的"政治事件",《我史》的说法是康有为自我美化的结果,多处不足采信。汤志钧等人依然坚持康有为确实发动了"公车上书",此"公案"依然有争议。不过,即使茅海建先生的结论完全与历史事实相符,康有为的行为依然具有重要意义,是他真正在"公共舆论的层面"掀起了维新变法的时代风潮。

暴之徒。不可钳以法制,怯公战而勇私斗,驱之有不辄靡者乎?"①《马关条约》签订的消息传来后,刘古愚悲愤万分,"忧伤涕零,时沾衣襟",他认识到,中国面临着亡国灭种的危险境地:"惨哉,今日之世界,乃合五大洲为一残杀之战国也;哀哉,今日之中国,乃合二十三行省为一屠弱之韩也。战国之韩,惟患一秦,今则俄、英、法、德、日本,无一不思吞割,是无一非秦也。以一韩支一秦尚不免于亡,以一韩支五秦,则泗上小侯之不如,虽有智勇不能为谋矣。人皆刀俎,我独鱼肉,嗟嗟!四万万人民之众,二万万方里之广,至今日而遂忽焉消灭乎?"②此时的刘古愚把全部的精力与热情都投入到挽救国家危亡的事业中,"日夜彷徨,寝食俱废"③,苦思挽救之策。作为一个在野的乡绅,他所能做的也只有借助书院这一方平台,从自己的职业入手,竭尽其所能。甲午战争也是刘古愚一生的转折点,这是他一生最丰富多彩的时期,他以此而知名于天下,甚至引起西方传教士的注意,上海的《万国公报》曾与刘古愚进行过思想的交锋;他也因发动维新变法而深受牵累,年近花甲,而被目为党人,不得不深山隐居。但是无论面对什么样的威胁与困境,刘古愚甲午以来更加激越、昂扬的报国热情与救国行动从来没有削减过,其不怀任何私利、纯粹为了民族国家,九死不悔、百折不挠的赤诚精神,在当时的戊戌维新派中实不多见。

刘古愚救亡活动的第一项就是在味经书院创设"时务斋"。"时务斋"的创设得到学政赵惟熙的支持。赵惟熙(1860—1917),字芝山,江西南丰人,光绪十六年(1882)进士,授翰林院编修,光绪二十年(1894)为会试同考官,力荐梁启超、汪大燮、林旭诸人。光绪二十年(1894)以翰林授陕西学政④,八月到任。赵惟熙初为地方官,也有改革当时弊政、变法图强的怀抱,秉"忠愤之忧",具"雄伟之略"⑤。他上任后,即到书院拜访刘古愚,二人甚为相得,商谈如何振衰起弊。他们讨论最多的自然还是教育方面的问题,此时的赵惟熙志向宏大,发愿下大力气整顿陕西学务,使教育与时代的迫切要求相适应,并要做出成效,以为天下法式,进而达到"举天下士而甄陶之"的效果。这与刘古

---

① ⑤ 刘古愚:《与赵芝山学政书》,《烟霞草堂文集》卷五。
② 刘古愚:《壕垫私议》,《烟霞草堂遗书》之十六。
③ 刘古愚:《复赵展如侍郎书》,《烟霞草堂文集》卷五。
④ 周銮书、汪叔子、刘良群、余从荣选注:《江西古文精华丛书》《奏议卷》,南昌:江西人民出版社,1996年版,第298页。

愚的平素怀抱正相契合,刘古愚深为赵惟熙的想法所鼓舞,竭诚为之谋划①。在改革教育方面,刘古愚又专门致书赵惟熙,详细陈述自己的见解,提出改革教育的四条方针及筹款的四条方案。

改革学务四条是:崇实学、豫教训、习测算、广艺术。

这里的"崇实学"是指将教育与实际应用相结合,教育应以当时的国家需要为中心,教学当中要注重实践,使学生在实际操作中增长才干,这也是他们计划举办纺织厂与"崇实书院"互为表里的思想出发点②。

"豫教训"主要是为了挽救甲午战争中所表现出来的中国士兵素质差、没有文化、缺乏现代化训练的宿弊。刘古愚提出:"今日欲革募勇之弊,非取之学校不可;取之学校,非素为训练又不可"。除了采用新式装备,以枪炮取代弓矢之外,必须用西方的方法训练军队,士兵要识字,具有相当程度的文化和科学知识,教育机构要承担起培训士兵的职能。就陕西省而言,每年选取武生有1000余人,陕西七府、四州,约设学堂七八处,每处教育武生百余人,三年学习之后方可毕业,如文生出贡之例,只有经过这三年的训练,并且考试合格才能参加武乡试。这些教育武生的机构应该由学政统领,方可将营伍中的宿弊革除。刘古愚筹备国防的思想并不限于陕西,但是就他的身份及能力所及,也只有从陕西入手。鉴于海防的重要性,刘古愚建议在渭河设立水师,平时进行训练,除了为迁都西安做准备外③,国家有事之时,还可以调防别处。刘古愚以学政主持军事教育的设想很难实施。但其所言士兵必须经过近代学的学校培训,一般的学校必须进行国防教育,在传授知识的时候注意加入军事教育的内容,在教育中加入体操训练,注重学生身体素质的提高,这些对当时中国军事和教育改革的见解是很精辟的。他此后也一直把这样的教育思想贯穿到教育实践中,仿照古代武舞及西方体操,对学生进行军事训练,以

---

① "适遇我公忠愤激昂,欲大变积习,而为补牢之计。……窃有以触赘素怀尔。时未尽倾吐,至今耿耿。夫以我公之忠愤感人于微,赘何敢自匿固陋,不一陈于前?"《与赵芝山学政书》,《烟霞草堂文集》卷五。

② 刘古愚在信中有这样一段:"故整饬今日之学校,坐而诵不如起而行,课其文不如验其事,即以虚不求实,考之古不如证之今。谈天理氤氲之奥,不如测算躔度之实而有用也;考地理因革之详,不如图绘险要之近而可凭也;披神农之籍,何如请于老农?读种树之书,何如学于老圃?礼乐精微,必关度数;刑罚宽恤,必讲科条。兵事之徒,读父书不如与士卒同甘苦也。"《与赵芝山学政书》,《烟霞草堂文集》卷五。

③ 甲午战争后期,朝野迁都西安的呼声就很高。

增强体魄。后来在关中设立六处义塾，都特别强调设置体操方面的课程。即使在隐居烟霞洞期间，也督帅学生演习阵法，使用步枪。

"习测算"是对学生进行科学技术教育的体现，注重应用于绘制地图、火炮命中、测量水道的数学教育。"广艺术"是指掌握各种实用技术，尤其要通晓各种现代化机器的使用方法，并进行仿照。这些看起来很难，但若有器物样本进行操作和仿照也并非深不可测。在陕西，应该采用大机器织布，通过创办纺织工厂以掌握织布纺纱的相关技术，了解各种机器的工作原理，进而掌握其背后的各种科学知识，将书院与织布工厂相结合，既培养现代化的人才又可保护陕西利源，避免银钱漏于外洋。

学务改革四条的核心思想是提倡实学，加强武备，大力学习西方的科学技术知识。此后赵惟熙会同魏光涛奏请创设崇实书院，赵惟熙奏请设立近代化、大规模的机器织布工厂就是这些思想的体现和实施。

各项改革都需要经费，刘古愚又提出筹措经费的四条建议。一是提用耗羡，二是征用滩租，三是水师营运收入，四是差徭盈余。耗羡就是在正式征收的赋税之外所增加的数额，名义是弥补银两熔铸过程中的损失。实际征收额度往往大大超过消耗，这部分款项成为地方官自己支配的资金。陕西一两正银耗羡往往征收到五钱二三分甚至七八分。雍正年间将一钱五分耗羡收归官方，用以官吏的养廉银，这无异于正银。扣除这一钱五分的耗羡，还剩三钱或者四钱的耗羡归地方官掌握。在镇压回民起义及捻军、太平军余部的时候，当时陕西巡抚刘克庵（名典）曾奏请将扣除一钱五分后的耗羡部分分为三份，一份免除，一份用来办陕西的乡勇、团练，另外一部分归地方政府支配。当朝廷批准刘典建议的时候，他已经调离陕西，实际上没有真正实施。谭钟麟任陕西巡抚时，奏请继续征收刘典业已奏免的三分之一耗羡，理由是用来办理差徭。实际上各县都有差徭局，所需各项差徭费用照样从百姓身上收取，谭钟麟继续征收的三分之一耗羡并没有真正用在差徭上面。现在日本大肆侵略中国，其危机与当时的捻军、回民起义相比有过之而无不及。因此提取三分之一耗羡用来改革教育，加强国防，合情合理，名正言顺。而且刘典已有奏定成案，援引此例向朝廷奏请，应该能够获得批准。三分之一的耗羡够不够办新式教育呢？刘古愚以咸阳为例算了一笔账。咸阳一年征收15000两耗羡，除去上缴国库部分外，地方政府尚有6000两可以支配。而咸阳岁试取武生15名，训练这15名武生开始有1000两就够了，以后不过七八百两，钱数不足地方政府支配耗羡的六分之一,从大局、从情理,地方政府也应该统一提取这部分耗羡用以练兵。

滩租是渭河两岸由无主荒地所产生的地租。陕西的督抚、将军、三标支用荒地牧马,俗称马厂。泾、洛、灞、浐各河沿岸都有这样的马厂。回民起义后,湖北人来此垦荒,向督抚、将军、三标上缴一定数量的地租。这些荒地的初次承包权并不归实际耕地者所有,而是有势力者出面承租,这些人称为"客头","客头"再将其转包给耕种者。他们名义上承包十顷,实际占有往往是数十顷,所交官府租税依然按照十顷计算。"客头"按照实际面积向租种者收取地租,凭此获取大利。如果派得力干员清理滩租,清查地亩,造成鱼鳞图册,必能有一笔可观的收入。以此作为水师的军饷应该绰绰有余。以军田地租训练水师,实是用得其所。水师造船等启动费用先从渭河沿岸各州县借用,船造成后,遇有重大差役,即以水师之船承担,三五年后,水师营运所节省出的费用当能偿还所借造船费用。

光绪三、四年陕西大旱之后,在籍致仕的阎敬铭曾经清理过陕西的差徭。厘清了每年实际差徭所用额度之后,发现当时所征收的差徭还有盈余,阎敬铭奏请将这些剩余部分积累起来,作为地方"教养"事业的费用。目前改革教育,培养国家急需人才,创办机器织布局,正是"教养"事业,调用差徭盈余名正言顺。

刘古愚的上述教育改革、整顿武备方案从基本方向来说都是治本之策,体现了一个在野乡绅的深谋远虑。其筹措经费的着眼点与基本办法也是民间的视角,着眼于谋长远,不给百姓增加负担,通过改革弊政,从挥霍浪费、个人侵占中开辟财源,在事业发展过程中实现经费的自给,如书院与纺织厂相资为用,将发展实业与革新教育结合起来,实现良性循环,这样的思想是非常可贵的。但是也有些地方不太适合,或者实现的可能性很小。首先,将训练武备的职能统属于学政,这不仅在制度上不合理,而且基本上也没有实现的可能,与制度、军事发展规律有冲突。而且以军船进行营运,其可行性、合理性也不无可议之处,这样又如何保证水师训练的水平,又如何能避免在营运中滋生新的贪腐现象?其次,当时海军现代化必须倾举国之力来实现,需要有近代工业与科学技术的强大支持,在陕西一隅,渭河如何能训练出现代化水平的水师?以地方投入,靠学政来主持,以每年区区几百两白银的投入又能够训练出什么样的水师呢?这样的水师如何能够起到巩固国防的作用?

再次,刘古愚筹措经费的途径从长远来看是合理的,也是可持续的,而且名实相符,从道义、情理上都是行得通的。但是这仅仅是理论上的合理,一个最大的障碍就是当时的政治环境基本上不具备将这种理论的合理性转化为现实的可行性。清理差徭是由德高望重的致仕重臣阎敬铭所主持的,最后也不过沦为一纸空文。清理滩租的办法刘古愚曾经向陕西巡抚鹿传霖建议过,鹿"深以为然"[①],但是他最终也没有实施。我们不能否认当时官场中上至督抚、下到亲民之官的县令,有不少人具有励精图治,想干出一番事业的抱负;也不否认,在救国救亡的时代思潮下,官方有新举措、新气象,但这是有前提的,前提就是不能触及或者不能过于触及改革执行者的既得利益,一旦过分触及他们的既得利益,就会反弹,甚至放弃改革,以换取个人的禄位。而晚清的局面又确实需要有这样深度的、触及现有利益格局的改革,否则不能成功,局势会继续坏下去。这就是清末改革的最大难点。

对于刘古愚而言,他个人不可能改变这种政治环境与格局,而他的改革思想与方案却总是想突破这种格局。在得到官方认可的范围和限度内,他的一些措施和思想得到了实现,再向纵深发展就举步维艰了,刘古愚因此也终究免不了悲剧的命运。

但是1895年以来,在全国维新思潮高涨的时代背景下,在赵惟熙等开明官员的支持和信任下,刘古愚还是有一定的施展空间的,时务斋和崇实书院一度办得有声有色。

三、创设时务斋

在基本思想取得一致后,赵惟熙和刘古愚在味经书院创办了"时务斋"。时务斋的章程是刘古愚拟定的,日常运作也由刘古愚主持。"时务斋"是味经书院以及附属于其下的求友斋实学教育方针在新时代下的进一步发展,也是刘古愚实学思想的进一步发展与实践的结果。刘古愚在《味经创设时务斋章程》中再一次强调了实学的重要性。在此章程中,依然首先从二帝、三王、孔子所代表的先秦文化寻找价值依据,认为这些圣人是非常注重实用的,"《论语》以《时习》始,《乡党》以《时哉》终,孟子称孔子为'圣之时'","子思作《中庸》,发明道体,而汉儒以'用'释《中庸》之'庸',即道之见诸事也。""厥后道

---

① 刘古愚:《与赵芝山学政书》,《烟霞草堂文集》卷五。

术分裂,然秦以前诸子仍即事为书。故刘子政论九流,学术必曰出于古之某官,古固无不切世用之学也。"①这时,刘古愚还没有接触到康有为的今文经学,他把孔子描述成切合时代实际需要的经世致用的圣人,以此为经世致用的实学思想寻求价值支持。后来刘古愚虽然接受了康有为的今文经学,但是对孔子为"时中圣人"的看法依然没有放弃,并著有《论语时习录》,盛发此义。孔子既然是切合时务的圣人,目前"舍实事而尚虚文"的学风即不合孔子之宗旨,必须予以纠正,只有如此才能光大孔子之教,中国的圣道才能不被西方基督教压倒、消灭。自强与捍卫中国传统价值观、中国文化的精髓是刘古愚内心深处所秉持的宗旨,也是包括康有为在内的许多士人的共识。这是对西方物质文明以及基督教大肆传播、处处贬抑中国文化的反拨。不少士人直接从传教士所创办的《万国公报》中感受到这种危机和压力。

在经费方面,将刊书处刊刻经史的三分之二约800两白银用于刊刻事务书籍,将校勘经史诸生膏火的三分之二约50两用于学习事务诸生的膏火,另外将味经书院小课膏火100两也用于学习时务诸生的膏火。时务斋由味经书院院长主持,监院负责日常管理,刊书处董事管理征募,支发膏火。入斋诸生须由学政考选,院长挑取,并且要斋长及先入斋者保举。入斋后具结承诺在若干年读经史的进度以及学习某种技艺,如果不能实现承诺,本人和保举者都要受到责罚。入斋诸生每月膏火银1两,旷课按照日期扣减。经学政主持考试后,成绩优异者有褒奖若干。设立斋主,公推三人为学长,负责奖勤罚懒,维持学风。入斋者名字登记在册,斋中同窗即为同志之友,应彼此"德业相劝,过失相规"。

近代以来,士人群体逐渐认识到西方自然科学的巨大力量,朝野上下大力提倡,"实学"再度将自然科学纳入自己的范畴,而在实学思潮下兴起的考据学也被攻为不切实用。至于绝大多数士子束发以来倾力学习的八股文已经与处理当时中外交涉等事务的需要有很大距离,八股文不能提供抵抗西方政治、军事、经济侵略的技术力量,因此反对八股文的空疏与反对繁琐考证构成了晚清实学的重要特色。这是晚清实学的"否定方面"。从肯定的角度上来说,晚清实学提倡西学、提倡自然科学(包括中国传统的自然科学),西学的注入是晚清实学演变的一个重要趋向。其肯定与否定方面都是由适应当时

---

① 刘古愚:《味经创设时务斋章程》,《烟霞草堂文集》卷八。

之急务所决定的,因此"实学"又逐渐有一个新的别名:"时务之学",刘古愚时务斋的命名实源于此。时务斋教学内容就典型地体现了这一特色。

时务斋课程设置形式上是中西并重,刘古愚将传统学问分为道学类、历史类、经济类、训诂类,每类之下要与他所理解的西方学问相印证。

> 《易经》《四书》儒先性命之书为道学类,须兼涉外洋教门、风土人情等书。《书经》《春秋》历代正史、《通鉴纲目》《九朝东华录》等书为史学类,须兼涉外洋各国之史,审其兴衰治乱,与中国相印证。《三礼》《通志》《通典》《通考》《续三通》《皇朝三通》及一切掌故之书,为经济类,须兼涉外洋政治、《万国公法》等书,以与中国现行政治相印证。《诗经》《尔雅》《十三经注疏》及《说文》,儒先考据之书,为训诂类,须兼涉外洋语言文字之学。①

在学习时间分配方面,讲阅经史两小时,学习西艺西书两小时,另外两小时为游息时间。经史及西学均须将学习进度及学习心得写在课程册上,作为院长辅导、考核的依据。

由此不难看出,求友斋的经、史、政、道仍然受到重视,但名称上已经有所不同,"政"与"经"两门被换成"经济类""训诂类",尤其是"训诂类"被当作传统学问的一个门类在这里得以突出,实际上是为了与西方语言文字之学相对应,西学作为学科分类标准的趋向比较明显,但所强调的重点却是西学及时务之学,刘古愚竭力劝谕学生重视的也正是这部分内容。在这四门中西互参的课程之外,刘古愚特别情词恳切、言语铿锵地强调了西方科学技术之学的重要:

> 以及历算融须中西,地舆必遍五洲;制造以火轮、舟车为最要;兵事以各种枪炮为极烈,电气不惟传信,且以作灯,光镜不惟测天,且以焚敌,化学之验物质,医学之辨人体,矿学之察地脉,气球以行空,气钟以入水,算学为各学之门径,重学为制造之权舆。诸艺皆天地自洩之奇,西人得之以貶我中国,我中国不受其利,将受其害,可不精心以究其所以然乎?凡此诸技,均须自占一门,积渐学去(各学均有专用之器,均积渐购置,见其器,则各学均易学矣。)②

在推行自然科学方面,算学又是入手及核心的学科,这与刘古愚自己通晓算

---

①② 刘古愚:《味经创设时务斋章程》,《烟霞草堂文集》卷八。

数有关,也是由算学自身的特点决定的。刘古愚不仅在时务斋推广算学,而且在整个味经书院也加大了算学的比重。将味经书院的"小课"改为算学课,每月二十七日,刘古愚亲自在讲堂讲授,成绩优异者给予奖励,以前从来没有学习过算学的如今都要学习,即从最简单的加、减、乘、除开始。如果说以前在味经书院研习算学还是出于学生的自愿,那么甲午战争之后算学则成为书院的普及课程,味经书院的自然科学教育又向前迈进了一步。为此刘古愚再一次对学生进行劝说和动员。算数为古六艺(礼、乐、射、御、书、数)之一,周公致太平、大禹治水都依靠算术。孔子也积极从事各种技艺的学习,曾自谓"吾不试,故艺"。周公著有算学书《捐闷》,孔子有《三不能比两》,所以士子习算正是孟子"息邪说,拒诐行,放淫词,承三圣的心法",千万不能把它看作末技。① 刘古愚又将算数在各学科中的重要性不厌其烦地向学生进行介绍。即使研究经典,也非精通算学不可,汉宋大儒郑康成、朱晦庵都精通算学。如今要通晓时务,更是非学习算学不可,犹如人不论研究什么学问,必须认字一样。针对有人认为算学繁难,有畏难情绪,刘古愚鼓励他们说,那些不识字的商人都会算学,居四民之首的士人怎么能学不会算学呢?书院中任何人的资质都能够学好算学,说自己不适合学习算学,是无志,不是无能。

四、陕西近代报刊的发轫

与当时其他的先进士人一样,刘古愚提倡西学、自然科学有着突出的功利需求,甚至可以说看重或者不得不提倡西学的首要因素就是西学所发挥出来的技术性力量。此技术性力量是挽救当时危局所必需的,因此时代实际情况如何,"时务"究竟是什么,就必须了解。自1815年马六甲出现了第一份华文报刊《查世俗每月统纪传》以来,新式报刊逐渐成为一种重要的信息传播平台。尤其是甲午战争以来,传教士所创办的《万国公报》以其大量、及时的时事报道、深入(当然不免偏颇)的时局分析、大量的西方社会科学、自然科学方面的知识紧紧地吸引了当时中国有志之士的目光,其所连载的《泰西新史揽要》、结集出版的《中东战纪本末》不胫而走,成为当时最畅销的出版物。已经有20多年历史,形成了强大新闻报道力量的《申报》也是当时不可替代的时事传播媒介,它们是了解"时务"的重要窗口。刘古愚在不到20岁的时候,

---

① 刘古愚:《谕味经诸生》,《烟霞草堂文集》卷八。

就看到英国大皇帝、法国大总统与中国皇帝赫然并列,敏感地意识到中国面临着自古未有的变局,因此一直密切地关注着时局的发展,追踪当时之务成为他一生的追求。可是陕西偏居西隅,在信息获取方面与政治中心北京、经济中心上海有着巨大的差距。他经常能看到的可能主要是当时的邸报,即使如此,刘古愚对各种最新信息的关注需求一直非常强烈,他通过宦游各地的士人,游走四方的商人了解时局,甚至通过学生获取各种最新消息。门人张秉枢的父亲张培吉在扬州一代经商,留心时事,将上海出版的各种书籍、报纸经挑选后逐月寄给其子张秉枢。张秉枢将父亲所辑录的报刊文章转给刘古愚阅看,刘古愚对这些资料非常感兴趣,也由此敬佩张培吉其人①。光绪二十一年(1895),张培吉来味经书院拜访刘古愚,刘古愚因此与之订交。经世致用实学思想的抱负与期待的心情,使刘古愚具有很强的新闻敏感性,他自己不自觉地成为当时中国自办报刊的重要创始人之一,其门下也出现了中国当时顶尖级的新闻传播人才,如于右任、张季鸾等。长期担任《新闻报》主笔的李伯虞为李岳瑞之子,为刘古愚之再传弟子。在时务斋,刘古愚也把自己了解时事的办法传授给学生,要求时务斋学生阅读研究各种新出的报章:

> 欲知时务,须多阅报章。《京报》《申报》《万国公报》以及新出各报,"时务斋"均拟购一分,俾诸生分阅。而"时务斋"须设法购活字铅版及印书器具一架,择各报之有用者,每月排印一册,散给"时务斋"诸生及会讲各友人各一册,余存刊书处货卖。此项尚无的款,拟先从刊书处垫办,俟有机会,筹定的款,则报纸不取钱文。凡不阅报者,不准入斋会讲(凡"时务斋讲会"有切时用之文,亦便附于报章,以求正于四方君子)。②

《京报》就是传统的官方邸报,《京报》的主要内容是由内阁批准可以公

---

① 《张香亭家传》,《烟霞草堂文集》卷三:"(张香亭)有子二,长培吉,字仲木,同知衔,候选府经历……刘光蕡曰:翁子仲木业盐笑于维扬,孙秉枢从余游于味经,精算术,陕士无出其右者。年甫冠,留心时事。仲木阅上海各报章,择其佳者,月寄秉枢,予见其去取极精审,心异之。后见仲木,纯笃厚重,谈吐中物理。"张鹏一《刘古愚年谱》第105页:"门人张秉枢之父仲穆来'味经'访先师。仲穆名清吉,为泾阳吴氏理盐商于扬州,好学爱士,识时务。自甲午日本战事起,人心震动,仲穆每得沪上报章言事实,即寄其子秉枢,秉枢每转呈先师,师异其人。此次来访,因订交焉。"此处张鹏一记载张秉枢父亲的名与字与刘古愚所记不同,应以刘古愚为准,为张培吉,字仲木。而非"清吉,字仲穆"。

② 刘古愚:《味经创设时务斋章程》,《烟霞草堂文集》卷八。

开发布的各种官方信息,是权威的信息发布渠道。清代以来,北京也有民间出版的报章,因此称为"京报",其内容与官方邸报出入不大。刘古愚的这条规定有以下几个重要环节:其一,阅读各种报章文本,让学生接受各种新的信息,了解当时社会形势,树立报效国家的思想。其二,选择各报中"有用"、重要的部分集中印发,时务斋学生人手一册,让学生进行深度研读。时务斋学生每天阅报多少张、有什么心得,都要写进课程册之中。其三,在选辑报刊文章进行排印的同时,也将时务斋、味经书院以及"味经讲会"同仁的学习心得与讲义择优予以收录,与所选报刊文章同时排印出版,刘古愚将其命名为《时务斋随录》。这样排印的出版物已经不是纯粹的学习资料了,而且刘古愚有时在所选现成文章后面还加了长长的跋,如在学政赵惟熙《变通武试疏》的后面刘古愚就作跋,包括笔者所加标点,该跋文长达 526 字,已经形成了另外一篇文章了。学生的讲义也常常登载在《时务斋随录》中。这实际上已经是一种新的创造,大致具备当时报刊的基本特征,这些特征是:有自己的立场、观点,有自己创作的文章;连续出版;公开向社会发行,并进行售卖;1896 年,刘古愚曾将《时务斋随录》寄赠梁启超。这样,在进行时务之学教育的过程中,陕西最早的具有现代性质的报刊就诞生了,也可以说《时务斋随录》开启了陕西近代报刊事业的端绪。《时务斋随录》虽然长期以来没有得到外界的正确认识,其影响与《时务报》《湘报》等也不可同日而语,但是与当时及稍后一些著名报刊还是有着很强的族类相似性。首先他们都是为了宣传、推动时务之学而产生的。其次,不少 19 世纪末甚至 20 世纪初新出报刊都与书院、学校、教学机构等互为表里,学生是报刊的主要阅读者,又是报刊的编辑者、撰稿人,如《湘报》就刊登了大量的湖南时务学堂及南学会同仁的课业、讲义等。梁启超后来在横滨所创办的《清议报》也大量刊载学生的学习心得及习作。轰动一时的《苏报》也是由爱国学社的学生参与撰稿编辑之后而发生了实质性的转向,至于在日本出版的大量的留学生报刊则更是如此。

《时务斋随录》现在可以看到的仅有两本实物,线装书式,16 开[①],为上下两册,封面贴有《时务斋随录》的书签,也没有卷、期之类的编号,未表明发行者和出版机构。两册的页码是连续的,第一册尾至 60 页,第二册从 61 页开

[①] 陕西省地方志编纂委员会编:《陕西省志》第七十卷《报刊志》,西安:陕西人民出版社,2000 年版,第 147 页。

始,在第二册末尾有"丁酉刘光蕡古愚识"字样,知其出版时间为1897年。《陕西省志》中的《报刊志》说是季刊①,不知何所本。按照刘古愚"月出一册"的说法,应该是月刊。

刘古愚动员时务斋诸生阅看报章,创办《时务斋随录》的行为具有重要的启蒙意义,对西北文化发展影响不容低估。首先,此举将西北地区与全国主流思潮紧密地结合起来,为西北地区走向近代化起到了创榛辟莽、前驱先路的作用。刘古愚通过时务斋将40名陕甘一流的年轻士人集中起来,集体进行剪报、讨论、编辑,这样就大大地增加了这些信息的影响力。通过时务斋学生影响带动整个味经书院学生,此外还有包括学堂以外的农工商贾各界人士参加的"味经讲会",这样就形成具有一定声势的维新、改革舆论思潮。《时务斋随录》的印刷与流传,使学校口头传播的内容得以脱离即时性的局限,可以持续地发挥作用。这些学生又可以凭此影响其家人、戚友。如刘古愚的弟子胡均、毛昌杰联合三原的朱佛光创立了励学斋,励学斋的章程及运行方式基本上仿照时务斋。励学斋创立后,在三原引起较大反响,不仅当地人受其影响,也震撼了当时在三原的教会学校及外国传教士。可见,时务斋诸生,尤其是其主持者刘古愚在当时起到了"意见领袖"的作用,在西北地区营造了维新变法舆论。

其次,《时务斋随录》是陕西新闻出版事业的开端,后来发展起来的陕西新式报纸、科技期刊大多直接与刘古愚有关,说刘古愚是陕西新闻出版事业的奠基人一点也不过分。较早突出这一观点的是梁经旭先生。他对刘古愚的报刊活动进行了深入的研究,做了中肯的评价。"刘古愚一生从事教育三十余年,为陕西及近代中国培养了千余名有用之才,也培养了济济一堂的新闻人才。1897年,他的学生毛昌杰首先在西安与阎培棠合作,创办了陕西最早的一家私人报纸《广通报》。该报积极倡导维新,发行将近一年,在戊戌报禁中停刊。其后1902年新闻事业开始复苏后,毛昌杰又与阎培棠在西安双仁府创办了《时务丛钞》,发行数年。这两种报纸无论从内容到形式几乎与《时务斋随录》一般无二,都是以剪辑外报为主,尾附少量诗文或时论,不难看出是源于'时务斋'的。1906年,陕西办报风行,其主要成员几乎均出刘古愚门下。当时,刘古愚的大女婿胡均主持三原宏道高等学堂(由味经书院与崇

---

① 陕西省地方志编纂委员会编:《陕西省志》第七十卷《报刊志》,第12页。

实书院合并而成),首先与范克立(宏道学监)创办《关中学报》,同年又创办《西北白话报》日刊。紧接着有岳觐唐在三原创办《关中日报》。1907年宏道学生吴宓、胡文豹(胡均之侄)在西安创办《陕西杂志》。1908年刘古愚的学生郭希仁在西安创办《声铎公社质言》,其后又参与创办《教育界》《丽泽随笔》等杂志,并影响了兴平县长张瑞玑创办的《兴平报》。与此同时,刘的学生于右任等在上海先后创办《神州日报》《民呼报》《民吁报》《民立报》等进步报纸,张季鸾后来也参与其事。在日本,则有刘古愚的学生杨西堂、李子逸、茹欲立、张季鸾等创办的《秦陇》《夏声》等杂志,积极鼓吹革命。上述报刊,几乎就是辛亥革命前陕西境内或陕西人士在外地创办报刊的全部,也几乎全都有刘古愚的学生参与创办或主持其事。这些史实实际就是对刘古愚在陕西新闻事业上所做贡献的最大肯定。"①

"辛亥革命后,刘古愚的学生中仍有不少人继续办报。其中郭希仁创办的《帝州报》、宋伯鲁创办的《秦风日报》、高培支创办的《易俗白话报》、景莘农创办的《历史画报》,及刘古愚的二女婿王授金创办的《陕西实业》杂志及主办的《教育旬刊》等,在当时都有一定的影响。尤其是王授金,不但成为'五四'后在陕西推行新教育的领袖,而且被后来的学生界聘为《学联旬刊》《青年文学》等进步刊物的顾问。王授金后来在大革命期间参加了中国共产党,成为著名的渭华暴动烈士。"②梁先生的文章列举了大量的事实,刻画出了刘古愚对近代陕西新闻出版事业巨大引领作用。梁先生文中提到的吴宓是刘古愚的再传弟子,他所创办的《陕西杂志》200元成本费就是由其嗣父、刘古愚的弟子吴建常支付的。吴宓后来又创办了《学衡》杂志,长期为《大公报》副刊的主持人。只要我们列举一下于右任、张季鸾、吴宓这些新闻史上的闻人,就不难看出刘古愚不仅对陕西新闻事业厥功甚伟,而且对整个中国新闻事业的贡献也是难以磨灭的。

今人梁经旭先生对《时务斋随录》进行了专题研究,明确了其早期报刊的身份,对它的形制、主要内容进行了介绍,使尘封百年的《时务斋随录》又重新为世人所知③。张惠民先生对刘古愚在新闻出版以及科技期刊方面的贡献也进行了深入的专题研究,撰有《清末陕西著名的出版机构——味经官书局》、

---

① ② 梁经旭:《陕西近代新闻事业的奠基人——刘古愚》,《新闻知识》,1990年第9期。

③ 梁经旭:《刘古愚与时务斋随录》,《报刊之友》,1995年第4期。

《〈关中学报〉的传播理念及其科技传播实践》《〈关中学报〉的内容特色及其历史作用》等论文①,使刘古愚在出版业中的形象以及陕西近代出版事业的发展情形进一步丰富起来。

五、维新时期学会的前驱——味经讲会

学会是戊戌维新时期的一种重要组织形式,各种学会性质不同,存在时间长短不一,影响也不能一概而论,但是学会在当时舆论动员、思想文化传播、政治活动中所起的作用有目共睹,某种程度上是中国近代政党的先声,因此学界对该时期的学会活动予以充分重视。许多有关戊戌维新的著述都提到了陕西的学会,只是在创办时间、创办者,甚至学会名称方面有很大歧义,很少有人对此进行考实。王尔敏在《清季学会汇表》中收录了"味经学会",地点标明为陕西,创办时间是1898年前②,至于表中所列的"宗旨""组织及集会性质""活动""经费来源""代表性文献"各项都是空白。汤志钧先生在《乙未戊戌间全国各地主要学会负责人题名》中"陕西的学会"列举了"励学斋",地点标为"西安三原",创办时间为1897年。另外就是"味经学会"地点为"西安"③,别无其他信息。张玉法《清季的立宪团体》④也列了味经学会,地点是西安,"成立时间""主持人""宗旨及活动"等项为空白。此后,对于"味经学会"的认识基本没有什么进展,张玉法在2000年还把"味经学会"归结为

---

① 参见张惠民《清末陕西著名的出版机构——味经书局》,《编辑学刊》,1995年第4期;《〈关中学报〉的传播理念及其科技传播实践》,《河北农业大学学报》(农林教育版),2005年第12期;《〈关中学报〉的内容特色及其历史作用》,《新闻与传播研究》,2003年第1期。
② 王尔敏:《晚清政治思想史论》,台北:台湾世纪出版社,1969年版,第141页。
③ 汤志钧:《戊戌变法人物传稿》附录二,中华书局1982年第2版,第692页。汤先生该"附录"是对戊戌时期的学会"稍稍列表布录"。1984年人民出版社出版汤志钧的《戊戌变法史》在"陕西的学会",列有"味经学会","在西安成立";"励学斋:1897年在陕西西安三原成立",为"讲求实学"而设。该书第207页写道:西学"其原無不出于中国,特中人弃而忘之,而彼乃精益求精,故遂以相厄"。"彼既能窃我之长以制我,我何不即复我之所长以制彼"。拟"广购致用之书,集好学之士,合众人之心思材力以互相砥砺"。但2003年于上海社会科学院出版社出版的《戊戌变法史》修订本中,在介绍各地学会的时候,陕西一省付诸阙如。2007年上海教育出版社出版的由汤志钧等人编《戊戌时期教育》,第215页把味经学会的成立时间标为1897年。
④ 张玉法:《清季的立宪团体》,台湾"中央研究院"近代史研究所"专刊(28),1985年版,第205页。

"目的不详者"①。至于其他各种书籍、工具书也多有提到"味经学会"的,但基本上是沿用上述三家的统计,尤其是采用汤志钧先生的说法。闵杰根据《中外日报》《申报》的逐日报道,对王尔敏、张玉法、汤志钧三先生的研究成果进行了修正和补充,指出三位先生存在讹误的地方,并增加了三家未知的一些学会,使该时期的学会增加到 89 家。但是也剔除了一些他认为算不上学会的机构,如三原励学斋②。该文对三家学会研究中存在的"错误"进行修正,共指出 12 处错误,但并未论及"味经学会"有什么不当。在其所制《戊戌时期学会统计表》中,"味经学会"的创办时间定为 1898 年,地点为陕西。励学斋则未予收录。闵杰上述对戊戌时期学会的研究使其成为上述王尔敏、张玉法、汤志钧三家之外的第四家。但是对于当时陕西学会情况的叙述四家之说都存在很大问题,即使是学会名称、地点这些最基本的信息也并未弄清楚,至于创办时间则无一正确,闵杰将励学斋剔除出学会的行列,并没有实际资料支撑。尽管闵杰所利用的史料范围大大拓展了,由于他所采用的报刊资料如《中外日报》《申报》是上海出版的,《湘报》则在湖南出版,对于陕西学会情况并无实质性补充,对于"味经学会"的说法依然延续"三位前辈"之说,而根据《湘报》《中外日报》论述其他学会情况的材料就把励学斋剔除出学会的行列,这种类比的方法在史事考证中是不妥当的。关于"味经学会"各家之所以说法大致相同,是因为他们有两个共同的资料来源,一是梁启超的《戊戌政变记》,二是胡思敬的《戊戌履霜录》。梁启超在《戊戌政变记》卷七罗列了《强学会封禁后之学会学堂报馆》,第一项就是"味经学会",后面注明除表示地点的"陕西"二字外无任何详细信息。这一段记述也收入了《中国近代史资料丛刊》,《戊戌变法》(四)③。胡思敬在《二十一省新政表》学堂一栏中列举了西安游艺学堂、格致书院、实学书院,在"公会"一栏中列了"西安味经学会"④。这两种说法中,胡思敬应该是沿用了梁启超的说法,因为梁启超与刘古愚有通信联系,又与刘古愚众多弟子陈涛、杨蕙、孙澂海、张鹏一等在上海、

---

① 张玉法:《戊戌时期的学会(1895—1898)》,载王晓秋主编:《戊戌维新与近代中国的改革》,北京:社会科学文献出版社,2000 年版,第 207 页。
② 闵杰:《戊戌学会考》,《近代史研究》1995 年第 3 期。
③ 《中国近代史资料丛刊》,《戊戌变法》(四),上海:上海人民出版社,1957 年版,第 395—396 页。
④ 胡思敬:《戊戌履霜录》,豫章丛书本,第 37—38 页。

北京有较长时间的交往,而且梁启超在戊戌政变之后就开始撰写《戊戌政变记》,并从1899年开始在横滨出版的《清议报》连载。而胡思敬的《戊戌履霜录》则是在十多年后的1913年才出版。梁启超在其书中对陕西"味经学会"交代或者记忆并不清楚,王尔敏除了延续梁启超"味经学会"的名称及地点之外,又在时间方面进行了自己的推测,定位在1898年前,这只是一种推测,因为1898年戊戌政变,各地学会都被封禁,这种推测大体是不会错的。张玉法则将其地点定位在"西安",闵杰则将时间径定为1898年,均未见有什么依据。

以上诸位所说的"味经学会"自然与味经书院有关,刘古愚所撰写的《味经创设时务斋章程》①有这样一段话:

> 一创设讲会。书院之始,由于讲学。记诵、词章,士子自可研求于家塾、党庠,仆仆道路,远赴书院,所习仍不外记诵、词章,又何为者?故书院教人,贵提醒人心,其有益于今日士习为甚钜也。陆象山在白鹿洞讲"君子喻义"章,士有闻而泣下者。前明东林讲学,虽为阉党所指目,而其中亦有失节者,然究君子多而小人少。讲学之功,有益人心,不可没也。况泰西耶稣之教,时时宣讲,中国人且有从其教者,今以中人讲孔子之教,为皇上所尊,尚而不足以动人者乎?惟前明、国初诸老先生,讲学均不谈时事,盖举记诵词章而体之以身心,则已足为有用之材。今则时变极艰,且大非旷观六合,有不能自全于一域者,故前人讲学内返之身心,今日讲学必外证之身世。吾儒之道,固合内外之道也,惟官史贤否,不准一字提及。拟以学长为主会,每月初一、十五日谒先师后,院长与诸生会讲。午间延宿学、硕儒登讲席宣讲,无则即延院长,以味经讲堂为讲所。凡有志时务者,不论籍贯,不论文、武、农、工、商、贾,皆准听讲。其未住院、愿入时务斋学习者,苟有人保,每月两次会讲,兼缴课程,院长评阅,汇送学宪,一体给与奖银。其有更远者,或一季一会讲,半年一会讲,院中均供饮食。其未预通姓名于斋中者,来听讲时,许在室下,不准升堂。

张鹏一《刘古愚年谱》将此章程撰写时间定为光绪二十一年(1895)正月,则

---

① 刘古愚:《味经创设时务斋章程》,《烟霞草堂文集》卷八。

味经书院最初设立的组织没有明确的名字,只是冠以"讲会"二字,因为它设在味经书院,可以称之为"味经讲会",而不是什么学会。因为此时刘古愚尚不知康有为的维新活动,而且北京强学会也没有成立,"学会"的名称尚未流行,刘古愚只是根据宋明以来书院讲学的传统,名之为"讲会"。本年十一月,因御史杨崇伊弹劾,北京强学会被封禁。这一事件反而扩大了强学会的影响,在工部为官的李岳瑞寄来了康有为"屡次上书诸稿暨《强学会序》、章程……并以南海之学说传来,此为南海学说传入'味经'之第一次"①。此时刘古愚才知道"世间尚有康先生其人"②。康有为的主张使刘古愚有空谷足音之感,对当时下层士人而言,康有为的时务知识以及变法主张都是比较深入和全面的,而且气魄宏大,刘古愚因此对康有为大为敬佩。《刘古愚年谱》光绪二十二年(1896)第二条就写道:"'设复邠学会'于'味经',以诸生有志时务者列名其中。"③这是与味经书院及刘古愚有关的组织第一次以"学会"命名的开始。此后,刘古愚的学生邢廷荚、柏堃等人又创立了"不缠足会"。光绪二十三年(1897)九月,刘古愚又致书蒋伯斧(黼)、罗叔蕴(振玉):"某邠人也,与同志立'复邠学会',从农事办起,以为贵会之附庸。"④陈涛、杨蕙、孙澂海、萧钟秀等在上海与蒋伯斧、罗叔蕴等接触,此时刘古愚也正在大力提倡农事,为了便于学习先进的农业技术,陈涛等人建议刘古愚加入上海农学会,上引文字为刘古愚以"复邠学会"为上海农学会分会的正式申请信。此外,刘古愚遗著及张鹏一《刘古愚年谱》中并未见"复邠学会"的名称。而且刘古愚采用"复邠"二字为学会的名称,具有恢复古公亶父以来的周族农业传统的深厚文化内蕴,比"味经"两个字更有历史内涵。可见,所谓的"味经学会"是梁启超凭印象的命名,并非刘古愚所创设学会的本名,后来者就以讹传讹,沿袭不改了。而且刘古愚所创设的组织名称有一个先后变化的过程,1895 年,只是笼统地称为"讲会",1896 年才正式命名为"复邠学会",至于地点也不是什么西安,而是味经书院的所在地泾阳。为了便于叙述和区别,我们把复邠学会

---

① 张鹏一:《刘古愚年谱》,第 105 页。
② 刘古愚:《与梁卓如书》,《烟霞草堂文集》卷五。
③ 张鹏一:《刘古愚年谱》,第 106 页。
④ 张鹏一:《刘古愚年谱》,第 132 页。此信不见于《烟霞草堂文集》中,另,张鹏一《刘古愚年谱》还收录了许多封《烟霞草堂文集》未载的刘古愚书信,补充了非常珍贵的资料。

之前的讲会称之为"味经讲会"。

下面我们来分析"复郼学会"的特点和性质。刘古愚组织讲会的原因是看到甲午战争中表现出的人心极度涣散的宿弊。甲午战争中海军互分彼此，陆军在统一战场上"各自为战"，缺乏有效、统一的指挥，被日军各个击破，这些情况都在《万国公报》等公开出版物中刊载。这种弊病不仅在军队中存在，也是国人的通病，士人也不例外。他在《时务斋学规》中说，今日人心涣散已经达到极点。就陕西而言，人们习于秦人无党之见，多独学无友，执高头讲章之说，自以为是，与世事全然隔阂。"闻人之长而必言其短，见人之短而特甚其词。"争名逐利之心盛，难以彼此协同，必须团结起来，用当时的话来说就是能"群"，能"群"与否是关系着一个民族、国家生死存亡的重要因素。在《谕崇实书院诸生》中①，刘古愚又从世界形势的角度给学生分析了"群"的重要性与必要性。

> 五大洲上之人分五种，欧罗巴人为白种，利未亚人为黑种，南洋各岛为棕色种，美利坚人旧为红种，今被白种驱逐逃于深山，如云南之怒夷，黑人仅为白人之奴，棕色人多见并于白人。惟我中国为黄种，知识不亚白种，而日见削弱，其故何也？白人能群，各色人不能群也。今外患日逼，非合天下为一心一力，不足以救之，故今日第一义当自能群始。能群，即孔、孟悲悯之心，必能使中国为一人，然后能使天下为一家，否则人以天下为家，我将为之奴隶矣。可不痛哉！故吾愿人人能去自私自利之见，以勉求当世之务，而共支危局，不独忠于国也。黄帝、尧、舜以来，圣贤之神灵，实式凭之矣。

要去自私自利之见而能群的办法之一就是创立讲会。这种"讲会"是对传统书院讲学的继承，而又有所不同。刘古愚明确提出，味经的讲会必须"外证之身世"，也就是必须研究此身所处的时事，"时事"是什么呢？当前的政治当然是最大的时事，只有了解政局，才能明白国家需要什么样的人才，才能明白身为士人应该掌握什么样的本领，也就是刘古愚所说的"今则时变极艰且大，非旷观六合，有不能自全于一域"。刘古愚也明确提出在这种急迫的情况下，必须将谈时事作为当务之急。刘古愚的这一举措是非常大胆的，清朝言论禁锢很严，康熙、雍正、乾隆三朝因言获罪的惨祸他并非不知，而此时各地报馆、

---

① 刘古愚：《谕崇实书院诸生》，《烟霞草堂文集》卷八。

学会还没有大规模地设立,刘古愚实际上打破了陕西的言论禁锢的局面,这样做,完全是出于挽救危局的考虑,他已经无暇顾及如此做法的后果了。

讲会的范围不仅限于时务斋,讲会的集会地点在味经书院讲堂,讲会是面向全体书院的,并且以书院为核心,向社会辐射:"凡有志时务者,不论籍贯,不论文、武、农、工、商、贾,皆准听讲。"由此看来,刘古愚是要面向整个社会,向各界人士传播思想,这也是他一贯的普及教育、全民皆学思想的体现。同时也邀请书院以外的名儒宿学前来会讲,实现书院内外的有效沟通。

由上述可见,味经书院讲会在其创立之初,其创办意图就体现了突出的政治性,所谓"外证之身世"就是公开议政的动员。所以,味经讲会是一个学术与政治相结合的维新组织,它面向社会公开活动,并且有自己的报刊——《时务斋随录》,某种程度上承担了关中士大夫的"公共空间"的角色。

如果我们把"味经讲会"放在当时全国整个大环境来考量,则能见其不容忽视的意义。据闵杰考证,上海的"新学会"为"戊戌时期创立最早的学会",新学会的创始人是江苏吴县的叶耀元,是一个以研究自然科学为主的学术团体,也是一个致力于推广时务之学的组织,闵杰推测,该学会成立时间"应不晚于1895年。"即使闵杰的考证是正确的,"新学会"的政治色彩,活动的公开性、影响力都不能与"味经讲会"相比。因为"新学会"创办之初,"未敢在社会上公开露面"。据张鹏一记载,味经时务斋成立于1895年1月①,而关于"味经讲会"的性质、活动的公开程度,《味经创设时务斋章程》说得比较清楚,在此时"味经讲会"就已经公开活动,并且活动比较频繁。因为"时务斋"是在当时陕西学政赵惟熙的直接支持下创立的,并且此时陕西的政治环境对开展维新运动基本没有什么障碍,尤其是赵惟熙对学务改革非常热心,先后于1896年、1897年两次上奏朝廷,提倡建立"实学格致书院",1896年奏折有护理陕西巡抚、布政使张汝梅连署②,1897年奏折与陕西巡抚魏光焘联名③,署理陕甘总督陶模会衔,说明当时的陕西最高官员是支持这种改革的,而时务斋则是"实学格致书院"的先声。当时刘古愚思想处于非常悲痛、激愤的状

---

① 张鹏一:《刘古愚年谱》,第90页。
② 中国第一历史档案馆:《光绪朝朱批奏折》,第一〇五辑《文教·科举》,北京:中华书局,1996年版,第409—410页。
③ 朱寿朋编,张静庐等点校:《光绪朝东华录》(四),北京:中华书局,1958年版,总第4007—4008页。

态,报国之心十分殷切,类似于汉朝的贾谊①。"讲会"既然在"时务斋"章程中就已拟有成案,刘古愚在书院德高望重,当时的政治环境又没有什么障碍,开展活动在客观上是没有什么问题的。而且也有"味经讲会"1895 年既已开展活动的记载,刘古愚在《王母杨太孺人懿行序》中说:"甲午、乙未后,予为'复郊学会'于'味经',伯明复同讲席。五日一会,会有讲,讲有义,刊《时务斋随录》中者是也。"这里虽然提的是"复郊学会",但乙未年间应该还没有此正式名字,实指"味经讲会",而且活动不仅是半月一次,是"五日一会"。据此,"味经讲会"是创立于 1895 年并且公开活动,而且活动情况有记录,还公开宣传了活动情况。与上海"新学会"相比,其历史记载是非常清楚的。此时北京强学会尚未成立,所以,陕西的学会组织并不是梁启超所记载的是在强学会封禁以后,而是在强学会创立之前既已经公开活动,是真正明确可考的戊戌时期最早的学会之一。

六、励学斋正误与考实

(一)励学斋的创立时间上限为 1896 年 8 月

刘古愚的维新活动得到了其他地区的响应,陕西的维新运动不断向前发展,三原"励学斋"就是时务斋直接响应的产物。学界对"励学斋"比较重视,一些具有代表性的学术专著也提到过励学斋,不少论文对此也有所论及。但是关于励学斋的论述似是而非,并没有说清楚。白寿彝主编的《中国通史》第十一卷《近代前编》下册,第四十一章《科技社团与科研机构》第一节《科技社团》中提到励学斋。在本书同卷第十二章第三节《资产阶级民主革命的兴起》中是这样描述励学斋的:"除以上比较重要的有较大影响的革命团体之外,当时在国内还出现了其他一些革命团体,如福建的文明社、汉族独立会,安徽的岳王会,江西的易知社、自强会,江苏的强国会,陕西的励学斋,四川的公强会,等等。这些革命团体虽然带有一定的地域性,往往是各自为战、分散活动,但是,它们大都以推翻清廷的封建统治、实现民主共和为其政治目标,努力宣传革命思想,积极策划武装暴动。这些革命团体的建立及其活动,促

---

① 他在《壕堑私议》的结尾表述了当时的心境:"身世之危,视厝火积薪中流舟漏尤为过之,使洛阳少年生于斯时,吾知其痛哭不能成声,泪尽而将继之以血也。呜呼,悲已!"

进了革命形势的发展,也使建立统一的全国性革命政党的条件日趋成熟。"在这里,励学斋被当作"科技团体与科研机构",同时也被当作是资产阶级革命的政治性组织。在上述王尔敏、张玉法关于戊戌学会的研究中,并没有提到励学斋,汤志钧在《乙未戊戌间全国各地主要学会负责人题名》提到了"励学斋",创办地点标为"西安三原",创办时间为1897年。汤志钧先生在《戊戌变法史》中对励学斋有如下论述:"励学斋一八九七年在陕西西安三原成立。为'讲求实学'而设。"①由陈元晖主编的《中国近代教育史资料汇编》中《戊戌时期的教育》分册,列有《戊戌变法时期的学会》一章,附表中收录了励学斋,其描述与上述汤先生论述基本一致②。该分册由汤志钧、陈祖恩、汤仁泽编,当是录自汤先生的《戊戌变法史》。此外的一些工具书如《中国党派社团辞典》③、《中国历史辞典》④、《中华百年教育家思想精粹》⑤均沿袭了汤志钧的说法,无出其范围者。闵杰的研究成果不仅没有修改汤志钧先生在时间方面的错误,而且还用"类比"的方法对汤志钧先生对励学斋的定性进行了"纠缪",认为汤志钧先生将非学会组织的励学斋当作了学会组织。"戊戌时期的社会团体,可以明确定性为学会组织的,主要有三种类型:(1)政治性团体,如强学会、南学会。(2)改良社会风俗团体,如不缠足会、延年会。(3)学术团体,如化学公会、格致学社。此外,还有一种教育团体,今人已经很难严格区别其性质究竟是学会抑或学堂。因为当时人们就未作严格区分,所谓:'学堂者,主也;学会者,辅也。始之创兴学会者,所以为学堂之基础也;继之扩充学会者,所以补学堂之不及也。'唯其如此,这类团体创办后,不少都改称为学堂,如郴州之舆算学会改称经济学堂,江西之励志学会改称吏治学堂,奋志学社改称奋志学堂。因此,笔者认为,这类团体如果以'学会'二字命名,可暂定为学会组织,如前述之三江学会,而未以学会命名者,以暂不算作学会为宜,对励学斋也宜如是处理。"此段文字没有引用任何关于励学斋的直接资料,而

---

① 汤志钧:《戊戌变法史》,北京:人民出版社,1984年版,第207页。
② 汤志钧、陈祖恩、汤仁泽编:《戊戌时期的教育》,上海:上海教育出版社,2007年版,第215页。
③ 王进、杨江华:《中国党派社团辞典》,北京:中共党史资料出版社,1989年版,第296页。
④ 张作耀等:《中国历史辞典》,北京:文化艺术出版社,1991年版,第807页。
⑤ 杨际贤主编:《中华百年教育家思想精粹》,北京:中国盲文出版社,1999年版,第32页。

且也未对汤志钧所引有关励学斋性质的文字进行考论，根据郴州算学会、江西励志会的情形，因为励学斋没有"学会"二字，将其"暂不算作学会"。闵杰、汤志钧之外的另外一个研究系统就是陕西当地的党政机构及学者。这些研究者利用口传资料及乡邦文献对励学斋的创立者、性质等问题进行了论述。如咸阳市党史资料征集研究委员会编辑的《辛亥革命在咸阳》介绍了励学斋的创办者为孙芷沅、朱佛光，而朱佛光就是国民党元老于右任走上革命道路的启蒙老师。梁经旭先生在《陕西近代新闻事业的奠基人——刘古愚》一文中说励学斋的创始人是刘古愚："鉴于许多居处较远的人士来往不便，刘古愚又借1897年崇实书院建院之机，在三原创设'励学斋'，自任斋长，由他的大女婿胡均、高足弟子朱先照代行其事。"①

　　以上诸种说法有许多错误和待澄清之处。上述汤志钧及陕西地方学者关于此问题的原始资料有两个源头，一个源头是于右任的回忆，主要是他的自传《牧羊儿自述》，以及于右任撰写的《朱佛光先生墓志铭》。另外一个源头就是中国史学会所编纂的《中国近代史资料丛刊·戊戌变法》第4册。于右任在回忆他的老师朱佛光创办励学斋的时候并没有道及日期，而学者们对励学斋创立时间的考订来自《中国近代史资料丛刊》，本《丛刊》中《戊戌变法》第4册摘录了《万国公报》所刊载的《励学斋说略》一文，在引文的末尾标明《万国公报》出版日期为"光绪廿三年七月《万国公报》第九十一卷第八页"。这里《万国公报》的卷数、页码都没错，而年份却错了。查《万国公报》九十一卷是光绪二十二年也就是西历1896年，这在《万国公报》的扉页上都标得清清楚楚，在本期目录中就有《励学斋说略》《励学斋章程》《三原县励学斋说略辨》有关励学斋的三篇文章。汤志钧先生可能是根据《戊戌变法》第4册的说法，没有核对《万国公报》原文②，而后来许多说法皆沿用《丛刊》的说法，或者径自抄自汤志钧先生，所以一致把励学斋创立的时间定在1897年。其实光绪二十二年七月（西历8月）是励学斋创立的上限，而《万国公报》刊

---

① 《新闻知识》，1990年第9期。
② 汤志钧先生在关于励学斋章程材料出处的注释中给出的是："《励学斋说略》，《万国公报》第九十一卷，光绪二十三年七月出版"。此处虽然表明是出自《万国公报》，但所引《万国公报》该卷的出版时间是错误的，可能是间接引自《戊戌变法》（四）。

登的上述三篇有关励学斋的文件是由三原的传教士①寄到上海的。我们可以这样设想,这些传教士不可能在励学斋刚创立时便有所反应,搜集其章程,并撰写针对励学斋的驳难文章。如果我们把三原传教士对励学斋做出反应的时间定为两个月,把三原到上海的邮递时间定为一个月,如果邮递到了而本期《万国公报》已经没有版面,下期再刊载的话(《万国公报》为月刊),那么从文章见报到励学斋创立的时间应该有五个月,励学斋创立于光绪二十二年二月,即西历1896年3月也是有可能的,甚至成立于1895年的可能也不能排除,无论如何不能晚于1896年8月,所以诸种出版物所说的设立于1897年是不可能的。

(二)励学斋由刘古愚领导,其及门弟子为主要创立者

关于励学斋的创办者,于右任先生的回忆提到两个人,即朱佛光与孙芷沅。《我的青年时代》(亦名《牧羊儿自述》)中提到励学斋:"朱先生曾与孙芷沅先生发起天足会,又创设励学斋,集资购买新书,以开风气。"②在《朱佛光先生墓志铭》中是这样说的:"甲午以后,外患日深,遂究心于经世之学,谓中国改革非科学经学并重不为功。乃于孙君芷沅发起设励学斋,广购科学书籍报纸,以劝导有志之士。而西北结社之风至此开,新学知识亦由是日启。"于右任先生在此两处均没有提到刘古愚与励学斋的关系。梁经旭先生说:"鉴于许多居处较远的人士来往不便,刘古愚又借1897年崇实书院建院之机,在三原创设'励学斋',自任斋长,由他的大女婿胡均、高足弟子朱先照代行其事。"这里明确认定刘古愚是励学斋的斋长,实际主持励学斋的是胡均、朱先照(朱佛光),没有提到孙芷沅,梁先生没有注明此说所据为何,这段话有的是正确的,有的是可能正确的,有的则是错误的。刘古愚在《刘君子初墓志铭》

---

① 于右任在《我的青年时代》(亦名《牧羊儿自述》)中说道:"那时交通阻塞,新书极不易得,适莫安仁、敦崇礼两名牧师在三原传教,先严向之借读《万国公报》,《万国通鉴》等书,我亦借此略知世界大势。"见于右任撰,刘永平编:《于右任集》,西安:陕西人民出版社,1989年版,第143页。在《万国公报》《励学斋说略》目录下,署名"陕西西安府三原县邮来",《三原县励学斋说略辨》署名"寓华中国老友",既然是"中国老友",那此文作者一定是外国人,可见,将励学斋的事情介绍给《万国公报》的正是于右任父亲与之有交谊的三原传教士莫安仁或敦崇礼。

② 见于右任撰,刘永平编:《于右任集》,西安:陕西人民出版社,1989年版,第143页。

中说:"孙芷沅为励学斋于其乡,其购书则子初之力为多。"①则孙芷沅为励学斋创办者无疑问。《万国公报》所刊载的《励学斋章程》第五条:"本斋为味经书院时务斋之分局,凡欲入斋者均须已入斋者作保,禀明斋长刘焕唐先生定夺。"②则刘古愚为斋长无可怀疑。目前尚未见到胡均参加励学斋的第一手资料,但梁先生此说可能是事实。胡均是胡子周的儿子,胡子周是三原巨富,支持柏景伟、刘古愚在味经书院创设求友斋,以提倡实学及自然科学为宗旨。胡均又是刘古愚的长婿,励学斋在三原,胡均秉承师训,创设时务斋的分局,应是情理之中。而且励学斋提倡实学、西学,需要经费,章程中提到入斋者须交会费15两,多者不限,胡均以其财力为倡率,既为坐上菩萨,又为堂前护法。梁说把励学斋创立的时间定在1897年"崇实书院创立之机",则是错误的。孙芷沅也为刘古愚入室弟子③。

下面我们对励学斋的特点、性质稍作分析,然后讨论刘古愚与朱佛光的关系问题。从《万国公报》所登载的《励学斋看书章程》及《励学斋说略》来看,励学斋实际上就是一个以研究自然科学、西学为宗旨的读书会和研究会。《励学斋看书章程》第一条:"此举专为讲习实学而设,一不妄谈国事以干罪戾,一不聚类浮嚣以招弹射。惟因寒士购书颇不易,兼之时务各学亦非一人独学所能尽通。今广集股分,购买书籍,凡国朝掌故、经济诸书及格致各种与一切报纸无不备致。在一人出资无多,读书甚夥,更得同学诸友互相观摩,获益非浅。"第六条:"算学为诸学之根本,凡入斋者均须先学算学,则诸学自易为功。彼此互相讲求,学亦不难(如资性绝不近者,亦不相强)。其余各艺均择性之所近,自占一门,致功亦易。"第十三条:"凡我同人虽公讲时务,然当以中国先圣先王之道为本,平居以大义互劝,士人于古经、古史及一切义理书尤当探讨,则虽日讲格致,只得受其长不受其短……"第十七条:"凡事创始最难。举事之意既不能为人所谅,又不尽为人所信,此诽谤所由来也。斋中同人惟当存忍辱含垢之心,无论如何诽谤,均视为分内应得之事,不必含怒,亦不得沮丧。"第十八条:"学无论古今中外,但求有得于己,有益于人,即为有用之学。况在西人为西学,众人学之即是中学,且西人亦非各国皆本有此学,仍

---

① 刘古愚:《刘君子初墓志铭》,《烟霞草堂文集》卷四。
② 《励学斋看书章程》,《万国公报》复刊本第91卷。
③ 刘古愚在《刘君子初墓志铭》中说,"芷沅予老友文秋子,曾从予游味经者"。则孙芷沅为刘古愚弟子无疑。见《烟霞草堂文集》卷四。

是互相师法,中国于此更不存彼此之见。"第二十条:"此举欲开吾陕风气,使人人共讲实学,是勉人为学,不是劝人出资,观者须俯察此意。"①其他各条是时务斋如何管理、如何集资、如何读书,声明农工商各界均可参加,外地人士也可以通过邮寄书籍、旅居三原等方式参与读书研究。从以上所引章程内容来看,励学斋的宗旨、思想确实与时务斋一脉相承,尤其是强调算学是一切学问的根本,这与刘古愚的特长与经历紧密相关。第十七条强调要不顾外界压力、诽谤,坚定意志,坚持不懈,斋中人都应有同志之谊。当时在风气比较闭塞的陕西,公开提倡西学本身就是一种思想倾向,这种倾向随着社会影响的扩大,便会产生政治效应。所以说励学斋是一个科技团体是有道理的,说它是一个具有政治性的社团组织也是可以的。一些近代史著作径直把励学斋当作资产阶级革命团体,这一性质在当初应该是不具备的。上面所引是静态的、章程所规定的纸面上的内容,励学斋还有个发展的过程。先是一个读书会,后来朱佛光等借此平台宣传革命,逐渐具有反清革命的倾向。1910 年,井勿幕、宋向宸等"在三原县成立'勤公社',在富平,礼泉、户县、兴平、武功、泾阳、耀县、白水等县成立了分社,社员达到一千人以上。'勤公社'是在朱佛光所建立的励学斋基础上成立的,名义上是学术团体,实际是传播反清兴中的革命思想"②。这是励学斋在戊戌维新运动之后的发展方向,上述材料充分说明励学斋是在刘古愚的直接推动下,由刘门弟子直接主持,可以说刘古愚是励学斋的灵魂人物,其宗旨、组织方式完全是刘古愚思想的体现③。

于右任在《朱佛光先生墓志铭》中说:"西北结社之风至此开,新学知识亦由是日启。"则与历史事实并不完全相符。在时务斋成立的同时,刘古愚即创立了"味经讲会",此后刘古愚的弟子邢廷荚、柏堃等又创立了"不缠足会",这些结社活动是早于励学斋的。西北的新学、新知识最早的倡导者自然是刘古愚而不是朱佛光的励学斋,励学斋不过是在刘古愚影响下的一个方

---

① 《励学斋看书章程》,《万国公报》复刊本第 91 卷。
② 毛焕明:《三原宏道书院与辛亥革命》,中共咸阳市委党史资料征集研究委员会:《咸阳党史资料集》五,《辛亥革命在咸阳》,第 162 页。
③ 《万国公报》怀着矛盾的心情介绍了励学斋,支持其推广西学的主张,但是对励学斋章程中"反制"西方侵略的说法则进行不遗余力地驳斥,尤其是抓住《励学斋说略》中"西学中源"的说法痛加驳难,甚至是嘲讽。正是为了纠正励学斋的这种"偏颇",《万国公报》才选登了三篇有关励学斋的文章,使我们今天对其大概有所了解,保存了珍贵的资料。

面。朱佛光此时也深受刘古愚的影响,尚未独当一面而提倡革命。这就涉及刘古愚与朱佛光的关系问题。

有一种说法认为朱佛光是刘古愚的弟子,如上引梁经旭文章就持此说。这种说法可能是沿袭了杨明轩先生的观点。杨明轩先生1946年在延安西北局干部会议上做的关于大革命前西北革命历史的报告中说:刘古愚的"及门弟子有于右任、朱佛光、茹卓亭、李子逸、王授金、冯孝伯、杨西堂"①。李虎认为朱佛光并非刘古愚的弟子:"刘古愚和朱佛光是同时代人,是陕西地区资产阶级保守派和革命派两个相互对立的政治派别的代表人物。他们之间没有师承关系。"②这种观点把刘古愚和朱佛光对立起来,认为这是泾渭分明的两个营垒的代表人物,一个革命,一个保守。这个问题不仅仅是简单的两个人是否是师徒关系的问题,它涉及刘古愚对西北地区社会思潮的影响问题,也关乎戊戌变法以来陕西政治思潮的走向等重要问题,因为朱佛光是陕西最早提倡革命的重要人物,因此有进一步分析的必要。从于右任的回忆以及刘古愚遗留下来的文字资料来看,没有确切证明朱佛光是刘古愚弟子的材料。朱佛光光绪癸巳(1893)中举,但在《味经书院志》癸巳年中举的《诸生题名》中也没有朱佛光,因此可以基本断定朱佛光并非刘古愚的入室弟子。实际上,朱佛光与刘古愚关系密切,他们思想有许多相似之处,而且朱佛光深受刘古愚影响。

于右任在《牧羊儿自述》中说:"朱先生本是一个小学家,其治经由小学入手,其治西学则从自然科学入手,在当时都是第一等手眼。"另外,《朱佛光先生墓志铭》:"甲午以后,外患日深,遂究心于经世之学,谓中国改革非科学经学并重不为功。"这里朱佛光的学术倾向与刘古愚非常相似,刘古愚提倡西学也主要从自然科学入手,更具体地说是从数学入手,刘古愚与朱佛光都是虽然提倡自然科学、西学,但是对传统经学深有造诣。二人学术思想的共同性非常突出。事实上朱佛光与刘古愚的关系也非常密切。"其(朱佛光)盟弟长安毛俊臣先生昌杰,则以经学家而兼擅词章。二人学行契合,相得益

---

① 《杨明轩在延安西北局干部会议上的讲话》,见《陕西党史资料丛书》(一),西安:陕西人民出版社,1985年版。

② 李虎:《关于刘古愚评价中的几个问题》,《咸阳师专学报》(文科版)1995年第5期。

彰。"①毛昌杰是刘古愚与柏景伟于1885年在味经书院所创立的"求友斋"中的首批弟子,是深得刘古愚真传的及门高第。既然毛昌杰与朱佛光是盟兄弟,二人甚为相得,不能排除朱佛光提倡西学、自然科学是受到了毛昌杰的影响。于右任既入朱佛光之门,又"得问业于毛先生","同学中我(笔者按:即于右任)最要好的如王麟生先生炳灵,茹怀西先生欲可,程搏九先生运鹏等,都往来于两先生之门"。在当时学术门派观念还比较突出的情况下,毛昌杰与朱佛光的弟子可以彼此都往来于两先生之门,没有思想学术上的高度一致性是很难做到的。而且从上述朱佛光实际主持励学斋而刘古愚为斋长,为励学斋确定宏规的情况来看,朱佛光也是追随刘古愚的。学习西学,尤其自然科学在当时是有相当难度的,需要有书籍,有志同道合者一起切磋讨论,胡均、毛昌杰均对数学有所研究,朱佛光之提倡自然科学的初因即使不是出于刘古愚的引导,也是由于刘古愚及其弟子的影响而得以持续和加强,这一点应该是没有疑问的。朱佛光不仅在思想上受到刘古愚很大影响,而且他们还有直接接触,朱佛光曾为崇实书院斋长,而刘古愚为院长。《刘古愚年谱》"1898"条下记载:"'崇实'以三原举人朱先照,字漱芳,阜平生员景裕,字霁光为分教,兼斋长事。以'味经'监院史佳荣兼。"②于右任《朱佛光先生墓志铭》:"先生讳先照,字漱芳,晚年改字佛光,陕西三原东乡朱家湾人。"③此处"朱先照"即朱佛光无疑。朱佛光得以充任崇实书院斋长起码是得到刘古愚认可的,或者说朱佛光研究自然科学的做法与成绩得到了刘古愚的赏识,他才得以担当此任。因为崇实书院在西北地区是推行自然科学最有力的,水平也最高,刘古愚挑选教师很严格。景裕就是得到刘古愚赏识,禀明学政叶尔凯调入的④。

从刘古愚与朱佛光的关系我们可以看出,刘古愚不仅是陕甘维新运动的领袖,而且对后来陕西的革命派也有很大影响,革命派在思想上受到刘古愚的直接哺育。

① 于右任撰,刘永平编:《我的青年时代》,《于右任集》,第143页。
② 张鹏一:《刘古愚年谱》,第147页。
③ 中国人民政治协商会议陕西省咸阳市委员会文史资料委员会:《咸阳文史资料》第7辑,1994年3月第1版,第115页。
④ 刘古愚在《与叶伯皋学政书》(《烟霞草堂文集》卷六)中云:"查有富平生员景裕在同文馆学习多年,容赞令人与伊说知,求台端调入崇实书院。所惜者,费于英语英文一毫不懂,不知景生所学深浅为何如也。"

第五章 维新变法 求富求强(中)

七、创办崇实书院

张鹏一在《刘古愚年谱》1896年第一条中有这样一段话:"先师主讲'味经'之十年。前一年四月,学使赵公奏设崇实书院于'味经'之东,延师主讲。是年开课,师谕诸生……"现在可见的赵惟熙奏请设立"实学格致书院"共有两次,一次是光绪二十二年(1896)四月十二日与巡抚张汝梅联合上奏,同年阴历五月七日朱批:"著照所请,该部知道。"末尾还有署理陕甘总督陶模"合词具陈"的文字①。另外一次是光绪二十三年十一月二十三日(1897年12月16日),此折由赵惟熙主稿,魏光焘、赵惟熙联衔上奏。末尾是"所有书院落成各缘由,谨会同陕甘总督臣陶模,恭折具陈,伏乞皇上圣鉴。再,此折系臣惟熙主稿,合并声明。谨奏。奉朱批:该衙门知道。钦此。"《皇朝蓄艾文编》②《光绪朝东华录》③都收录了该文,张鹏一自己也在《刘古愚年谱》(1897)条下节录了魏光焘与赵惟熙联合上奏朝廷的此项奏折,开头第一句就是"上年四月十二日,奏请在泾阳县城设立格致实学书院"④。因此,前文张鹏一所说的赵惟熙"光绪二十二年的前一年四月"奏请设立崇实书院是不正确的,实际上奏时间是"光绪二十二年四月"。既然张鹏一所说赵惟熙上奏时间有误,那么崇实书院开始招生的时间《刘古愚年谱》之说就需要进一步分析。查魏光焘、赵惟熙《会奏办理学堂情形折》云:"窃臣惟熙于上年四月十二日,会同前护陕西抚臣张汝梅,奏请创建格致实学书院一折,五月初七日奉朱批:……秋试事竣后,即会商臣光焘,度地于泾阳县治前学臣许振奏建味经

---

① 中国第一历史档案馆:《光绪朝朱批奏折》,第一〇五辑,《文教·科举》,北京:中华书局,1996年版,第409—410页。
② 于宝轩:《皇朝蓄艾文编》卷十六,《学校》三,台北:学生书局,1965年版,第1432—1434页。
③ 朱寿朋编,张静庐等点校:《光绪朝东华录》(四),北京:中华书局,1958年版,总第4007—4008页。
④ 张鹏一:《刘古愚年谱》,第132页。

书院之侧,庀材鸠工,昕夕从事,委派泾阳县学各官督管理监修,兹于十月二十日一律工竣。"①则崇实书院土建工程竣工于光绪二十三年十月二十一日,魏光焘、赵惟熙此折上奏时间是光绪二十三年十一月二十三日,也就是1897年底,所以人们一般把崇实书院开始招生的时间定为1897年。但是书院招生时间也不能简单地以奏折来推断,当时魏光焘、赵惟熙上此折的意图主要是向皇帝奏明书院的分斋、教学内容设置、山长的聘请、招生人数等问题。联系味经书院在正式招生之后才向朝廷上奏折,奏定书院各项章程,那么张鹏一所说的书院于1896年开课就不是没有可能。因为在1896年书院土建已经"一律竣工",也就是最终完成,既然各项设施已经完好,那么就没有必要非等到一年后奏折批复再开课。所以我们认为,张鹏一此处所记录的"崇实书院"1896年开课是可以信从的,而他对赵惟熙、张汝梅第一次联合会奏创办书院的时间记载错误不能连带也认为他对书院开课时间记载也发生了错误。

崇实书院的课程设置魏光焘和赵惟熙的奏折中也做了说明:

(书院)拟命名曰崇实书院,中分四斋:曰致道斋,以《周易》《四书》《孝经》为本,儒先性理诸书附之,兼考外国教务风俗人情,而致力于格致各学,以储明体达用之材。曰学古斋,以《书经》《春秋三传》为本,历代史鉴纪事附之,兼讲外国古今时局政治并一切刑律公法条约,以备奉使折冲之选。曰求志斋,以三礼为本,正续三通及国朝一切掌故之书附之,兼及外国水陆兵法、地舆、农学、矿务,以培济世经邦之略。曰兴艺斋,以《诗经》《尔雅》为本,周秦诸子及训诂考据诸书附之,兼习外国语言文字,并推算测量,以递及汽化声光各学,以裕制器尚象之源。

崇实书院设四斋,每斋先招15人,开学之初也就是60人的规模,待以后扩充之后,每斋最多为40人。学生是由学政每年从岁、科两试中选拔出来,年龄不超过24岁。每斋设斋长一人,充当分教,相当于专职教师。斋长有名字可考的有朱佛光、景裕。朱佛光对自然科学有一定研究,景裕在同文馆学习多年,对西学颇有根基。"致道""学古""求志""兴艺"四斋还是以传统的中学语言命名,研究内容包括十三经、四书、正续三通,每一部分的后面都有西学与之相配。在时间安排上也是中学两小时,西学两小时,剩下时间写札记及

---

① 朱寿朋编,张静庐等点校:《光绪朝东华录》(四),总第4007—4008页。

学习心得。在形式上中学、西学比较平衡,中学还是根基。这样的安排有因向朝廷上奏,避免激进的考虑①,为的是容易得到朝廷的批准,有了朝廷的允准,在书院运转过程中就有不少有利因素。当然,刘古愚、赵惟熙等人也认为书院学生必须有相当的中学根基②,而就设立动机及实际运行而言,崇实书院的主要目的与任务则要提倡新学、自然科学。其子弟、门人总结刘古愚一生时,提到创办崇实书院,则说此举目的是为了"专课新学"③。上文提到,创办新的"实学格致书院"是甲午战争之后满腔忠愤的刘古愚解救中国危亡的重要措施,也是念兹在兹的热切希望,赵惟熙莅任以来,这一想法得到支持,刘古愚深受激励。他深深了解人心士风惰性之深、积习之厚,即便如此,刘古愚也要克服种种困难,为重造士人、改变士风而努力。

> 前者文旌过泾,辱承清诲,忠愤之忱,雄伟之略,将举天下而甄陶之,不独整饬陕之学校已也,佩服如何!惟是积习既深,振兴不易,财力日绌,筹费为难,虽事变已极,人人知其不改弦,不能善其后,而一旦为之,庸庸者又起而议其更张,故中国学校久已大弊,无人肯为挽救,因循已至今者,职此之由。黄生长乡里,本无远识,然自倭患日棘,中国之大,竟无一人能分君父之忧者,丧师辱国,割地求和,赔费数万万金,而陵寝又不可保,则谓本朝养士数百年,尽皆阘冗之夫,并无一人可谓之士者,非刻论也。④

改变士风的基本思路就是使人了解当今社会状况;使传统的经史切实在当代发挥作用,考古而能证今;学习各种切于实用的西学与科学技术。可以说崇实书院就是为了"救时"而设。所以赵惟熙奏折中所列西学都是从实用的角度进行初步分类,如"教务风俗人情","外国古今时局政治并一切刑律公法条约","水陆兵法、地舆、农学、矿务","外国语言文字,并推算测量"等,并不是按照学科本身的分类进行,这也正是先进人士对西学认识状况及认识局限的反映。在刘古愚来说,学习外国最好、最全面的办法就是"深悉中国之弊",

---

① 刘古愚在《与叶伯皋学政书》中吐露了赵惟熙当时起草奏折时的考虑:"此院初建,朝廷尚无改变科目之意,故芝山学使所定章程,仅就中学分为四斋,而各附西学。"《烟霞草堂文集》卷六。
② 书院的设立,"非举尧、舜、禹、汤、文、武、周公之法弃之以从西政,举孔、孟以来相传之道,弃之以从耶教也。"《谕崇实书院诸生》,《烟霞草堂文集》卷八。
③ 刘古愚:《公禀》,《烟霞草堂文集》附录。
④ 刘古愚:《与赵芝山学政书》,《烟霞草堂文集》卷五。

由此而"得救时之法"①。在这种思想动机之下,虽然对西学本身的认识还比较浅,但是就刘古愚所认识的程度,他以极大的勇气,对书院做了宏大、总体的规划,期于实效,期于长远。

八、谋划近代化纺织工厂

刘古愚把纺织厂作为书院经费的来源和学生培养的实习基地。既然是"崇实书院"就是要让学生学到真实的本领,而西学、自然科学必须要进行实验,须配置大量的仪器设备,没有这些设备,仅凭借纸上谈兵终究没有多大意义②。味经书院学生曾自制了不少仪器,如象限仪等,但更多的先进仪器设备则需要到外边去购买。制造、购买这些仪器设备需要大量的投入,有了纺织厂的盈利才能维持长远。纺织厂兴办起来之后,又需要大量的化学、制造、电学方面的人才,而崇实书院学生正好借此验证所学。更为重要的是,纺织厂有了书院知识支撑,可以逐渐取代外国技师,使关中子弟可以通晓各项新技术,明了西器、西艺在经济上的作用,社会就会接受这些新学问,这就是刘古愚"开风气"的想法。

创办纺织厂还有更为深远的战略考虑,那就是发展民族工业,抵制列强的经济侵略。作为一个以经世致用为旨归的学者,刘古愚一向注意经济。《马关条约》一签订,看到有开设内地通商口岸、允许日本在中国开设工厂等条,他马上意识到日本人之所以强调在通商口岸之外的内地设厂制造,是因为沿海通商口岸的经济利润已被西方列强所垄断,日本难以与之竞争,所以瞄准了内地。上海、天津、湖北已设有中国自己的纺织工厂,而湖南、陕西、甘肃等桑棉产区还没有,这势必成为外国人所争夺的对象。他看到了帝国主义的经济侵略在程度上大大加深,在范围上也将逐步扩大,中国被《马关条约》进一步拖入半殖民地的深渊。出于那种"以天下为己任"的中国传统士人所特有的责任感,刘古愚决定排除重重困难,集股筹办工厂,以开发陕、甘、晋的

---

① 刘古愚:《与叶伯皋学政书》,《烟霞草堂文集》卷六。
② "至于艺学,非一一施之实验,空谈何补于事?故格物、考工两门,非备购其器,无从讲求,强为讲求,徒拾西人牙慧。空谈而不适于用,其弊当甚于八股,八股虽空谈,尚有一二道义语可以维持人心,若以依稀惝恍之词,谈光、化、电、热之事,其流弊更何所纪极哉?故今日'崇实书院'当事责实,以祛中国之弊,然后能用西国之法。至于艺学,则西人已格之物,已成之器,我皆能亲试而知其用,方为可贵,而不必以能读其书,谈之可听为贵也。"《与叶伯皋学政书》,《烟霞草堂文集》卷六。

棉花资源,抵制列强的经济渗透。他反复向学政、友人、门生申说这项工程的深远意义,其中《与门人李孟符书》中较为集中。他认为,第一,就陕西本省而言,由于纺织技术落后,每年都要拿出200多万两的银子到有织布工厂的湖北去买布,而购买洋布又要用去数百万,这样每年就要向外漏银四五百万,如果陕西有自己的织布工厂,这四五百万的银两就可以节省下来,这是第一利。第二,发展织布工业,除了陕西所用之布能自给外,还可以销往山西、四川、河南这些没有织布工业的省份,为陕西带来可观的利润。第三,织布工业发展,必然引起对棉花需求的增加,从而拉动棉花价格,这样陕西的农民就会得到实利,而且由于棉花利润的吸引,势必会减少鸦片的种植面积,形成很可观的社会效益;刘古愚对鸦片之害深恶痛绝,终其一生都在致力于研究杜绝鸦片、开发农业资源的事业。第四,在自然经济条件下,人们各自为政,互不往来,因而造成固陋闭塞的社会风气,社会呈现一盘散沙的状态,如果开办织布工厂,便会把工、商、学(味经书院师生)联系起来,改变那种落后的社会风气(所谓"开风气")。第五,随着织布工厂的建立,各种机器设备被引进,为学习西方先进科学技术提供了条件和动力,有利于提高人们的科学文化水平。放眼全国,在日本等列强尚未将其势力延伸到内地之前,我们在此先建立工厂,提前开发内地资源并占领市场,可以抵制外洋的经济侵略,为朝廷留一块没有列强势力染指的干净土地,同时为将来政治经济上,乃至军事上与外洋的竞争留下坚实的回旋余地,这是第六利。股份公司采取官、绅、商合办的形式,官主持于外,保护公司不受盘剥,商经营于内,绅则给公司以人才、科技等智力方面的支持。刘古愚认为,由于这三方有了共同的利益,因而可以把他们紧密地联系起来,由同利而建同心,解决长期以来官、绅、商隔阂的宿疾,把全国各行业的力量集合起来,共同使国家走向富强,这是第七利。官民只要互相了解、支持,各种强国富民的事情均可办成,而官民相通的入手处就是股份公司的创办,所以这是第八利[①]。从中我们可以看到,刘古愚办工厂的根本动力出于一颗赤诚的爱国之心,这就是为当时许多人所不理解的"以名儒而办洋务"的深刻蕴意,刘古愚因之受累,也是因为他是时代的先觉者。如一贯所主张的,他把办工厂也看作一项系统的工程,对其目前的、长远的利益均有

---

① 见刘古愚《与门人李梦符书》,《烟霞草堂文集》卷五。"文集"目录中为"李梦符",正文中则为"孟符";在李岳瑞的亲朋中,"孟符"与"梦符"两字也常混用,如陈涛的《审庵斋遗稿》中也称"梦符"。

深刻的认识,这也是一个以经世为志的知识分子的长处,"富教"并举,以"机局为书院之根本,书院为机局之羽翼"①。不但思致福祉于桑梓,更谋求富强以救民族,他不但看到了织布工厂的经济利益,更看到了它的科技、政治等方面的社会效益,可谓高瞻远瞩。但这毕竟是从复杂的社会环境中抽出的较为单纯的理论上的因果关系,实际上,还有各种因素的干扰。在晚清,政治极端腐败,社会风气积重难返,列强虎视眈眈,要办成一件事情是极其困难的,民族资本主义的发展更是举步维艰,不得不在帝国主义及封建主义两大势力的夹缝中寻求生存空间。无论是作为一个书院山长的刘古愚,还是仅负教育之责的学政赵惟熙,在筹办大型工厂方面,都有极大的困难。刘古愚此时毅然决定承担这个历史的责任,只要有一线希望,就抱着十倍的热情去做,成败利弊,个人的声名荣辱,早已置之度外,这就是刘古愚高出同辈的地方,这也是中国近代所需要的一种不屈不挠、前仆后继的精神。在一系列持此精神以致力于民族的独立、民主、富强的许多先行者中,刘古愚应毫无愧色地属于其中一员。

  创办机器织布局的动机来自刘古愚与赵惟熙的一次闲谈。《马关条约》签订之后,他们获悉有允许日本在内地设厂等语,继而为此大惊,预感到作为内地的陕西也将很快就有外国人的工厂②。赵惟熙因此重申前议,认为官方出面很难将此事办好,不如由士绅出面,因而他再次向朝廷上奏,保举刘古愚出面筹办此事。刘古愚也深知此事难度甚大,但他还是毅然决然地答应下来。他制定了纺织工厂的章程,把未来的工厂定名为"陕西保富机器织布局",并拟定了《简章》,撰写了《创办机器织布说略》③,向社会说明创办机器织布局的必要性和深远的经济、文化、社会利益,动员各界踊跃入股。机器织布局采取股份制,鉴于湖北办厂的经验,刘古愚准备筹集30万两作为启动资本。1000两为一大股,100两为一小股,公开向各界筹资。股东的最初股息为一分二厘,以后随着工厂的发展再酌情予以增加。厂址设在泾阳县城内。工厂最关键的三个领导人为正副总管及司账,由股东推选,给予优厚的报酬,如果经营有方,于盈利中按一定比例给予奖赏。正总管一年一换,由副总管依次接替,如成绩显著,可以连任,但最多不能超过三年。这样便可以更多地

---

① 刘古愚:《与曾怀清方伯书》,《烟霞草堂文集》卷五。
② 刘古愚:《与赵展如侍郎书》,《烟霞草堂文集》卷五。
③ 见《烟霞草堂文集》卷九。

培养锻炼管理人材,更重要的是为了避免长期盘踞,成其私党。领导人如不合格,由股东会商后予以罢免。工厂人员的任命及日常营运全权在股东及正副总管手中,其他人不得染指。另设委员二人,由崇实书院监院兼任,负责监察公司往来账目及日常有关事务。书院与工厂本为一体,书院留出40个名额给出一大股的股东的子孙及胞兄弟、亲侄儿,但须经书院考试。对于股金,刘古愚也有详细明确的规定,股本一旦交局,只准取息,不准随意撤股,但可以转让买卖;如持股者凭据由水火盗贼等原因毁坏者,经持股者、保人及工厂三方面确认后,可以发给新的凭据,前凭据即声明作废。另外,最后特拟一条,工厂(即织布局)办成后,由官府奏明朝廷20年内不准在陕西开设织布工厂,而本厂股东则可以另办"织造羽呢各货机厂及一切汽机者"。

  织布局章程共有十条,大致内容如上。从中我们看出,刘古愚的构想基本符合近代股份公司的原则,而且管理上引进民主、监察机制,这都具有近代性。但洋务运动的那种依靠政治权力的垄断性、狭隘性的特点也很突出,这是中国近代工业的一个显著特征。此外,他还著有《创办机器织布说略》,昭示乡人纺织之利,以劝其入股,除重申章程中各项外,规定了董事会的具体组成办法。每一股举一人为董事会成员,共有20人,董事任期一年,主持局中大计。工厂营运后创办一个书院,专门为工厂培养各种技术人员,避免雇用外人,为工厂的长期兴旺打下基础。而且现在筹办的机器织布局只是一个开头,刘古愚怀抱着宏大的计划,工厂成功后,"染法、印花亦宜渐次讲求,以及洋绸洋绉、羽毛、洋绒、哔叽、羽绫呢等类均宜推广"。纺织厂如果能办成,陕西的棉花资源得到开发利用,在纺织厂运营过程中,山西的煤、铁资源也次第予以开发①。此外还规定了一些筹资集股、日常运行方面的细节。兵马未动,粮草先行,规定了大致的营运原则后,刘古愚即开始筹集资本。致书故旧,遍访知交,晓之以救国大义,谕之以纺织之利,这些书信《烟霞草堂文集》中保存不少。那片赤诚之心,一切以国家民族利益为重的胸怀跃然纸上,今日读来仍感人肺腑。他的活动得到了不少人的支持。刘古愚至交李寅之子工部主事李岳瑞,同乡王仙洲,江苏的朋友陈许道、陆襄越,山西布政使负凤林,西宁知府、刘古愚的挚友、亲家胡砺锋(即刘古愚曾设馆于其家的胡子周的兄长),都复信表示愿意入股支持。柏景伟的学生、刘古愚年轻时期的朋友、当时任

---

① 刘古愚:《上湖广总督张香涛尚书书》,《烟霞草堂文集》卷五。

浙江巡抚的赵舒翘也曾函寄银两,赵的目的可能是支持刘古愚刻书、创书院,或者出于故旧情谊不好推脱的原因,捐了几百两银子。皇天不负苦心人,刘古愚的努力显现了初步的效果,经赵惟熙协调,官府答应拨给10万两,民间也筹备到10万两,这样刘的手上就有20万两的资本。同时,刘的及门高弟李岳瑞竭力支持,在北京积极展开筹款活动,筹到资金十余万两。

九、派员南下考察

尽管有如此热心的态度和详密的考虑,但是毕竟没有实际经验,一贯崇尚实用的刘古愚深知此事关系重大,而且30多万两的白银绝不能轻易使用,必须慎重行事。在动工之前,他派高材生陈涛、孙澂海、杨蕙(凤轩)等到湖北武汉及上海、江苏等地考察学习具体的办厂事宜。利用陈涛等南下的机会,刘古愚上书张之洞,希望他能对秦中纺织业予以援手,并陈述自己对时局的见解,这封信现存《烟霞草堂文集》第五卷中。大致意思是:甲午战争,中国被迫订立了城下之盟,耻辱之大、损失之巨前所未有。现在中国唯有加强内地的经济军事力量,以求自立自保。以晋、豫、陕、甘为燕、齐(指古燕、齐两国故地,相当于今山东省及河北东部、北部)后防,以荆楚(即湖南、湖北)为东南枢纽。北方各省如果能够坚持抵御、守卫乡土的话,南方便可寻机出奇兵,包抄敌人的后路,这样方能巩固国防,壮大国威。要达到发展壮大南北两支力量的目的,根本办法在于发展工商、铁路事业,国家大势就如张之洞修铁路一样,南北并举。张公在南方创办机器织布工厂,开发楚地的棉花资源,然后扩及煤、铁。北方则也应先开发陕西的纺织资源,然后开发利用山西的煤、铁。赵芝山(惟熙)学政致力于为陕西培养有用人才,准备在此创设机器织布局,同时设立学校,为织布局培养人才,讲授西学,了解泰西机器的奥妙,为他日开发煤铁资源做准备。事属创始,无从措手,于是命陈涛、杨蕙等来鄂请训于张公。

刘古愚之所以向张之洞求助,一方面是因为张之洞是当时洋务运动的重要领袖,对发展各项工业做出了巨大贡献,湖北在机器织布方面先行一步,其产品大量销往陕西。另一方面是借助前任陕西学政柯逢时的关系,柯逢时为张之洞门生,而陈涛、杨蕙、孙澂海都是柯逢时任陕西学政时味经书院的学生,是柯逢时的弟子辈。有这一层关系,联系张之洞要方便一些。

在上张之洞书中,我们可以看出,刘古愚的救国活动主要在三个方面,即经济、军事、教育领域,富强是目的,教育是手段,二者相资并举,共同举办,互相促进。这封信基本上概括了他在1895年至1898年间的努力方向。

1896年8月,刘古愚为三位南行的学生设席饯行,临行前谆谆叮嘱,为他们制定行动方案,布置各项任务,交代了上自见官赴宴、下至日常衣食住行的各种细节,一片苦心,感人至深。刘古愚的这些话保存在《南行戒约》中,后被收入《烟霞草堂文集》第九卷。《南行戒约》共12条,下面择要予以介绍。刘古愚首先强调三个人要团结。杨蕙、孙澂海、陈涛三人都是求友斋的学生,都善于绘图,精通算学。杨蕙年龄较大,历事颇多;孙澂海学有专精,才气横溢;陈涛为柏景伟、刘古愚二人高弟,于学业人情均极干练。刘古愚之所以选派此三人,一则由于他们颇具才干,堪负此任,再则三人各有所长,可以取长补短。所以在第一、二条中刘即嘱咐他们首先要和衷共济、以大局为重,不能逞一人之意气,这大概也有训诫一向傲岸的孙澂海的意思。同时要彼此坦诚,知无不言,勿有所隐晦,使事情尽量办得周密。刘古愚还要求他们每日都要有日记。他不但把这次南行作为一次经济考察行动,而且把它看成是一项联系陕西与东南地区的绝好机会,希望此举能够成为开陕西之风气的契机。刘古愚的这一设想完全达到了,正是刘古愚及其所率领的门生在近代第一次把陕西与全国先进的思想、运动联系起来,第一次为陕西打开了门户。这件事影响之大之深恐怕刘古愚自己有生之年也没有完全料及。刘古愚在"南行戒约"中写道:我辈名办织布,其心不止织布也,将以讲求时务、练习人才,为陕士开风气,以为日后自强之本。今日上道之始,不啻入学之始。他要求学生在路上,对于关山要塞的方位、道路的广狭、河流流速的缓急都要记录下来,需要测量的就地测算,记录结果,为将来运购机器及开展商务开辟道路,沿途的风土人情也要记载下来。每日所过城邑、所见之人、所谈之事,或无事时所读之书,都包括在日记的范围之内。到了湖北、上海之后则更要详细记录,不可一日不记。对于他们的日常行为,刘古愚也有规定,不能花天酒地,在与官府商人应酬周旋时,若娼优在座即须借故离去,行为宁迂勿荡,万不可花天酒地。他安排学生要拜见当朝名臣张之洞,以及柯逢时、赵舒翘等陕西籍官吏,求得办事时予以方便,对于具体的方式方法都有详细规定。此外,尤须注意向商人学习,遇到陕商尽量拜会,听其识见,但要有自己的判断与主见。这是刘古愚一贯重视商人思想的具体体现。

考察机器是此行的主要目的之一,这一项刘古愚规定得特别详细。到了机器工厂后,要拜会各种委员、局中办事之人,及主管机器的工程技术人员、关键的工匠也要拜会,将随身带去的棉花在机器上试纺,看看效果如何,现有的机器对于陕棉适合。纺成的布匹须与洋布及湖北的布匹仔细对照,最好能把湖北的各种布料各带回一二尺,以为样本。刘古愚开始主要打算仿造湖北机器织布局来创办陕西的织布工厂。到湖北后,即买一套制图工具,根据每天了解的情况逐日绘图,并做说明。如果湖北有机器织布方面的专门书籍及图谱,要立即买下,结合切身观察再绘图记录,作为办厂的第一手技术资料。各个机器的部件也要制成图样。临行前,刘古愚从北京获得一份当时各种纺织机器的名单,他嘱咐学生要注意将名单与湖北所有的机器对照,湖北拥有而名单未列的,或名单列入湖北没有的均须记录在案。同时要仔细考察各项成本及运输路线、费用等。机器的价格当然必须了解。每日产出多少布匹、用棉花多少、用煤多少、工人的数量及日常费用、销售情况都要详细考察,然后核算其利润多少。所产出的布匹与洋布相比质量如何,工厂中是否聘用西方技师、技工等情况也要注意。此外,还要考察工厂的规模,锅炉的尺寸、重量,机器的规格数量也必须弄清楚。机器的寿命是多少年,以后若有损耗,中国人能否自己修理,等等。传言湖北机器织布局不盈利,要调查此事确否,原因何在,另外到铁政局后调查一下是否已经能够炼铁,得便拜访一些西方工程技术人员,也要设法拜见华汀若(蘅芳)先生。华蘅芳所著之书已刊行的须购买一份,未刻行的要雇人抄写后带回。此外,还要购买有关机器,事先应多做打听,哪国机器最为先进耐用,哪国最为便宜,必须聘用一二内行人作为顾问,决断务须慎重。同时要考虑将来的修理方法,一旦中国人不能修理,此事如何处理,须找出防此万一的办法。

聘请洋教师也是重要的一项,如果能与购买机器毕其功于一役则更好;若该教师除机器外还兼通各门西学,则为上上之选,可以立即与其订立合同,机器织布局成功后,即聘用其教授西方语言、学术。合同中须写明,所聘洋教师有使陕人精通机器的义务,如此事完成,优给酬银。在与洋人订立合同的时候,务须字斟句酌,提防上当。合同签订后,当与洋人坦诚相待。他特别指出,"中国之不如外人在诈,不在诚,诚则无往不宜矣"。这是饱受列强外交欺诈的中国人的心声,这是一百多年前刘古愚在试办近代工业、学习西方先进技术时的胸怀与构想,毫无个人私利,完全出于国计民生,而且在具体问题上尤见卓识。学习、引进、仿造是不得已而为之的第一步,更重要的是要消化、为我所用。详计成本,务求节俭。

办理织布工厂是刘古愚维新活动之一,同时书院的时务之学仍在推行,南行的三人还负有"取经"之责。刘古愚准备利用此次机会促进陕西时务之学的发展。他告诉门生,"此次为吾陕人学问起见,须择西学各书遍购之"。中国的有关时务书籍也要竭力购买。同时,他还让陈涛等人到上海"振华报馆",向达县(现四川达州)吴小村询问味经所订各种报纸,希望能够按期寄来。此外还准备购买《图书集成》、洋版二十四史,活字铅版如果价格合适也要买回一套,以便于迅速地宣传、推广时务之学,还要利用这个机会学习西学。他说,陕西所来的洋人他都没有见,对于西学没有深入的了解,最近看《格致须知》等书,觉得西方的机器都能窥其端倪,如上海有讲西学的人,应虚心向他们学习,各种新式机器也要及时了解。见到各种化学物质要打听一下在中国叫什么名字,炼矿的镪水及各种实验用品,玻璃用具,可以择便采买。阅读西书对于军国大事十分有用,容易掌握的,要就地学会,如有译成中文的关于制造轮船铁路方面的书籍,可以购归,也可以到上海考察学习轮船铁路的制造方法。"外人之长,我等必期尽得,惟在诸君之立志坚卓耳。"从中我们可以看到,刘古愚把创办机器织布局看作一项宏大的系统工程,如果他的计划得以实施,对于陕西乃至甘肃、山西的经济发展与文化科学进步将具有巨大的促进作用。刘古愚对于西方机器、西学有一种开放的胸襟,如饥似渴,恨不得一朝尽通其学。

陈涛、孙澂海、杨蕙等在东南考察奔走的同时,北京的李岳瑞也在为此展开活动。1896年,刘古愚致书李岳瑞,详陈办厂的设想及深远意义,这就是《烟霞草堂文集》卷五中的《与门人李孟符书》。李对此十分赞成,在北京展开了筹款活动。在南方考察的陈涛不断传来新的信息,估计需要50万两银子作资本,纱厂才能开工。刘古愚在味经只筹到30万两,其中巡抚魏光焘答应拨给10万,民间募集到20万,这样还缺20万两。为此,李岳瑞和宋伯鲁向北京"豫丰泰"银号联系借款,最后银行答应贷款20万,但是需要有一个保人,才能兑现,这时,刘古愚想到了身为江苏巡抚的赵舒翘。赵是长安大袁村人,与柏景伟有亲戚关系。赵舒翘少年时期即成了孤儿,在柏景伟的资助教导下,得以成材入仕。1893年升为江苏巡抚,在此期间,赵与刘、柏均有书信来往,关系密切,刘古愚派陈涛等到上海时,曾写信希望赵给以关照,并对于桑梓纺织事业予以援手以玉成其事。

陈涛等于1897年2月到达江苏，初三、初四、初五连续三日与赵舒翘商谈办厂之事，言谈中，他们认识到赵舒翘与刘古愚在思想认识上截然不同，完全是两种类型的人。虽然出于同乡友情，赵写信推荐陈涛等人到有关工厂学习考察，但对于纺纱厂之事却大泼冷水，而且他的思想也与当时方兴未艾的新思潮格格不入。第一次晤谈，赵即开门见山地说，"我最不好西学"①。又说，此前有人建议我阅读《时务报》，我就当面加以申斥。赵舒翘对创办纺织工业的张之洞、陆凤石②极其反感，1897年时，苏经丝厂厂房还未建成，机器尚未安置，运行更谈不上，他便预言，将来这肯定会成为一堆无用的破烂机器，白白地浪费了国家的银两。一连三日，赵舒翘都以此为例，极言办厂之难，弄不好会身败名裂。官至封疆大吏的赵舒翘，此时已经失去了往昔冒众人之大不韪平反错案的勇气和魄力，以保住名声禄位为第一要著。在当着陈涛、孙澂海的面发了一通"你们老师考虑问题尽想有利的一面而不考虑有害的一面，只思其前不想其后"的议论之后，表示了对刘古愚的担心：即使纱厂能够获利，也会很快招来外国前来竞争，你们老师考虑到这一层了吗？

陈涛多次解释，老师还有借此提倡实业教育的意图。赵舒翘并不搭茬，而是顾左右言他。③赵舒翘还说，刘古愚想让张之洞代筹措款项，无异痴想，张之洞个人尚且自顾不暇，怎么能帮助别人呢？谈及此次考察的费用，陈涛等人说是从刊书处提取，赵舒翘又反复说要节约办事，劝说陈涛等人赶快回去，意谓此举完全是浪费钱财。陈涛问及苏经丝厂的情况，赵舒翘预言，此厂将来肯定一事无成，不过留下一堆废铁而已。并且自己深为陆凤石惋惜，以状元、国子监祭酒的身份而办此事，最终不免遭受非议，甚至身败名裂。并再次向陈涛等陈说，刘古愚不应该以名儒而办商务。

赵舒翘的一番话不觉让陈涛等心冷而又诧异。作为江苏巡抚，对于在属地内的实业不仅不予支持，帮助其排除困难，而是像旁观者甚至敌对者一样，

---

① 陈涛：《审安斋遗稿·南馆文钞》，上海：上海商务印书馆，1918年版。
② 《马关条约》签订之后，有鉴于允许日本在内地设厂的规定，时任署理两江总督的张之洞出于维护民族工商业的考虑，于1896年筹资建立纺织工厂。当年创办苏纶纱厂，次年又开始创建苏经丝厂，由丁忧在籍的陆凤石（即陆润庠，同治十三年状元，以祭酒身份丁忧在籍）具体筹办。办厂的资本除截留财政款项外，还在民间募集部分资本。由于主办者陆凤石经营不善，打地基的沙石瓦砾也从外国进口，入股的人见此纷纷要求撤股，陆凤石处于骑虎难下的窘境，批评之词盈耳，陆凤石几乎处于身败名裂的境地。
③ 参见陈涛《审安斋遗稿·南馆文钞》，第221—222页。

冷言冷语，未及开工，即断定其不能盈利。孙澂海感觉让赵舒翘支持大型纺织厂机会渺茫了，便退一步说："近闻西人有一种民间利用机器，一汽机运织布机四张，将来大事不成，购此而归，虽其繁简不同，而机括仍一，亦可资学。"赵舒翘回答是四个字："不必如此。"只要谈到西学，他总是极力排斥。这是陈涛和孙澂海等人第三次也是最后一次与赵舒翘的谈话。言毕，赵舒翘即劝说他们赶紧回上海，不要在此迁延了。

赵舒翘的态度虽然十分消极，但是他所说的不少问题却多为实情。首先，具体筹办者对技术、市场、管理等问题了解甚少而招致损失。比如在与洋人签订合同运送机器方面，陆润庠任用私人，浪费现象严重，导致投资者的疑虑。其次，在民族工业起步阶段，处处受制于外国人，创办民族工业本身就已经成为外国商品倾销的过程。再次，技术人才奇缺。外国技师大多是南郭先生，滥竽充数，或者是市井无赖，认真负责、有真才实学者太少。另外，就是创办这些大型工厂的社会、政治环境很差，往往是人在政在，难以持续发展。江苏、上海等地所创办的大型近代化工业背后都有张之洞、李鸿章等封疆大吏的支持，而且这些大型企业创办时间动辄两三年，需要持续的政治、经费支持。而在陕西仅仅是学政比较积极，将巨大的资本、风险实际上都压在刘古愚一人身上，后继者如果不支持，很可能立时瓦解。赵舒翘、柯逢时以及刘古愚刚刚结识的梁启超都认为刘古愚此举难度太大，成功的可能性很小。

陈涛、杨蕙、孙澂海三人通过在苏州、南京、上海、武汉等地的考察，见到了许多以前没有见到的新事物，也了解到了创办近代工业人才难得，维持困难，推广不易[①]，由此我们越发认识到刘古愚将书院与工厂相结合想法的必要性。引进、仿造、自主生产是近代化过程中必须要走的三个阶段，刘古愚通过书院与工厂相结合为仿造、自主生产提供了一条可行的道路，同时也为自然科学的真正落实、推广提供了基础。

---

① 上海无烟火药厂能够成功生产无烟火药，但是却面临着技术不能推广的窘境，与刘古愚、陈涛所设想的中国人一旦掌握技术就可以在国内大规模推广以保卫国家，与外洋竞争的情形大有不同。"吴（笔者按，即吴耆丞，带领陈涛等参观火药厂者）云：'北洋亦曾仿照，以不得法未成。'然则何不传其法耶？奖励之典未彰，专利之条不著，人乃各私其私，无怪乎不克振作有为也。近阅《中东战纪》深知无烟药为火器之要需，念我既能造此，何妨多储以备？即询吴君以能否多造？吴云：'难矣。'昔未造此药，此厂每年经费若干，后既添造，且其价十倍于他药（闻比购之外洋者可省数倍）。而每年经费仍若干，无米何炊，无丝何织？长叹而已，是以难也。"陈涛：《审安斋遗稿·南馆文钞》，第238页。

陈涛等人的拜访不仅没有得到赵舒翘的任何支持,而且赵舒翘还致书陕西当道,谓"吾省本无异类",今为此举是要报效洋人,是"开门揖盗,教猱升木也。"赵舒翘此信到达陕西之后,原先认购股份者纷纷撤回资金,刘古愚创办近代化纺织厂的计划就此失败。

　　从上述赵舒翘与刘古愚的意见分歧中我们可以看到,当时中国保守势力是何等强大。深处内地的陕西当时普遍处于传统思想当中,不愿意学西学,在刘古愚持续不断地提倡下,形成了以味经书院为中心的现代文明堡垒,尽管时务斋所讲科学、西学与东南诸书院相比还有些落后,但是毕竟此机已开,刘古愚的周围有一批已经发蒙的年轻士子,他们将不断地把文明的火种传下去。而刘古愚在推广现代文明的过程中也是艰辛备尝,面对强大的保守势力,在所掌握的有限的西学资源的情况下,不得不反复地对经典的某些观念或者对经典做现代性的解释以启迪学生。所幸的是有一大批人坚定地追随着刘古愚。

　　陕西保富机器织布局的筹办失败了,但是刘古愚兴办实业的脚步并没有停止。1897年4月,刘古愚赴南方考察的学生杨凤轩(杨蕙)、孙澂海回到了陕西,买回了一架日本制造的人力轧棉籽机器。先在味经书院试用,效率很高,相当于陕西当时通用机器的十倍。生动的现实使人们认识到机器的益处,官方准备在泾阳设立纺织局,派人到英国购买人工纺纱机①。同时刘古愚也聘请技术人员仿造轧花机器,开设了轧花场,迈出了陕西民用工业采用近代机器的第一步。利用购来的机器刘古愚创办了一个轧花场,后来由于经费不支而倒闭。"然自此轧花之机大行于渭北,陕人稍稍审机器之利矣。"②时至今日,每当棉花收获的时候,一些老年人往往向后代们讲起刘举人为咸阳塬上的农民们带来的便利,他的一些利民之举还在塬上流传着。工厂虽然没有办成,但刘古愚改良纺织机器,研究、宣传推广桑蚕技术的努力一直没有停止过。隐居期间,尽卖资产致力于研究试制新式纺织机器,以及一些取水灌溉器械。直到他临终前夕,还打算说服甘肃总督崧蕃开发利用左宗棠留下的机器设备,发展棉毛纺织业。

　　戊戌维新时期,各地的维新活动主要是创讲会,办报纸、开学堂,把注意

---

① 刘古愚:《与赵展如侍郎书》,《烟霞草堂文集》卷五。
② 李岳瑞:《墓志铭序》,《烟霞草堂文集》附录。

力集中于教育、政治和舆论宣传,像刘古愚这样身兼思想宣传与创办实业二任于一身的情况在当时很少见。他与民族资本家张謇在思想、认识方面有一致之处,但是刘古愚没有张謇那样的人脉关系以及地缘便利。刘古愚的这一举动在当时还是产生了积极影响的,张之洞也因刘古愚的行动而受到一定程度的鼓舞。刘古愚与新学相结合的思想基础是实学,他的维新活动也呈现出强烈的实学特色,这是中西文化相接榫过程中的又一个实例,在文化融合发展的方面具有研究、借鉴的价值。在陕西经济走向近代化的过程中,刘古愚占有重要地位。近代中国工业主要兴起于东南,地处内地的陕西是比较落后的。19世纪60年代末,由于政治上的原因,陕西才第一次与近代工业结缘。刘古愚是陕西第一位以平民身份筹办工业的人。

此次考察对于创办机器织布局来说,没有达到预期目的,但是通过此次活动使陕西知识界与湖北、上海、北京有了紧密的接触和互动,极大地推动了陕西文化、思想的进步,这方面的意义不容低估。

尽管赵舒翘对刘古愚办工厂极不赞成,但是他还是致书上海当道,介绍陈涛等人到江南制造总局以及各纺织厂参观考察。在整个考察过程中,陈涛、杨蕙、孙澂海三人不断地将各种信息及时寄给刘古愚,刘古愚根据他们了解的情况,不断进行指导,并发出新的指令。

在这里,陈涛得以认识、了解当时第一流的科技实业人才。制造局附设的广方言馆就在附近,其中人才荟萃,实为中国新学人才之渊薮。广方言馆的总教习是傅兰雅,可惜的是傅兰雅当时回国,没有机会拜见,陈涛所见到的有徐祝三、华世芳、赵静涵、沈礼民、萧开泰等。这极大地增强了他的信心,他将这些情况都一一汇报给刘古愚。无锡徐祝三(华封)是徐寿的儿子,与他的哥哥徐建寅都精通西学,尤擅长化学,徐氏为中国近代化学世家。徐祝三译有《汽机新制》《西艺知新》等,他们自己制造的蜡烛、肥皂,不亚于西洋,为中国近代民用化学工业的先驱。水雷厂的华世芳是华蘅芳(1833—1902年)的弟弟,精通画图、测算及制造机器。赵静涵、沈立民都既能翻译又通格致。萧开泰为江南制造局委员,能熔铸钢铁,制造活镜。

参观之后,陈涛眼界大开,认识到新式机器不是简单地通过仿制就可以制造成功的,这些机器头绪较多,非仓促所能详悉,背后都有专门的格致之学为指导。陈涛将上述认识及时写信汇报给刘古愚。这是陕甘近代第一次到东南地区考察科学技术,使包括刘古愚在内的陕甘士人对科学技术有了新的认识。陈涛向刘古愚介绍,书院应该筹巨款,派聪敏有才干者来此学习,对西学的造就必大有可观。

通过此次南方考察,陈涛与上海知识界深相接纳,思想得到进一步提高,与其老师一起,全力以赴地投入到推动维新运动的事业当中。戊戌维新失败后,陈涛也深受牵累,后来到广东投奔两广总督陶模。陶模支持维新,对新党比较宽容,陈涛辅佐陶模做了许多事情。陈涛是吴宓的姑父,吴宓从小受到陈涛的照顾,陈涛多方面对吴宓进行启蒙,吴宓尤其佩服陈涛的诗,陈涛对吴宓思想乃至精神气质的影响是巨大的。

十、与梁启超通信,沟通东南

刘古愚初次得知康有为是在光绪二十一年(1895)年底,当时北京强学会被查封,李岳瑞从北京寄来了《强学会序》《章程》以及康有为历次上书的文稿。康有为面对危机大声疾呼,提倡新学,主张国人团结奋起[1]的思想与刘古愚产生了强烈的共鸣。刘古愚在西北独自奋斗的情况下,得知康有为在京师有此举动,深受鼓舞。刘古愚此后继续与李岳瑞联系,对康有为、梁启超的行为有了进一步的了解。光绪二十二年(1896)七月,杨蕙、陈涛、孙澂海等人到上海考察的时候,梁启超成了重要的联系对象,刘古愚托此三位学生带信给梁启超,并将味经书院出版的《时务斋随录》、刘古愚所撰写的《机器织布说略》以及创建味经书院的奏折、附片等文件一并呈梁启超,请梁及康有为指导。这是刘古愚与梁启超直接联系的开始。信件原文引用如下[2]:

> 蛰伏里门,闻见浅陋。去岁辽海之祸,觉中国之势不可终日,反复思维,不得其故。后由李工部孟符寄归《京师强学会序》及《上

---

[1] 在《上海强学会后序》中,康有为提出了"学则强,群则强"的主张,实际上是呼吁士人冲破言论禁锢的藩篱,以国家兴亡、匹夫有责的主动态度参与到救亡活动中。由于清政府传统上实行的是禁锢言论的政策,士人不能公开、自主地发表自己的言论,所以戊戌维新运动的各种结社活动实际上都是对此政策的否定,都具有政治性。

[2] 据梁启超复书,刘古愚先后寄给梁启超两封书信,现仅存此一封,收入《烟霞草堂文集》第五卷。书信中没有提到还有其他信件,而且语气也似第一次联系。张鹏一在《刘古愚年谱》中说,杨蕙等人出发时,刘古愚让其为张之洞、梁启超各带书信一封,《刘古愚年谱》所收即此信,见第114—116页。另外一封可能是在杨蕙等人出发后,刘古愚在给杨蕙等三人的信中又附寄梁启超一封。因为梁启超在回信中说:"二三月间,叠由杨君凤轩两赐手书",可见两信是不同时间发出的。

> 海强学会序》,再三环诵,"不群、不学"一语,洞见中国受病之源,始知世间尚有康先生其人,识周六合,而足以开万古洪蒙,佩服不可言喻。虽"群""学"二字取忌当时,然欲稍振中国之气,举中外而安之,以成三代上之大同,必人人奉吾孔子之教,而各修其实,则炮火无威,工产效灵矣。中国名为诵法孔子,久已举其实而亡之。始于秦之愚黔首,终以历朝之恶朋党,驯成涣散锢蔽、不可救药之天下。吾辈无尺寸之柄,亦惟自群自学而已。
>
> 今命杨孝廉蕙、陈孝廉涛、孙茂才激海游沪、鄂,择购机器。杨孝廉等虽非奇特之士,然皆有志者,愿足下进而教之,毋吝裁成也。《时务报》得阁下主笔,必有以大振吾人之聋聩。陕省僻远,祈每月妥寄一份。前曾托李孟符,想与阁下已有成约,其费及如何寄法,均祈裁酌妥当。康先生近日行止,祈便示知,并代候起居。《时务斋随录》一册附呈请览。

从这封信来看,刘古愚对梁启超的行踪特别关注和熟悉。此信除了表示在士大夫的自我组织、自我觉醒、自觉参与救亡以及大力提倡时务之学方面深感认同之外,也对康有为奉"孔子为教主"的想法表示赞同。这是现存刘古愚对康有为学术思想的第一次文字表述。

刘古愚给梁启超的第一封信在次年二月杨蕙等到沪后送达梁启超手中,梁启超即于是年夏间复信给刘古愚。梁启超此信内容非常丰富,介绍了他与康有为对于时局的基本看法及挽救危局的态度和思想,并以其一贯的坦率、诚恳、热情给刘古愚以极大的赞扬和鼓励,就刘古愚兴办实业的想法和做法提出了自己的看法,介绍了当时在华洋人以及稍通外文的中国人士西学造诣不足,西学人才匮乏的状况,并谈了自己对教育的看法,最后以同志相期,希望共矢赤诚,力扶危局。

梁启超又热情地建议刘古愚,通过创办小规模的实业也同样能够有益于国家之富强:

> 先生以织局、书院两义立富教之本,可谓知务。既以集股不易,织造恐致无成,甚矣,任事之难也。今欲纠大众立公司以兴地利,无论何事,想皆不易。就权宜之计,莫如兴小农,劝小工,述如萝葡之糖、葡萄之酒、畜牛制乳、牧羊织毯之类,费本不钜,今人可行,及其既盛,获利亦可无量。又日本每岁手造器物,销至美国者,值八千

> 万,美人畏之。然则机器固为富国第一义,然必谓舍机器之外,而即无术以致富,亦未必然矣。彼至纤极琐如草帽边者,犹且为出口货物一大宗,他可知矣。故苟能择西人喜用之物,与通商口岸之人所喜用之西物,仿其式样,择数类而广制之,虽手造迟钝,不犹愈于已乎?勿谓其小,苟用者广,出者多,何事何物,不足以生利?彼法国有以饲鸡为业,而数年之间至百万者矣。故小农小工,最可用也。先生若有意于是,则此间续译此类之书,当以次寄上,以备采择。其旧译《格致汇编》《西艺知新》等,亦多可采,但取与地相适者而仿行之,亦兴利中应有之义也。若地物既渐辟,则转运一事,实为通津之大原。河轮、马路二者,苟能举其一,以达于近江,其所补益,实为无量,但此事恐亦非旦夕所能集耳。①

梁启超比刘古愚小30岁,刘古愚已届知天命之年,梁启超尚未而立,但是25岁(虚岁)的梁启超此话却深中刘古愚内心。大规模的机器工厂虽然没有办成,刘古愚并不气馁,他仍然满怀热情地在关中推广机器,购买了日本轧花机,并且大力加以仿造、推广。戊戌政变后,隐居烟霞洞期间仍然在实验、改造纺织机器,将全部的积蓄投入到实验当中。

与刘古愚非常注重身体力行地推行实业有所区别的是,梁启超认为,当时最切要也最可行的就是办学,办学所最应当提倡的是政治与历史之学,历史是为政治服务的,这与刘古愚首重科学、技术不同,康梁师徒有着宏大的政治抱负,他们当时除了学术思想的启蒙之外,就是在全国范围内,利用各种手段(主要是舆论动员)不断在政治层面上推动维新运动向前发展。而刘古愚则更注重科技、实业等具体的社会改良,这与关学注重实行的传统有关。下面是梁启超关于教育宗旨的一段文字:

> 今日所最切要而最易行者,自当以兴学为主义。近岁各省学堂之设,所在皆有。其为法也,以方言为开宗明义第一事,似得其本也……其为学也,以公理公法为经,以希腊、罗马古史为纬,以近政近事为用。其学焉而成者,则于治天下之道,及古人治天下之法,与夫治今日之天下所当有事,靡不融贯于胸中。若集两造而辨曲直,陈缁素而指白黑,故入官以后,敷政优优,所谓用其所学,学其所用,

---

① 梁启超:《饮冰室合集》,《文集》第一册,北京:中华书局,1989年版。

以故缝掖之间无弃才,而国家收养士之效。① 日本变法之始,即开此院,以故数年之间,人才大成,各用所长,分任庶政,是以强也。中国开学堂数十年,同文方言之馆,所在有之,而其为学也,不出于翻译通事,是以弱也。启超自顷入鄂,则请南皮尚书易两湖书院,专课政学,以六经诸子为经,而以西人公法公理之书辅之,以求治天下之道;以历朝掌故为纬,而以希腊、罗马古史辅之,以求古人治天下之法;以按切当今时势为用,而以各国近事近政辅之,以求治今日之天下所当有事。今秦中兴学,鄙意谓亦宜参用此意,务使中学与西学不分为二,学者一身可以相兼,而国家随时可收其用。②

在信中,梁启超表达了对刘古愚的敬意,并为西北有此豪杰而感到意外和惊喜。"启超自交李孟符,得谂先生之言论行事,以谓苟尽天下之书院,得十百贤如先生者以为之师,中国之强,可翘足而待也。""书中谓今日显祸,固在东南,隐患仍在西北,至哉言乎!向尝窃窃过计,谓吾西北腹地诸省,风气闳隔,人才乏绝,恐不足以自立。今获闻先生之余论,则矍然起,释然信秦之可以不亡也。今日东南诸省,盖不救矣。沿海膏腴,群虎竞噬,一有兵事,则江浙闽粤,首当其冲,不及五载,悉为台湾。割弃仓卒,呼号莫闻,虽有坚锐,只增盗粮;虽有智勇,束手坐毙。然则居东南而谭富强,其犹过屠大嚼,虽少快意,终不得肉。惟西北腹地,远距海岸,彝迹尚罕,地利未辟,涎割稍迟,而矿脉之盛,物产之饶,随举一省,皆可自立。秦中自古帝都,万一上京有变,则六飞行在,犹将赖之。故秦地若立,东连晋豫,西通巴蜀,他日中国一旅之兴,必在是矣。"梁启超此番东南与西北形势的论述应该是发自肺腑,也表达了具有忧患意识与战略眼光的先进士人的心声。当时包括康有为、梁启超在内的士大夫中多存在一种悲观的情绪。北洋水师全军覆没,康有为眼睁睁看着台湾被日军逐渐占领,他们与台湾署理巡抚唐景崧关系非常密切,对日本侵占台湾有着深切的感受。康有为当时认为中国危亡不远,对东南地区失去信

---

① 梁启超在《上南皮张尚书论政书》也有下面这段文字:"其为学也,以公理公法为经,以希腊、罗马古史为纬,以近政近事为用。其学焉而成者,则于治天下之道,及古人治天下之法,与夫治今日之天下所当有事,靡不融贯于胸中。若集两造而辨曲直,陈缁羔而指白黑,故入官以后,敷政优优,所谓明其所学,学其所用,以故缝掖之间无弃才,而国家收养士之效。"《饮冰室合集》,《文集》第一册。

② 梁启超:《饮冰室合集》,《文集》第一册。

心,正在考虑借内地一角以作复兴的基地,康梁师徒把目光注意到湖南的时候,得知西北尚有"天秉奇杰,浩气纵横"①的人,就感到意外的惊喜,也深受鼓舞。戊戌政变后,在南海康有为家中抄获一封梁写给康的信。该信即提到谭嗣同。信已残缺不全,今征引于下:"甫之子谭服生,才识明达,魄力绝伦,所见未有其比,惜佞西学太甚,伯里玺之选也。因铁樵相称来拜,公子之中,此为最矣。有陕西书院山长刘古愚光蕡,自刻《强学会序》,于陕倡行,推重甚至,此人想亦有魄力,闻已在陕纠资设织布局矣。辄以书奖导开谕之,并馈以《伪经考》。视其他日如何,或收为偏安帝都之用也。"②这里梁启超将刘古愚与谭嗣同相提并论,只是由于地缘及政治的原因,刘古愚并没有与梁启超发生如谭嗣同与梁启超那样深入的关系。

之后,梁启超心中一直对刘古愚念念不忘。戊戌政变后,梁启超在逃亡日本期间陆续写成《戊戌政变记》,在叙述到强学会封禁后的各地学会的时候,第一个提到的就是"味经学会"。虽然梁启超把学会的名称写错了,把学会的地点也写成了西安,这正说明梁启超作此文并不是做学术的资料记述,而是对曾经一起在拯救民族危亡过程中彼此激励的历史的自然流露。1925年,在《中国近三百年学术史》中,梁启超介绍了刘古愚的《学记臆解》③。在1924年《近代学风之地理的分布》中也提到刘古愚,"清季乃有刘古愚(光蕡)以宋明理学自律,治经通大义、明天算,以当时所谓新学者倡于其乡,其门人同县李孟符(岳瑞)以之比习斋。关学稍稍复苏矣。④"梁启超此二书虽然是谈学术,但却是来自自己的亲身经历和感受,并非寻章摘句的书生之谈。后人在注释梁启超《中国近三百年学术史》时,对《学记臆解》以及刘古愚其人却毫无所知。

在国防及西北的战略地位问题上,身在西北的刘古愚与康有为、梁启超认识上也有着高度的一致性。刘古愚的关注点不仅仅在陕西一隅,而是将陕

---

① 康有为称赞刘古愚语,见《烟霞草堂文集》序。
② 叶德辉:《觉迷要录》卷四,清光绪刻本,第18页。
③ 梁启超在《中国近三百年学术史》十三《清代学者整理旧学之总成绩》(一)中说:"《礼记》单篇别行之解释,有皮鹿门(锡瑞)之《王制笺》、康长素(有为)之《礼运注》,刘古愚(光蕡)之《学记臆解》,各有所新发明。"见朱维铮校注:《梁启超论清学史二种》,上海:复旦大学出版社,1985年版,第309页。
④ 梁启超:《近代学风之地理的分布》,《饮冰室合集》第五册《文集》之四十一,第57页。

西、甘肃、内蒙古河套地区纳入一个整体,作为中国的战略大后方。在筹备西北边防问题上,他比康有为、梁启超有着更为深邃、全面的考虑。刘古愚认为,该地区不仅相对于东南来说是战略的大后方,早在甲午战争尚未结束,但败象已露的时候,国人多有迁都西安的考虑,康有为公车上书提出迁都,就是指迁往西安。同时,相对于虎视眈眈的俄国来说,西北又是国防的前哨。西北地区有着丰富的资源,经济却相当落后,没有什么大的工业,百姓非常贫困,满、蒙、回、藏等少数民族杂居,尤其是同治以来,回民起义使西北一度萧条,刘古愚年轻时就饱受战争之困,而甲午战争后,西北回民又揭竿而起,形势雪上加霜。他深知民族问题为西北隐忧,俄国借民族问题趁机煽惑,祸患无穷。要挽救此危机,刘古愚认为,只有发展经济,普及教育,消除民族矛盾,提高各民族的国家认同感与向心力。因此他在教育过程中,一直注重民族团结问题,动员旗人到书院接受教育。对于创办纺织工厂的艰难以及风险,刘古愚的所知并不比赵舒翘少,但是也愿冒巨大风险去尝试,就是出于这种严重的危机感,万一能够成功,开辟西北利源,由同利而结同心,西北或可有稳定的一线希望。就是在决定创办纺织工厂、派杨蕙等人到东南考察的同时,刘古愚在味经书院以"河套屯田"为题,启迪学生注意西北边疆问题①。恰在此时,热河都统三原魏紫汀询问河套屯田之事,刘古愚因有《复魏汕汀②问河套屯田书》③之作。此文比较集中地表达了刘古愚的西北边疆建设思想。

> 中日一战,情见势绌,各国无不垂涎中国。幸西伯利亚铁路未成,俄人鸷忍,不欲轻发。英、法、德、日均有所忌,而不敢轻试。或幸数年无事,则正修明刑政,以求富强之时也。然修明政刑,当举中国百事遍修明之。资乃议及河套,限以屯田者何哉?今日外洋之师,不惟中国之额兵不能御,即募勇亦不能御,非机器不若人也,人之兵择之闾阎,出于学校,而我乃募愚顽、油滑、脆弱仓卒成军,欲以当人平日训练之师,此必不敌之势也。故须尽举今日兵勇营规而大变之,安之田亩,习之训练,教之学校,出作入息,将帅无异师长,优游十年,庶几一战。以此施之内地,兵勇见之必将哗然,不肯就我范围,此曾文正练兵所以不于长沙,而于衡州也。况他日外患若起,先

---

① 张鹏一:《刘古愚年谱》,第117页。
② 刘古愚《烟霞草堂文集》中作"魏汕汀",与《刘古愚年谱》的"魏紫汀"有别。
③ 此文收入《烟霞草堂文集》卷五。

犯我京师,动我根本,牵扯天下之师。英、法、德、日则以游师取地于南,俄则以游师扰我西北。蒙古极弱,敌入河套,则山西之兵不能调动,而京师之势愈孤矣。赟所以汲汲河套屯田,为陕之隐忧,亦即当时之急务也。

数年以来,谋国多有西迁之说。中日战后,盛京已成边冲,朝廷远谋,必宜别建京都。旷览中原,莫若关中。自古都关中者,周、秦、汉、唐无不汲汲于河套。周之朔方,秦之新秦中,汉之五原、朔方,唐之三受降城,皆戍守套外而耕屯于内,岂皆务远略哉?护一身者,必先护其首。河套固关中之首也。若建都直隶,河套即其右肩,赵武灵王非有九原,何敢轻入咸阳?赫连不敢舍夏州而都长安;金败辽主于河套,而后取燕;元灭西夏,而后取金;明闭潼关而后取元。以东胜统河套,而边患息,弃河套而三边俱棘矣。至我朝制准格尔西路之师,亦从宁夏出边,与东路之师声息相通。河套有重兵,足壮燕晋之势,即赴京师亦较长安倍近,故赟斤斤以河套屯田为言也。

查河套东西约二千里,南北远者八九百里,近者二三百里,三面阻河,土地沃衍,宜耕桑。自汉至明,无不谓其肥饶者。再能仿宁夏渠利,相其地势,兴修水利,致富强尤易。陕西北山亦多荒地,赟所以先及河套者,天地气运渐将由南而北,河套膏腴,历代忽开忽闭,地脉蕴而愈厚,天若隐储以待我国家今日之用者,不可不察也。夫争利于市以夺他人之有者,商贾之事也;若别开富强之基,则如弈棋然,必置子于人所不及觉之处,若秦之开蜀,汉之入汉中。初若迁远,及其成功,始惊以为奇。不然,今日中国图富强与洋人相兢数十年,而卒无一效者,人如旧商,我欲以新设之肆夺之,必不可得也。然则屯套内以为强,以厚关中之背,而为京师之右肩也。屯套内以为富,以其膏腴远僻,人所不争也。

此处刘古愚主要着眼于中国西北方藩篱形同虚设的形势,而梁启超、康有为着眼于东南守无可守的危机,正是出于他们分别是南方人与北方人的不同,但是将西北作为一个可资回旋的后方,梁启超所谓东南设防如过屠门大嚼,终不得肉,而西北一旅之兴尚有可为的思想与刘古愚也正深相契合。

杨蕙、陈涛、孙澂海等人的使命不仅仅是考察机器,刘古愚还赋予他们了解东南情形,向先进地区全面学习,以为西北开风气的使命:"我辈名办织布,其心不止织布也,将以讲求时务,练习人才,为陕士开风气,以为后日自强之本。今日上道之始,不啻入学之始。"上海是时务之学及西学的首善之区,刘古愚还分配给他们购书、访问西学的任务。"此次为吾陕人学问起见,须择西学各书遍购之。《图书集成》,亦购一部,洋板廿二四史,亦购一部,余则中国时事各书亦购之。再往振华报馆询达县吴小村,为陕所订报即令按月照寄味经。再询活字铅板,价值如不大贵,可购一付印书。排字机器,汝等可同洋教师往阅,如吾乡能造则归而自造;不能,购一副归,贵则不必也。""吾陕所来洋人,我均未见,所以不解西学。近看《格致须知》等书,觉有其器,皆能渐窥端倪。如上海有讲西学之人,宜虚心访问,各等机器皆亲自往观。化学各物,能见则求观之,询问为中国何物。炼矿镪水、玻璃瓶及器具,宜买一付。日日阅看西书,有益军国,不难学者,均学以归。造火轮船、车、铁路,如有译成之书,可持以归,或求上海道往招商局细看。轮船求刘云抟看,铁路、火轮车办法,外人之长,我等必期尽得,惟在诸君之立志坚卓耳。"①此时上海各项维新事业正如火如荼地进行着,康有为的许多弟子如梁启超、徐勤、龙泽厚等都在此地。

《时务报》馆实际上是当时新派人士的一个据点,陈涛受到《时务报》"总理"汪康年的热情接待,他们经常会面,汪待陈涛等人"意极殷勤"②。此时上海与西安之间的邮寄渠道不畅,汪康年、梁启超都询问陈涛有何便捷的方法将《时务报》及时送达关中。前此《时务报》是先送到汉口"集贤斋",然后由汉口转到陕西。1897年初,大清邮政局在京城及沿江沿海开通后,内地部分邮政局还暂时未能开通③,陕西西安邮局尚未开通④。据《时务报》馆记载,上海本埠及各主要通商口岸邮寄价为一角五分,"直隶、山东、河南、四川、广西每册加寄费二分,东三省、山西、陕西、贵州每册加四分,甘肃、云南每册加寄费六分"⑤。陈涛与刘古愚商议,鉴于直接邮寄费钱,还不如仍旧通过汉口转寄。汪康年介绍陈涛等人到石印书局参观,陈涛对现代化的印刷事业有了切

---

① 刘占愚:《南行诫约》,《烟霞草堂文集》卷九。
② 张鹏一:《刘古愚年谱》,第123页。
③ 闾小波:《中国早期现代化中的传播媒介》,北京:生活·读书·新知三联书店,1995年版,第86页。
④ 陕西学政叶尔恺于光绪二十四年正月致书汪康年云:"此地不通邮政局。"汪康年:《汪康年师友书札》,上海:上海古籍出版社1987年版,第2473页。
⑤ 《本馆重定章程》,《时务报》第31册报首。

身的感受。刘古愚在西北刊刻书籍已经有十余年的历史,但都是用传统的雕版印刷,效率比较低,刘古愚对西方先进的印刷工具非常向往,希望借陈涛等人南下之机购买这种先进的机器。陈涛向刘古愚汇报石印机器大者数万,小者不下千金,陕西省恐怕无法筹措所需资金。印刷所用的活字有铜活字和铅活字两种,活字还分大小号数若干,用头号金属活字印刷比石印活字印刷成本还要高,最小一号的金属活字其价格也上万。刘古愚得此信后,与新任学政叶尔恺会商,决定募集资金,购买石印设备,以促进陕西文化事业的发展。叶尔恺在戊戌政变时,与刘古愚有些分歧,在学术上也有不同见解,但是在购买书籍、推崇西学方面还是非常积极的。叶尔恺在光绪二十年"九月廿八自京动身,初四抵三原,初七接篆"①。叶尔恺在接到任命尚未动身之前就与汪康年联系,准备购买《一统志》、各种西学书籍、石印二十四史以及石印、铅印设备,此意正与刘古愚不谋而合。于是刘古愚于光绪二十七年(1901)初,派味经书院举人萧钟秀到上海购买印刷机器及活字②。这些人员每一次往返秦沪,都是充当一次文化交流的使者,萧钟秀也不例外。除了购买印刷机器设

---

① 叶尔恺:《叶尔恺与汪康年书(十四)》,收入汪康年著《汪康年师友书札》,第2473页。

② 关于萧钟秀购买印刷机器的时间,《刘古愚年谱》与《汪康年师友书札》所显示的时间有所不同。《刘古愚年谱》在光绪二十三年"秋九月"下有:"门人萧钟愚亭赴沪,购印书铅字、机器,先师以书致汪穰卿、龙积之,托为关照。"叶尔恺与刘古愚分别有信给汪康年,都谈到萧钟秀购买机器的事情。叶尔恺信中说:"此间举人萧钟秀赴沪,为复郊学会考察汽机、采办活字机器,经弟札委,到沪后,一切尚望费神招呼指教为幸。去岁此间到沪购买书籍之人,颇有笑话。"叶尔恺此信发出时间为三月三十日,汪康年四月初八收到(《汪康年师友书札》,第2475页)。刘古愚书信中说:"又购铅字,以为印报、印西书之用。公推萧孝廉钟秀来沪。"此信四月廿五日收到(《汪康年师友书札》,第2871页)。叶尔恺于1897年10月到陕西学政任,此信发于学政任上,只能是1898年。另外,叶尔恺在光绪二十四年(1898)十一月二十一日又致书汪康年称:"萧孝廉人极不堪,渠赴申时,此间颇有人交银托购书籍器具,近闻与此间人信云,查拿康党,所有各物已遗失云云,是直一骗子耳。"(《汪康年师友书札》,第2477页)这里也说明萧钟秀应于该年三四月份出发到上海,不可能是去年,否则不会赶上戊戌政变查拿康党,因此刘古愚致汪康年的信也只能是写于1898年。在刘古愚致汪康年第一封信中提到汪康年的《商战论》与《华民宜速筹自相保护法》两文,查《商战论》载《时务报》十四册,出版日期为1896年12月15日;《华民宜速筹自相保护法》载于四十七、五十二册,其时分别为1897年12月4日、1898年2月21日。而且《刘古愚年谱》引用刘古愚致龙泽厚信中有这样的话:"去岁办纺织未成,今岁又集资,公推萧孝廉钟秀来沪。"杨蕙、陈涛等人1897年春到上海,机器织布局未成之局也是在1897年,因此张鹏一此处记载时间有误。

备以外,当地士绅还托他购买上海出版的各种书籍。

十一、与康有为的维新变法活动桴鼓相应

通过门人弟子往返于北京、上海,刘古愚对康有为学术思想的理解不断加深,对康有为的救国思想、行为乃至其特殊的今文经学逐渐接受。刘古愚接受康有为学术思想尤其是今文经学很为当时人所诟病,如赵舒翘就因此与刘古愚反目,并在戊戌政变后重惩刘古愚。陕西学政叶尔恺对刘古愚特别推崇康有为也深不以为然,认为刘古愚将康有为学术视作西学的代表,也对此予以嘲笑①,刘古愚及其弟子陈涛、李岳瑞、邢廷荚、张鹏一等也因与康有为有较深关系而深受牵累。其实刘古愚生前并未与康有为谋面,其服膺康有为思想、学术,完全是赞同其救国志向,佩服其博大精深的思想,出于报效国家、推动社会进步的大公之心,刘古愚本人没有任何政治私利。刘古愚一定程度上认可康有为的今文经学是个学术问题,而且刘古愚有其自己的学术体系,他所接受康有为思想的方面也多是为了扭转社会风气,批判传统的历史退化观,利用康有为大刀阔斧的方法否定传统思想停滞、僵化的部分,拯救梳理出赖以凝聚民族灵魂、自立于世界的核心价值。此问题将在后文详述。社会上否定乃至小视刘古愚服膺康有为学说的人反倒有狭隘的党派私见。

北京强学会被查封后,李岳瑞寄来了康有为的北京、上海《强学会序》及历次上书诸稿,这是刘古愚第一次接受康有为思想。一见之下,刘古愚即将《强学会序》中所反映的思想向味经书院及时务斋的学生大力宣传,引康有为为知己。光绪二十三年(1897)春天,梁启超将《长兴学记》《新学伪经考》《四上书记》寄送刘古愚,同年四月,杨凤轩、孙潆海从上海回到北京,带回日本产铁制人力轧棉籽机一架,还购买了大量"南中新出书报"②,其中可能包括康有为的《桂学答问》《万木草堂论学略》。九月初,时务斋利用方便的印刷条件将《桂学答问》刊刻出版。刘古愚为《桂学答问》刊本作序曰:

> 右《桂学答问》一卷,南海康祖诒(今名有为)长素著。中日战后,予得京师、上海《强学会序》,始识先生名。其言深切著明,沉痛激烈,屈、贾忠愤之旨,陈龙川不及也。后读《时务》《知新》《湘学》

---

① 汪康年:《汪康年师友书札》,第2476页。
② 张鹏一:《刘古愚年谱》,第127页。

等报,皆先生弟子主其议论。近日时世精确不易,是先生之学久已风行海内,成材甚众,而贲足迹不出里门,今始见之,何其陋也。

盖孔子之学,上承尧、舜、禹、汤、文、武、周公之政,其道一也。尧、舜治一时,孔子治万世,故《大学》,"明""新"并言,《中庸》合内外为道。以圣人为指归,则如白日当空,无幽不烛,以去取群儒之说,不惑于歧趋,而古今中外可以一贯之矣!道、咸时,固始蒋湘南子潇自谓:"《周易》学邵阳魏源默深,《诗》遵三家,《书》从《史记》。"其说均与先生近,然不如先生之条理精密也。道以中为体,以时为用,体一而用万,体虚而用实。故《易》与《春秋》皆圣人手著,先生特重《春秋》,以《易》言理,《春秋》言事。今日之儒,理拘于虚一,而事遁于万实,故治不古若,而见侮于外夷也。先生论学独拈《春秋》,其此意也夫?

此文《烟霞草堂文集》未收录,见张鹏一撰《刘古愚年谱》①,今引录于此。此序文的大意是用康有为的办法破除学者对于古学胶柱鼓瑟,不能随时世而变化的僵化倾向,提倡学习经学的精神与灵魂,不能守旧僵化而不能变通。

光绪二十四年(1898)又是一个会试之年,刘古愚的弟子有不少人到北京参加会试,其中张鹏一、孙澄海、邢廷荚、张铣(又名彪,字拜云)等去年腊月初九动身,此年正月中旬到北京,陈涛也从上海赶到北京,刘门弟子一时云集京城。光绪二十三年(1897)十月二十日,德国强占胶州湾之后,康有为即从上海动身到北京,第五次上书给光绪皇帝,痛陈"瓜分豆剖,渐露机芽","恐皇上与诸臣求为长安布衣而不可得"的危急形势,"愿皇帝因胶警之变,下发愤之诏,先罪己以励人心,次明耻以激励士气,集群才咨问以广圣听,求天下上书以通下情。……尽革旧俗,一意维新。"并提出维新变法的方针②。陆续进呈《俄彼得变政记》《日本变政考》《泰西史新揽要》《列国变通兴盛记》等书,引导光绪皇帝维新变法。这时他的弟弟康广仁以及门弟子梁启超、麦孟华、程式谷、梁朝杰、龙焕纶、况仕任、陈蓉衮等也都在北京。3月,在陈涛的介绍下,张鹏一、邢廷荚、张铣等到康有为的寓所上斜街的"三矫堂"拜访康有为,同时陈涛、张鹏一、邢廷荚、张铣也正式拜康有为为师。陈涛等人都是刘

---

① 张鹏一:《刘古愚年谱》,第130页。
② 中国史学会:《中国近代史资料丛刊》,《戊戌变法》第二册,上海:上海人民出版社,1957年版,第189、190、194页。

古愚非常赏识和信任的弟子,他们执贽于康有为门下是经过刘古愚同意的,由此可见刘古愚对康有为的认可程度。这时,俄国、法国、英国继德国之后纷纷向中国提出租借港口、土地的侵略要求,民族危机进一步加深。康有为、梁启超借此会试机会,联合北京会试举子以及京官共同发起保国会,于光绪二十四年(1898)三月二十七日(西历4月17日)举行第一次集会。在促成保国会成立方面,刘古愚的弟子起了很大作用。上述刘古愚弟子全部列名保国会,保国会参加者共186人,其中陕西籍人士34人①,占18.28%,而陕西籍34人中刘古愚的弟子共12人,占陕西籍人士的35%。这12人分别是邢廷荚(礼泉)、陈涛(三原)、毛昌杰(咸宁)、侣树森(朝邑)、杨蕙(泾阳)、张鹏一(富平)、赵先甲(高陵)、李岳瑞(咸阳)、雷延寿(渭南)、何恒德(长安)、魏日诚(泾阳)、张铣(蒲城)。

　　除了保国会之外,另外一件在北京引起巨大反响的就是士大夫上书抗议德国人滋扰即墨文庙之事。该事发生于光绪二十四年(1898)正月初一日(西历1月22日),德国人闯入即墨县文庙,"将圣象四体伤坏,并将先贤仲子(笔者按:即子路)双目挖去。"②山东举人孔广謇等17人借全国会试的时机,于光绪二十四年闰三月初六日赴都察院控诉,并请都察院将《为残毁圣像,任意作贱,公恳据情代奏折》代奏。都察院对此非常支持,由堂官左都御史裕德领衔,全台列名,于初七日递给光绪皇帝。借此机会,康有为、梁启超发动各省举人,也纷纷向朝廷上书。"以德人毁孔子像事,闻梁卓如鸠合同志联名上书,与德人抗议,请都察院代奏。"③《梁启超年谱长编》:"是月德人毁坏山东即墨县文庙的事情传入北京,一时公车异常愤慨,先生尝联合麦孺博等十一人上书都察院,请严重交涉,原呈稿载闰三月十七日《国闻报》。"④梁启超、麦孟华等人的公呈于闰三月十六日呈递都察院,中国第一历史档案馆藏此公呈,题名为《圣像被毁,圣教可忧,乞饬驻使责问德廷严办以保圣教而安人心公呈》,署名包括"麦孟华、梁启超等八百三十一名广东举人"⑤。而在1898

---

　　① 保国会人员名单见中国史学会:《戊戌变法》第四册,第403—405页。

　　② 中国第一历史档案馆藏:光绪二十四年闰三月初二日,孔广謇等17人《为残毁圣像,任意作贱,公恳据情代奏折》。

　　③ 张鹏一:《刘古愚年谱》,第140页。

　　④ 丁文江、赵丰田:《梁启超年谱长编》,上海:上海人民出版社,1983年版,第114页。

　　⑤ 转引自孔祥吉:《戊戌变法时期第二次公车上书述论》,《求索》,1983年第6期。

年广智书局出版的《光绪二十四年中外大事汇记》中则署名为"梁启超等同启"①。而《国闻报》的署名则为"梁启超、麦孟华、林旭、张铣、陈荣衮、陈涛、程式毂、张鹏一、龙焕纶、钱用中、况仕任、邢廷荚"共12人,《梁启超年谱长编》记载11人是不正确的。投递都察院公呈《国闻报》署名有如此巨大的悬殊,其中定有缘故。黄彰健先生在1969年撰写的《论光绪丁酉至戊戌闰三月康有为在北京的政治活动》一文提到《国闻报》所刊载梁启超公呈为什么只有区区"十一人"②,他认为可能是当时李盛铎、潘庆澜、孙灏弹劾保国会有关。"梁启超、麦孟华仅以十一人联名呈都察院,很可能系因孙氏对保国会大举攻击,不得不缩小规模,将呈稿赶紧递上"③。根据孔祥吉先生的研究,当时梁启超呈递的时候并非匆匆忙忙,而是有浩浩荡荡的800多人,但是《国闻报》为什么不把此800人都列出来呢?联系康梁做事喜欢张扬、多有不实的特点,有可能这800多人并没有一一征求意见,可能是梁启超、麦孟华自己加上去的,公开发表时这些人的名字就不能再"借用"了④。实际上就连此12人名单,亦有"借用"之处。在《刘古愚年谱》中,张鹏一记载,"三月,会试榜发,报罢将归,辞南海先生并草堂(笔者按:康有为北京上斜街的'三矫堂'寓所亦称'京师万木草堂')诸君。……瑞生(笔者按:即邢廷荚)赴上海,孙君澈海留京,伯澜与鹏一归陕,四月中旬至家。"⑤此处并未说明是不是闰三月,如果是闰三月在十六日上书后动身,四月中旬到陕西富平时间有点紧张,因为去年张鹏一从西安出发,到北京用了一个月的时间⑥。但是张鹏一说:"闻梁卓如鸠合同志联名上书,与德人抗议,请都察院代奏。"既然自身在上书者之列,也就是实际参与者,为什么要用"闻"字呢?可能梁启超等上书都察院

---

① 《光绪二十四年中外大事汇记》,《掌故汇》,上海:广智书局,1898年版第2页、第30页。

② 此时黄先生可能并未看到藏于中国第一历史档案馆的《圣像被毁,圣教可忧,乞饬驻使责问德廷严办以保圣教而安人心公呈》。

③ 黄彰健:《论光绪丁酉至戊戌闰三月康有为在北京的政治活动》,《戊戌变法史研究》,上海:上海书店出版社,2007年版。

④ 这样的事情在1895年的"公车上书"及"保国会题名"题名中都发生过,公车上书中有的人籍贯是空白,有的人籍贯弄错了,如果是所列每人都签名就不可能出现这种情况。四川乔茂萱曾经揭露康有为在未经其同意的情况下就将其名列入保国会,并致书梁启超,予以责问和挖苦。见《戊戌变法史》(四),第418—419页。

⑤ 张鹏一:《刘古愚年谱》,第140页。

⑥ 腊月初九动身,次年正月中旬到北京。张鹏一:《刘古愚年谱》,第140页。

也是在张鹏一、邢廷荚、陈涛走后,将其名字列入。即便如此,我们也可以看到,刘古愚的众弟子在保国会及为即墨事上书的问题上是康有为可以依靠的核心力量。《国闻报》所刊载的12人名单不过是康有为的弟子与刘古愚的弟子两类人,当然此时陈涛、邢廷荚、张鹏一、张铣等刘门弟子也已入康门。无论其在不在北京,他们的身份与名字都可以使康有为、梁启超等人放心地用来实现其政治目的。

光绪二十四年二月,孙澂海到北京参加会试,刘古愚托孙致书康有为,这是刘古愚第一次,也是生平唯一一次与康有为的直接通信,全文如下:

> 长素先生道席:赟迂腐庸才,自安畎亩,固知大局岌岌,然谓尚可苟安。不料甲午一战,情见势绌,中国之大直如漏舟,危在瞬息,悄然以悲,无可为计。及读先生《强学会序》,始恍然于中国受病之由,天生先生于今日,正所以哀中国,而予以回生之方也。彼时即拟肃函,远叩起居。适闻已赴新嘉坡,只得通问于贵高足梁君。后又得读《时务》《知新》《湘学》等报,闻皆先生之绪论,赟愈想望丰采,寤寐不忘。又蒙梁君转惠所著各书,云先生将由滇、蜀入秦,不胜狂喜,谓此生有幸,竟能亲炙下风。近又得陈涛函,云先生已返澳门,将由沪入都,为之怅然。
>
> 先生之学,海内仰之若山斗,非独赟一人餍饫于心也。惟《经①学伪经考》谓《汉书·艺文志》为刘歆伪作,则赟窃有疑焉。尝谓后世生民之困,在官师、政教分途,而仕学不相谋,故教化不行,而以刑法胁民;人才不兴,而以胥吏任事;所学非所用,所用非所学;百事废弛,治日少,而乱日多。职此之由,《艺文志》谓某学出于某官,则官必以其职教人,传之为业而有专家。儒出于司徒之官,则凡乡遂之官,皆司徒之弟子,而乡遂之民,即乡遂之弟子也。一国之中,官民如师徒之情谊,人心何至涣散,上下何至隔阂,胥吏何至持其权?夷狄、外患何至乘隙而入哉?由此推之,古之路寝即为明堂,亦即辟雍,是人君之朝即为太学,则百官有司之厅,皆为学,而官之政即教民守官法,无异从师为学,此可以信矣。
>
> 窃谓《艺文志》叙九流,其源出于《史记》,太史公《论六家要旨》

---

① 原文如此,当为"新"字。

而尊道家，此道非汉世黄老之道家，乃大学格致、诚、正、修、齐、治、平之道。黄帝、尧、舜、禹、汤、文、武、周公相传以至孔子，而集其大成者也。故《史记》曰"无为无不为"，《艺文志》曰"人君南面无为之术"，盖自周衰，君失其教之权，孔子起而修明之，而不得君位以行政，惟以师行其教，论说不见诸行事，遂与后世之虚无无异。人见其从事简编，以儒诟之，而儒之名遂于是起。《戴礼·儒行篇》已明言之。子夏之学，夫子且有无为小人之戒，则孔子必非自号为儒也。孟子为孔门正传，其称儒必与杨、墨对言，无以儒称孔子者，亦可知儒与异端为对待之名，而非孔子之自号也。《艺文志》刘子政所作，其原本必以道家为首，与太史公同观。其谓道家为南面之术，儒家为出于司徒，则道家必尧、舜、禹、汤、文、武、周公之道，孔子所承之流，儒家则正先生所谓守约者。其君子谨身修己，仅为潜修之士，小人则训诂词章，徒夸记诵之勤，正吾孔子之所戒也。

歆为枭獍，取其父书而变乱、点窜之，此其变乱之确据。盖子政《诗》守鲁诗，学守《谷梁》，《书》守《洪范》，皆斤斤西京之旧说，而无训诂之习，故能以孔子为道家，而不惑于黄老；以儒为出于司徒，而不流于训诂，其识与太史公同。太史公非崇黄老，则孔子为道家也明矣。歆欲自尊其邪说，必倡为先黄老而后六经，以抑太史氏，而后改易父书，以儒为首。歆实尊训诂之儒，以抑孔子之道，而名则尊孔子之儒，以抑黄老之道。班氏不察，以为《汉书》，愚矣。至于《周礼》，必为三代以上之会典，亦如《左传》为《国语》，歆取而变乱、点窜之，而非能伪造也。果能伪造，何不并《冬官》而伪造，乃以《考工记》补之也？

先生之学，蕡佩服甚深，以上所疑，亦皆小节，然必请质于先生之前者，譬之人有狂疾，若遇良医，蕴而不发，则亦无从为之诊治，想先生必有大启蕡之固陋也。《桂学答问》味经亦已刊成，《长与学记》拟来岁刊之。德人占据胶州，四国兵船集于旅顺，瓜分之机已动，先生何以筹之？东望燕云，怆然欲涕，寸心耿耿，不尽欲言。伏维为道、为时，珍重千万。①

---

① 刘古愚：《与康长素先生书》，《烟霞草堂文集》卷六。

由此信可见，刘古愚对康有为的政治主张是很赞同的，当时《时务报》受到汪康年、张之洞的制约，不能畅谈康有为的学术主张，尤其是春秋三世之义，而《湘学报》《知新报》则是大力宣扬康学，尤其是《知新报》简直是康有为的传声筒。刘古愚读此三报，对康有为更加敬佩，"愈想望丰采"，下文主要是讨论学术，由此信也可以看出刘古愚是在什么样的学术思想背景下接受康有为的。刘古愚基本接受了康有为大刀阔斧地对传统儒学进行新阐释，扫除儒学中复古的因素，希望从中找出能够支持当代人进行巨大变革的思想、价值因素，用"我注六经"的方式阐释儒学。这也是刘古愚教育学生的一贯做法，在《泰西机器必行于中国说》中有集中体现。这种学术思想是刘古愚接受康有为今文经学术思想的基础，可以说刘古愚对康有为经学的接受是有自己的学术思考，并不是无条件地顺从。

这里有一点值得注意的是，刘古愚刊刻康有为著作除了北京、上海《强学会序》及历次上书的政治纲领性文献之外，特别注意的是《桂学答问》及《长兴学记》。此二文都是康有为为弟子讲学的讲义和章程，刘古愚对这些文献的重视也正是他作为教育家本色的体现。刘古愚丰富的教育思想中很重要的部分就是普及教育，全民皆学。他一生也几乎把全部精力都注入在培养学生上，自己"传之后世"的著书事业倒不甚措意，以致在兰州大学堂突然去世后，竟然没有留下多少专门的学术著作，其传世文字多为就事论事之作。康有为则对自己期望甚高，以教主自居，他虽然对刘古愚刊行《长兴学记》《桂学答问》等表示感谢，但是他认为自己的思想比这些教育文件更为重要，"《学记》皆昔者求我童蒙之作，今者时势少异，更拟推广，岂足以辱大君子之盛意乎？刘歆伪经，所关最大。"① 这是政治家与教育家取向的不同。

三月，张鹏一回到陕西，带回了康有为给刘古愚的复书：

> 古愚先生执事：伏处海滨，闻先生高义久矣。昔门人梁生启超获通讯问，道华山古长安之地，有耆硕大儒，如古安定、泰山，议论通今古，喟然动人心，誓雪国耻而救世者。创强学会而相应和，私心常叹。方今朝无元臣，野无钜儒，故今道丧俗敝，人才衰微，得梁生言，乃喜极距跃，以为有安定、泰山者，所以发聋觉昧，人心不死，救于迷途，将有属也。

---

① 刘古愚：《与康长素先生书》，《烟霞草堂文集》卷六。

孙孝廉来京师,损辱赐言,奖许拳拳,既不敢承,而又教督其不及,殷勤甚厚。陈伯澜来,日日见,益得闻圣德之微,至仁之心,专以拯溺救世为事。尝慨自宋儒言道,高美矣,而自薛、胡二先生后,学术日隘。本朝二张、二陆益狭小之,多言寡过而寡言兼善,多言义,而少言仁,故生民不被其泽如此。得先生之规模阔大,乃足以矫而变之也。在此见门下多士,皆好学有礼节,通天下之故,一见而知为安定弟子,王式师法,益叹教泽之盛也。

《学记》皆昔者求我童蒙之作,今者时势少异,更拟推广,岂足以辱大君子之盛意乎?刘歆伪经,所关最大。孔子据乱改制而作《春秋》,发三世之义,存太平之治,先于小康而渐致于大同,口授弟子,而传之将来,此真神圣之盛心。自伪《左》出而《公羊》灭,古文行而口说湮,于是二千年来,以孔子据乱之制为极轨,儒生奉之为正法,于是太平之说绝,大同之治不可见,二千年皆蒙被暴君、夷狄之祸,其为可痛,莫大于是。若令伪经不出,则后汉之后,太平之说明,大同之治早见于唐宋时矣,岂至若今者,四万万之人雁于水火乎?此所以不能不痛恨于刘歆也。

若夫古文之谬义,外夷因缘以为攻孔子之具者,无论矣。其《艺文志》专官之义,类似西人,然以孔子之道,仅出于司徒一官,其谬实甚。刘歆即有一二可取,无以救其断绝太平之罪也。此事关中国太平之局,若伪经不著,则《左氏》不去,伪《左》不去,则《春秋公羊》不明,《春秋公羊》不明,则太平之治不出。

先生才明冠世,经术湛深,望思其故,发明斯义,以明孔子为大教主,以明孔子属意太平、拨乱之治,乃饥者甘食,渴者易饮。大辂椎输出于不得已。宋贤好学,仅得偏安,今当发明大同、太平之时,非终于拨乱之旧。此义既明,然后孔子乃尊,然后大地被泽,然后生民可救。以先生道高无我,故敢以献。国变极急,危亡不远,保国之事恐不易得,惟保种、保教,人人与有责焉。先生海内耆儒,为时领袖,大教存亡,人士趋尚所在也,幸留意焉。

仆上书若蒙采纳,未能遽归,若言未能行,则或往楚,或从先生于南山下,讲闻高义,不胜侧企。敬颂起居,为道自爱。①

在复信中,康有为对刘古愚关心时事、提倡实学、一心救国的行为非常赞赏,将其比为北宋注重经世致用的大儒胡瑗、石介,康有为深受刘古愚这位乡野巨儒的鼓舞,在僻远的西北有此人物可证人心不死,对救国救民又增加了一份信心。康有为此信虽然不长,但是对他的学术动机做了比较简单直白的阐述,对理解康氏学术底色还是非常重要的。在表达了对刘古愚的敬意之后,康有为以其一贯恢弘、张扬的气势说出了他的思想趋向,就是要破旧立新,重开一派新局面。所以他说宋朝创立理学的大儒是值得肯定的,而侧重对理学进行实践,偏于守成的薛瑄、胡居仁则境界狭隘,至于清朝初期颇负盛名的二张(可能是张履祥、张伯行)、二陆(陆陇其、陆世仪)则更等而下之,就是因为他们"多言寡过而寡言兼善,多言义,而少言仁",强调恪守而没有积极的创发。康有为要推倒西汉以来古文经的成果,推翻传统对儒学的理解,《汉书·艺文志》所记录的学术史是一大障碍,为了扫除此障碍,"发明"了《艺文志》是刘歆在篡改父亲刘向《别录》后而为班固所沿袭的观点,只有否定了《艺文志》这样能够证实古文经传经历史的文献,康有为才能把东汉以来就已经式微的《公羊春秋》放在最重要的地位上。由此,他才能对孔子做改制教主的描述,自己的思想也才能借孔子这一符号表述出来,传统的历史观、思想体系在很大程度上才能被推翻,支持变革、具有历史进化论色彩的公羊三世说才能有所凭依。因此康有为在复信中对刘歆伪造古书的观点持之甚固。在给刘古愚的信中,康有为反复称说,他之所以坚持刘歆制造伪经,坚持发掘孔子为改制"素王",就是为了阐明长期以来湮灭不章的三世说。

按照康有为所解释的孔子"口说",孔子怀抱天下太平的大同思想,但是当时孔子生活的时代则是礼崩乐坏的乱世,孔子要改革现行制度,使生民摆脱乱世,经过升平世而达到太平世。由于当时乱臣贼子、独夫民贼占据要津,孔子的思想不能公开传播,只是通过口头讲授给弟子,这就是所谓的"口说"。这些口说也隐讳地潜藏于孔子留下的经典中,尤其是《公羊春秋》保存了大量口说。后来刘歆伪造《春秋左氏传》使孔子隐藏在《公羊春秋》中的微言大义不能得以彰显,因此孔子升平世、太平世的思想得不到传播,世人只能生活在"据乱世"中,安于现状,而不知改革、进取。康有为认为,只有把孔子的太平

---

① 康有为:《复书》,收入《烟霞草堂文集》卷六。

之说大明于天下,才能动员普天下人起来变革,对现行的政治思想和政治制度进行彻底的改造,才能免除两千年来暴君、夷狄之祸。而当下尤其应该奋起变革,才能有一线维持民族生存的希望,之所以要这样大肆开新,提出这样一个尚不完备的方案("大辂椎输")是因为目前的局势实在危急,"国变极急,危亡不远,保国之事恐不易得,惟保种、保教,人人与有责焉。"康有为特别希望刘古愚,"发明斯义,以明孔子为大教主,以明孔子属意太平、拨乱之治,乃饥者甘食,渴者易饮。"这是康有为提出新的今文经学的动机。

  康有为此说非常有魄力,具有蛊惑力和冲击力,在冲破旧思想的躯壳方面起到重要作用,在学术界也引起长期的争论和巨大的分裂,五四以来过分疑古的古史辨派很大程度就是受到康有为的启发。但是康有为的思想也存在明显的缺陷,把西汉以来的经学传播主流历史予以否定,这与历史真实是不相符的,因此当时许多学者名流并不赞成他的这种说法。而且1898年严复"慎始基斋"本的《天演论》已经出版,这种以西方自然科学为支撑的进化论逐渐在中国思想界流行开来,康有为粗暴抹杀历史的"三世进化观"也就开始逐渐失去其市场,因此康有为"春秋三世说"起到正面作用的时期也就是1895年到1898年之间。刘古愚正是在此期间接受了康有为的今文经学思想,以此作为其维新变法的思想支撑之一,当然不是全部支撑,刘古愚也有其自己的历史观与哲学思想,他的哲学思想主要来自传统的实学,而且刘古愚对西学也有一定的造诣,这将在后文详细论述。

  刘古愚收到康有为的复信之后,对于刘歆伪造《周礼》的说法仍不以为然,但是在维新事业方面却受到康有为的极大鼓舞,"开学会、求新学之事,进行不辍"①。除了开学会、创办纺织工厂、刊刻时务书籍、创办崇实书院、创办《时务斋随录》,进行时务之学的传播之外,刘古愚还支持学生邢廷荚、柏堃创办不缠足学会(1896),进行社会改革。1897年,还支持咸阳县令孙万春在咸阳城创办女学,此举受到陕西省官绅的大力反对,后来不得不中止。以杨蕙从上海带来的轧花机为样机,刘古愚聘请工匠进行仿制,创办了"复郐机馆",推广小型机器纺织。

---

① 张鹏一:《刘古愚年谱》,第142页。

第六章 维新变法 求富求强(下)

十二、大力推广自然科学教育

味经书院及其所附属的求友斋、时务斋的自然科学教育在中国教育发展史及自然科学发展史上具有一定的地位。早在1934年,著名数学史专家李俨就对刘古愚的数学教育事迹及其相关史料进行研究整理,写成了《清季陕西数学教育史料》[①]一文,该文对刘古愚行年进行了非常简略的介绍,列举了刘古愚《味经书院藏书目录》所记载的算学书籍13种,介绍了味经官书局刊刻的16种算书,并一一标明四种不同纸张印刷本的不同价格。比如《九数通考》8册,官堆纸1.29元,粉连纸1.20元,泾凤纸0.98元,时则纸0.85元[②]。李俨先生还对这些味经官书局刻本进行初步的考证,主要是把收录在《烟霞草堂文集》中的序跋文字列举出来。李俨先生在西安对味经书院算书刻本进行了搜集,但并未搜集完备。甚为可贵的是搜集到了当时刊刻的刘古愚弟子学习算学时的论著和课稿(《时务斋课稿丛抄》),使这些稀有的资料得以保存,为后人进一步研究提供了方便。2007年,天津师范大学硕士研究生韩洁对李俨所搜集的《时务斋课稿丛抄》进行了研究,撰写成《〈味经时务斋课稿丛抄〉研究》的硕士论文,刘古愚及味经诸生的数学教育较为具体的情况在百年后得以再次为世人所知。下面根据韩洁的研究,介绍一下刘古愚在味经书院研究数学的具体情况及所达到的水平,同时,根据刘古愚对各种算书、课业的评论、序跋等对韩洁论文所忽略的部分进行补充,并分析刘古愚的数学及科学思想。

韩洁的研究对象《时务斋课稿丛抄》刊刻于光绪二十三年丁酉,也就是1897年,没有涉及此后崇实书院所讲授的内容以及崇实书院师生的数学研究成果,这部分内容目前还没有见到有资料流传。《时务斋课稿丛抄》虽然于

---

① 该文后收入科学出版社1955年出版的《中算史论丛》第4集。
② 《中算史论丛》第4集,北京:科学出版社,1955年版,第324页。

1897年出版,实际上该书在前一年即1896年就已经编辑完成,因此它所体现的成果是1896年之前的,这正如其名所示,为时务斋诸生课艺成果。

《时务斋课稿丛抄》四卷四册,分别是《借根演元》一卷,邢廷荚撰;《天元勾股迳求和较术》一卷,张元勋撰;《盈朒公式》一卷,张秉枢撰;《勾股互求公式》一卷,张秉枢撰。以上诸书刊行于1897年。另有王章(即王含初)撰写的《借根演勾股细草》一卷,题有"光绪丙申郁阳萧钟秀识",末附"光绪丁酉春三月"。张秉枢撰写的《火炮量算通法》①出自《味经课艺》第76—86页②,韩洁的研究是引自陈谷嘉、邓洪波主编《中国书院史资料》下册,第2455—2463页(华东师范大学1987年版)。另外是没有刊刻的《四元算法》。

(一)张元勋撰《天元勾股迳求和较术》(邢廷荚校)一册,专门讨论勾股形中十事(五和五较)。"一个勾股形的十三事为:勾、股、弦,勾股和、勾股较、勾弦和、勾弦较、股弦和、股弦较、弦和和、弦和较、弦较和、弦较较,张元勋对后十事的求法做了针对性的讨论。在本书中值得重视的是有勾股积、股弦较、勾弦和解法的讨论。""文中给了十二题,对五和五较给出了较全面的讨论。所有的题目都是先给出'术',然后用天元术求解,后用图形证明'术'。这十二道题目可以分为两个部分,第一部分为第一题,第一题主要讲了已知勾股形中勾、弦时求五和五较的求法;第二部分为其余十一题,增加了已知勾股积的情况下求五和五较的求法。"③韩洁对这两部分问题分别进行了分析,指出第二部分第二类两个算题来自《数理精蕴》,"在求解的过程中求同数的方法涉及体积之间的关系",这两个算题中的"求和较"问题《数理精蕴》没有,是张元勋首次提出的。④

---

① 韩洁《〈味经时务斋课稿丛抄〉研究》有时写作"《火器量算通法》",不确。刘古愚《烟霞草堂文集》卷三有《火炮量算通法跋》,《中国书院史资料》也作《火炮量算通法》。

② 《味经课艺》目前尚未见到,《刘古愚年谱》第98页"1985年"条下记载"《味经课艺》刊成,蒲城郭廷谨似乡为之序。'四书'文三十七篇,'五经'文二十篇,杂体文四十二篇,算法二题,律赋十六首,杂体诗十六首。内诸生作者有宝鸡黄景梅,兴平史书吉,商州周新命,淳化田振基、张志、吴三命,蒲城吴克联,扶风魏天启,临潼张协吉,交河温其钟,余分见本谱中。"则张秉枢《火炮量算通法》写成于1895年以前,实际上是张秉枢在求友斋时的作品,因为当时时务斋尚未成立。

③ 韩洁:《〈味经时务斋课稿丛抄〉研究》,天津师范大学硕士论文,2007年,第31页。

④ 韩洁:《〈味经时务斋课稿丛抄〉研究》,第36页。

（二）张秉枢撰写的《勾股互求公式》是一本介绍勾股互求问题的专著，书中列题目20道，全部为解勾股形问题。"解勾股形的方法为：利用天元术列方程，解出勾股形各量。""纵观整本课艺，几乎没有涉及传统的勾股恒等式，应用的只有勾股定理。并且整本课艺只有对各个量之间的推导，并没有实际的数值。"[①]张秉枢主要应用天元术解题，同时参照《几何原本》中的几何知识，"已经脱离了实际问题的求解，只是单纯的公式层次的推导。"[②]韩洁在研究中指出，这种现象是中国传统数学中"西学中源"观念的体现。自明末西学尤其是几何输入中国之后，传统的勾股术再次受到重视，勾股被当作中国的几何来对待，梅文鼎、戴震、钱大昕等人都认为中国传统九章术可包括西方的几何，他们致力于用勾股来解几何之根。张秉枢《勾股互求公式》是"运用天元术以及《几何原本》中的勾股定理来解勾股形的典型著作。"[③]张秉枢的解法、思想都是来自刘古愚，韩洁的研究为我们从数学的角度来理解刘古愚"西学中源"思想来源提供了例证和思路。刘古愚在青年时期学习数学的过程中，从清朝中前期数学前辈们那里接过了"西学中源"的思想，并且也将这种思想传授给他的弟子们。但是，时代毕竟有了很大的不同，刘古愚更加侧重中西数学的融通问题。这在味经课艺的天元术与借根问题中体现比较明显。

天元术是把未知数作为运算对象引入到数学中的一种运算方法。蒋周的《益古集》是较早的关于天元术的著作，李冶的《测圆海镜》与《益古演段》将天元术发展到成熟阶段。朱世杰《四元玉鉴》又创立了四元术，对天元术做了进一步的发展。明朝以来，中国传统历算急剧衰退，到明中叶，元朝传下来的天元术甚至无人通晓。明末清初，西方传教士带来了西方的几何、代数方法，西方对方程的解法被称为"借根术"，在康熙皇帝的提倡下，借根术与天元术互相结合，中国数学在方程方面，开始了中西融合的进程。

（三）王章的《借根演勾股细草》是一部用借根方法来解勾股形问题的著作。"书中有七十八道题目，给出具体习算的只有二十五道题目的[④]，其余五十三道题目都只是给出了大致的解法。题目均来自李锐的'天元勾股草'，乃取'其题易为借根'演草。为了使'习二术者晓然于加减乘除开方之（故），'[⑤]

[①][②][③] 韩洁：《〈味经时务斋课稿丛抄〉研究》，第38—39页。

[④] 原文如此。

[⑤] "故"字据刘古愚《〈借根演勾股细草〉跋》（《烟霞草堂文集》卷三）补。

王章在每一道题目的草中都有列出借根术的算式,在其中某些题目的后面还附上了开方法,以说明天元术与借根术的优劣。"并且把借根方从一个只是用来理解天元术的位置提高到算法层次不可或缺的位置。"①可见王章在借根与勾股问题上,较乾嘉诸老又有所进步。韩洁对王章书中第五十题用现代数学的符号、方法进行了推演,进一步的详细评价以及在明清以来数学发展史上的地位则付诸阙如。刘古愚的《〈借根演勾股细草〉跋》对此有简洁明了的说明。西方的借根术传入中国后,梅文穆(彀成)以天元术来解释李冶的《测圆海镜》,但是对天元术与借根术的区别还没有根本弄清。元和李锐(尚之)做了进一步研究,对两者的异同做了阐释,并写成了《天元勾股草》,有算法、例题还有图解,李锐将天元术与借根术相互结合的做法使一度失传的天元术再次大明于天下。但是李锐于图解多给出了得数,具体的演算过程则太简略,王章就是给出细致的解题过程,使学者进一步明白其所以然,所以名为"细草"。然后刘古愚评论道:"夫算贵简不贵繁,以借根视天元,借根繁矣。然天元之有四元,犹借根之有代数也。借根视天元为繁,而代数则视四元为简,然则非借根之繁,不能为代数之简,中法算术之失传,固由安于成术之简,而惮为立法之繁,割圆等术是也。近闻西人习算者,于加、减、乘、除后即习代数术,并借根不习。伟烈亚力氏云,他年西国讲几何术,当反求之中国,趋于简便而昧所以能简之故。后数十年之西国,不且同于近数年之中国哉?伟君必有见而云然矣。"②这里刘古愚认为借根术虽然看起来比中国传统的天元术要复杂,但是复杂的算法能够使具体的步骤一步步明晰,便于学习和传播,如果单纯求简单,而不深究其具体方法,对数学的发展是有害的。数学固然贵简,但是必须明了所以简之原理,中国许多算术方法失传就是因为单纯求简的原因。因此他对借根术很重视。这在中西数学融通方面比前人又迈进了一步。

(四)《借根演元》邢廷荚著,张元勋校,"是用天元术对照借根术来解勾股形问题的习作。书中有二十八道题目,前二十五题都只是涉及一元的问题,后三题涉及二元的题目。题目来自李锡藩的《借根勾股》"③。李锡藩(1823—1850),字晋夫,长沙县河西杉木桥(今望城县大湖乡)人,其著作《借

---

① 韩洁:《〈味经时务斋课稿丛抄〉研究》,第43页。
② 刘古愚:《〈借根演勾股细草〉跋》,《烟霞草堂文集》卷三。
③ 韩洁:《〈味经时务斋课稿丛抄〉研究》,第45页。

根方勾股细草》表述了用代数列方程的方法处理"勾股和较问题"的详细演算过程,既是一部勾股术力作,也是湖南第一部代数专题著作。同治十一年(1872),丁取忠又将此书再版,后收入《白芙堂算学丛书》。"张元勋在校书的过程中发现原书中没有较相关的问题,于是在原书的基础上又补了八草。每一道题目中都有张元勋的解释以及对照则①李锡藩的评价,使阅读者更加明了借根方与天元术的异同。"②《借根演元》是一本指导、演示学习数学门径的书,比较简单。邢廷荚是刘古愚高足,深得刘赏识,维新变法期间刘古愚的一些维新举措得到邢廷荚的大力襄助。邢廷荚不幸于光绪二十七年(1901)早逝,刘古愚对邢廷荚的英年早逝非常痛惜,曾派其子刘瑞骏到灵前祭奠,刘古愚亲自写了祭文。邢廷荚在甲午战争之后开始学习算学。他认为学习天元、四元术是学习代数、微积分的必由之路,并认为此时传入中国的借根方是从天元、四元术的基础上发展起来的。写作此书的目的是为了告知初学者学习数学并不难,只要立志学习,都可以通晓。邢廷荚此书也是刘古愚思想、精神的具体化,"课艺只是为了说明借根方法是与天元术相同的,是从中发展出来的。所以所有的题目都是以勾八尺、股十五尺、弦十七尺的直角三角形的十三事为基础计算的。"书中显示邢廷荚对算学"有些生疏,书算题的安排顺序方面略显凌乱。但作为教科书,校得很仔细,全书除印刷错误外几乎没有错误"③。

(五)《盈朒公式》张秉枢撰,其中共有九个题目,"分别是盈、不足;两盈、两不足;盈(不足)、适足;三大类。给出的基本都是公式,并没有实际的数字。""解法仍旧是中国传统的解法,但是解释已经用到了天元术,并且已经不再是具体的问题,而是单纯的公式推导。由于清末西学大量的传入,课艺中也体现了出来。课艺中的第八题、涉及到了分数的应用。"④

(六)张秉枢的《火炮量算通法》体现了很高的水平,该"课稿"由刘古愚亲自校对。"课稿"有三道弹道学问题,分别对火炮的仰射、平射、俯射三种情况进行了讨论。书中的图示和理论依据来自李善兰的《火器真诀》。李善兰在《火器真诀》中对弹道学问题做了说明,中国人研究此问题李善兰是第一位,他对各种射角与射程的关系进行了理论性的总结。陆映庚对李善兰《火

---

① 原文如此,"则"当为"着"之误,其意应为张元勋比照李锡藩著作对题目进行评价。

②③④ 韩洁:《〈味经时务斋课稿丛抄〉研究》,第45、47、49—50页。

器真诀》中的问题用自己的方法给出了演算过程。炮弹与子弹的飞行轨迹都是抛物线,但是李善兰考虑到士兵大多是不识字的文盲,用抛物线的方法来演算太过繁难,且不实用,士兵很难掌握。他受到自己所翻译的《重学》一书的启发,采用平圆坐标系统,用角度测量的方法来决定枪炮的射角与射程。李善兰的《火器真诀》中共有12道题目,分别讲了火器、子弹的要求以及射程的角度和距离的关系。"给出了基本的几种问题的解法,指出遇到这些问题的时候要求求出的角度是哪一个,并给出这个角度的测量方法(量角板)"[①]但是本书李善兰只给出了图说和测量方法,计算过程不详。陆映庚补出了李善兰所提出问题的计算过程,但陆映庚采用的是椭圆坐标,与李善兰平圆系统的初衷有悖。张秉枢认为陆映庚的算法比较繁杂,在李善兰原理的基础上,张秉枢也采用平圆坐标,给出了比陆映庚更为简便的计算方法,并结合陆映庚算法,证实了李善兰的"量法"是很准确的。张秉枢的算法不仅简化了计算步骤,而且比陆映庚的认识更为深刻。"正是由于对炮的角度认识不是很清晰,导致了陆映庚的做法中总是出现这种很繁复的计算,这也是陆映庚对李善兰书中内容把握不到位的表现。"张秉枢采用"一个以单位一为半径的圆,圆中的各个量都可以用正弦或余弦值来表示。这样的选择应该是为了讨论时候的便利,但同时也是一种数学理念问题,属于很新颖的解法,在同时期的课艺中没有这样的应用。值得关注"[②]。最后刘古愚师生给出李善兰实际测量图的画法,量角板的做法。"量法须预制平圆一块外,周三百六十度中过圆心为十字相交二线,匀分为二十万分。其角度版则用羚羊角为之,为半圆形边作一百八十度。量时,于平圆上作角,以角度版量之,分厘尺须与平圆十字线上度密合乃适用。"[③]张秉枢还讨论了实际测量中的精度问题,测量器取数越大,则作图越大,得到的结果越精确。在同一时期著作中,对实际操作测量误差的提出,张秉枢此著为首次,这体现了味经书院注重实用的特色。据韩洁的研究,在此前的课艺中关于弹道学问题的不多,《同文馆算学课艺》(1896年刊本)有两道题是关于弹道学问题的,《须曼精庐算学》(1898年刊本)有八道题涉及弹道学,《龙城书院课艺》(1896—1901年)有一道题涉及弹道学。《须曼精庐算学》中弹道学问题很浅显,几乎就是对李善兰书中所给定

[①][②] 韩洁:《〈味经时务斋课稿丛抄〉研究》,第17、24页。
[③] 刘古愚:《〈火炮量算通〉法跋》,《烟霞草堂文集》卷三。

理的简单应用。《龙城书院课艺》讨论弹道学问题采用的是抛物线,相互比较而言,张秉枢对抛物线的认识还不是很准确。即使如此,张秉枢对弹道学的讨论已经达到了当时一流的水平。相对于李善兰,张秉枢将计算过程详细化,弥补了量有余而算不足的缺憾;相对于陆映庚,又简化了算法,而对弹道学的原理理解又深入了一步。张秉枢折中李善兰与陆映庚,量算并举,是以命名为"量算通法"。刘古愚对张秉枢的研究是这样评价的:"炮火以命中为贵,李氏抉其源,陆君畅其流,秉枢乃能沿流溯源,疏通证明,量、算并用,而其算且省位,于戎事尤便,为二家之调人,亦有志士也。"[①] 对照当代的研究,我们可以看出,刘古愚对张秉枢的评价并非虚言。

上述味经书院关于数学的课艺体现了下面几个明显的特点:一是突出强调实用性,这是当时味经书院学生习算是为了应对列强侵略目的的体现。二是有很强的中西汇通的思想倾向。三是比较简单。据韩洁研究,味经书院课艺与同时代包括同文馆在内的书院课艺相比,并没有涵盖当时算学的最高水平的研究,这与刘古愚的教育思想及味经书院课艺刊刻的目的有关。刘古愚非常注重普及教育,希望更多的人能够致力于学习包括数学在内的自然科学、西学,刊行这些课艺的目的之一就是通过学生的习作而现身说法,破除算学的神秘性。但是课艺简单并不是说刘古愚及其弟子数学水平落后,也并非如韩洁所推测的山长不重视[②],时务斋的斋长是刘古愚,时务斋附属于味经书院,书院的山长也是刘古愚,正是在刘古愚的长期提倡下,才有陕甘地区的近代数学教育。因为这仅仅是 1896 年以前的部分课艺的表现,有启蒙和扫盲的性质。但是就是这几部课艺也可以看出有明显的中心,那就是以代数为主线,学习代数是学习微积分的基础。实际上刘古愚也是这样做的,他自己是从天元术入手学习数学的,由于缺乏交流,长时间独自摸索,刘古愚始终没有弄通微积分,但是他深知微积分的重要性,提倡学生去攻克此难关。张秉枢经过努力之后,终于弄通了微积分。张秉枢还撰写了《代微积拾级补草》一书,对伟烈亚力、李善兰合译的《代微积拾级》没有演算过程的不足做了弥补,

---

① 刘古愚:《〈火炮量算通〉法跋》,《烟霞草堂文集》卷三。
② 韩洁:《〈味经时务斋课稿丛抄〉研究》,第 52 页。

并纠正了李善兰学说的错误①,可见味经书院数学水平还是比较高的,在某些方面达到了可以与李善兰等人平等对话的程度。

  刘古愚固然提倡普及教育,但是对学生能够钻研高深的数学问题还是非常鼓励和欣喜。而且从"味经官书局"所刊刻的算术书目中我们可以得知,数学知识的涵盖面是十分广泛的,"几何、算术、垛积、三角、微积分等等当时很高深的数学知识都涉及到了"②。所以,课艺只是一时教学需要和教学成果的体现,难以代表味经书院及崇实书院师生整体水平。依张秉枢之例来推测,味经书院及崇实书院学生其他方面进行突破也是有可能的。韩洁将味经书院课艺的内容与当时其他数学教学机构进行了对比:"(味经书院)只是沿着代数学的脉络研究,没有当时最高水平的尖锥术、弧矢论以及西方数学传入后的微积分、圆锥曲线、对数,等等。而在其他同时期的算学课艺中,这些内容已经被部分或全部的涵盖了。如《广方言馆算学课艺》中由(笔者按:当为"有"字)球体三题,幂级数二题,重学一题;《同文馆算学课艺》中有平面几何二十三题,立体几何五题,垛积九题;《龙城书院课艺》中不仅(笔者按:"不仅"二字多余。)涵盖了尖锥术、弧矢论、圆锥曲线、对数,等等。"这就使味经书院的数学水平显得"内容涵盖面窄""水平较低"③。这是通过一斑以窥见味经书院数学教育的全豹。上述张秉枢通微积分就是一个反例,而且刘古愚很早就对味经书院学生进行几何教育,早在光绪十六年(1890)求友斋的学生陈涛、成安、张遇乙、孙澂海、张元勋、程麟、陈孝先就利用他们的几何知识参与陕西省地图的测绘④。1903年刘古愚去世后,李岳瑞为其师撰写的墓志铭中说:"今陕士多精几何,明测算,皆先生启之也。"⑤这说明刘古愚的数学教育是代数、几何并重的。

  如果将刘古愚及其弟子的数学水平与上述同文馆、广方言馆、常州龙城

---

  ① "于李壬叔氏所译之问,无草者补之,且能证其说之误,则吾乡人士才智不必尽出西人下。"见刘古愚《〈代微积拾级补草〉序》《烟霞草堂文集》卷二。伟烈亚力、李善兰于1857年合译的《代微积拾级》本身也有不完善的地方,仅有微分梗概,具体演算的例题又不完备,后来傅兰雅与华蘅芳又于1874年合作翻译、出版了《微积溯源》以补此书之不足。见陈洙编《江南制造总局译书提要》卷二,1909年版,第30页。
  ② 韩洁:《〈味经时务斋课稿丛抄〉研究》,第52页。
  ③ 韩洁:《〈味经时务斋课稿丛抄〉研究》,第52页。
  ④ 张鹏一:《刘古愚年谱》,第25页。
  ⑤ 李岳瑞:《刘古愚墓志铭》,《烟霞草堂文集》附录。

书院进行比较,确实存在差距,同文馆和广方言馆都是当时朝廷举全国之力而兴建的培养翻译、西方自然科学人才的教育机构,它不仅搜罗了国内一流人才,而且有水平颇高的外国人士进行教学,是当时中国西学教育的排头兵,在实力上味经书院根本无法与之相比。龙城书院的数学教育虽然比味经书院要晚十多年①,但是龙城书院数学教师是华世芳(若溪),华世芳的哥哥就是著名自然科学家华蘅芳,他们在东南地区,与江南制造总局及广方言馆关系密切,所获得的教育资源与信息是刘古愚所无法比拟的,存在水平差距也是可以理解的,这种差距是由客观原因造成的。在这种条件下,味经书院诸生在某些方面仍然取得了堪与当时一流数学家比肩的成就,尤其显得不易。

刘古愚去世后,门人继续在陕西进行新式学问的传播与研究。戊戌政变后,张秉枢被任命为南郑县知县,以清政府迫害"康党",拒不赴任做官。光绪三十一年(1905),张秉枢考取官费留日。归国后,创办"敬业学塾,实际上是新式小学。张公……其人面甚麻,然通敏坚强,谙习世故,极能办事。曾自费游京、沪,留学日本一二年,能读日文(时称曰东文)书籍,惟性近于自然科学,喜研物理、化学,而不能诗文"②。吴宓就曾经在敬业学塾学习,在这里进行了新学的启蒙。1902年,清政府进行教育改革,在学政沈卫的主持下,陕西创办了三原宏道学堂,将味经书院以及崇实书院合并于此。1904年,味经书院刊书处改为官书局,刘古愚的高足弟子云集这两个教育机构,成为骨干。胡均任宏道书院监督(校长),张秉枢后来也到宏道书院执教。"然公之所专任者,为'理化'一门课(当时通曰'试验')其化学实验,屡起爆炸事故。某次,瓶及管震破,玻璃碎片飞入张公左目中,出血,多日始愈。宓按:当时所谓'新学家',一知半解,互相传授。然其孜孜勤勤,自己力研苦索,又急望彼此助长增益之心与事,则诚可敬佩者矣。如1905年冬,在味经官书局(孟永寿表兄)办公室中,每晚,必有六七人及至十余人士(年二十,三十,四十,不等),按时聚会。由胡平甫(均)七舅父与张公密臣(秉枢)教授彼等日本文。张公密臣此时任宏道高等学堂(实际只有预备课,简称曰'预科'。即五年制中学。)教授。胡平甫(均)七舅父为宏道校长。(当时称曰'监督')。而宏道之教务长兼数学(算数、代数、几何、三角)教授则礼泉王公绍庭(名世德)也。王公亦

---

① 龙城书院从1896年开始数学讲习,如果从1885年求友斋为味经书院算学教育的开始的话,那么味经书院比龙城书院的数学教育早11年。

② 吴宓著,吴学昭整理:《吴宓自编年谱》,第62页。

刘古愚先生之弟子,宓之父执。"①从吴宓形象的记述中我们可以看出,刘古愚播下的新学教育的种子在关中不断萌发、生长,他们的后继者尽管对自然科学以及各种新式学问还不熟悉,但是都秉持了刘古愚坚忍不拔的意志和探索真知的热情,为陕西文化走向现代化做出了不可磨灭的贡献,这都与刘古愚这一伟大启蒙者直接相关。

张秉枢是刘门弟子中在数学自然科学方面造诣很深的人,尤其是数学为同门中翘楚,后来,感觉实业救国的理想难以实现,又改行医。张氏后代也继承了张秉枢的这一传统,并将其发扬光大。张秉枢的儿子张孔玉继承了父亲的传统,1921年考入国立北平医学院,以教书及行医为业,赵寿山、邓宝珊等陕西名人对张氏父子医术非常看重,送张秉枢"刀圭圣济"匾额,赠张孔玉"秦和再世"匾额。后来张孔玉支持共产党的革命事业,与汪锋、习仲勋过从甚密,"文革"中因此被迫害致死。张孔玉的儿子张彦仲1962年毕业于西北大学物理系,1979年入英国剑桥大学三一学院学习,1984年获博士学位,为航空系统工程及信号处理专家。历任中国航空研究院院长;航空部、航空航天部总工程师;中航副总经理;中航二集团总经理,兼任北京航空航天大学教授、博士生导师。2001年当选为中国工程院院士。② 他是自然科学与管理方面的复合型人才。张彦仲的叔叔张殿琳也于2001年当选为中国科学院数学、物理学部院士。《吴宓自编年谱》记载张秉枢的子女有儿子张殿璋女儿张如法③,张殿琳1934年生,可能是张秉枢弟弟张秉楷或张秉栻的后人。

十三、"时务书籍"的大力刊行及味经版《天演论》问题

在《味经创设时务斋章程》中特别有一条"刊行西书":"中国之患,西祸为急,则时务莫大于洋务。西国之谋人国也,以商贾笼其财,然后以兵戈取其地。故今日中国以整顿商务为先,宜急刻商务及通商条约、各国交涉等书。西商所以获利者,制造精也,故宜急刻造器各书。造器之原均由格致,故宜急刻格致诸书。商贾之中,即伏兵戎,故宜急刻战阵、军械等书。西学之精,非算术不能窥其奥,故宜急刻算术各书。然吾中人则虚骄自大,谓读洋书者即

---

① 吴宓著,吴学昭整理:《吴宓自编年谱》,第63—64页。
② 参见张彦仲著:《张彦仲经济文集》,北京:北京航空航天大学出版社,2005年版,第411—415页。
③ 吴宓著,吴学昭整理:《吴宓自编年谱》,第62页。

为变于夷,则请以中兴诸贤文集事涉洋务者先焉,其他则从算学始。"①此时味经书院已经具有较为方便的出版条件,时务斋创立后,味经刊书处把出版重点转向时务书籍方面。康有为的《桂学答问》《强学会序》《五上书记》《七上书记》,梁启超的《幼学通议》很快面世。在不到四年的维新活动中,味经刊书处所刊时务书籍除上列外,据《年谱》,还有黄宗羲《明夷待访录》,冯桂芬《校邠庐抗议》,张之洞《劝学篇》,严复《天演论》,康有为《密联英日折》《俄彼得变政记》,叶浩吾《天文地学歌略》《初学读书要略》《沧泾渔者》《地球各国考略》,吴廷桢《五大洲国名歌》。数学方面有《九数通考》,全部《白芙堂算书二十一种》《代数微积溯源》《泛倍数衍笔谈》《学计韵言》《补借根方》。此外还有味经书院学生的作品,如《汉律考》,各种讲义、随录。此外还有王典章的《勾股细草》,邢廷荚《借根衍元》,张元勋《迳求和较术》,张秉枢《盈朒勾股互求公式》《炮法画谱》《火炮量算通法》,吕坤《呻吟语》,魏源《城守篇》。除了各种著作之外,味经书院还编辑出版了连续出版物《时务斋随录》。现在可见的《时务斋随录》是1897年的一期,分上下册,"从内容上看,第一册中刊载有曾国藩的《选子弟出洋学艺折》、左宗棠与沈葆祯屡次上奏的《船政奏析》及沈葆祯的《洋务奏折》。我们不妨把此册看作一个'洋务、船政专辑'。而第二册刊载的内容为丁日昌的《海防条议》、钟天纬的《扩充商务十条》、李端芬的《请推广学校以励人才疏》、陕西学政赵惟熙的《请变通武试疏》及刘古愚本人对此疏写的评论。有着变法维新的精神,也可视为一个专辑。总之内容都是一些折奏的转载。"②这一期《时务斋随录》正体现了刘古愚以"中兴诸贤文集事涉洋务者"为维新事业开道的良苦用心,也可见陕西地区在推进新思潮时面临着很大的阻力,需要这些有定评的洋务重臣的思想和事迹为先导。

这些书籍、课稿在当时推动思想进步、文化发展方面起到重要作用,后来的学者也从出版业、科学史、图书馆学等角度对味经书院的出版事业给予关注。刘古愚的名字也为陕西以外的学者所知。20世纪后半期,史学界在对戊戌变法研究的过程中注意到了严复所翻译的《天演论》有多个版本,而《天演论》在1898年4月湖北慎始基斋版之前也有一个手稿流传的过程,多人看

---

① 刘古愚:《味经创设时务斋章程》,《烟霞文集》卷八。
② 梁经旭:《刘古愚与时务斋随录》,《报刊之友》,1995年第4期。

到严复的手稿,此未刊手稿在私人传播过程中就产生了很大影响,推动了维新思潮。尤其是学者们发现,在湖北慎始基斋严复授权出版的《天演论》之外,还有陕西味经书院的刻本《天演论》,此版本可能未经过严复的正式同意,其中保存了慎始基斋本中删节了的许多内容,对研究《天演论》流传的过程具有重要作用。而味经本《天演论》扉页题"光绪乙未春三月陕西味经售书处重刊",光绪乙未为1895年,既然是重刊,那么初刊应该比此更早,或许严复在1894年就有可能翻译了《天演论》①。由于《天演论》在戊戌维新运动及其后产生了巨大影响,而康有为的公羊三世说与进化论在哲学思想方面有相似之处,康有为提出三世说是否受到严复进化论影响成为当时思想史上的重要问题,因此《天演论》的翻译、流传、出版就成为了解此问题的关键,味经本《天演论》也就成为解决此关键问题的关键。此说与严复之子严璩所著《侯官严先生年谱》的说法正好符合②,于是学界一般认为味经书院本是1895年面世,是最早的刊本。

但是邬国义通过研读味经本《天演论》对此说提出质疑,他先后在《华东师范大学学报》1981年第3期及《档案与历史》1990年第3期发表文章指出,味经本《天演论》卷下"论三"中有严复的按语"复案:释迦生卒年月,至今无定说,或谓生于周昭王二十四年丙寅……然周昭王在位仅十九年,无所谓二十四年,亦无丙寅,意是甲寅之误,乃周昭王十四年也。去今光绪二十二年丙申共二千八百六十四年,先耶稣生九百六十八年矣。"因此邬国义认为"《天演论》味经售书处重刊本绝不会早于1896年,其所署'光绪乙未春三月'的年月是不可信的。"③邬国义此文一出,学界不得不重新考虑味经本《天演论》的刊行时间问题。汤志钧除了利用上述邬国义先生的证据材料外,并引当时陕西学政叶尔恺致汪康年书信:"弟前发味经刻《天演论》一书,所校各节,极可

---

① "严复的译文,我们所能看到的最早的本子,是封面题为乙未年三月即一八九五年(光绪二十一年)陕西味经售书处重刊的《天演论》本。"王栻:《严复集》,北京:中华书局,1986年版,第1317页。

② "乙未(1895)府君四十三岁。自去年夏间中东搆衅,海军既衄,旅顺、大连湾、威海卫以次失守。至是年,和议始成,府君大受刺激。自是专致力于翻译著述。先从事于赫胥黎 T. Huxley 之《天演论》Evolution and Ethics,未数日而脱稿。桐城吴丈汝纶,时为保定莲池书院掌教,过津来访,读而奇之。为序,劝付剞劂行世。是年复有《论世变之亟》《原强》《救亡决论》《辟韩》诸文,均刊于天津《直报》。"王栻:《严复集》,第1548页。

③ 邬国义:《〈天演论〉陕西味经本探研》,《档案与历史》,1990年第3期。

发噱。如允字必以为荒之讹,句法之古奥近之者必以为有脱讹字,或径增改原句读,以求文理之平适,诸如此类,不一而足,所以味经每刻一书,其初校之笑话,必须逐一签出,甚为淘神,而刘及院中诸生或竟大感不解,反不能无疑也。"汤先生并据此断定味经本《天演论》是"叶尔恺到达陕西后交发'味经'印布的"。"叶尔恺是光绪二十三年(1897)接任陕西学政的,'九月廿八自京动身,初四抵三原,初七接篆'。由此推断,他'发味经刻《天演论》自在光绪二十三年十月以后。所以,'味经本'应刻于光绪二十三年底或二十四年初,印出则在光绪二十四年,不是'乙未'"①。随着味经本《天演论》讨论的深入,刘古愚也越来越引起人们的注意,学者不禁要探究,刘古愚究竟何许人也,竟对《天演论》关注如此之早?而且越讨论,味经本《天演论》的神秘性越突出,问题也越来越多。既然"乙未年"不可信,那么究竟是哪一年刊刻的呢?味经本为什么要造假?味经本究竟是依据从哪里得来的《天演论》稿本呢?

王天根的研究对此问题做了推进和扩展。首先,他将味经本以及严复的手稿本和赫胥黎的英文原著做了对比,通过考察赫胥黎的英文原著,王天根发现严复是先翻译赫胥黎1894年为解释前一年所做讲座的通俗性"导论",后翻译1893年的演讲文本本身,"即译完1894年赫胥黎所作的导言之后,再译1893年为牛津大学讲座写的讲演稿。严复翻译两个部分的先后次序在时间上与赫胥黎写作时间次序正好相反。"②这也就说明味经本《天演论》不可能是在1894年出版。其次,王天根对刘古愚本人的经历、学识以及味经书院刊书处的情况进行了比较深入的研究③,这种知人论世的研究方式有利于破除那种仅仅凭借当事人在特定情境下对刘古愚的一些不实的评论(比如叶尔恺)即下结论的作风,有利于逼近事实真相。在此基础上,王天根对味经本《天演论》来源提出了自己的看法,认为是梁启超将严复未经修改的稿本寄给了刘古愚④。

上述研究为确定味经本《天演论》奠定了两块比较稳妥的基石,一是王天根提出的严复先翻译1894年赫胥黎牛津演讲的序言,而确定味经本不可能在1894年出版;二是邬国义提出的味经本内文有"光绪二十二年"的说法,确

---

① 汤志钧:《再论康有为与今文经学》,《历史研究》,2000年第6期。
②④ 王天根:《〈天演论〉版本时间考析两题》,《安徽史学》,2005年第3期。
③ 王天根:《西北出版中心味经刊书处与维新氛围的媒介建构》,《史学月刊》,2010年第2期。

定了味经本的最早时间不能早于1896年。此外的一些说法则都不能成为定论,尚有进一步讨论的必要,在没有更为坚实的材料发现之前,只能是猜测。至于有的论者对刘古愚及味经书院的情况并无了解,则根据叶尔恺一时的言论而遽将其作为"过硬的依据",而认为将此问题做了"圆满的结论",并在此"圆满结论"的基础上再得出推论:"味经本《天演论》当刻于1898年,发行于1899年。"①

如果对刘古愚及味经书院刊书处、时务斋的运行情况以及刘古愚与叶尔恺的关系有比较深入的了解的话,就会发现上述对叶尔恺书信理解是有问题的。首先叶尔恺对刘古愚以及味经书院诸生的评价是有偏颇的,这种偏颇首先是出自当时特殊的政治环境,另外就是叶尔恺与刘古愚在学术见解上的不同,甚至还包括东南地区与西北地区地域文化的差异。关于叶尔恺与刘古愚学术区别后文再详论,此处先对叶尔恺对刘古愚的不实评价略作说明。

上述叶尔恺此信落款"十一月二十一日",汪康年注"己新正廿四收"②,可见叶尔恺此信写于1898年戊戌,"己新正"应为"己亥新正"。叶尔恺是在戊戌政变之后,当局视刘古愚为康党,甚至要将其逮捕的特殊情况下写的,加上他们学术的差异,其所论就不客观。叶尔恺在"而刘及院中诸生或竟大惑不解,反不能无疑也"。之后紧接着说"总之,此间人士除八股外,直不知有他书(得见《輶轩语》不过十年)。一言以蔽之曰,陋而已矣。"而且在信的开头说刘古愚,"服膺康学"过甚,又说刘古愚及其弟子将"西学与西教混而为一"。这些话本身就自相矛盾,康学、西学、西教都不是八股,更不必说刘古愚一生都在引导学生从八股中解脱出来,大力进行数学教育,研究刊刻农学、数学书籍了,刘古愚在1872年研究《四元玉鉴》的时候叶尔恺才8岁(叶尔恺1864年生)。如果从求友斋算起,叶尔恺到陕西学政任的时候,刘古愚在关中推行数学教育已经12年。刘古愚一批弟子已经在自然科学方面颇有造诣了,陕甘文化已经有了很大发展,叶尔恺还在此信中说:"此间经弟提倡,风气颇开"实在是与事实不符,有失厚道。叶尔恺也是提倡西学,反对慈禧太后发动戊戌政变的,在七个月之后,他对刘古愚的评价就平和公正一些了:"刘古愚在秦人中最为杰出,其力开风气尤所难得,无如此间巨位去年致书中丞,痛

---

① 俞政:《严复翻译〈天演论〉的经过》,《苏州大学学报》(哲学社会科学版),2002年第4期。

② 汪康年:《汪康年师友书札》,第2469、2477页。

斥丑诋,不遗余力,目为康党,乃彼人之言,其中委曲芷沅①必能详细述,不赘言矣。"②"此间巨位"就是赵舒翘,可见,在赵舒翘等中枢"巨位"的压力下,叶尔恺的内心也发生了扭曲,急于拉开与刘古愚的距离,其心思不觉形诸私人信件中,而1899年夏天,叶尔恺对刘古愚才恢复了正确的认识。后来叶尔恺还为王典章所刊刻的刘古愚的《烟霞草堂遗书》写了跋文,此时已经对刘古愚推崇备至了。

论者在戊戌十一月二十一日致汪康年信中关于叶尔恺与味经本《天演论》的关系的理解也有不当的地方。"弟前发味经刻《天演论》"的"发"字未必就遽定为"交发",也就是说叶尔恺将他带来的《天演论》稿本"交发"刘古愚主持的味经刊书处"印布",此"发"字为什么不能理解为"揭发""发现""检视"呢?笔者以为,从"发覆"一词的角度来理解此"发"字更符合上下文的意思。叶尔恺此段话所要表达的意思是味经书院学生"初校"水平之低,不仅仅是只是《天演论》一种,还有"如兖字必以为荒之讹,句法之古奥近之者必以为有脱讹字,或径增改原句读,以求文理之平适"是"诸如此类,不一而足。"《天演论》只是举一个具体的例子,可能是叶尔恺刚看完《天演论》或者对此书更感兴趣,因而取来研读,作为翰林的叶尔恺其文化水平也是很高的,于右任就对他甚为佩服③。"弟前发味经刻《天演论》"应该是我此前检视《天演论》,如果是"交发印刷",那么味经书院所刊《天演论》之外的,叶尔恺认为有校对错误的书是不是都是叶尔恺交发印刷的呢?王天根也注意到如此理解的不当,他认为如果是叶尔恺主持刊刻的,他岂不是自己骂自己④。如果此"发"字不能当作"交发"来理解,则味经本《天演论》稿本的来源就不是叶尔恺,而是刘古愚获取稿本并刊刻的,其时间下限在1898年十一月前。而且此书应该是在戊戌政变之前已经刻成,不可能在戊戌政变后。

戊戌政变以及六君子被杀,陈宝箴、陈三立、王锡蕃、张元济、李岳瑞被革职的消息于戊戌年八月二十五、二十六日传到味经书院,二十四日赵舒翘致电魏光涛说刘古愚是康党,应予以逮捕。此时"书院诸生近居师内院者皆避

---

① "芷沅"就是参与创办励学斋的刘古愚弟子孙芷沅,叶尔恺对其颇为欣赏。
② 汪康年:《汪康年师友书札》,第2479页。
③ 于右任著,刘永平编:《我的青年时代》,《于右任集》,第143页。
④ 王天根:《〈天演论〉版本时间考析两题》,《安徽史学》,2005年第3期。

出",只有刘古愚的亲戚、小门生梁俊山在书院陪着刘古愚①。刘古愚比较器重的学生因为深深牵涉到维新之中,也都在乡间避祸,陈涛、程定夫赴兰州,而那些参加校书或者有校书资格的人都是刘古愚特别赏识的弟子,他们也不可能在书院逗留,只有刘古愚在书院引颈待戮,此时如何能谈得上什么刻书?虽然由于陶模的保护,刘古愚没有被逮捕,但已经被打入另册、目为"党人"的刘古愚应难以履行山长的职责了,而且味经书院的山长向来是备受礼遇,刘古愚则更不可能在此情形下恋栈,他已经向叶尔恺提出辞呈,因此戊戌政变后刘古愚不可能刊刻什么《天演论》,身在局内的叶尔恺又怎么会把戊戌政变后所刊刻的《天演论》的错误记在刘古愚的头上呢?而且刘古愚辞职之后,直到光绪二十四年(1898)十一月,味经书院就没有山长,实际上处于无人主持的状态②,所以"味经本《天演论》当刻于1898年,发行于1899年"的说法则是无根之言。因此,味经本《天演论》的刊刻与叶尔恺没有必然的联系,很可能在叶尔恺到味经书院之前,《天演论》就已经刊刻完毕,或者已制版,否则叶尔恺怎么能明知其中有可"发噱"者甚多而不予以改正呢?

另外,味经本《天演论》应该是刊刻于湖北慎始基斋本之前。慎始基斋本1898年4月刊行,此本出版之后,刘古愚即使出版也应该选择严复改定后的版本,不可能用没有修订过的未定本。如果说1896年之前,味经书院与外界联系不畅,对新出的书报还不了解的话,那么1896年下半年之后,尤其是1897年这种情况已经发生了根本的改变,刘古愚及味经书院与外界的联系——尤其是与北京上海的联系——则是相当畅通的。此年阴历七月,刘古愚派杨蕙、陈涛、孙澂海到武汉、上海考察,他们同时负有访寻新式书报的使命,上海新出书报多在刘古愚弟子视野之内。而且刘门弟子自此时即不停地往返于京、沪、秦三地,与上海的出版中心、新学信息集散中心时务报馆联系密切。北京的李岳瑞与严复、张元济过从甚密,湖北慎始基斋本既然正在筹划出版,刘古愚就没有必要在陕西刊刻未经严复删改的旧版《天演论》了。

但是味经本《天演论》依然有难解疑团,其中之一就是刘古愚是如何得到、从哪里得到底本的?汤志钧说是叶尔恺带到陕西并刊印的,但是就叶尔

---

① 张鹏一:《刘古愚年谱》,第143页。
② 叶尔恺致汪康年信中说:"日前此间大位自京中致书午帅,于刘极力丑诋,目为康党。现刘已辞退,明岁味经延请何人,尚未定也。"汪康年:《汪康年师友书札》,第2473页。

恺与汪康年通信的材料不足以支持叶尔恺主持刊行《天演论》。而且此时叶尔恺与北京及东南地区联系密切，消息灵通，揣诸情理，他不大可能在严复未同意的情况下就贸然在陕西刊行，那岂不如他所指责刘古愚一样，自己也列入"陋"之一类了吗？

王天根提出新说，认为味经本《天演论》底本来自梁启超，认为是刘古愚得知梁启超手头有《天演论》稿本，刘古愚向其索观，于是梁启超将手稿寄给到了味经书院①。王天根并提出，梁启超看过严复《天演论》的未刊稿，手头并有此稿本，这样的说法也有事实依据，但是由此推论刘古愚向梁启超索要《天演论》稿本，理由并不充分。从1897年春间开始与刘古愚通信，目前梁启超致刘古愚书信有据可查的只有两封，第一封信较长，谈到刘古愚创办纺织工业、东南和西北的边防问题以及如何推行西学教育等问题。梁启超与刘古愚并未谋面，仅仅是通过通信，刘古愚如何能够得知梁启超手头有此稿本？而且通信内容都是比较大的思想问题，在没有谋面的情况下，尚且涉及不到如此具体的问题。即便是刘古愚需要什么新式书籍，他完全可以让弟子们代为搜集，况且没有什么迹象表明刘古愚此时对《天演论》大感兴趣。而且在过从尚浅的情况下，将友人珍贵的手稿远寄他人，揆诸情理，可能性不大。

相比之下，李岳瑞为刘古愚提供《天演论》稿本的可能性最大。早在1896年，李岳瑞即与梁启超、汪康年、张元济、严复等维新志士过从甚密，李岳瑞又是《时务报》在北京的发行人，可以说参与了《时务报》的创办过程。李岳瑞、张元济与严复关系密切，李经常把中枢重要消息透露给天津的国闻报馆②。严复《天演论》稿本在未刊之前，有多个副本被人借阅③，李岳瑞从严复、张元济、梁启超那里获取《天演论》稿本甚至抄录副本都是顺理成章的。李岳瑞从小受刘古愚教导，对刘古愚对新学渴望的心情是极其了解的，也只有李岳瑞这样身份的人，才最有可能将一手材料及时送味经书院。这是一种以了解信息为主的私人传播方式，具有私密性，各种未刊、最新材料得以迅速

---

① 王天根：《〈天演论〉版本时间考析两题》，《安徽史学》，2005年第3期。
② 胡思敬著，沈云龙主编：《戊戌履霜录》，《近代中国史料丛刊》第四十五辑，台北：文海出版社，第443—448页、第1689页。
③ 严复：《与五弟书》："《天演论》索观者数处，副本被人欠留不还，其原稿经吴莲池圈画者正取修饰增案，事毕拟即付梓。颇有人说其书于新学大有益也。"王栻编：《严复集》，北京：中华书局，1986年版，第733页。

流通。可以这样设想,李岳瑞在得到《天演论》稿本后,即将这一最新的西学成果录副寄送陕西供其师参阅,这是最自然不过的事情了。刘古愚通过李岳瑞得到《天演论》后,将其纳入推广新学的内容,利用方便的出版设施,作为像《时务斋随录》《味经书院课稿》之类的教学用书出版,就是顺理成章的事情了。

另外,在时间方面,刘古愚从梁启超、叶尔恺获取《天演论》稿本都有限制,如果是从梁启超获取,最早不能早过1897年三、四月他们第一次通信;如果是来自叶尔恺,最早不可能早过1897年十月叶尔恺接任,那么《天演论》在味经刊行的时间也只能是1897年春以后了。如果我们设想刘古愚1897年从梁启超处得到稿本,则《天演论》的出版时间就会很仓促。因为当时味经刊书处有大量的印刷任务,除了时务书籍之外,还在继续刊刻经史。时务斋成立之后,刘古愚的出版思想是首先出时效性强的时务内容,如各种报摘,学生课艺等,同时要满足各种教学所需的教材。在各种时务书籍中,刘古愚注意的焦点之一是康有为的作品,而康有为的作品也侧重于政治论著及与味经书院教学相关的康有为讲义,如《桂学答问》《长兴学记》等。相比较而言,《天演论》艰涩难懂,刘古愚及味经书院学生对其理解、吸收还不太深入,刊刻《天演论》的急迫性在味经书院要差一些,还不是刘古愚特别关注的。康有为的《桂学答问》刊成后,刘古愚特意写了跋文,《天演论》刘古愚则没有跋文。因此从获取手稿,到决定刊刻及成书,这中间应该有一个比较长的从容的时间过程。如果刘古愚通过李岳瑞得到的《天演论》稿本,那么刘古愚所获取的时间就会很早,1896年也有可能,其出版时间在1897年也是合乎逻辑的。这是比较符合味经书院当时实际的。

还有一个谜团就是为什么味经本《天演论》标注"光绪乙未春三月陕西味经售书处重刊"字样。既然《天演论》内文中提到了"去今光绪二十二年",那么"光绪乙未春三月陕西味经售书处重刊"的说法就是不真实的。王天根还注意到其中"绪""陕""经"都作类似今天的简体字,字体与内文宋体区别很大。查今藏陕西省图书馆味经刻本《天演论》上"光绪乙未春三月陕西味经售书处重刊"是在封面的背面印上去的,这16个字与封面处在一张纸的两面。刘古愚等人刊刻《天演论》的目的只是为了传播西学,供书院及陕西人士学习,并非以牟利为目的,刘古愚及味经书院诸生应该没有就《天演论》出版时间刻意作假的必要和动机。出现这样与实际刊行时间不符的题签有可能是书籍到了售书处或者商人手里,封面破损,另加一个封面,发售者不明确切刊印时间,写了光绪乙未这样一个出版时间。

综上所论各节,笔者需要强调的是味经本《天演论》不可能在戊戌政变之后刊刻,因为那时无论人力还是环境都已经没有出版的条件了。它应该是在戊戌维新运动高涨时期出版的,王天根主张的1897年应该是个合理的出版时间。《天演论》稿本来自梁启超与叶尔恺的可能性不大,很可能是李岳瑞通过张元济或者严复本人得到的,至于封面为什么会有这样的时间标识,现在无法找确切的原因,只有猜测了。无论如何,味经本《天演论》这一事件本身说明刘古愚及其领导下的味经书院、崇实书院在维新运动中已经和全国紧密地联系在一起了,在自然科学教育、新式书籍出版方面有些已经走在时代的前列。

十四、内地守御　壕垒战法

挽救国家危亡是刘古愚一生奋斗的目标,办教育、研科技、创实业都以此为根本,军事问题一直是刘古愚重点关注的领域。甲午战争后,海疆藩篱尽撤,陆地边疆处处危机,深处内地的刘古愚积极研究防守问题。这期间,刘古愚对反侵略战争的战略、战术及军制进行了反思,写了一些有关军事的著作和文章。1895年到1898年间先后写了《壕垒私议》《团练私议》《复三原魏汌汀河套屯田书》,阐述了他在军事方面的观点、思想,提出了具体的抵御侵略的方法。他看到在西方近代军事技术下,单纯地固守城池已经不能适应新形势下战争的需要了。因此刘古愚提出了壕垒战,著成《壕垒私议》一书。该书成于光绪二十四年(1898)春天①,是刘古愚综合甲午战争及此前战争问题研究的成果。壕垒战也是一种运动战、游击战,其核心思想是遍地防守、全民皆兵,因此壕垒战法须与团练相辅而行。在具体技术问题方面,是在对当时炮弹飞行轨迹、爆炸效力问题深入研究的基础上提出的一种陆地防御措施,也

---

① 张鹏一在《刘古愚年谱》中将《壕垒私议》成书时间系于1895年(光绪二十一年乙未)冬,见该书第99页。《烟霞草堂遗书》所收《壕垒私议跋》有这样的话:"日割台湾,而德据胶澳,俄取旅顺。""右议将以守壕垒,与敌内地相持。春间已属稿,继因朝廷颁新命,刻意图强,私心窃幸,不复以此稿示人,及中秋后政复由旧,而此稿依然在麓,不忍弃去,命录之。戊戌郖北愚叟识。"其中对《壕垒私议》著成的时间交代得很明确,张鹏一可能是误记。

可以说是味经书院师生研究枪炮问题成果的运用。

壕堑是一种防御工事,而守卫壕堑者以民兵(也就是团练)为主。壕指壕沟,堑就是土堤。在高地挖壕,在低湿的地方筑堑。壕深六尺、宽八尺,堑高六尺、宽八尺。在田野之中挖成纵横交错的壕堑网,以阻击来犯之敌。壕堑网的具体构造是这样的:以县城"戊"为中心,连接东西方向的两个村落(庚、甲)形成一条横向的长壕,以防备从南北来攻的敌人,连接南北两个邻村(丙、壬),又形成一条长壕,以抵御从东西方向进犯的敌人,这样就形成了一个十字形的壕堑防卫结构。在此基础上向东南、东北、西南、西北四个方向继续掘壕,又形成了一个贯通县城"戊"的十字形壕堑结构。这样以"戊"为中心,就有向外面八个上都有邻村,继续向四周联结起来。这样在平原地区就都形成了纵横交错的壕堑网(如下图):

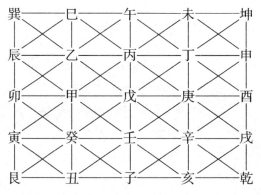

而每一个村庄或城池就成为网上的纽结。当然,这只是一种理想状态下的设想,在具体情况下,地势、村庄间的距离各不相同,这就要在此原则上加以变通。由于耕地在各村庄间的分布也是不规则的,所以,壕堑的实际走向就不会像图示那样为一直线,它的走向往往以田间隙地及道路为依循。战争时期,壕堑就是道路。由于地形地势的高下燥湿不同,这种防御工事又分为两种——即壕与堑。壕每百余步要扩大,其目的在于使迎面驶来的车辆有错车避让的余地,所以其容积至少以能容两车为标准。堑是由两旁掘沟取土堆筑而成,取土之沟要离堑三尺,也就是挖出的土至少要扔在三尺之外,其目的是留下防守的空间,士兵可以在堑的两边活动自如。堑上要行车,所以每隔百步,堑就要加宽,以使两车相错。没有战事的时候,各道口及通往田间的道路都在适当的地方填平,以便行人及车辆往返,战争一起,立即掘断通道,投入战斗。刘古愚指出,守城的中国传统火炮无论在杀伤力和准确度方面都不如敌人,城池是固定的,我方可资凭依的主要是城墙,而且火力较敌人为弱。敌人就可以利用相持的时间运来重炮以轰城墙,施放高炮、开花炮轰击城内,在这种情况下,城池往往难以据守。第一次鸦片战争中,广州就是在这种情况下失守的。即使有葛云飞、陈化成这样坚决抵抗与城池共存亡的将领,也免不了悲剧的下场。以往固守城池的战略方法已经不能适应新形势下战争的需要了。因此刘古愚提出了壕垒战。

刘古愚指出,能够穿透八尺厚土垒的大炮需近万斤的冲击力,而这样的大炮必定体积大、分量重。在内地运动中作战,敌人难以随时携带这样大的巨炮。而且遍地壕垒纵横,无论用人力还是畜力运炮,都将举步维艰。这样的工事对于横向飞来的炮弹自然有一定的抵御能力,从空中落下的炮弹也可以防御。无论壕还是垒,其旁必有深六尺的壕沟,炮弹落入其中,土垒旁边的士兵也不能伤害。即便某些地段的壕垒被破坏,其他地方的士兵也可以相机出击,土枪土炮可以机动灵活地打击敌人,或击其侧翼、或扰其后方。敌人兵少而中国人众,陷入壕垒网中,敌人坚利炮火在很大程度上施展不开,我们的优势就可以发挥出来了。刘古愚并不是单纯依靠壕垒。他提出,城池还有其作用,应"以城池为腹心,以壕垒为手足",互相配合,取长补短。在城池的周围挖纵横交错的壕垒,采取积极防御的战术,就不会蜷于城内,被动挨打。有了壕垒的护卫,城市便增加了安全系数,作战物资,妇女老幼便可避于其中,支援后方,两个方面互相支持,发挥其长,各避其短,定会取得良好的效果。

刘古愚除了考虑战术上的问题外,其他一些相关问题也经过了周密的计算与考虑。挖壕垒与平时交通的关系及对于农业生产的影响、农民的负担问题刘古愚都做了精细的计算。壕垒一里约占地四亩,但平时可以在壕旁垒上点瓜种菜,这样就可挽回一些损失。而且壕垒尽量选择在田间地头,这样不但可以少占耕地,也可以防护农田不受牲口的践踏和风沙的侵害。至于农民的负担,如若按五里一村计算,每人每日完工 25 立方尺,主要集中在农闲的 60 日,则二年便可遍筑壕垒。劳动量比农民每年运进黄土垫圈、运出有机肥送往地里的劳动量还要少一些,所以这样的负担并不是太大,而且还可以算作一部分徭役,以此来抵偿其他徭役,还是有可行性的。壕垒是防御工事,而利用之作战御敌的主要是民兵,也就是团练。刘古愚专门著有《团练私议》,以丰富他的内地守御设想。在省级设团练总局,像书院一样,从省中挑选英俊之士四五百人,到团练局中学习。所选之人不但要资质聪俊而且要分布到各县。入局后即以最新的战阵来训练他们。兵书如《纪效新书》《练兵纪实》《防守辑要》《海防新论》《普法战纪》《岳操新议》《中东战纪》等是重点学习的内容。团练总督由督抚兼任,他们既是团练长官,又是省级学校(国学)的老师。除了学习理论外,还要进行实践训练,按军制编成队伍。三个月后,毕业回到各地,然后局中再募新人。

这些对于兵法战阵初步入门的人回去后都要带上材料,以供继续学习。同时由他们来负责筹办县一级的团练。县级团练主要由省局毕业的士人负责,这是为了保持团练的连续性、稳定性,使团练之事不会因为官吏的能力、兴趣及升迁等受到影响。刘古愚认为,这种用土著练兵的方法与古代(即《周礼》所载)从地方选拔治理当地的官员(乡官)的原则是一致的。县里团练为200人。这200人中,选二人为"百长",二人为"百副",20人为"什长"。40人为"伍长"。学成回到乡里并不意味着已经完成任务,而是要在乡里继续训练团丁,训练的方法是与保甲相结合。这些百长、什长、伍长回乡后即为保甲之保正、甲长、头牌,以此为组织办法,在村里训练团丁。年满17岁者必须入团,十岁以下为免丁,无入团练的义务。训练团丁的经费或由地方筹给,或从每年裁兵节省的军费及学校膏火中提取,总之,多方筹集。

"团练法"是刘古愚社会政治思想的具体化,贯穿着政学合一、兵农合一的思想。各县团丁要赴省城不单是为了学习的方便,还有让各地团练负责人互相认识,加深情谊的作用。尤其为刘古愚所看重的是各省督抚就是各县团练的老师,而团丁皆为其门生,这样师生之间有一种情谊存在,而且互相了解,互相交流,长久以来形成的官与民相隔的痼疾,可以由师生间的情谊来弥合。这就是政学合一,以师生关系代替政治上的上下级关系,这与古代学在官府、官师合一的精神是相符合的,也是对于湘淮军练兵、用兵法的借鉴。官兵相习,官官相习,这样在战争中就会产生一种同仇敌忾的效果,对于加强军队的凝聚力、解决那种一触即溃的弊病有重要作用。县级、乡级的民兵在农闲时操练,平时即保持一种半军事的组织,由里长、保正等统率。不但要进行军事训练,还要用浅显通俗的文字,结合乡民喜闻乐见的戏曲、小说对他们进行思想教育,使之忠国、知兵,奋勇抗敌。各种古代仪式如乡饮礼也要恢复和举行。秋后,各级团丁按军队编制起来,进行大规模的军事操练演习,熟悉壕堑战法。

团练有两个基本指导思想,其一是在正规军不足以卫国的情况下,发动全国民众起来抵抗侵略,家自为守、村自为战。此外就是政学合一、文武不分、兵农一体。"壕垒"与"团练"是刘古愚国防军事思想的核心。现在看来,其思想有许多地方是非常卓越的。

首先,是在对当时战争技术研究的基础上,提出了一些具有规律性的有效战法。刘古愚和他的学生长期以来关注中国抵抗西方侵略者的各种战法,苦心研究具体的战略战术,对新式枪炮的特征进行了持续的研究。一定程度上摸索到了当时的战术规律。其次,在武器装备落后的情况下,天才地提出全民皆兵、全民抗战的思想。20世纪抗日战争的实践说明,在技术装备有较大悬殊的情况下,因地制宜、全民皆兵是抵抗侵略的有效方法,刘古愚的设想在三四十年后得到了验证。再次,壕垒与城市堡垒相配合,游击战与阵地战相结合,攻防结合,于被动中求主动,可以有效地实现主动防御,适时进攻。

刘古愚的上述种种思想在当时得不到重视与理解,相反人皆目之为愚,所以他晚年也取号"古愚"以自遣。尤为卓越的是,刘古愚并不以此为意。尽管满怀愤懑,但在甲午后,还以莫大的激情,无穷的精力投入到救国运动中。我们可以看到,无论经历如何巨大的挫折和磨难,哪怕面临着生死存亡的考验,他也从来没有失去信心,从来没有放弃那种深挚的爱国情感。对于国防的筹措、谋划也是如此。《团练私议》中有一段话饱蘸深情、感人至深,节引于下:

> 予自丙子一赴春闱,即永伏乡里,自谓可以苟安没世。不意越入于法而英取缅甸、廓而喀,且与俄相持于葱岭间,俄于东方则进据珲春矣。时即有以重兵扼高丽经营东三省、内外蒙古、新疆,而收藏卫为内地。及至辽海一败,日割台湾而德据胶澳、俄取旅顺,我之海口将尽为外人所据。英法无所取必不能相安,若一开战,胜者进步,败者必取尝于我。人之胜负不可必,而我生以待亡矣。即不开战,苟且相安,一有事故,一国进而各国俱进,中国虽大,经各国之日割月削,其能支及十年乎?身世之危,视厝火积薪、中流舟漏尤为过之。使洛阳少年生于斯时,吾知其痛哭不能成声,泪尽而将继之以血也!呜呼,悲已![①]

这就是刘古愚不顾物议人非,甘冒巨险办工业、筹措边防的出发点及精神根

---

① 刘古愚:《壕垒私议》,《烟霞草堂遗书》之十六。

源。"独见则受累、爱博而心劳"他对中国时局的预测不幸多应于惨痛之事实。"苟有战事,一国进而各国俱进"的预言已被八国联军侵华的事实所证明;"(两列强)不能相安、若一开战"的担心被日俄战争所证明,而先生已无从见之,即便长眠于地下,其心亦不安矣!

十五、开发边疆　河套屯田

他不但自己身体力行,而且还将忧患意识、巩固国防的观念传给学生。1896年,在味经书院以《河套蒙地屯田》为题,引导学生注意北部边疆,研究边疆问题。热河都统三原人魏汜汀向刘古愚询问河套屯田问题,刘古愚即就河套屯田问题整理成文,这就是《烟霞草堂文集》中的《复魏汜汀问河套屯田书》。刘古愚河套屯田的设想,也是基于中国正规军已经腐败,不能起到巩固国防的作用这一认识之上的。"今日外洋之师不惟中国之额兵不能御,即募勇亦不能御。"他认为造成这种情况的原因不仅仅在于武器不如人,而且还在感动士兵的素质也远逊于人。西方列强的士兵都挑选合格的公民,经过专门学校的训练,不但懂军事知识,而且文化水平也很高。中国的士兵多是招募那些愚顽游滑、具有深重流氓习气的人组成的。既不学,又无术,缺乏牺牲自己保家卫国的观念,勇于私斗而怯于公战,一与敌人接阵,即作鸟兽散,这是中国军队在大战中溃不成军的原因之一。要解决这一问题,刘古愚一方面建议开设专门军事学堂,以提高士兵的素质,另一方面认为要改革现行军事体制,在实践中训练士卒,革除这些流氓习气。也就是"安之田亩,习之训练,教之学校,出作入息,将帅无异,师长优游,十年庶几一战"。他把实现改革军制的办法寄托在河套屯田之上。

河套指内蒙古、宁夏等地的黄河大拐弯处,刘古愚认为在当时形势下,这个地方有重要的军事价值。纵观历史,河套间历来为兵家看重之地。周、秦、汉、唐无不以经营此地为务,因为都城在长安,而河套为其必守之地。周代的朔方,秦代的新秦之地(河套地区秦始皇置33县,征发百姓开垦,称为新秦),汉代有五原、朔方,唐代有三个"受降城"的设置,这些举措都是戍守河套之外,而在套内屯田,以给军用,以纾民困。清代中国都城在东方,大受威胁,早有迁都之议,而迁都首选之地就是西安,如此形势与周、秦、汉、唐同,则河套必为战略重地。这就是刘古愚河套屯田的战略考虑。

屯田贯穿着开发与戍守相结合的原则。以戍守促开发,以开发援戍守,二者相资并进。刘古愚指出,河套腹地深广,东西二千里,南北八九百里,最窄处也有二三百里,皆有屯田的潜力,而历代或屯或废,今日开发,土地必然肥沃,收获势必丰盈,可以就地解决军粮问题。第一批屯田者必先是军队,开始下手处是陕北(当时称为北山)。因为经回民起义后,这些地方极其荒凉,募民而来,恐难有响应。第一批屯田的士兵在这里既要进行屯垦,又要进行自身的改造。军队编制及操练方法都用西洋方法,在这块处女地彻底革除旧日的习气。屯田的士卒要满汉皆有。初有成效后,即派吃苦耐劳的军官到河套招募当地百姓千人,边行军边训练。然后再北向蒙古,招募数百人,这样,在民族上,满汉蒙杂处,平时一起训练,互相切磋,消除民族间的隔阂,加强团结,共御外侮。招募来新的兵员后,就马上裁去相应的额兵,防止将军队的坏习气传下来,以有一个新的开始。应募的屯兵可以带家属,三年后土地上有了收获便停止军饷,把新开垦的土地送给他们。这体现了他一贯的兵农合一的思想。军屯有了成绩之后,然后再招募民屯,便易于推行了。河套地区土地广袤,牵涉满、汉、蒙古三个民族,而且要事事与蒙古王公交涉,所以必须赋予屯田最高领导者以重权,使之可以专折奏事,便宜行事,遇事便少了掣肘。

兴办屯田必须要牛马、种子等先期投资,而且士卒及百姓的安置费用也需一大笔。这些费用刘古愚认为可以就地筹措。河套地区许多地方产盐,如吉兰就是著名的池盐产地,神木产碱,这些矿产品都曾经行销全国,颇负盛名,神木的碱往往销到苏杭一带。目前应该废除开发盐碱的禁令,募绅商民众前来开发,官征其税而给军用。阴山一带盛产木材,开发木材资源也可以从中征税,即繁荣了边疆经济,又筹措了经费,还可以开展与蒙古的贸易。蒙古地区皮毛资源丰富,但工艺落后。开发后通商惠工,所得财富将会更加丰润,这样,国家不需出一分钱,而北部边疆防御体系也步入良性循环,经济发展,国防巩固。以河套为军事基地便可"控阴山而临大漠",唐代在河套东(今内蒙古托克托)中(在今内蒙古达安特旗,包头市西)西(今内蒙古乌拉特中后联合旗)各置一受降城,基本上形成了控制河套的要塞。屯田时,在古受降城遗址重新筑城,以为军事据点。以甘肃为西、陕西为中、山西为东,三省以河套为中心,互相呼应。然后在北方与昭莫多(今蒙古国乌兰巴南宗英德)、归化(今呼和浩特)塔尔巴哈台(今新疆塔城)声气相通,北部边疆得以巩固。无论京师在北京还是在西安,河套地区都可以成为强大的军事后盾。刘古愚指出,河套屯田成功后,再开发陕北的木材、矿业资源,疏浚黄河、渭河河道,使之能够行船,使陕北与河套地区在经济、军事上联为一体,对于当地经济发展也有重要意义。在1896年,刘古愚还作有《河套地图志》,为屯田提供资料。

河套屯田的设想包含着许多有价值的思想,体现着刘古愚卓越的战略远见。首先,对西北边疆的持续关注在当时维新志士中为特识,他对边疆危机的清醒认识、深入洞察极具预见性,他所担心的事情不幸被后来的历史一一验证。近代以来,中国边疆危机一在海上,一在内陆,时人多关注沿海,而且由于传统以中原为中心的思维定势,甚至出现了忽略北方的错误认识。如在19世纪初期,一些鼓吹革命的知识分子甚至提出满洲为敌国的认识,即使张之洞这样的封疆大吏也提出割让西北领土换取列强干预日本侵占台湾的想法。西北、内外蒙古、新疆问题多被忽略,尤其是辛亥革命前后,这种认识更为突出。由于地缘及个人经历的原因,刘古愚一直对西北边疆非常重视,提出河套不守,则京师危殆,陕西、山西失去藩篱,整个"中原地区"将门户洞开,西北边疆安危关乎整个国家命脉。正是出于这样对西北局势的深刻洞察,刘古愚晚年把一腔爱国之情全部倾注在捍御西北问题上,虽然一人之力有限,但是他从不放弃自己的努力,刘古愚晚年的入室弟子张季鸾对此有感人的记述:"论时事则重外患而轻政体,盖深念保国、保教、保种之艰,以为患在愚弱,而不在满洲。论西北则主融合汉回,同施教化,以是知先生于民族主义,所见者大也。先生之入陇也,实由融合汉回之一念。自归礼泉,他省征聘皆不就,门人劝之出,辄训斥之。惟陇上书来则竟诺。时陇中甫兴学,风气固陋,道险且艰,门人以师年衰,劝勿往。先生叹曰:'汉回为西北隐忧,吾将期以三五年教化回民子弟,此关陇大计,非吾莫属。'事乃定。"①

其次,他所提出的以发展经济为本位,通过开发本地经济实现各民族的共同富裕,用当地财力巩固边疆;革除旧军队的积习,重新训练一支新式军队;消除民族隔阂,发展教育,实现各民族的同心同德,精诚团结才能切实起到巩固边疆的作用。这种全方位的边疆防御思想,是解决西北边疆问题的治本之策。但是关键是晚清在政治力量上已经达不到了,无暇顾及这些问题。刘古愚清楚地认识到,西北边疆问题绝不是纯粹的军事问题,这也被20世纪前半期的事实所证明。

---

① 张季鸾:《烟霞草堂从学记》,《烟霞草堂遗书续刻》附录。

十六、赤心报国　临难不苟

提倡新学、创办讲会、发展实业、改良社会风俗是刘古愚维新活动的主要内容,他始终以一个实干者、在野乡绅的身份尽其所能,从基层、最基本的工作入手,竭力启发学生、乡民改变思想,改变生产方式,以适应时代的发展,逐步实现国家的富强。在筹办时务斋、崇实书院的同时,创立了报刊,成立了复郼报馆,持续推动维新变法思潮走向深入。大力推动教育普及,广泛设立义学①,提倡妇女识字,注重幼童教育。提倡妇女放足,支持学生的"不缠足会"活动。积极研究军事技术,谋划西北边疆的防御与开发。同时,刘古愚一生念兹在兹、与其生命存在形式浑然一体的事情就是大力开发富源,推动先进的生产工具和生产方式,使乡民认识到新式生产方式的好处,跨越传统的生产、生活水平,开通风气,趋向现代文明。在这方面,他既是一个思想的启蒙者,更是一个积极的行动者。甲午战争前试种白蜡树,甲午战争后筹办大型近代纺织工厂,纺织工厂失败后,仿制、推行新式轧花机与纺织机,成立复郼机馆。这一活动在戊戌政变后一直在继续,直到终老于甘肃兰州大学堂任上。虽然刘古愚一腔赤诚,但是当时中国社会保守势力非常强大,刘古愚的这些做法为当时许多人所不理解,非议、嘲笑接踵而至。

1895年,刘古愚受到康有为创办北京强学会及上书皇帝维新活动的影响,大力提倡新学。"师以救时为志,味经教法时为改变,而陕人目师为洋学,谤言日至矣。"②1896年,咸阳县令孙万春(字介眉)受刘古愚的影响,在咸阳县城筹办女学堂,"时省中官绅哗然,事遂止。"③戊戌变法期间,刘古愚通过邸报了解到了朝廷一系列的维新政令,精神为之一振,以为国家有望振兴,积极"开学会会讲,发表学说意见,以为提倡"④。这使刘古愚一时成为陕西维新活动的中心,大受时人瞩目。理解维新活动意义的人支持他、追随他,而反对变革的势力也在诋毁他、嘲笑他、打击他。这两种力量下至一般百姓,上至学政督抚,都交织并存。

刘古愚自从执教味经书院以来,与历任学政都关系融洽,在柯逢时的支持下,味经书院大力提倡自然科学,出版、印刷事业有声有色,为鸦片战争以

---

① 张季鸾在《烟霞草堂从学记》中说刘古愚先后创立义学百所,刘古愚之子刘瑞骃在上报国史馆的《公禀》中说公创办六所义学,刘瑞骃说法应该更为切合实际。

②③④　张鹏一:《刘古愚年谱》,第105、134、143页。

来陕西文化事业所仅见。赵惟熙也与刘古愚同气相求,极大地推动了陕西维新事业向前发展。1897年叶尔恺莅任后,与刘古愚大体上也是合作的。叶尔恺支持维新运动,提倡西学,但是他反对康学,对刘古愚推崇康有为深不以为然,认为刘古愚及味经书院诸生不通小学,见识愚陋,在与汪康年书中集中表达了他的看法:

> 其初将西学西教混而为一,已费剖白,近又以康学即西学,尤属可叹:康何幸而蒙西学之名哉?刘古愚孝廉其人尚气节,颇有伉直之概,惟服膺康学甚至,是其无识之处。弟去年到后,即与之再三辩论。并检朱蓉生集内与康数次辩驳书札示之,渠终右康而左朱。又此间最谫陋,通省无一人知小学门径者,味经书院所刻书可为捧腹者甚多,或字本古体必改从俗体,所刻《史书校勘记》援引《康熙字典》,弇陋至此。弟谓小学虽非今之所急,而中国制字源流亦当略知一二。刘自安固陋,不以为然。
>
> 弟以格致之学现虽无器具,亦当先涉其书,明其理。刘以为空谈格致,不如八股。其教人也以《通鉴》为宗主,兼及西政各书,如是而已。夫言中学而不知小学,言西学而不知格致,则所学亦有限。又昧于知人,往往为人所愚,特其热肠处尚可取耳。……刘居然熟于《通鉴》并略涉西政各书,实为庸中佼佼。此外尚有朱、毛二孝廉,中西各学均有门径,尚在刘之上。至于庠序诸生,识时务者亦不下二三十人,惟大半为康说所惑,以刘之服膺也。大凡人毫无学问者最易眩惑,秦士是矣。地僻书少,见闻浅陋,宜其如此。弟不惟如来书所云,以毅力持之,总以开通风气为要务,拔十得五固不敢期,或十人中能得二三,问心亦可无愧。当此时势艰危,再不以通达时务为先,恐八股匠即黑奴之别名耳。
>
> 康学必当力辟,业经出示禁其书籍矣。萧孝廉人极不堪,渠赴申时,此间颇有人交银托购书籍器具,近闻与此间人信云,查拿康党,所有各物均已遗失云云,是直一骗子耳。而刘古愚深信之,昧于知人,此其一端也,又闻其致书言此次之祸,皆吾兄使然,竟斥吾兄为汪贼,令人发指!好在此间人士颇不之信,刘古愚亦不谓然,弟亦

极力代兄剖辩,此皆康徒之邪说耳。①

叶尔恺此书背景复杂,是在特定情境下所作,中间有着种种主观好恶在其中,又由于是私人信件,并不是完全客观的评价。影响对刘古愚客观评价的因素有:(1)在戊戌政变不久的1898年年底,刘古愚已经辞去味经、崇实两书院教职,与他的弟子李岳瑞、陈涛等人一样被目为"康党",大为当局所忌。而且当时的"康党"不仅仅是因为变法,更主要是因为慈禧太后等顽固派认定康有为谋围颐和园,谋杀慈禧太后,被视同反贼,刘古愚深深与康有为联系在一起,其危险境遇可见一斑。在这样高压的氛围下,叶尔恺对刘古愚的描述就主要从否定一面着手。(2)叶尔恺与刘古愚、康有为有很深的学术分歧,这种分歧在共同维新这一目标下尚不明显,不妨做一段"同路人",在政治环境激变的情况下,就凸显出来了。(3)维新运动中形成的宗派意识、各个维新派别不同的主张及利益纷争使彼此难以客观评价对方。1897年,梁启超与汪康年发生了激烈的冲突,彼此恶言相向②。刘古愚及其弟子由于对其中细节了解不深,尤其是萧钟秀不自觉地卷入了这种纷争,右梁而抑汪,叶尔恺则相反。在这种情况下,叶尔恺对刘古愚的评价就有迎合时局的因素,有学术偏见,不免知之不深、知之不全,即使如此,在叶尔恺的笔下,刘古愚及其弟子的高风亮节、特识卓见依然风骨俨然。由此也可以反照叶尔恺毕竟是一个有良知的改革促进者、赞同者,这里我们无需苛责任何一方,只是想尽量将历史的原貌呈现出来。剔除时代局限及主观因素之后,叶尔恺对刘古愚的评价我们可以有以下看法:

(一)服膺康学特甚,并非刘古愚无识之处

刘古愚对康有为的服膺确是事实,但是刘古愚首先是赞同康有为维新改革的宏观政治主张,然后一定程度接受了康有为的今文经学。叶尔恺评价康有为改革过为激进,缺乏政治经验是事实,刘古愚的弟子李岳瑞与康有为的政治活动关系密切,较深地卷入了中枢的政治活动,但是当时从学于刘古愚

---

① 汪康年:《汪康年师友书札》,第2475—2476页。

② 康梁师徒以其生花妙笔着意将其亲身经历的一段历史做有益于自己的打扮,而这种"打扮"的结果则使后人在近百年来把康梁笔下的描述当成历史事实。20世纪70年代,台湾的黄彰健先生开始揭除康梁的主观描述。在大陆,20世纪90年代以来,人们才开始对梁启超与汪康年的纷争有客观的认识(见廖梅从《民权论到社会保守主义》,上海古籍出版社2001年版)。至于当时受各种条件限制,萧钟秀等人对汪康年与梁启超纷争的是非曲直不甚明了,由于主观情感的原因,而受到梁启超的影响,则不足为怪。

的弟子除了参加保国会,帮助康有为进行维新变法舆论宣传之外,并没有太深地卷入康有为的实际政治活动,而且从"四月二十八日德宗召见南海先生,至七月二十九日奉密诏出京,陕中皆无所闻","惟于邸抄中"见到此间变法的一系列政令,以及裁撤三巡抚、裁并各衙门等情况①。刘古愚及其在陕弟子们所进行的是研究西学、思想启蒙以及实实在在的经济与社会改革活动。刘古愚确实不应该承担康有为政治冒进的后果。除了对维新变法的宏观政治主张积极响应之外,刘古愚在学术上对康有为的今文经学甚为赞同,也以康有为的今文经学的方法解释经典,启迪学生。但是刘古愚的今文经学并非完全取自康有为,在他得知世有"康先生其人"之前,其研究经史的方法已经有非常突出的"六经注我"倾向,尤其是对待经学方面,刘古愚的一个核心思想是从当时时世、当下问题出发,从经典中寻求价值依据,并且对经典的相关价值进行引申和新的诠释,为当下的活动寻求支持,不是株守经典,做寻章摘句的雕虫之学。在中国与世界逐渐一体化的过程中,两千年前的经学必须进行改造和重新阐释,才能释放出适应时代的新的价值与观念,从这个角度来说,康有为的今文经学确实具有巨大的思想解放意义。当然这种解释也须有一个限度,不能抛弃传统文化中的优秀核心价值,从学术的角度来说,需要弄清楚古人的本意是什么,如今需要做何解释。刘古愚的六经注我、今文经学的方法正是重新阐释经典的开始,与近代学术发展的大方向是一致的,从这个角度来说,刘古愚的学术方向应该值得肯定,并非无识。但是那个时代的人正处在传统与现代交织与分离的初期,还不能把文化意义上价值凝聚符号的孔子与实际历史的孔子区别开来,所以不免牵强附会,在具体的学术观点上显得笨拙,但是其探索是值得肯定的。这一问题在论述刘古愚思想的时候再做展开。叶尔恺说刘古愚"服膺康学特甚,是其无识处",是学术、门派偏见使然。

(二)"通省无一人知小学门径者"是过甚其辞

提倡实学固然是味经书院一以贯之的传统,但是并非完全忽略小学,而

---

① 张鹏一:《刘古愚年谱》,第142—143页。

且从首任山长史兆熊开始即注重小学①,刘古愚长期主持刊刻经史,对小学特予留意,他所制定的《校勘章程》中专门有"严校勘"一项②。崇实书院斋长朱佛光通小学,味经书院学生张鹏一为校勘、小学大家。至于叶尔恺所举味经所校书中"或字本古体必改从俗体,所刻《史书校勘记》援引《康熙字典》","《天演论》一书,所校各节极可发噱,如䒼字必以为荒之讹字,句法之古奥近之者必以为有脱讹字,或径增改原句读,以求文理之平适",这种情况不能说不存在。原因可能是有些校勘失误作为总校的刘古愚没有发现,或者刘古愚及其弟子在小学造诣方面确实不如出于杭州的叶尔恺之处,这些体现出当时东西学术特点的不同,但是说"通省无一人知小学门径者"实是对陕士了解不全所致。到叶尔恺写此信时,他为陕西学政不过一年有余,通省士人,他不可能完全了解。

(三)"将西学西教混而为一","任康学即西学"是浮光掠影的片面说法

刘古愚在给叶尔恺的信中有这样的话:"顷闻人言,今岁所来洋人,视其教为最重。凡学语言、文字,必从其礼拜。今令诸生学语言、文字,欲为中国用也,若从其教,则驱中国为外人矣。此似万不可行,须别延教西语西文之人。"③在这段话说,刘古愚对西方传教士的认识是非常正确而清醒的,并无不当,也没有把西学混为西教,励学斋章程以及时务斋章程中对西学与西教的认识也是很清楚的。至于刘古愚与味经诸生对弹道学、算学等西方自然科学的研究也并无康有为的影子,说"康学即西学"实是对刘古愚及味经、崇实

---

① 史兆熊在味经书院教学宗旨中专门强调小学:"一注意小学(四书、五经以逐日讲读,此外,逢会讲日切为细讲小学,以端大学之本。诸生句句向身心上体认,勿谓仆为避难而就易)一容外人会讲(会讲日,院外农、工、商、贾,有愿听讲小学者,尤为可佳。宜引入门,但宜静立阶下,不可高声闹嚷)。"在他力辞味经书院讲习未获批准,再次审定教学章程时还在强调小学的重要:"学不可昧本源而无心得也,则曰讲小学(小学为大学根本,五日一讲。今岁专意经史,亦于十日内传齐诸生。仆为细讲数条,各宜敬听,务求身心实有体认)。"刘古愚:《陕甘味经书院志》,《烟霞草堂遗书续刻》。而且刘古愚对小学、音韵学也很有研究,山居期间利用传统音韵学撰写《儿童识字捷诀》即是有力证明,详见后文。

② "知校书本意,则校勘札记即各生之课程日记也,故宁详毋略,宁严毋宽,宁泛博毋固陋,校书之体宜然,即看书之法,亦是如是。不但经书本文须详加考核,即注疏所引各书,亦须详晰对勘,一字一画,必求其的确。始则本书自相证发,又与他书对勘,必使一毫无憾,则刊出必为善本,其人亦即为善读书也,学问功夫不进益,吾不信也。"《烟霞草堂文集》卷八。

③ 刘古愚:《与叶伯皋学政书》,《烟霞草堂文集》卷六。

诸生了解不深所致。

(四)"空谈格致,不如八股"之说,叶、刘两人得失互见

叶尔恺描述刘古愚此语确有所据。刘古愚在给叶尔恺的信中说:"不洞悉中国受病之原由,决不能用西国之善法。至于艺学,非一一施之实验,空谈何补于事?故格物、考工两门,非备购其器,无从讲求,徒拾西人牙慧。空谈而不适于用,其弊当甚于八股。八股虽空谈,尚有一二道义语可以维持人心,若以依稀惝恍之词,谈光、化、电、热之事,其流弊更何所纪极哉?故今日'崇实书院'当事事责实,以袪中国之弊,然后能用西国之法。至于艺学,则西人已格之物,已成之器,我皆能亲试而知其用,方为可贵,而不必以能读其书,谈之可听为贵也。"①此处体现了刘古愚对西学认识的局限,也是当时向西方学习的士人中所存在的普遍现象。中国人学习西学首先是从技术入手,学习技术是看到西方技术所带来的巨大的物质力量,是在这种力量的压迫下而不得不学的,对于技术背后的学理的重要性认识还不够。对于刘古愚来说也是如此,而且刘古愚学习西学的思想支持就是传统的实学,实学也有重视应用而忽视学理的不足,韩洁所揭示的味经书院课艺有强烈的实用性也说明刘古愚及味经诸生研究西方自然科学的基本倾向。刘古愚对当时仅仅谈西学皮毛而不究实用倾向的批判有一定的道理,"不洞悉中国受病之原由,决不能用西国之善法。"在制度层面尤为卓识,但是在这种语言环境中却倾向于否定与技术没有直接关系的学理,这是其认识的局限。相比而言,叶尔恺"弟以格致之学现虽无器具,亦当先涉其书,明其理"的说法要高出一筹。

(五)"庠序诸生,识时务者亦不下二三十人,惟大半为康说所惑,以刘之服膺也"

这句话剔除其主观成分,就是当时陕西学校当中识时务的二三十人都深受刘古愚的影响,是刘古愚的追随者,由此可见,即使叶尔恺带着很大的否定情绪,也还是道出了刘古愚在陕西的开创、启迪之功。就是在否定刘古愚的同时,叶尔恺也不禁对味经书院的学生予以由衷的称许:"安塞县广文孙芷沅……此人极留心时务,西学亦颇有得,实为秦中杰出之士"②。"此外尚有朱、毛二孝廉,中西各学均有门径,尚在刘之上"。孙芷沅是刘古愚的弟子,"朱、

---

① 刘古愚:《与叶伯皋学政书》,《烟霞草堂文集》卷六。
② 汪康年:《汪康年师友书札》,第 2475—2476 页。

毛二孝廉"可能是指毛昌杰、朱佛光，朱佛光时为崇实书院斋长，他们二人在三原创立励学斋，为时务斋之分局，毛昌杰是刘古愚的弟子。他们也确实在西学方面有超过刘古愚的地方，但是受刘古愚影响和培养则是事实。就是在大力批评刘古愚的那封信中，叶尔恺也说："刘居然熟于《通鉴》并略涉西政各书，实为庸中佼佼。"这说明叶尔恺也承认刘古愚是秦中学术领袖，而且对刘古愚的人格、气度也并未否定。"刘古愚孝廉其人尚气节，颇有伉直之概。"不管用什么样的语言，刘古愚的高尚节操总是是无法否认的。1899年夏天，叶尔恺对刘古愚的态度又发生了变化："刘古愚在秦人中最为杰出，其力开风气尤所难得。"①时隔半年，在叶尔恺的笔下，刘古愚的风神俊骨就呼之欲出了。此时叶尔恺大概已经消除了对刘古愚的偏见和误会，认识到刘古愚实为陕西第一流人才，于1899年又商请刘古愚共办关学报，可能是由于大吏反对，没有成功，"但诵子舆氏为政不难章而已。"②20年后，当王典章刊刻刘古愚遗书的时候，世易时移，叶尔恺对刘古愚的心态与看法又是一番情景了③。

（六）"昧于知人，往往为人所愚，特其热肠处尚可取耳"

叶尔恺此说刘古愚"昧于知人"也有事实可资证明。刘古愚甲午战争前、

---

① 汪康年：《汪康年师友书札》，第2478—2479页。

② 汪康年：《汪康年师友书札》，第2479页。

③ 叶尔恺在《烟霞草堂遗书续刻》序中说："光绪丁酉，余视学秦中，始识咸阳刘古愚先生。时先生方主讲味经书院，陶铸多士，有安定之风。秦学使向驻三原，距味经一日程，暇辄过从商订课业，歙焉如磁铁之契也。逮戊戌政变，秦之官枢要者驰书当道，于先生诋甚，至先生微闻之，遽引去。余固留不得，为累晞久之。庚子，余丁艰去秦，逮甲辰至京，则闻先生已于前一岁归道山矣。辛亥鼎革后，蛰居沪上，晤王君幼农为先生高弟子，栞先生烟霞草堂遗书数种见贻。越岁，复续栞其《尚书微》《修齐直指评》《味经书院志附藏书目录》三种，工竣，属序于余。余惟先生之学，渊源姚江，会综洛、闽，而又淹贯经史、算术，一以致用为归。生平履綦所至，凡夫砥躬泽物、经世利用诸端，罔不劬悴心力，规画引导，匪独见心地之悬挚，抑亦可谓体用兼赅者矣。夫关学如宋横渠、明二曲，其于圣道固不啻如丰隆震蛰、列耀烛迷，然数传后，下之则资口耳、局形器，而于大本大原之地未能洞澈，根基弗立，缺陷遂多，终不能拔于流俗，其弊也拘。高之则张皇幽渺，徒寻向上工夫，遗弃事物，耽玩光景，陈义纵横，而不能实事求是，习境沴心，密为牵制，卒至泛滥无归，其弊也荡。由斯二端，世遂以道学不能致用为病。至于今日，则天柱倾颓，人心溃裂，雎视纲常，叛越礼教，滔天之祸，更为生民所未有，贻害且不可纪极矣！先生之书，一本经义，既已大为之防，而又深明于穷变通久之故，更化易俗之方。设彼苍假年，迄今安知不为横流中之一柱？惜乎当时既未大用，仅能就所设施者小试于一乡，即遗著亦尚多阙佚，斯固非第先生之不幸也！然就其志业观之，已足使后之读其书者追慕慨叹于无穷矣！"

戊戌政变前后,均经营了许多事业,如白蜡局、复郄机馆、义学、义仓等,这些事业都有不少金钱的投入,有的是所用之人缺乏经营才能而导致亏累,有的是被人蒙骗而受到损失,至于萧钟秀一事是否真的因为戊戌政变而失落钱财无法归还乡人,或者就是他自己存心贪污,现在已经无法找到证据了,但是刘古愚用人失察确是事实①。刘古愚虽然重视商业,但并不是精察无遗的商人,也不是精明的政客,作为一位有思想的教育家、启蒙者,其办实业是为指示乡人,开通风气,丝毫没有为自己谋利的动机,是以对人少有防范,所谓君子可欺之以方,但有此一副古道热肠是最宝贵的,就足以成就其教化桑梓的伟大事业,用人失察并不能掩盖其人格的高尚。

由上述可见,刘古愚的维新活动在当时招致了不少反对力量,学政叶尔恺对刘古愚也有一定程度的不满,陕西的新旧冲突也比较激烈。刘古愚与叶尔恺在学术思想、办学方法方面可能有不愉快,1897年冬天,刘古愚曾提出辞去味经书院院长职务,只担任由赵惟熙奏请创设的崇实书院山长②。叶尔恺没有批准,刘古愚继续执教味经书院。张鹏一在《刘古愚年谱》中也叙及此事:"力辞味经讲习,学政仁和叶公尔恺,字伯皋,新莅任,坚留,不得去。"③可见此时刘古愚已经处于毁誉交集的焦点中心。

由于光绪皇帝的变法行为触及了以慈禧太后为首的守旧派的利益,光绪二十八年八月初六日(西历1902年9月21日),慈禧太后再次由幕后走向前台,下令逮捕康有为,初八日,太后御勤政殿,第三次垂帘听政。开始整肃参与变法维新人物,十三日,谭嗣同、杨锐、林旭、刘光第、杨深秀、康广仁被杀,包括张荫桓、陈宝箴在内的一批官员被革职,陕西籍在维新时期比较活跃的人物如柏景伟的弟子宋伯鲁、刘古愚的弟子李岳瑞也都被革职,永不叙用。慈禧借光绪皇帝之名发布上谕:"莠言乱政,最为生民之害,前经降旨,将官报时务报一律停止。近闻天津、上海、汉口各处,仍复报馆林立,肆口逞说,捏造谣言,惑世诬民,罔知顾忌,极应设法禁止。著各该督抚,饬属认真查禁;其馆中主笔之人,皆斯文败类,不顾廉耻,即饬地方官严行访拿,从重惩治,以息邪

---

① 陈淡然:《关中刘古愚先生墓表》:"黠者或相侵蚀,亦置不言,或告之,则曰:'吾以开风气也'。"《烟霞草堂文集》卷首。
② 刘古愚在《烟霞草堂始末记》中回忆:"丁酉冬,予力辞书院,家居。"见《烟霞草堂文集》卷三。
③ 张鹏一:《刘古愚年谱》,第134页。

说而靖人心。"①又发布懿旨："联名结会,本干例禁。乃近来风气,往往私立会名,官宦乡绅,罔顾名教,甘心附和,名为劝人向善,实则结党营私,有害于世道人心,实非浅鲜。着各省督抚严行查核,拿获入会人等,分别首从,按律治罪。其设会房屋,封禁入官。该督抚务当实力查办,勿得阳奉阴违,庶使贼党寒心,而愚民知儆惧。"②如果严格按照上述上谕、懿旨,刘古愚确实是在被"拿获"之列。但是当时朝廷中许多人虽然不满于康有为的学术以及急躁、冒进的政治行为,但是对于完全否定维新变法也是不赞成的,对慈禧太后的命令也多采取应付的态度,陕西也是如此。

戊戌政变后,刘古愚依然在味经书院,上述整肃维新官吏、废除新政的消息在阴历八月二十五、二十六日才到达味经书院。但是此后形势陡然严峻,有人到味经书院告诉刘古愚说,泾阳县衙署听说抚台接同乡京官电报,说要逮捕味经书院康党,县衙已经预备好差役,省城公文一到,就马上行动,劝刘古愚赶紧避祸。政变使刘古愚感到极度的失望和愤怒,刚刚复苏的生气横遭摧折,如此倒行逆施将置国于何地③?他既然已经把全部的生命投入到救亡图存的革新活动中,不顾物议人非毅然推进维新,早已把自身的祸福得失置之度外,这体现了勘破利害与是非关系的大智大勇的境界④。面对劝他逃避的人,刘古愚朗声说道："国事如此,吾死国难,幸何如之,何言逃也。"这时学生绝大部分已经离开书院避祸,身边只有门生梁峻山(字海峰)陪侍。刘古愚

---

① 《德宗景皇帝实录》卷四二八,第622页。
② 朱寿朋编,张静庐等点校:《光绪朝东华录》(4),总4221页。
③ 在给学政叶尔恺的信中刘古愚也流露出这样的不满和悲愤："世事变幻,祸何酷烈!闻波及者多少年英俊,甫以为贤而用之,旋以为罪而戮之,我朝二百余年刑戮,未有惨于此者。经此挫折,恐此后士气难再振也。陕中近日始纷纷立会读书,复值此变,外间传言有禁学会之说。"《复叶伯皋学政书》,《烟霞草堂文集》卷六。
④ 山居期间,刘古愚在《论语时习录》中有这样一段斩钉截铁的话,这是一种智勇合一的人生境界的表白："致知贵思,力行贵断。世有学问足称,及临事变,而卒隐忍依违、以陷于大恶者,力不足以赴所知,而思有以歧之于其后也。盖天下有预定之是非,无前知之利害,吾以是为利,非为害,则事事皆有预定之理,可以前知,即可以立断,何以多思为哉?惟是非有定,利害难知,一事当前,万念俱起,既计是非,复审利害,次计是非中之利害,次审利害中之是非;至于利害中计是非,是非之见,断未有能胜利害之谋者也。故万世之是非,不能违一日之利害,而子孙之利害,且能夺切身之是非,故临事而反多思,未有不入于恶者也。天下大奸、大恶,冒昧而出入者少,转计而为之者多。春秋弑君三十六,未有事起仓猝、成于一人者。"

对梁峻山说:"海峰,汝惧否?"梁峻山高声回答:"不惧!"刘古愚说:"既不惧,来陪五叔饮!"①师生相对,煮酒待戮,傲视政治恐怖,诚一时之豪也!刘古愚平时经常以孟子"志士不忘在沟壑,勇士不忘丧其元"之言教育学生,此时自己面临此境,正是实践平时所言的时刻了。一夜过去,竟没有什么不测发生,县衙又传出消息,说陕甘总督陶模来电中有"我等保全善类"六字②,刘古愚由此得免遭囹圄之灾。

原来,这种政治恐怖并非策源于陕西,而是来自京师。刘古愚年轻时期的朋友赵舒翘早就不满于刘古愚服膺康有为、大力传布西学的活动,慈禧太后发动政变,正合他意,他上书主张不审判而杀六君子。他的思想与当时政治形势合拍,于八月二十日被晋升为刑部尚书。八月二十四日,赵舒翘联合北京守旧官员联名致电陕西巡抚魏光焘,说刘古愚与味经诸生传布康有为学说,刊刻康有为所著各书,属于康党,应予逮捕。赵舒翘的电稿可能对刘古愚诋毁非常严重,此电给陕西官场造成巨大压力③,当时的陕西学政叶尔恺对此感到害怕,多年后还印象深刻。魏光焘得到这位政治新贵的电报,不敢等闲视之,他就此事发电报与陕甘总督陶模商议,陶模明确回电说保全善类,魏光焘于是将赵舒翘的电报置之不理,刘古愚与味经有关学生得以免除牢狱之灾。但是,刘古愚及那些积极参与维新的学生在当时依然被打入另册,被目为"康党",尤其是李岳瑞、陈涛深受牵累。但是刘古愚及其弟子当时对其中关节并不知情,虽然得一夕安枕,各种传言依然不断,不时听到某某学生被抓的消息。听到这种消息时,刘古愚对学生说,"如某某果死,余不独生,康党吾承认,愿应罪魁也。"在谈到康党众皆变色的时期,刘古愚对自己属于"康党"向从不讳言。④

---

① 梁峻山与刘古愚为姻戚,刘古愚的侄女嫁给了梁峻山的哥哥梁海观,梁峻山的堂姐(或堂妹)嫁给了刘古愚的侄儿刘瑞骖,故梁峻山称刘古愚为叔。刘古愚撰写的梁峻山父亲梁瑞庭墓志铭中说:"翁弟女为予从子瑞骖妇,而吾兄女亦适翁从子海观。"见《梁翁瑞庭墓志铭》,《烟霞草堂文集》卷四。
② 张鹏一:《刘古愚年谱》,第143页。
③ 当时的陕西学政叶尔恺对赵舒翘的电稿印象深刻,时隔一年,他致书汪康年说:"此间巨位去年致书中丞,痛斥丑诋,不遗余力,目为康党。"《汪康年师友书札》,第2475—2476页。20年后在给刘古愚遗书写序文的时候还不忘"秦之官枢要者驰书当道,于先生诋諆甚。"见《烟霞草堂遗书续刻》序。
④ 张鹏一:《刘古愚年谱》,第144页。

陈涛在家中听说政变消息后,不顾危险到味经书院探视刘古愚。在祸福难测、人心惶惶的时刻,陈涛与杨蕙、成安商议,亲往兰州,拜访陕甘总督陶模,探听消息。陶模是晚清著名开明官吏,在任陕西布政使的时候就对刘古愚有很深的了解,对刘的为人及事业深为推许,陶模的儿子陶拙存与陈涛等人过从甚密。九月初,各种传言逐渐平息下来,刘古愚深知在此环境下,已经无法在味经、崇实书院山长的位置上有所作为了,于是他向学政叶尔恺力辞讲席,叶尔恺就顺水推舟地答应了。

关于刘古愚去职性质问题,在不少介绍刘古愚的读物中,认为刘是被撤职的,有的学术研究文章也持此观点。如果我们对刘古愚的性格以及味经书院的传统有比较深入的了解,并仔细分析相关材料,就会发现撤职之说不能成立。刘古愚在致学政叶尔恺的信中提到辞职①,如果是当局主动撤销刘古愚的职务,就不会有此辞职信。当时身经此事的张鹏一在《刘古愚年谱》中涉及此事中,用的都是"辞职",而不是撤职,这并不是为长者讳的曲笔,在戊戌政变中被当作维新人士而撤职,实际上是一件光荣的事情,张鹏一在1939年撰写《刘古愚年谱》的时候更无此避讳的必要。有的学者根据刘古愚在《复王介夫学正书》中所说的"今味经、崇实并撤,弟得遂其私,以藏拙于山下,弟之大幸也。"作为刘古愚被撤职的直接证据。实际上此"撤"字在当时并不作"撤职"解,只能解释为"去职",就是离开工作岗位的意思。宋代张载坐虎皮讲学,虎皮在古代又被称为"皋比",讲学时候把皋比铺上,就是"拥皋比",离开教职就撤去皋比。当然很多人讲学并不都坐虎皮,但是古人对教师一直非常重视,要隆重设馆舍、置坐席,而历来教师离职叫"解馆",也叫"撤席",刘古愚所说的"并撤"之"撤"应该是"撤席"之撤,并不含有撤职的意思。与此类似,在刘古愚其所修改定稿的《陕甘味经书院志》《监院题名》中有这样一段文字:"(姚绍缄)字子夫,澄城举人,城固训导。为修书院弃官来泾,能任劳怨,工竣,辞退,祀书院。"姚绍缄在非常艰难的情况下为修建味经书院做出巨大贡献,显然,这里"辞退"是辞职退居还乡的意思,并不是现代汉语"开除"的意思。

从当时的具体情境来看,刘古愚此时已是众所公认的西北学术泰斗,地

---

① 刘古愚在《复叶伯皋学政书》中说:"赘学问迂浅,滥竽味经,年复一年,实为愧悚。今又加以崇实,陨越更多。素不工制艺,为人指摘。今闻又复制艺,味经、崇实两席万不敢恋,祈择德望硕儒、学通中西者主讲两院,俾赘得遂田园之乐,则所赐多矣。"

位很高。自首任院长史兆熊以来，都由学政出面礼聘，待若国士，有自请辞职的，没有恋栈而被撤职的。当年学政柯逢时改动书院章程，刘古愚即辞职不出，在已经不能正常实现自己志愿的情况下，性情耿直的刘古愚焉有恋栈不去、坐等撤职的想法？除非是突然发生剧变，刘古愚未及提出辞职而被当局突然撤职。而事实是，陕西当局对刘古愚的压迫是一个渐进的过程，据张鹏一回忆，在情况非常严峻的八月份，并没有谁提出撤换刘古愚，刘古愚在形势已经比较平稳的九月初才向叶尔恺提出辞呈，这时陶模已经和魏光涛达成共识，保护味经书院师生，在外国势力的压力下，最高当局也表明对维新党人从宽处理，不广为株连，赵舒翘的联名电报已经被搁置起来，又有什么力量能造成突然变故，而将刘古愚突然撤职呢？因此，我们没有必要不顾当事人张鹏一、叶尔恺的记述而说刘古愚被撤职。确实，在守旧当道、门人星散的情况下，刘古愚已经无法履行职责了，离开书院从主客观两方面来说，都是势所必至的事情了。

在恐怖的日子里，刘古愚的弟子对尊师表现出了深挚的感情。张鹏一在政变前夕的八月初从北京回到富平，二十七日由富平到礼泉烟霞草堂探听消息，九月十日，到味经书院探访刘古愚。八月，早年弟子李岳瑞从北京回到咸阳，也到味经书院拜谒刘古愚。此时李岳瑞已经是钦定的"康党"要角，刘古愚也以康党自居，与李岳瑞欢聚如故。同月，邢廷荚从上海归来，他也坚定地认为自己与老师从事的事业并没错，虽然一时逆流汹涌，但变法是中国大势所趋，不可阻挡。邢廷荚向刘古愚以及味经同门详细介绍了康有为及其弟子的各项事业，使陕西维新同志对康有为的学术有了更加详细的认识，张鹏一称此为康学西传的第三次①。戊戌政变后，刘古愚在烟霞草堂多次借讲学表明对康有为的支持，并用今文经学的方法评论时局，发表对慈禧太后己亥建储、与八国开展颟顸做法的不满。邢廷荚在自己的学术著作中也借用康有为的今文经学及公羊三世说的方法。师生二人在学术上相互呼应。1898年，邢廷荚撰成《朱子议政录》，集中体现了这位年轻学子的学术、思想特色，此书1899年出版。陶模的儿子陶拙存对此书很是赞赏，劳玉初后来又在"南中"

---

① 第一次是1895年底李岳瑞传来康有为的历次上书诸稿及强学会序，第二次是1897年杨凤轩、孙澂海从上海归来，带来康有为的一些著作。张鹏一：《刘古愚年谱》，第145页。

重版此书①。

十一月,门人陈涛、成安从兰州归来,王典章也从西安来到味经书院。陈涛、成安传达了陶模对味经书院师生的殷切勉慰之意,鼓励大家要像松柏一样坚贞挺拔地度过严冬。刘古愚及其弟子此时才得到当局的准确态度,也了解到局势已经基本稳定下来,星散四方的弟子又重新聚拢在刘古愚的身边。十二月初二,弟子吴建寅(字芷敬,吴宓生父)邀请即将离开味经书院的刘古愚到泾阳安吴堡居所,为老师设酒饯别,陈涛、成安陪同前往。在味经书院的12年中,刘古愚把全部精力都投入到教学中,口授手批,别无余暇,此时留下的文字除了一些寿序、墓铭之外就是戊戌维新期间刊书的序跋,另外就是筹措边防、推广工艺的论述,没有时间将自己的学术思想表述出来。一旦离开教职,刘古愚才感到前所未有的轻松。当时安吴堡院中梅花盛开,师生聚集一堂,甚为欢悦。席散后,围炉聚谈,刘古愚打算在烟霞洞从事著述,将自己多年的学术积累笔之于书。次日,归味经书院,初六日,刘古愚正式辞别味经书院。

戊戌维新时期是刘古愚一生影响最大、最具华彩的时期。在此期间,他带领陕甘士子与全国大变革的思潮协同共进,并对戊戌变法起到了直接的推动作用。刘古愚也因此为士人所瞩目。1899年,刘古愚被迫隐居烟霞草堂,与外界联系不多,相对闭塞,心情悲愤郁积。此时刘古愚虽然周岁仅55岁,但人生由于生活、境遇的巨大变化,已经走入老境。因此,隐居烟霞洞是他人生的又一个大的转折点。

在维新变法期间,刘古愚门下弟子在学术、经世两方面都经受了锻炼,在时代风云的激荡下,又一批人才渐露峥嵘。在这些弟子中,李岳瑞首屈一指,从1895年开始,李岳瑞就积极投入到维新运动的舆论动员之中。帮助梁启超、汪康年在北京等地大力推广《时务报》,积极支持天津《国闻报》,把一些重要消息透露给《国闻报》,将康有为的维新活动介绍给刘古愚,使陕西与全国的维新运动结合起来。在1898年维新变法高潮时期,身为总理衙门章京的李岳瑞上书光绪皇帝,主张裁汰闲散衙门,任用客卿,积极推动光绪皇帝召见伊藤博文,建议改革朝廷礼仪,采用西方相关仪式、服制。戊戌政变后,李岳瑞被革职,由于外国人的营救,得以幸免于难,回到陕西后,仍然与维新志

---

① 张鹏一:《刘古愚年谱》,第166页。

士相过从。1905年秋,应张元济邀请,去上海任商务印书馆编辑,并从事教育与撰述工作。辛亥革命后,受邀赴北京任清史馆编修。1922年再次回到西安,挂名陕西省长公署秘书长及督办公署秘书,实际上无所事事。晚年思想消沉,后又染上鸦片烟瘾,1927年去世。

陈涛是在刘古愚门下学习时间最久的一位,从1881年在胡子周"古月斋"直到1900年,达19年之久。陈涛25岁乡试为解首,之后由于家务缠身,在味经书院时读时辍。从1897年7月,奉刘古愚指派与同门孙澂海、杨蕙等到上海考察,其间各项重要事情都是由陈涛出面联系,也多由陈涛定夺,是戊戌维新期间奔走北京、上海刘门众弟子中的佼佼者,深得刘古愚信任和倚重。在上海的一年多时间里,更使他开阔了眼界,增加了才干。与当时上海的维新人士汪穰卿、龙泽厚、徐勤、经元善等过从甚密,他宣传康有为的维新变法思想,把陕西的维新活动介绍给东南同志。戊戌政变,由于陈涛的积极活动,被当局目为党人,在陕西难以立足,后来到广东投靠两广总督的陶模,帮助陶模办理学堂。先后在周馥、张人骏、岑春煊、张鸣岐的幕府中工作,曾在此主持创办高等工业学堂。后来又赴日本考察,对于日本的工业技术及各种情况有了更为深入的了解。归国后继续筹办学堂,为两广培养了不少人才。辛亥革命后,陈来到上海,希望在新生的政权中施展自己的抱负,但由于各派斗争激烈,怀抱难以施展。后来到北京财政部工作,受命考察各省财政事宜,但没有实权,仍不得志。当时中国陷入军阀混战的局面,陈涛空怀一腔报国之志、满腹才华难以施展。陕西更是各派争权,人民饱受荼毒,城乡大半成为丘墟。政局混乱,自己又不得志,晚年的陈涛十分苦闷,赋诗饮酒聊遣愁怀。1925年卒于北京寓所,享年57岁。他的著作散佚很多,在他的《文集》中有遗诗一卷,康有为曾作序称赞,谓陈涛为康门中最善诗文者。他的诗,情感浓烈,充满抑郁悲愤之情,有辛稼轩之风。陈涛为吴宓姑父,吴宓年轻时深受陈涛影响,尤其在文学及诗歌创作方面对吴宓陶冶甚深,吴宓的人文情怀不少直接来自姑丈陈涛,吴宓在其《自编年谱》中对此有大量的记述,陈涛可以说是吴宓出国以前最为尊敬的师长。陈涛有《审安斋遗稿》传世。包括《审安斋诗》一卷、《裴氏和约私议赘言》一卷、《南馆文钞》一卷、《粤牍偶存》一卷、《入蜀日记》一卷、《田税局条议》一卷①。

---

① 陈涛事迹参见张鹏一《刘古愚年谱》及陈涛自著《审安斋遗稿》。

邢廷荚(1873—1901),陕西礼泉人,光绪十七年辛卯(1891)举人,时年18岁。之后三次参加会试,不第,又大挑于内阁,仍然没有成功,但是邢廷荚并不以此为意。邢廷荚深深赞同刘古愚的学术思想,刘古愚创办时务斋,邢廷荚是响应最积极的,带头学习西学、数学,在贯彻刘古愚教育思想方面起到了很大的引领作用。甲午战争后,"泛海南游苏、沪,遵岳鄂、沂(此字有误,疑为'溯'字)江汉。西旋,于各国汽车、轮舟、番变之制,及其施行所宜,精心考究,必通其故。在沪上,游西人纱布、印书、造纸、造烛各厂,靡不究其始末,笔之于书,茧丝牛毛,细穷毫发"。在上海与狄楚青、何擎一、龙泽厚、徐勤意气相投,"日相讲说,气益奋发①。积极推动各项维新运动,发起不缠足会,刘古愚对邢廷荚深为倚重。光绪二十七年辛丑(1901)三月,偶染疾病,误服攻下之药,不幸竟英年早逝。邢廷荚是刘古愚的忠实追随者,戊戌政变爆发时,他正在从上海到陕西的归途中。一回到陕西,不顾政治高压,即到味经书院看望刘古愚,劝勉同门学友。病重期间还不时雇车到烟霞洞去看望刘古愚。他去世时尚未及而立之年,有《朱子议政录》遗著一卷行世。据李岳瑞《邢瑞生家传》及张鹏一《刘古愚年谱》介绍,邢廷荚的学术追求经世致用,在用今文经方法阐释经史方面与刘古愚非常相似。邢廷荚在同门中威望很高,李岳瑞说:"吾门数十人,果敢沉毅无如君者。"②张鹏一说:"瑞生沉毅好学,及门中之俊杰孟符(李岳瑞)、伯澜(陈涛)外,瑞生其一也。"③

另外需要提到的是刘古愚的三个满洲驻防门生成安、恩特亨、阿勒精阿。当时驻防制度规定驻防人员及其子弟不能从事农业、商业等生产活动,靠国家发给的粮米生活。此制度已经施行200多年,但随着旗籍人口的逐渐增加,其生活日益窘迫。满族有习武的传统,但是到晚晴时期,这种传统也渐渐衰落。旗人又不甚重视读书,虽然有专门的学校,但水平很低,就西安驻防而言,学有所成者绝少。当时成安、恩特亨在旗学中很有时誉。清制,旗籍士子除岁科试、乡试外不得擅自离开防城。刘古愚本着有教无类、普及教育的原则,向当时的学政柯逢时建议,选旗人中成绩优良者到味经书院深造。此议得到柯逢时的支持,于是成安、恩特亨成为味经书院的首批满族驻防学生。

成安,字定夫,甲午科(1895)乡试举人,是求友斋的首批学生,也是陕西

---

①② 李岳瑞:《邢瑞生家传》,转引自张鹏一《刘古愚年谱》,第187页。
③ 张鹏一:《刘古愚年谱》,第184页。

省首批通算学的学生,之后一直追随刘古愚。成安有治世才,味经书院刊书处成立以后,一直充任刊书处董事。戊戌政变后与陈涛等人一起到兰州拜访陶模,为味经师生走出政治恐怖做出贡献。后因刊书劳绩,补授宁羌州知州。

恩特亨,字次元,姓章佳氏,陕西驻防镶蓝旗佐领,天资聪颖,擅长文学,文辞悱恻,颇负时誉。甲午战争后,维新潮起,满汉之间的隔阂、猜防也因之而起。恩特亨在刘古愚的影响下,认识到旗人坐享其成,不事生产,终究非长远之计,因此力赞维新。他的主张受到部分旗人的激烈反对,诽谤、谩骂随之而起。戊戌政变后,旗人愈发将恩特亨视为异类,排斥不遗余力。在这样的思想氛围中,恩特亨独力难支,放弃学业,思想逐渐消沉。后来,排满革命思潮日益高涨,恩特亨意识到革命必将成功,而在当时不乏狭隘的排满思想影响下,恩特亨深为忧惧,认为革命必成,汉人提倡种族复仇,势将尽杀满人,于是"以弈(围棋)与酒自残、自晦"①。生活也非常艰难,纵酒放狂,往往"春无粮、寒无具"②。同门时时周济,王典章请其至家中设馆授徒,恩特亨的境况稍有改观。光绪乙巳、丙午间(1904—1905),新政逐渐推行,恩特亨得到任用,先后任提学使、司学务员③,又开始有所振作。光绪三十三年(1907)病卒。

阿勒精阿,字伯纯,是恩特亨的侄儿,刘古愚从味经书院归隐烟霞洞时,阿勒精阿与同门一起惜别恩师。阿勒精阿才华横溢,但科场屡不得志,虽然有沈卫的极力奖拔,但是由于考官的颠顶渎职,竟仍然被摒除。后以贡生为某县榷税官。任官四年,辛亥革命起,革命军攻破西安驻防,阿勒精阿的母亲在西安,生死未卜,他即偕妻子张氏赴省城探母。行至咸阳,被会党首领陈得贵探知,率众围捕。阿勒精阿财物被洗劫一空,面对陈得贵的持刀胁迫,阿勒精阿说:"清廷养士二百年,吾早知有今日,不苟活也。"妻子服毒自杀,阿勒精阿待妻子整装入棺之后,系好珠冠,在咸阳县西门外坦然就戮。咸阳人将其葬于西门外白杨树下,垒石记之④。

革命军攻破城防的时候,恩特亨的儿子虎儿在学塾读书,得到消息后,回去探视母亲,母亲正与幼女准备投井自尽,虎儿到来后,母子三人同赴黄泉。

---

① 吴宓著,吴学昭整理:《吴宓自编年谱》,第48—49页。
② 张鹏一:《两章佳氏传》,转引自《刘古愚年谱》,第210页。
③ 张鹏一:《刘古愚年谱》,第210页。
④ 张鹏一:《两章佳氏传》,转引自《刘古愚年谱》,第211页。

在戊戌时期已达弱冠之年的刘古愚的不少学生也因戊戌政变影响了他们的仕途,也有人因不满清廷迫害维新志士而拒绝出仕,如张秉枢等。其他学生或投身大吏幕府,如吴建常,更多的是从事教育事业,在兴办新式教育的过程中,刘古愚的许多弟子成为骨干。刘古愚其他弟子从榆林到关中,创办了大量的学校,这些学校是一个个文明的堡垒,在刘古愚的启蒙下,通过这些学生持续不断、春风化雨般地辛勤耕耘,陕西、甘肃一步步迈向现代文明。

上举刘古愚弟子的个人命运大多是悲剧性的,他们的悲剧是时代造成的,也是时代悲剧的体现。就客观条件而言,政局波动太剧烈、太频繁,在波涛汹涌的时代浪潮中,近代中国社会更多体现的是后浪对前浪的否定,而吸收、继承则不够。戊戌政变发动以来,即使像康有为那样当时被许多人认为是学术、政治都太多偏激的人物也受到广泛的同情,不仅刘古愚自认康党,据说李鸿章在慈禧太后面前即公然以康党自居①。但是,此后革命思潮兴起之后,革命与改良逐渐发展到势不两立的程度,康梁和孙中山始终没有达成和解。从大的方向来说,二者都是追求民主、富强,有着很大的共同点,但是道路的分歧掩盖了这些共同点,彼此在激烈的纷争中难以心平气和地吸收对方的长处。随着辛亥革命的胜利,革命思潮压倒了改良,戊戌时期的维新志士虽然对历史的发展做出很大贡献,但却逐渐被时代所淡忘和摒弃。之后是革命派与袁世凯北洋集团的激烈斗争,随着袁世凯逐渐控制全国,那些辛亥首义的"革命功臣"也一一被清理,更不要说戊戌维新志士了。宋伯鲁、李岳瑞、陈涛的命运就是这种时代形势的缩影。梁启超凭借其不断以昨日之我反对今日之我的时代敏感性和在舆论界的巨大影响,得以长期保持自己的中心地位,在戊戌维新人士来说,是不多见的。在这样的时代环境中,一批人才被造就出来了,但是很快又被埋没、否定,新旧难以融通,中国近代历史在很大程度上又陷入古代那样的循环怪圈,很难把各种进步因素一点点积累起来。刘古愚门下邢廷荚没有在全国的历史舞台上有更多的表演机会,李岳瑞、陈涛的思想才华得到一定的展现,为推动历史进步做出了贡献,但是又很快被历史的长河席卷而去,留下了退席时黯淡的背影。

---

① 李鸿章对康有为的认可即使在慈禧太后面前也不否认。慈禧问李鸿章:"有人谗尔为康党。"李鸿章镇静地回答:"臣实是康党。废立之事,臣不与闻。六部诚可废,若旧法能富强,中国之强久矣,何待今日? 主张变法者即指为康党,臣无可逃,实是康党。"见孙宝瑄:《日益斋日记》,《梁任公年谱长编》(台湾版),上册,第100—101页。

成安、恩特亨叔侄则是另外一种类型。成安基本上跳出满洲旗人生活的圈子,但恩特亨、阿勒精阿则还生活在旗人驻防这一环境中。在刘古愚的启迪下,他们认识到当时满汉隔离的不合理,也认识到满洲入关时期以及200年的统治期间,满族与汉族在政治待遇方面的不平等,想借维新变法、百日更新的时机逐渐消除这些民族间的隔阂。但是作为驻防中下层人员,在当时思想尚未普遍开通的情况下,他们呐喊被淹没,被视为异类而受到压迫。在辛亥革命高潮时期,他们及家人惨遭不幸,成了时代的牺牲品。在此时代形势下,我们越发看到刘古愚及其弟子们在民族思想方面走在了时代前列。

　　从主观方面来讲,他们的悲剧在于他们是时代的先觉者,当他们作为启蒙者、播火者唤醒大众,照亮未来道路的时候,众人多在酣梦,世界依然黑暗;当新的思想形成滚滚大潮的时候,他们却又被大潮淹没,这是历史的吊诡。而中国近代,新思潮对旧思潮否定多于继承,其否定传统的激烈性、决绝性又是世界近代化过程中所仅见的[1],探索者、先驱者的悲剧命运尤其撼人心魄。不仅维新志士,那些志虑忠纯的革命先行者也多如此,今人回顾这段历史,不禁欷歔不已。

　　与李岳瑞、陈涛的晚景消沉不同,刘古愚则从来没有停下奋进的脚步。戊戌政变之后,紧接着是己亥建储、拳变兴起、联军入京、皇帝出逃,中国国运再次一步步向深渊沉没,面对此境,刘古愚心情之忧愤无以复加,而他却丝毫没有放弃救国救民的努力,办学校,兴农牧,改良各种生产机器,谋划内地守御,教化甘陇各族士子,不管出处,无论穷独,总以富民济世为己任,即使"天下有一分可为,亦不肯放手"[2],真可谓鞠躬尽瘁,死而后已。下面我们一起来看看他晚年的奋斗岁月。

---

[1] 林毓生说:"虽然反传统态度与反传统运动的时代在别的地方也曾发生过,但就'五四'反传统思想笼罩范围之广、谴责之深与在时间上持续之久而言,在整个世界史中可能是独一无二的现象。由于它对中国过去的攻击是采取全盘式的,这个整体性反传统主义影响所及,使得中国在民族主义的一个重要方面也形成了独特的性格。这种性格在其他各国的民族主义中也是少见的。"见林毓生著《中国传统的创造性转化》(增订本),北京:三联书店,2011年版,第175页。

[2] 顾宪成:《小心斋札记》卷四,第7页,见《顾文端公遗书》汪里宗祠藏版,光绪丁丑(1877)重刊。

第七章 隐居烟霞 富教关心

一、辟地烟霞讲堂开

刘古愚于戊戌腊月离开泾阳味经书院,己亥(1899)春,受门人邢廷荚、王绍亭之邀正式移居礼泉"烟霞草堂"。草堂位于九嵕山麓唐太宗葬地昭陵之南,在礼泉县城东北三十里,南十里有赵村镇,东三里有村名屯里,又东去半里有一小村,俗名"山低"。草堂东数十步就是"烟霞洞",相传汉代名士郑子真曾隐居于此,烟霞洞缘此得名。洞在石崖间,上有清泉,向南、向西流为两支,西边的一支流环绕于草堂前①。二水可灌溉农田数十亩。"烟霞草堂"是学舍与刘古愚居所的统称。学舍背靠小丘,有屋四五楹,形成一个大院落。小丘上有屋三楹,远望若楼,是学舍的礼堂。学舍西有三孔窑洞,为刘古愚居所。居室与学舍之间有一丈见方的小厅,是刘古愚的讲室兼书斋,讲室无窗,只有一个风门。草堂的正门朝南,东边又有屋三间,放置农具,有时耕田的帮佣也住在这里。② 烟霞草堂孤悬野外,负山面野,环境清幽,女贞、龙柏等树环绕,多植桃、李、梨等果木,春季花树满眼,夏天绿荫匝地,梨尤为礼泉特产,个大味甘。昭陵在旁,唐朝开国功臣陪葬四周,古韵盎然。但是,以深遭时忌的党人身份居住在此,学生寥寥,来去无常,对此田园牧歌式的景致,刘古愚心中当别有一番滋味。

刘古愚居此的远缘是试种白蜡树。咸阳赈灾之后,刘古愚发现礼泉烟霞洞有泉水可以灌溉,适宜种植女贞、龙柏等可以寄生白蜡虫等树种,即在此购买土地,经费来自咸阳县丞林子禾的捐银200两以及前任陕西布政使曾怀清的700两捐款。甲午战争后,刘古愚忙于革新教育,委托王怀堂、刘青嶂继续经营此事,后王怀堂病逝,刘青嶂态度消极,"办白蜡之人亦遂领修脯而不事事,不种树、不挂虫矣。"③1897年,刘古愚向学政叶尔恺提出辞呈,门下弟子

---

① 张鹏一:《刘古愚年谱》,第153页。
② 张季鸾:《烟霞草堂从学记》,《烟霞草堂遗书续刻》。
③ 刘古愚:《复邠学舍始末记》,《烟霞草堂文集》卷三。

开始考虑刘古愚归老之事,在刘古愚不知情的情况下,张鹏一、牟瑾、张遇乙、张秉枢、邢廷荚等到礼泉县烟霞洞勘察后,决定同门集资,为老师买下了这块地方。等学舍修建工程基本完成,学生们才禀明师尊。戊戌政变发生,刘古愚遂移居于此。

烟霞草堂的复邠学舍是同仁集资自发创立的,运转经费部分来自先后在此购买的百亩土地,带有义学性质,因此不收学生的学费,有的学生带来米、酒等,刘古愚则收纳。烟霞草堂的第一批弟子有梁峻山、王含初、魏之杰(英伯)、张振基(佩甫)、张鼎荣(宝三)、车正轨(立斋)、谭焕章(西轩)、谭湛(耀堂)、张遇乙及其子张念祖,另外有刘古愚的两个儿子瑞骙、瑞骖共12人。刘古愚为学舍订立学规,强调"致良知""修良能"。"致良知"侧重心性道德修养,"修良能"侧重于实际处事能力的培养,"'致良知'非'修良能',则遁于虚;'修良能'非'致良知',则滞于迹;滞于迹,则视日用行习为一身一家之事,而轻忽视之,怠慢出之,高语性天,放谈经纶。今日之一身一家尚不能洽,此已不知放于何所,他日任天下事,谓有所补,其谁信之?"①《学规》分为四条,即分职、肃仪、修业、会议。设义学董事一人,管理义学、庄稼、工艺。学舍内一切事宜由董事主持大纲,同学共同商议拿出初步意见,最后报请刘古愚批准实施。王含初为学舍董事,学生居住地各有斋长,学生外出须向斋长请假,有吸食鸦片、干犯礼法的事情斋长负责"纠戒",斋长处理而学生仍不改的,报告刘古愚,刘古愚与大家商议后,做出最后处理意见,决定其去留。另设"知客"一人,负责接待旧日门生及远来初学之人。

"复邠学舍"的具体运行方式张季鸾1925年曾有回忆。学生按年龄分为长幼两班,两班中每天有一人执勤,年长者负责门禁、纪律,年幼者负责打扫卫生,接待来访者。每月朔(初一)望(十五)在礼堂集合,拜谒孔子。拜谒仪式很隆重,四更起床,年长者负责纠察礼仪,年幼者击柝(柝就是打更用的梆子),击柝三次,集合完毕。不论严寒酷暑,坚持不懈。学生在此仪式中受到陶冶和教育。拜谒大礼后,刘古愚登堂讲课。张季鸾曾在冬日凌晨击柝:"昧爽登高,柝声隆隆,今犹在耳,而其乐不可得矣。"②

《复邠学舍学规》现仅存残件,除"分职"一条外,"肃仪、修业、会议"均不

---

① 刘古愚:《复邠学舍学规》,《烟霞草堂文集》卷九。
② 张季鸾:《烟霞草堂从学记》,《烟霞草堂遗书续刻》。

能了解详情。基本上是按照学生各自的特点及兴趣、爱好,进行个性化的教育。刘古愚给每个学生制订了读书方案,草堂从学十多人,无一雷同。大致的原则是修身与经世并重。学生无论读什么书,都要有课程册,把自己的读书进度、心得记录下来,这是延续了味经书院的做法。刘古愚给张季鸾制订的学习计划是读《明鉴》《文献通考》,抄读《通考序》《方舆纪要序》,并晓谕张季鸾:读史应先读近代,阅读《文献通考》则知历代制度、典章之得失,应优先研究货币制度。《读史方舆纪要》是了解历代沿革、军事攻守的必读书,由于当时张季鸾年龄尚小(15岁)可先读《方舆纪要》序。①

梁峻山是在烟霞草堂追随刘古愚时间最久的学生,刘古愚当时对经史的一些见解都曾对梁峻山讲述过。1899年,刘古愚曾经为他讲解《汉书·食货志》,刘古愚结合《史记·平准书》以及当时的实际形势,对汉代经济制度进行深入评析,并将自己的经济思想和盘托出。此讲稿现存《烟霞草堂遗书》中,是体现近代中国经济思想转型的重要文献。1901年,又为梁峻山批注《汉书·艺文志》,此批注中,刘古愚比较明显地采用了康有为今文经学的观点,并对自己的儒学、经学观做了集中的阐释,也是理解刘古愚学术思想的重要著作。此书今存《烟霞草堂遗书》。1900年,指导陈燮兄弟和刘古愚的儿子刘瑞骝读《史记·太史公自序》,在此提出孔子之道是治天下的大道,后世所谓儒学并不能代表孔子大道的全部,也就是说儒学只是九流之一,孔学非儒学。此说很大胆,与历史实际有出入,刘古愚的思路是将孔子从九流十家的层次解脱出来,把孔子看成是整个文化的象征。孔子与儒学脱钩后,儒学的一些不能适合时代需要的内容即可大胆批评与否定,而与孔子有关的文献如《论语》《孝经》中一些与时代相契合的提法可以做进一步的引申和发挥,这与康有为《新学伪经考》《孔子改制考》类似。这种做法征诸学术发展史,有许多地方与历史实际有出入,也否定了传统的经学笺注的方法,他是在肯定孔子这个民族文化象征体的情况下,对传统文化做现代化的新阐释,企图提出一套适应时代的新的价值体系。当然刘古愚的做法仅仅是一个开头,其价值不在纯学术研究,而在开辟新的思想道路。从这个角度来看,我们就会看到处于中华民族文化大转型初期的思想先行者大胆、艰难而痛苦的探索过程。

---

① 张季鸾:《烟霞草堂从学记》,《烟霞草堂遗书续刻》。

烟霞草堂期间,刘古愚还撰成《孟子性善备万物图说》《孝经本义》《论语时习录》《尚书微》等重要著作,这些著作也都不是纯客观的学术研究,是为探究新的时代思想而寻找经典的价值依据,这些价值依据是在对经典进行引申、发挥、重新诠释的结果。

刘古愚晚年几乎把所有的积蓄都投入到改良纺织机器方面,甚至把土地也抵押出去,有时靠借贷维持生计。烟霞草堂的生活是很清苦的,无论是在家中还是在讲堂,刘古愚平时饭食除了馒头面汤之外,就只有辣椒和盐。书斋中冬天也不生火,破纸疏窗,朔风凛冽,笔砚结冰,刘古愚穿一件破旧的大衣,终日端坐,或讲书,或批改学生课业,只有中午吃饭的时候到室内,饭后继续批改。傍晚,所有课业批改完毕,把学生召集起来,在石案旁集中讲解。烟霞草堂的许多学生都保留着刘古愚的批改墨迹,有的批改文字集中起来就是一本书,上举《烟霞草堂遗书》所收著作就是显例。刘古愚感伤时局,不时痛哭,晚年视力不好,一度失明。病目翻书,衰年摇笔,艰难异常,学生课业上的一字一句都是刘古愚心血的凝聚。

刘古愚之所以在如此艰苦的条件下,依然把全部心血都投入到教学当中,是出自传承文化的宏大抱负,他曾经自云:"夫诸同人为余筑舍,以中国贫弱,耶教横恣,惧孔教之亡,而欲延百千于一线也,不因予身而起,岂因予身而止? 故斯舍之兴,直类禅宗之开山。"①在保存延续文化方面,刘古愚有着一种百折不挠的宗教般的追求。1899年春,刘古愚病目不愈,赋《山居抒怀》六首,对兴办教育、开发农牧有宏伟的规划,显现出的仍然是一种豪迈的情怀。

昭陵引我入山来②,牧唱樵歌弦诵才③。

土物心藏郐地接④,峻峰颈缩讲堂开。⑤

---

① 刘古愚:《复郊学舍始末记》,《烟霞草堂文集》卷三。
② 门人梁峻山注:"学舍在唐太宗昭陵下,赴学舍者望唐陵为准。"诗及注见《烟霞草堂文集》卷十。
③ 梁峻山注:"学舍左近居民二十余家,有读书声,自学舍始。"
④ 梁峻山注:"昭陵北古为三水,称古郐国。"
⑤ 梁峻山注:"昭陵即九嵕高峰,至学舍则峰藏不见。"

青元石气蓸腾合①,英卫雄姿想像哀。②
　　一代人文谁作育,河汾真是不凡才。③

循着昭陵一路走来,就是新开的讲堂。环顾四周,李靖、李勣等开国功臣长眠于此,放眼北望,邠国在野,周祖古公亶父在此奠定姬周800年基业。文中子王通河汾讲学,闻其学的门生,友人房玄龄、杜如晦、薛收、魏徵等成就盛唐一代事业。烟霞草堂培育人才,兴富教之业于三秦,且保留文脉于万世,不亚于文中子、英公、卫公勋绩。此诗雄浑厚重,豪情四溢,颇有盛唐气象。在忠于国事而受到深重打击、病目且盲、囊贫如洗的境遇下,而胸中怀此境界,实属难能。中国文化之所以在近代饱受磨难而不绝,就是因为有刘古愚这样永不气馁的志士以自己的生命倾心呵护着。

二、全民皆学延宗脉

对于刘古愚的为人,张季鸾有一段深情的评论:"西谚有云:'拿破仑字典无难字。'吾师字典,所缺尤多。盖凡私伪、贪吝、骄惰、怯懦、求逸、无恒诸易犯者,及顾家室、慕世名,世所视为常行者,皆非吾师所知。爱国爱人之教,为民国本根,然愚自游燕、吴,见当世之士,或口爱而实伪,或偶爱而易忘。其下者无论已,上焉者亦多杂功名之欲,或有刍狗万物之心,求如吾师之至诚济世,忘家与身,虽须臾,不舍保国、保教、保种之志,卒殉其事以终,实未之见也。"④征诸刘古愚一生行事,张季鸾上述评价可谓实事求是,绝无溢美之词。1896年以来,因为创办公益事业,两次被告上公堂,这对于名满秦陇的一代大儒来说是很大的羞辱。戊戌政变之后又受到很人的政治压迫。烟霞洞隐居

---

① 梁注:"舍左为青山,右为元山,俗谓元吉葬此。"
② 梁注:"学舍前百余步为卫公冢,更南为英公冢。"卫公为唐开国功臣李靖,英公即李勣。李靖(571—649),字药师,汉族,雍州三原(今陕西三原县东北)人。隋末唐初将领,是唐朝文武兼备的著名军事家、政治家,后封卫国景武公,世称李卫公,舅韩擒虎为隋朝名将。他一生战功卓著,平定萧铣、安抚岭南,击败辅公祏,扫灭东突厥、远征吐谷浑,对唐朝的创建和稳定起到了重要作用。李靖善于用兵,长于谋略,著有数种兵书,唯多亡佚。李勣(594—669),原名徐世勣,字懋功,汉族,曹州离狐(今山东菏泽东明县东南)人。唐高祖李渊赐其姓李,后避唐太宗李世民讳改名为李勣。唐初名将,曾破东突厥、高句丽,唐太宗称之为唐之长城,深为倚重。李勣得病,太宗亲剪胡须以为药引。历事唐高祖、唐太宗、唐高宗三朝,出将入相,地位尊崇,后被封为英国公,为凌烟阁二十四功臣之一。
③ 梁注:"昭陵陪葬悉唐初功臣,环绕学舍,房、杜、薛、魏皆与河汾席。"
④ 张季鸾:《烟霞草堂从学记》,《烟霞草堂遗书续刻》附录。

期间，政治形势进一步恶化，一时看不到党人有什么翻身的迹象，刘古愚早已绝意仕途，此时更无丝毫功名利禄的追求，他的弟子陈涛与张鹏一欲捐官、外出宦游，刘古愚也不赞成，可见他对当时政治已经失望①，他自己对社会也无任何索取之心。世人看来，刘古愚不过是一位"遁世迂儒"，在烟霞草堂守着寥寥几个学生度过余生。但是他振兴教育、康济天下的抱负绝不会因为世事的变迁有任何衰减，在教育方面也不以烟霞草堂为满足，他的胸中仍然有一个宏大的计划，那就是以烟霞草堂为中心，以六义学为支撑，建立一个教育网络，继续实践他的教育理念，希望通过他的行为为天下指明时代所需教育的真正方向，这就是刘古愚把烟霞草堂比喻成禅宗开山的意蕴所在。刘古愚的教育思想我们后文还要专章论述，这里主要介绍其经营义学、研究新的识字方法的事迹。

1899年，刘古愚为义学重新制定了章程。大致分为以下几个方面：

（一）管理

义学的经费源于义仓，除西阳村义学本金50石以外，其他义学都是100石。各义学还要在年丰谷贱之时多购进粮食，以增加义学本金。此后可能还有资金注入，如天阁村义学经费已经被夺去，但是1902年刘古愚又命自己的儿子刘瑞骙为天阁村义学馆师，此时天阁村义塾经费应该有了着落。礼泉烟霞洞"复郊学舍"为各义学总会，每年二月十六日孔子忌辰，各义塾管事及教师汇聚"复郊学舍"核算、报销上一年账目，并议订下一年的教法，八月二十七日孔子诞辰再行集合，议订下一年各义塾的教师。

（二）祭祀先师孔子

每年朔望日举行，由义塾教师主持祭祀，管事及乡人率义学弟子陪祭。祭祀日馆师停课，学生演舞，学习算学者演习测量方法。刘古愚非常重视祭祀孔子，他把孔子作为中国文化的象征，祭祀孔子是增强中国文化凝聚力的重要手段，刘古愚希望以此抵消基督教在中国的渗透，增强学子对中国文化的敬畏和信仰。这是当时基督教大力贬抑中国文化、欲将全中国基督化行为

---

① 张鹏一：《刘古愚年谱》第202页："鹏一将赴京，来谒师，以出外宦游意，以为不然。又以所拟《两汉治乡考》呈师，则大喜曰：'此今日不可少之作，须更加完密，留此再增添材料。'"

在中国有使命感的知识分子心灵中激起的反应。祭祀行礼完毕后,"师讲说至圣创教实事一二条,随引《上谕》《广训》一二句,演说之,总以切其乡之风俗为主。"①"创教"二字体现了刘古愚欲将儒学改造成宗教以与基督教对抗的思想,这也与康有为的影响有关。但是,儒学并非宗教,现在看来,将儒学宗教化不仅实际上不可能,也并不是振兴中国文化的合理途径,刘古愚朔望集乡人祭祀孔子,乡民应者寥寥②。但是包括康有为在内的中国文化自觉捍卫者的责任感及积极、艰难的探索则是应该肯定的。

(三)教育对象方面贯彻普及教育的思想

所有适龄儿童(8岁以上)都应该入学学习,刘古愚着意动员当时不注重学习的兵、吏、农、工、商子弟入学,强调这些人必须受到教育,这是刘古愚教育普及思想的体现。义塾设在最基层的农村,教育对象主要是幼童。普及教育是刘古愚教育思想的基调,义学就是普及教育的基地。刘古愚还期望通过组织"复郼同绩社"来推行妇女教育,通过识字使所有幼童受到教育,尤其是使女童受到教育。由于维新期间咸阳县令孙万春推行女学受到极大阻力,刘古愚没有在义学中推行女子教育。四民各业子弟都应该受教育的依据依然是古代经典,刘古愚在《章程》中说:"周以农立国,其实兵、农、工、商并重。古之所谓士,即今之所谓兵与吏,故选士以射,曰'虎贲之士脱剑',曰'士兵'之('之'字疑衍)。《管子》'士乡十五'即公与高、国所将之三军,后世称在军之人曰'士卒',是有兵学也。周公多才多艺,《考工记》述周公之考工,必是周之遗制,为周公时攻工者所记,是有工学也。《酒诰》'远服贾'与'艺黍稷'并言,太公治齐,以'劝女工''通鱼盐'富强,是有商学也,独不闻有记诵词章之学。且士者,事也,谓治事之人,则学者治事也。除兵、吏、农、工、商而外,人生更治何事?今学名'复郼',管事及学师须力振兵、农、工、商之实学,力除记诵词章之陋习。"在说明兵、吏、农、工、商子弟必须入学的理由时,刘古愚主要引用的是《礼记》("虎贲之士脱剑")、《周礼》、《尚书》、《管子》所记载的先秦时期"士"兼文武,既为办事之文员,又为执干戈卫社稷的士兵。太公姜尚重视工商而致齐之富强,《尚书》中也有重视工商的许多记载,所以应该

---

① 刘古愚:《义学章程》,《烟霞草堂文集》卷九。
② 刘古愚:《与沈淇泉学政书》,《烟霞草堂文集》卷六。

研究兵、吏、农、工、商等各业学问。在戊戌政变后的特殊环境中，刘古愚并没有提西学，他说上古国家重视各业，并不贱视兵、吏、农、工、商，则是符合历史实际的，也有其说服力。

（四）教学内容

刘古愚对义塾的教学内容和方法有着明确、详细的规定，这是他在《行周礼必自乡学始》及《〈学记〉臆解》中提出的教学内容的具体化和实践。教学内容主要包括识字、演学、习算、习礼、学乐四个方面。识字分为审音、辨形、明训、属文四个层次。"审音"就是学习"等韵"，用一到三个月时间。"辨形"主要是认识字典部首、篆古变楷、独声、字原，在这个阶段把指称具体事物的实字基本认识。所认识的字要会写，老师用通俗语言讲解字的含义。"明训"主要是认识具有抽象意义的字，如文、武、先、后等，这些字多为指事、会意字，尤其是假借字更多。老师仍然用极其浅显的语言解释字义，每解一字，学生就将老师的讲解语言写入课程册，同时也练习学生的书写能力。这个阶段大概一年，目标是学生能把自己的话语用文字表达出来。这里值得注意的是，无论老师的讲解还是学生初步练习书写字句，都是白话文，这应该是中国较早的白话文教育。"属文"训练学生将虚字、实字搭配运用的能力，将此前的"俗语"逐渐转变成文言。识字、明训后，即以俗语讲解《论语》《孟子》《孝经》。

"演算"也分为四个层次，第一是"知数"，认识由一至十、百、千、万之数，掌握各种权衡、度量、道里、历数之名，要与外国度量衡相对照，别其异同，掌握加减法，这个阶段需要半年。第二是"通数"，学习《九章算术》以及元代算术中比较浅显的部分，这个阶段需要三年时间。另外两个层次是"测量"和"绘图"。先练习测量地形的远近、高深，逐渐过渡到"测天"，"绘图"即在测量的同时讲授。

"习礼"就是为学童讲授为人处世的基本礼仪，包括"晨昏仪、讲授仪、朔望仪、实客仪"，各种礼仪必须为学生讲解明白，使之能知能行。

"学乐"分为两项，一"为歌"，二"为舞"。"为歌"实际上是辅助教学方法。刘古愚认识到，将各种知识编成合辙押韵的歌括（歌谣），最容易受到学童的欢迎，学习起来会有乐趣，容易掌握。对于那些不识字的人也用歌谣的形式帮助他们认字，掌握生产知识。刘古愚对用歌谣的方式推广知识、普及教育非常重视,自己曾经编了不少的歌谣,今《烟霞草堂遗书续刻》中就保存了他为推广养蚕先进方法而编的《养蚕歌括》。识字、知数、习礼中的各种知识也要尽量编成歌谣。"为舞"之"舞"主要是武舞,《礼记》"大武"之舞,《周礼》《夏官·大阅》都是讲究击刺的武舞。义塾所习之舞主要是体操,兼有强身健体与军事训练的目的与功能。刘古愚特别规定学童要放枪,除了专门演习枪法外,还用放枪作为作息的号令。刘古愚曾经用义仓利息购买抬枪20杆,这些抬枪可能分拨给各个义塾,作为教学、训练之用。

除上述内容外,刘古愚仍然将知识学习与实践结合起来,他联合民间巧匠,试制纺纱、织布、取水以及其他各种先进农桑器具,发给各义塾,供学生实习之用。另外,每个义塾出银50两,联合成立"复邠工艺厂",是学生的实习基地。

(五)教学方法

学童11岁后(依据是古代童子10岁出就外傅,也就是完成了家庭教育,开始正式拜师。以今之虚岁计之,则为11岁。)由义学总社派一人会同馆师对之进行面试,面试分为上中下三等。作论说通顺就是能属文,算术能明加减乘除,习礼能精守学规不犯,娴习礼仪,体操勤、步伐整齐者为上。这部分学童可以教授他们五经全文,为道学、政学之选。不能属文而以俗言说《论语》,尚可通晓算术,粗晓体操,亦可守学规、不轻犯者为中,仍令补足习算、属文等功课。察其资质所近,兵、农、工、商各学令其专习,"五经",则择要读之。若识字不能明训,演算不能乘除,守礼不能解其意,学乐不能记歌词,习舞不能娴步伐,此则为下。但这部分人基本没有,所以考核实际上分为二等,第一等修习经史,第二等根据兵、农、工、商等职业,进行分科教学。第二等的也要读经,但是只是节选经书,而不是全本。具体来说,"《诗经》可读切乡间风俗日用之篇,《易》读《大象》,《书》读《禹贡》《洪范》,《礼》读《曲礼》《少仪》《内则》《三年合》《儒行》等篇,《春秋》可以不读。"这种办法出自柏厚甫,刘古愚命柏厚甫编辑《五经》选本,以为各义塾之用。

除按年龄进行分级教学、按资质进行分科教学之外,刘古愚特别强调的就是不要学生死记硬背,用俗语讲经书,学生只要理解、读熟、切实掌握即可。

尤其不能责罚学生①。刘古愚本人的教学生涯就是从教育幼童开始,对学生的启蒙教育非常有经验。在为人处世方面,刘古愚十分严肃而倔强,尤其是对于横行乡里的官吏更是毫不妥协,多次致书地方官,责其鱼肉乡民。但是在教育幼童方面却非常有耐心,早在光绪五年(1879)的时候,他就形成了教幼童学习以宽为宗旨的思想,他还叮嘱柏景伟对学生要有耐心,不要着急、发怒:学习本来就不是件容易的事,对于那些从小就荒废了学业的人,不能期望在旦夕之间收到明显效果。书经说"经敷五教在宽",圣人说的"宽"并不是放纵,而是欲速则不达的意思。《诗经》所说的"匪怒伊教",意思是即使所教学生表现让人不得不发怒,仍然要耐心教导之,即使内心发怒,也应该出于教导学生使之切实有所得之心而不发怒,这样学生就会亲近老师而乐学,不会因为畏惧而彻底辍学。如果人人都能够自觉向学,学而不倦,那么要圣人又有什么用呢？教师也就没必要存在了②。可见在教学方法上面,刘古愚有一颗比慈母还慈爱的心,学生对他如此敬爱就不足为怪了。

除了上述根据儿童的年龄、心理特点因材施教之外,义塾章程还有分年龄、分科教学,智育、体育、技能综合发展的思想,此章程也反映出刘古愚创办义学已经从八股应试的教育范式中解脱出来了,这些思想都是非常现代性的,即使在今天仍然不失其价值。

义学的实际效果如何呢？应该说义学是维持了一段时间的。1899年年初,刘古愚为六所义学配备师资,但是其延续发展情况并不乐观。1901年7月,他在给学生沈卫的信中说:"无如费无德望,不能感乎乡人,自设义学至今,朔望乡人集而听者寥寥,而不逞之徒,又复生忌,县官助之,竟将敝村义学经费夺去。又复值此奇荒,今岁各学有师而无生徒,而六义学已同虚设矣。"③此中所说的六义塾效果不佳表现在朔望集乡人以加强他们对孔子的信仰反应不佳,基本失败。义学没有学生,形同虚设也有具体的原因,那就是辛丑大旱,学生无力上学。应该说义学并不是就此完全关张,因为次年,刘古

---

① 他的儿子刘瑞骏即将做天阁村义塾教师的时候,刘古愚又谆谆以此告诫:"刑所以打犯命及不法者,非责童子以记诵也。童子诵读,汝须经管,使心不放,即易成诵,不可一认书后,置之不问,次早责以背过,其背不过者,横施鞭打,此即《论语》所谓'不戒视成,谓之虐也',汝其戒之。"见《示子瑞骏》,《烟霞草堂文集》卷八。
② 张鹏一:《刘古愚年谱》,第36页。
③ 刘古愚:《与沈淇泉学政书》,《烟霞草堂文集》卷六。

愚还安排其子任天阁村义学教师,并指示他具体的教学办法。

自然的灾荒是暂时性的,义塾学生很少的原因可能是当时乡民有能力让子弟入学者仍然为求科举功名,而刘古愚的办学宗旨与此相左。

那么刘古愚的义塾是不是终归失败呢?笔者认为并不能如此下断语。首先,从1896年到1901年,义学维持了六年,而此后还在继续,义学本身还是有成绩的。其次,也是更为重要的,包括义学在内的诸多事业,乡人之所以响应不热烈,从一般的社会管理角度来说,是因为时机不合适,乡民认识达不到,社会尚没有形成对此事的急需,所谓时势未到,英雄无所施展。但是,时势是怎么形成的呢?首先必须有思想认识的转化,再配以内在的利益驱动,就形成了巨大的需求。但是思想的转化一般是从少数人开始的,要使大众看到内在的利益,就必须有实例,实例是通过创新而产生的,创新需要社会结构的保障才能茁壮成长。1901年正是中国教育大改革的前夜,政治上也很黑暗,就教育而言,人们尚看不到刘古愚新式教育方法所带来的利益。1905年废科举,实行新的教育、考试办法之后,人们才认识到新式教育的益处,大批新式学校开办,而此时刘古愚已经作古,他的弟子们成为新式学校的骨干,而刘古愚的再传弟子吴宓在其父辈群体的影响下,也成为陕西新式教育的受益者。时势并不是从天上掉下来的,必须有许多人不计利害、不畏牺牲地去呼吁、努力,这些人正是所谓的造时势者,正如刘古愚所说,上天不会因为一时看不到草木的滋长而停止撒播阳光雨露。从这个角度上来说,刘古愚的义学并没有失败,他以自己的悲剧促进了时势的改变、社会的进步,他是个启蒙者。刘古愚对自己的角色也有清醒的认识,并不以一时的应者寥寥而失去信心,停止努力的脚步,用他的话来说,就是不停地"开风气"。

除创办学校之外,刘古愚还苦思其他能够推广、普及教育的方法。山居期间(1899年夏)将传统的等韵法与《五方元音》结合起来,发明了一种以声统义的快速识字方法。刘古愚此书今未见,张鹏一完成《刘古愚年谱》的1939年,此书稿本尚存,张鹏一尚得目睹,但王典章的《刘古愚先生全书》中未予收录。据张鹏一的记载,此法应该是对《五方元音》的改良和简便化。"等韵"是在翻译佛经的过程中,根据梵文标音法而创造出来的一种标音系统,《康熙字典》列有《等韵横图》,用梵文36声母、12韵母纵横搭配,以为字标音。《五方元音》是明清之际樊腾凤所著,清朝以来大为兴盛,增补、雕刻者甚众,年希尧分别在康熙庚寅(1710)、雍正五年(1727)进行了增补,清代流传的主要是年希尧的增补本。《五方元音》之所以引起如此重视,"这主要与该书追求通俗易懂,便于儿童识字有很大关系"①。刘古愚自述在1898年"景裕于崇实书院传授英语、英文,出《五方元音》一册,则西人翻为西文者。是《五方元音》之二十字母、十二韵目,能该中国之字,且能该西国之字也"②。既然《五方元音》的声母、韵目能囊括中西文字的读音,那么由此绘制一个图表,只要能够利用此图表,原先并不识字的人就可以马上把字音读出来,读出字音之后,对照文字本身,就能够形、音相配,掌握了一个字的音与形,然后再掌握它的字义,这样就有了一个全新的识字方法③。下面是张鹏一所叙述的刘古愚方案的要点。

> 今用《五方元音》先通其法,然后以二十字母横列于上,而直书十二韵目于右。每字目横分四行,每韵目直分五格。五格:上平、下平、上、去、入也;四行者,每韵字母通而声稍异者不过四也。如"系"字由齿头而渐牙所统者,"先""宜""酸""三"四行;"金""桥"为牙所统者,"间""娟""关""牵""圈""完"各四行是也。每韵四百格,十二韵为四千八百格,天下之声尽于此矣。取十三经不二字照格填之,则虽未识其字,数其格即能识其音。为数尺横幅悬于坐侧,中国可无不识字之人,岂非大快人意事欤?④

张鹏一在1939年还见到刘古愚此书的初稿,共有两卷,第一卷《识音》,第二卷《辨形》。辨形以天、地、人、物四类统字典之字,仅编部首213字。其次,叙分为实字、活字、虚字,实字都是象形字,活字多为指事、会意字,虚字多假借字。字典部首中,虚字仅一"而"字,附于"动""物"之后,可能是把而字当作实字看待。并说虚字的文法详见下卷,但是并无下卷,可能刘古愚1899

---

① 李清桓:《〈五方元音〉音系研究》,武汉:武汉大学出版社,2008年版,第7页。

② 张鹏一:《刘古愚年谱》,第157页。《五方元音》被称为音韵学的殿军,叶尔恺说陕西无通小学者,确是带有偏见的武断之论。

③ "今分三事以表驭之:先审音,次识形,次求训。盖文字者,人与物与名之(原文如此),以意动而事生,相告语也。名,声也;物,形也;指事、会意、转注、假借,皆训也。有物即有形,所谓物生而后有象也。文以形为先,然必人能为是声,而后以是形象是物,故声又在形之先,且声内也,物外也,物之数不止于万,声则不出齿、牙、喉、舌、唇之间。故举天下之物,感于外为事,动于内为意,其数极其纷繁不可理者,其声不出齿、牙、喉、舌、唇之间,所谓道贵反求诸身也。"张鹏一:《刘古愚年谱》,第157页,部分标点有调整。

④ 张鹏一:《刘古愚年谱》,第158页。

年的方案仅止于此。

刘古愚曾经教他的两个儿媳以及孙女、小门生张念祖学习,刘古愚的孙女年龄不过十六七,张念祖刚二十,他们不过十天就能够掌握。实验有效,可以通行①。刘古愚为此方案付出很多心血,认为可以解决中国人识字太难的问题,认字问题解决了,中国贫弱的状况就会有根本改观。方案基本成形后,刘古愚精神大畅,陈三立甚至说刘古愚失明的眼睛因此而复明②。

1902年,刘古愚从其女婿胡均那里获得马建忠所著《马氏文通》一书,大感兴趣,并且对照自己已有的成果进行研究,写成《幼童识字文法》一书。《幼童识字捷诀》主要目的是通过图表认字,文法是其中的一个组成部分。而《马氏文通》主要讲文法,也就是现在所说的语法。刘古愚自己按照天、地、人、物四大类,在四大类之中按照班固六书的说法分为五小类,共九类。刘古愚此分法也是受到景裕西方文法的启发,但是并没有见到西方文法的具体分类。看到《马氏文通》之后,他觉得马建忠的方案更佳,"为中国文法辟未有之捷径"③。而刘古愚自己方案中由声母、韵目组合成图而循图识音的方案则是《马氏文通》不可替代的。而且刘古愚很自信地认为《幼童识字文法》中的审音、辨形、明训的认字顺序则是"不可易"的,实际上这也是掌握文字过程中的一般规律。此书仍然是未完稿:"细书密行,为纸十番,约万余字,皆先生手书,而只有名字、代字几部分,仍未成之书。"④

三、康济黎民设义仓

刘古愚经营义仓有十多年的历史,为此投入很大精力,是他经历了历次大饥荒之后,根据陕西地方实际而探索出来的济世救民的方法,也是他社会思想的实践形式之一。刘古愚一生经历了丁丑(1877)、壬辰(1892)两次大饥荒。他看到饥荒一来,百姓家无余粮,而储粮大户又抬高粮价,或者隐匿粮食不予出卖,而政府的救济往往不能及时到位,百姓即使金玉在手,也只能饿

---

① 张鹏一:《刘古愚年谱》,第158页。
② 陈三立:《刘古愚先生传》,《烟霞草堂文集》卷首。宋伯鲁、郭毓章等参与编修的《续修陕西通志稿》也采此说。而张鹏一所撰写的《刘古愚年谱》则没有这样的记载,在介绍了刘古愚《幼童识字捷诀》之后曰:"去冬,先师忧伤时事哭泣,病目失明,至今春不愈。"并且李岳瑞、刘瑞骐等人也并未提此事。刘古愚后来眼病确实有所好转,是不是因此而好转,存疑。但刘古愚因此而心情有了极大的好转,应该是事实。
③④ 张鹏一:《刘古愚年谱》,第203页。

死。这使他认识到,预先储备粮食是救荒的最佳方案①。

光绪四年戊寅(1878),为了备荒,陕西巡抚冯誉骥(字仲良,号展云,广东高要人)在全省推行义仓,咸阳共立社仓44所,每所储仓麦125石。十年之后,由于管理不严,有时有借无还,咸阳社仓已经名存实亡,只剩下一纸欠簿而仓中无麦。光绪十五年(1889),刘古愚受陕西布政使陶模之聘整理社仓。经多方劝谕,把所借出的小麦大部分收回,社仓又恢复运营,社仓总部设在天阁村。每年出借仓麦,当年收回,每斗取利二升,遇有荒年,则免除利息②。光绪十九年(1893),咸阳赈灾结束,剩赈灾银2500两,刘古愚向当时陕西布政使曾怀清商借此款,也拟将其纳入社仓运营的轨道中。曾怀清同意了刘古愚的意见,并提醒刘古愚,这笔银两要尽快使用,不能存在账面,否则,新任县令涂传德(伯音)到任后,必将被吞没。刘古愚经营一年后,这2500两银子已经获得一倍的利息。甲午战争期间,甘肃回民再次揭竿而起,陕西震动。护理布政使张汝梅饬令各地设堡寨,办团练。鉴于同治初年因回民起义而引起的大乱,为了预筹一方安宁,保护咸阳千余石义仓粮食的安全,也是为了防止涂传德干涉,刘古愚用义仓运营的盈利购枪二十杆、劈山炮五尊,在天阁村设立堡寨。

咸阳新任县令涂传德看到刘古愚手头有大量粮食,而自己不能染指,心中大为不满。但是刘古愚办社仓每一步都有陕西政府高层(比如布政使)的许可和支持,而且当时陕西乡绅主持社仓、义仓比较普遍③,涂传德不好直接就此生事,便抓住渭南县令樊增祥与刘古愚的不快,唆使无赖杨永林挑起官司。光绪二十二年(1896),刘古愚继配夫人郝氏故去,渭南县令樊增祥欲将其姊许配给刘古愚,托人传话给他。樊增祥出身翰林,能书善文,颇有才气,当时他在陕西官场炙手可热,巡抚的重要公文多由其起草。由于樊增祥能够接近巡抚,地方官纷纷借故讨好他,以为发达地步。偏偏刘古愚却不买账,以自己家世寒微、门户不当,婉言拒绝,樊增祥对刘古愚很是不满。为了取媚于

---

① 刘古愚曾说:"救荒无善法,善法只一豫字。不豫为谋,遇荒年,任如何补救,皆为无策。"见《烟霞草堂文集》《杂著》卷七《论振荒》。
② 刘古愚:《与赵芝山学政书》,《烟霞草堂文集》卷五。
③ 刘古愚文集中多见此类事迹,如三原宁益臣创办宁氏义仓、义学;兴平张伯良"义仓积谷千余石,文会科息百余金";陈小苑在三原创办义仓。分见《烟霞草堂文集》卷三《宁氏宗祠义学义仓记》《赠武德骑尉张伯良碑》、卷四《三原陈君小园墓志铭》。

樊增祥,涂传德便借故生事。当时无赖杨永林借仓麦不还,涂传德便授意杨永林告刘古愚以公家仓麦筑私城。接控之后,涂传德即传刘古愚到县衙,借此予以折辱。刘古愚并没有到堂,派侄儿刘瑞驹(孟千)与杨永林对质。刘古愚所用的款项都用于社会公益,涂传德找不到什么理由可以下手,而且刘古愚是有声望的乡贤,刘瑞驹也是举人,涂传德也不能把刘古愚怎样。但经此风波,杨永林所欠仓麦拒不归还,其他人见此情景,也纷纷拖欠不还,社仓事业由此举步维艰。后来刘古愚曾去信责备涂传德,县令毕竟不能公开支持赖账者,十二月十四日,涂传德勉强责令杨永林归还仓麦,杨永林虽然将所借麦子归还,刘古愚形式上获得了胜利,但是他所经营的义仓许多地方已经无法收回贷出的本麦了。①

经此事件,刘古愚感觉到手中仓麦的危险,筹划其他的办法。同时刘古愚也想到,杨永林是一个光棍、无赖,涂传德另有所图,自己苦苦经营社仓,所得利息没有一分用于个人,而且利息远远低于商人成倍取息利滚利的高利贷,在社仓借麦、用社仓银两直接缴纳捐税,可以免除胥吏的克扣和盘剥②,已经得到实惠的老百姓却并不体谅刘古愚的良苦用心,竟然与无赖相通,不付息,连本也不还。刘古愚想到孟子所说的"敛发之政,必先谨庠序之教",认为"无教则各善举均不能为",于次年(1897年11月)抽调各所营运所得仓麦利息,以此本金,创立六所义学,分别是咸阳的天阁村、马庄镇、魏家泉、西阳村,礼泉烟霞洞,扶风午井镇③。每所义学拨付麦子100石作为运营资本,借贷出去,义学聘请教师的经费就从此100石麦子的利息中支取,本麦不能动用④。

光绪二十五年(1899),夏麦取得大丰收,但是各仓仍然有300多石麦子不能收回,刘古愚认识到社仓已经无法维持下去了,于是准备禀明布政使,把官府原来的本麦及所借的2500两官款一并归还,最终结束社仓的运行。而此时杨永林又再次到刘古愚的家乡天阁村强行借麦。遭到拒绝后,又将刘古愚告上公堂。光绪二十六年(1900)二月,咸阳县令石鉴藻到任,不问青红皂

---

① 张鹏一:《刘古愚年谱》,第110页。

② 咸阳县官府控制的社仓中,向百姓出借陈麦六斗,麦秋后须交还一石(十斗),利息达66.7%。乡民不能如数归还,即派差役下乡捕人,百般折磨。见《与咸阳县张令书》,《烟霞草堂文集》卷六。

③ 刘瑞骉:《行状》,《烟霞草堂文集》附录。在刘古愚自己所撰写的《义学章程》中"夕阳村"作"西阳村。"

④ 刘古愚:《义学章程》,《烟霞草堂文集》卷十。

白,即令杨永林将天阁村义仓粮食全部借走。当时刘古愚正在潼关,函告石令,说明所办社仓原委。但是仓麦已经被强行借走,这样天阁村义仓一空,连义学经费也无着落,刘古愚本村的一所义学就这样被眼睁睁地破坏了。石鉴藻从刘古愚所办义仓手续方面挑不出什么毛病,于是又在具体经营义仓的人身上下手,想寻找出他们贪污的行为,以此为借口,吞没刘古愚所主持的义仓。但是百般搜求,并没有发现任何贪污现象,于是提出刘古愚将咸阳县的仓麦利息而为礼泉、扶风设义学,以此作为刘古愚的罪名[①]。其实这也是欲加之罪。刘古愚社仓的本金一是来自陕西巡抚所设立的44所社仓,另外的2500两银子是咸阳赈灾余款,咸阳赈灾款是陕西巡抚及布政使主持筹措而用于咸阳救灾的,应该归巡抚及布政使支配,是属于咸阳的财产。救灾结束后,所剩余的款项应该交给陕西藩库。当时的布政使批准刘古愚用此项银两设立义仓,就等于是刘古愚从藩库所借,而与咸阳无关。礼泉、扶风同在布政使辖下,以藩库银两利息在此两地设立义学,合理合法。所以刘古愚在《义仓章程》中这样为自己辩护:"仓之中借赈余银生息甚巨,前曾怀清方伯主之也。一方伯所辖,又分畛域,是邻县皆异国,将陕又为九十六小国也。"[②]但是石鉴藻对此并不理会,依然我行我素,他之所以如此强横,是因为此时的刘古愚背着党人之名,在政治上被打入另册。这时,端方署理陕西巡抚,他让当地人寻觅一位"旧学纯正、不染时务邪说"的人作为儿子的教师。刘古愚的弟子华州郭毓璋入选,郭毓璋将刘古愚创办义仓以及义学的来龙去脉以及造福百姓的各种业绩向端方介绍。端方赞成刘古愚的做法,行文咸阳县,石鉴藻等人才停止了对刘古愚的迫害,义仓、义学风波再次平息,可是天阁村社仓被杨永林强借的粮食依然无法收回。此事后,刘古愚偿还了义仓本麦以及所借的2500两白银,义仓运行就此停止,余下社仓的利息450石继续支持着五所义学的运行[③]。

义仓被劫夺、义学举步维艰几乎是必然的,义仓风波是刘古愚一生思想、实践结果的一个缩影,在晚清的社会生态中,极具典型性。首先我们根据《咸阳借款办积谷章程》(以下简称《积谷章程》)、《借款收麦归入义仓章程》(以

---

① 刘古愚:《与沈淇泉学政书》,《烟霞草堂文集》卷六。
② 刘古愚:《义学章程》,《烟霞草堂文集》卷十。
③ "咸阳马庄镇、魏家泉,扶风午井镇,礼泉烟霞洞,各领粟一百石,咸阳西阳村领麦五十石,作为义学经费之本。"《义学章程》,《烟霞草堂文集》卷十。

下简称《义仓章程》)二文来看看刘古愚所办义仓的运行方式。此两章程都是在光绪十九年(1893)后,刘古愚借咸阳赈灾余款后制定的。光绪十五年(1889),他整理咸阳44所义仓后也曾制定放麦章程,该章程共30余条,今不传,而上述两章程也包括此44所义仓运行方法。《积谷章程》顾名思义就是所借2500两本银的借贷运行方式,《义仓章程》是原有的以麦为本的义仓的运行规则。章程定好后,须有官府批准备案,因此是刘古愚与官府的契约,具有法律约束力,能够反映整个义仓的运行情况。

章程的内容大致分为出借方式、用途,管理方式以及收回本息的保障办法三个部分。创办义仓的动机与根本目的是备荒,使百姓在大灾之年不致转徙沟壑。但是灾荒毕竟不是常态,本麦储于仓中日久必霉变,只有让本麦流转起来才能保本并能获得利息。银钱虽不致朽坏,但是保值增值的最佳手段也是让它流转起来,所以,每年都有钱、麦的借还,这种平常年景的银麦流转是刘古愚义仓的常态。2500两白银于光绪十九年(1893)春天赈灾结束后按当时的麦价全部借给乡民,麦秋后以麦归还本息。春天是青黄不接的时期,又值大灾之期,麦价高,而借出时,天已降透雨,丰收在望,麦价必跌,按照麦秋后的价格归还本息,中间的差价就归百姓所有。这项钱款是为了救贫,收取20%的利息,就是一斗取息2升,而当时富户出借的利息一般是100%,所以必须严查出借对象的实际情况,否则都被富户借走作为放高利贷的本金,百姓依然得不到任何实惠,义仓就失去其意义了。放银、放麦之前,先严格清查民户财产、地亩。这项工作在上年咸阳赈灾的时候已经基本完成,以后根据民户财产的变动情况再做调整。民户财产情况上报县衙一份,义仓存留一份(义仓清册存东城所义仓),作为放银、放麦的依据,对于有地不种、游手好闲的人均不准借取。

平常年景,所发放银、麦均不直接发给领借人,而是将麦、银交给官府,用来缴纳课税。具体办法是:符合条件者由义仓发给借银、借粮票据,由各仓仓正盖章、借领者签字画押后将借票一份交给官府,官府凭此发给百姓完粮凭证。咸阳县的完粮程式是,每缴纳田税正银一两须加银耗五分,过期没有缴纳,再加耗五分。从义仓借麦、银,由义仓直接送往官府,就等于提前完粮,有领借凭据就不必缴纳另外的五分耗银,而分内的五分耗银也可以用义仓的粮、麦完纳。义仓麦、银主要以此种方式借出,遇有青黄不接、家里实在困难,或者秋种缺乏籽种,仓正有权酌情借出。因为有百姓财产的详细清单,借出情况合适与否,刘古愚一查便知。借粮者也可自行将粮食粜卖,将粜卖粮食所获银两存于县城钱铺中。县府开始征纳税银时,各仓正将领借者名册上交县府,县府凭此到钱铺直接收取百姓银两,然后付给社仓收据,社仓据此收据发给借麦者完税凭证。义仓收取本息后,如果来年丰收可期,则将这部分粮食粜出,所获银两备来年百姓借银完粮之用,也可节省收储粮食的空间和成本。如果本年是灾年,则保存粮食,以备灾荒。如果灾年也将粮食粜出,虽然可以获取高价,但是仓中无粮,灾荒之年有钱也难以买到粮食,这有违义仓本意。至于前此以粮食为本的义仓,则以收储粮食为主。

刘古愚的这项办法非常严密,仓、民、官三赢。于仓而言,放银、放麦取息使义仓得以保值增值,那些义仓的管理者、保护者都可以从利息中得到报酬,义仓可以持久维持。对于官方而言,每年的课税可以及时缴纳,还省去了许多行政成本,县府及时完粮,百姓安定,自然是官府的政绩。享受最大实惠的还是借粮的百姓。首先,解决了他们的实际困难,解燃眉之急,避免了高利贷的盘剥,而且借钱还麦,春借秋还,粮食价格由于季节波动而带来的损失由义仓承担,百姓实际上享受了这部分差价,综合来看,他们所缴纳的利息实际上低于20%。其次,百姓通过义仓完粮纳课,不直接与胥吏接触,避免了胥吏的克扣、刁难,义仓斗满秤平,民得实惠。最后,银钱不直接到领借者手中,可避免领借者挥霍,挥霍之后课税仍未完成,就会受到县衙催逼,各种经济的、肉体的惩罚势不能免。刘古愚说:俗语云,"'饭在口头,钱在手头',言消化之易也。"①刘古愚为百姓考虑可谓细致入微、至纤至悉了。这里义仓在一定程度上为老百姓避免了自然风险和政治风险。

在管理方面,刘古愚也有详细严密的设计,每仓设仓正、仓副各一名,负责借、收及各种日常事务,并设专职守卫一名,晚间住仓中。储备粮食较多的东城所设仓副三名,守卫两名。仓正、仓副的薪水从五石到三石不等,由于义仓管理人员平时在仓工作,每日每人供给白面半斤。每年收齐借麦后祭神行礼,设酒款待工作人员。放麦、收麦的时机刘古愚都有详细的规定。就如何避免县府文吏借机生事,刘古愚在会计方面也有细致的规定,银与麦的账目都实行"截尾法""卷尾法",银至厘以下不计,粮至合以下不计,小数后6按5计,5以下舍去。刘古愚对管事人员充分信任,给予一定的自主权,他认为如

---

① 刘古愚:《咸阳借款办积谷章程》,《烟霞草堂文集》卷十。

果仅信规章制度而不相信人,处处防弊,则无处不生弊。主事者只要在放银、放麦及收麦时期报总数就可以了,其他事情均可相机处理。事实证明,刘古愚的这种放手信任管事人员的原则效果是很好的,虽然经过咸阳县令石鉴藻吹毛求疵般地搜剔,义仓收支也没有查出任何问题。

第三个方面就是借贷信用的保障问题,这是义仓得以维持的关键。借贷信用包括两个方面,一是义仓经营者是否把银两、粮食全部用在社会公益方面,有无徇私舞弊。二是借出的钱粮本息按期如数归还问题。这两方面的信用保障必须由官府来承担。在义仓自我监督方面,刘古愚规定,每年将钱粮收齐后,仓正将数字报告县府,请县府派人查验。如果县府没有时间,即请县官委托厅学及正直士绅查验。没有这一环节,义仓在百姓中的信誉就会打折扣。如果不是大灾之年,百姓所借钱粮都必须按期归还,"借出之时,非赈恤孤贫,收入之后,将储救饥饿。今岁还仓,来岁仍可自食。苟有拖欠,即非良善。该仓将借票呈县,以凭差唤,严追其收麦日期。"①

刘古愚创办义仓的做法固然与官府有利益统一的一面,但是它们之间也存在着不可避免的矛盾。上文已述及,绅士所办义仓对维护治所内的社会安定是有益的,这自然算官员政绩的一部分。尤其是在大灾之年,一定规模的义仓对赈济灾民意义效果是非常明显的,退一步来说,即使没有事前粮食储备,如果有认真负责的乡绅参与赈灾,百姓的生命也会得到有效的保全,正常的社会秩序得以维系,地方官员在政治上自然会得益。如果赈灾不得力,会受到社会舆论以及朝廷的谴责,甚至前程堪虞,如1877年身为封疆大吏的谭钟麟就受到言官的攻击和朝廷的申斥。所以1892年刘古愚所主持的咸阳赈灾就深为实际主持政务的县丞林子禾所倚重,布政使李用清对刘古愚也是大力褒奖。

但是在一般情况下,刘古愚创办义仓的行为又与地方官府有着不可避免的矛盾。刘古愚创办义仓的目的有三:一是备荒,二是使百姓免于高利贷的盘剥;三是杜绝胥吏中饱私囊,避免衙役借机压迫百姓。荒年并不常见,刘古愚创办义仓的目的主要在于第三条。作为一位在野儒生,刘古愚是一个理想主义者,他看到在官府的默许下,胥吏上下其手,置国法于不顾,百姓颠连无告。但是地方胥吏的贪墨一方面是吏治问题,另一方面则根源于制度本身。

---

① 刘古愚:《借款收麦归入义仓章程》,《烟霞草堂文集》卷十。

清代官俸极低,据清代《户部则例》,一品官员的年俸禄为180两,正七品为45两。这些俸禄远远不够他们的开销,要生活必须另谋财路,于是借各种公差中饱私囊就成了必然的事情了。刘古愚用自己的力量办义仓,等于在县官所掌握的"资源"中切去一块,差役无从中饱,这在一定程度上等于断绝了他们的薪水,他们对刘古愚焉有不恨之理①?而且刘古愚所掌握的义仓获利甚丰,一年就获得一倍的利息,刘古愚的经营情况对县府来说基本上是透明的,因为要用义仓银两、粮食完粮纳税,都需要官府经手,对此项数额不小的资产差役焉有不垂涎者?县令一定程度上与这些"雇员"的利益是一致的,虽然刘古愚这样做法符合督抚及朝廷的法律和政策,但是义仓的信用保障毕竟掌握在地方官手里,他们若不为刘古愚放麦、放银提供保障,义仓便寸步难行,所以地方官要破坏义仓手段是很多的,包括用流氓的手段。以不得不贪墨的官府的力量作为杜绝贪墨的保障者,这就是刘古愚在社会公益事业方面悲剧命运的根源所在。

但是刘古愚并不是毫无凭借和防守的被动者,他的力量来自身份、朝廷的法度、声望以及巨大的人格力量,前三者是乡绅阶层的共性,第四个方面是刘古愚的个性。举人的身份就意味着拥有一定的政治和经济权利(或云特权),经济上他们不纳税,不服劳役,政治上拥有一定程度的行政建议权和刑事豁免权,这些权利在一定程度上可以上达天听。如赵惟熙奏请创设崇实书院,来源于邢廷荚等举人的建议,当时邢廷荚不过是个23岁的青年,赵惟熙就是以邢廷荚等人的建议,与陕西巡抚联名上奏朝廷而获得批准设立崇实书院②。举人一旦牵涉讼事,官府不能对他们用刑,凭此,这些举人们就可以与县官分庭抗礼,官府因此对他们有所忌惮,不敢轻易生事,这种政治保障,就为士绅发挥作用提供了很大的空间。咸阳县令涂传德、石鉴藻等就难以用行政与刑事的手段直接达到其目的,刘古愚不但可以不到庭,还致书直接斥责县令,刘古愚一生中这样的例子还很多。创办保甲、学校、义仓等事都有皇帝及地方督抚的允准,这是刘古愚参与地方管理、地方公益事业的政策保障。

---

① 有的差役听说刘古愚要改动他们所把持的义仓章程,这样他们将每年失去数百石的粮食的利益,因此"恨贲刺骨,必欲置之死地者也"。《与咸阳县张令书》,《烟霞草堂文集》卷六。

② "兹据书院肄业举人邢廷荚、成安,生员孙澂海、张像咏等,联名呈肯款项,创建格致实学书院……"《光绪朝东华录》(四),总4007—4008页。

自1887年执教味经书院以来,刘古愚因赈灾、刊书等事,获得了很大的声望,那些乡居士绅一般都为一方闻人,这种声望也是他们参与各种社会事务的保障。咸阳县令向刘古愚生事一是借助樊增祥的力量,一是刘古愚已经成为党人,政治上被打入另册。这两次讼事虽然对刘古愚有很大打击,但即使如此,其义仓也并未全部被劫夺,一部分义仓资本以义学的形式继续存在。就其偶然性来说,是由于端方的干预;就刘古愚自身来说,还是他的声望及巨大的人格力量起了作用。就义仓之事来看,刘古愚这样的士绅在社会管理方面还是有很大空间的。至于他创办教育事业、刊书事业则更是士绅发挥巨大作用的显例。

四、农桑机械是经纶

1899年春,刘古愚作《山居抒怀》诗六首,表现了他以烟霞草堂为中心,致力于教育及工商业发展的总体计划,这在一定程度上也是刘古愚当时给自己安排的生活道路,用诗中的话来说就是"遁世迂儒何所补,农桑庠序是经纶"。上文已引其一,现录其五于下,以见其入山之初的心态与抱负。

烟霞草堂

何人凿洞贮烟霞①,蠢蠢耕耘剩几家。
地岂有灵能待我,天真蓄意欲存华②。
野逢旱魃无青草,朝运神谟下白麻③。
臣朔不怜饥欲死,课徒闲种木棉花④。

谷口渠水

山川改易五朝频⑤,谷口名归郑子真⑥。
岂有黄霾昏紫极⑦,偏闻赤子著红巾。
鬼魔附体纷生乱,鲸鳄磨牙暗伺人。

---

① 梁峻山注:"学舍左为崖谷,内有石室,为烟霞洞。"
② 梁峻山注:"先生曾构'萃华书屋'于南山太乙谷。"
③ 梁峻山注:"今岁屡闻新政之诏。"
④ 梁峻山注:"与同人讲读之余,种木棉花一二亩,率以耘草摘花。"
⑤ 梁峻山注:汉唐宋元明也。
⑥ 梁峻山注:"自此至仲山东,凡谷口皆云郑子真隐处。子真所隐在汉中,前人已有定论。"
⑦ 梁峻山注:"《汉书》五侯并封,是日黄雾四塞,子真避隐谷口。"

遁世迂儒何所补,农桑庠序是经纶①。

水磨机器

机心机事语空存②,墨术东归道亦尊③。

织锦难翻今日样④,木棉早被普天温⑤。

群峰东向均朝海⑥,一水西流不出村⑦。

有志移山山不转,愚公遗恨付儿孙⑧。

西沟牧厂

春来碧草自芊芊,谁谓西沟是石田⑨。

禽献猭豜邻缵武⑩,谷量牛马汉防边⑪。

豺狼狐貉须薰穴⑫,雀鼠儿童亦控弦⑬。

荆棘丛中新境辟⑭,怪云莫上九嵕巅⑮。

柿园蜡树

青葱玉树汉家宫⑯,不假人工仗化工。

---

① 梁峻山注:"学舍购田百亩,以耕自给。种桑五六亩,又梨柿皆成园。"
② 梁峻山注:"舍东地名水磨,激水行碓,今废矣!拟造纺各机器,用此水行之。"
③ 梁峻山注:"近日西人取水及以水汲行各机器,极精巧,实墨术也。"
④ 梁峻山注:"先生仿西法为机器织布,极精细。"
⑤ 梁峻山注:"木棉即来自南洋,西人用机器织布,极精细,不及百年。今行中国,英人以此富,日人效之,专售洋纱于中国,近年销银过二千万两矣!"
⑥ 梁峻山注:"学舍左右山,峰皆东向。"
⑦ 梁峻山注:"崖谷水出,日溉学舍前地,其流渐微。"
⑧ 梁峻山注:"为'复邠工艺厂',拟仿造各种机器,必期其成。"
⑨ 梁峻山注:"元山在学舍西,中多石,不能耕耘。"
⑩ 梁峻山注:"同学以暇演习放枪,时猎雉兔。"
⑪ 梁峻山注:"拟买羊千头牧于沟内。"
⑫ 梁峻山注:"沟地俗名狼窝,有野狐岭。"
⑬ 梁峻山注:"拟百羊一冠者、一童子牧之。牧时各负一火枪,防豺狼,归则读书、习艺、体操。"
⑭ 梁峻山注:"沟无居人,拟置牧厂于口,渐辟其内。"
⑮ 梁峻山注:"俗谓云拥昭陵,如披絮帽,则暴雨。"
⑯ 梁峻山注:"'玉树青葱'子云《羽猎赋》中语,后人屡辨真假,未有知为白蜡树者。先生于此亲见其树,则子云之说不可诬也。"

蝶翅秋涂香粉白①,龙鳞春艳野花红②。
松根琥珀坚如石③,海底珊瑚缀有虫④。
文定英灵应佑我⑤,霜枝岁挺小园中⑥。

这五首诗所咏之物有的是已经付诸实施,有的准备次第展开。讲读之余,率子弟种棉花一二亩,桑树五六亩,又有梨柿之树甚多,皆成园林。刘古愚因试种白蜡树而觅得烟霞草堂居所,如今此事已过去十年,当年所植女贞、龙柏一派繁茂,隐居之后,刘古愚仍然不能忘情于此,计划年年挂虫。《柿园蜡树》一首状物鲜浓密丽,"蝶翅秋涂香粉白,龙鳞春艳野花红"一联浓墨重彩地描写在刘古愚的诗文中是不多见的,整首诗格调轻快,读之令人心神畅旺。刘古愚无论是写诗还是作文,不事铺排,往往采用白描的手法给出骨骼间架,犹如木刻,而浑厚的韵味就从看似嶙峋瘦劲的间架中溢出,颇得古文家之三昧。即使像这样不乏浓艳色彩的诗中也见其坚劲、峻拔之气,如"松根琥珀坚如石",再有,"霜枝岁挺小园中",一个"挺"字表现出卓尔不群的风骨。种植之余,刘古愚还筹划在西沟开辟牧场,欲让黄发童子演习体操、枪械,于西沟旷野之中弋猎雉兔,驱赶豺狼,化石田为牧场,使牛羊满谷。可能是资金问题,刘古愚的牧业计划并没有实现。

改良机器一直是刘古愚念兹在兹的事。1897年4月,杨蕙、孙澂海从上海买回铁制人力轧棉籽机一台,刘古愚即以此请泾阳人田某冶铁仿制,所仿制机器运行状况良好,这是陕西有机器轧花机的开始⑦。用这些仿照的机器,刘古愚在泾阳设立了"复郯机馆"。此种轧花机投入生产后,每台每日可出棉花百余斤,棉质细腻,像已经弹过一样,是土制机械效率的十倍⑧。"此后,机

---

① 梁峻山注:"蜡初生,树枝如蝶粉,至秋,封裹树枝,其白如雪。先生于光绪十九年冬,在九嵕峰东始寻得其虫。"
② 梁峻山注:"蜡树俗名紫龙柏,春开红花成朵,艳在紫荆之上,富家园中多有之。"
③ 梁峻山注:"《博物志》:松脂沦入地中,千年化为茯苓,又千年化为琥珀。"
④ 梁峻山注:"西人有此说。"
⑤ 梁峻山注:"徐文定光启,明崇祯时人,为其母墓树,冬青成林,后自生白蜡虫,事见《钦定授时通考》中。先生初亦挂虫于冬青树上,竟不生蜡,未知何故。岂吴之冬青树与陕异耶?"
⑥ 梁峻山注:"后移紫龙柏树于学舍门前,今岁试挂数虫,竟自成蜡,洁白如霜,拟岁岁挂之。"
⑦ 张鹏一:《刘古愚年谱》,第127页。
⑧ 刘古愚:《复赵展如侍郎书》,《烟霞草堂文集》卷五。

器轧花,风气日开,数年内遍及渭北一带。"①

在刘古愚的影响下,1897年下半年,咸阳县也拟设立纺织场,派人购买英国制造的人工纺纱机②,1898年戊戌政变后,纺纱机已经运到西安。刘古愚随即带弟子到西安研究此种纺织机,准备仿制。在英国机器运到之前,刘古愚也曾经自造纺车,但是并没有成功,无法纺纱③。由《水磨机器》诗梁峻山注解可知,刘古愚在1899年烟霞草堂隐居期间,又仿制成功织布机,效果良好,并筹设了复邠工艺厂"④,为研制各种新式机器的基地。后来又仿制纺纱机,纺车运行灵动,纺线效果甚至超过日本的机器⑤。但是田某督察不力,工匠偷工减料,致使后来制造的十副纺纱机自行崩裂,有的甚至伤了人,纺纱机因此不能使用。因阴雨连绵,难以寻找新的冶铁工匠,机馆停工。

1899年,刘古愚筹划组织"复邠同绩社",以自己仿制的先进机器将各村妇女组织起来,集体纺织。其宗旨是用先进的纺织机器生产,可以大大节约时间,入社者和同绩社都能获得利润,同绩社的利润刘古愚计划用来推广女学。节省下来的时间用来学习,实现刘古愚全民皆学的理想。"复邠同绩社"是一个劳动与学习合一的社会改良组织。

"复邠同绩社"源于《汉书·食货志》,"冬,民既入,妇人同巷,相从夜绩,女工一月得四十五日。必相从者,所以省费燎火,同巧拙而合习俗也。"⑥这是《汉书》记述殷周繁盛时期的情景,冬天人们从田野中回到家里,同巷妇女集中起来晚上一起纺织,既可以省灯火之费,又可以彼此切磋技艺。一晚可得白天半天之功,故云:"女工一月得四十五日。"用刘古愚的新式纺车纺织,

---

① 西北大学历史系:《旧民主主义革命时期陕西大事记述(一八四〇——一九一九)》,西安:陕西人民出版社,1984年版,第93页。
② 刘古愚:《复赵展如侍郎书》,《烟霞草堂文集》卷五。
③ 听说山西寿阳县有人能造人工织布机,一人能运行三机,一日可织布三丈,刘古愚曾致书县令强搏九(名鹏飞,陕西韩城人),信中说:"某在吾乡自造纺车,竟不能纱。"但此书去后,强搏九调任他所,未有复书。见张鹏一:《刘古愚年谱》,第128页。
④ 梁峻山注解刘古愚《水磨机器》诗时,"烟霞草堂工艺所"尚在筹办之中,此工艺所后来确实建立起来了,刘古愚在即将赴甘肃兰州大学堂总教习任前,回忆中说"讲舍成,余始知之,房屋则今之讲堂、'烟霞草堂工艺所'、彻园诸房是,田亩则二十四年以前所买者是也。"(刘古愚:《复邠学舍始末记》,《烟霞草堂文集》卷三)可见此工艺所直到1903年仍然在运行。
⑤ 刘古愚:《复叶伯皋学政书》,《烟霞草堂文集》卷六。
⑥ 刘古愚:《复邠同绩社章程》,《烟霞草堂文集》卷九。

一车40锭,其效能是土纺车一车一锭的40倍,一天基本相当于《汉书·食货志》所记载的一个月。入社妇女的丈夫或儿子先入社,须缴纳入社银一两。如果某村入社者超过25人,由复郃同绩社总社发给训导纺车一辆,另外成立分社。若有穷人拿不出本金,则由本村人垫付,入社后以纺织所得工钱偿还。包括公婆子女在内的六口之家一年须纺线12斤,以每位妇女每天纺线4两计算,需要48天,而用改良后的机器,一天就可以完工。其余时间就可以外接纺织业务,所得工钱部分留社,部分为妇女工资。同绩社所得利润用来扩大再生产(购买织布机)、兴办教育、改良风俗。

同绩社祭祀五位神祇,分别是:黄帝元妃西陵氏、周文王后妃太姒氏、启圣王夫人颜氏(孔子的母亲)、邹国太夫人孟母仉氏、清朝孝文皇后。黄帝元妃嫘祖发明蚕桑,被尊为纺织业的始祖;周文王元妃亲自织布,是创立女学的始祖;孔子、孟子的母亲为教子之最高典范;清孝文皇后是顺治的母亲,康熙的祖母,设计了清朝的官服①。每月朔望及节令、开工纺线及收工之日都要祭祀。刘古愚认为这些妇女中的佼佼者在各方面做出表率,妇女的言行应以此为楷模,这比祭祀那些包含着迷信内容的各种娘娘、菩萨、圣母要强得多。每月朔望祭祀完毕,学习《内则》及《列女传》各一段,上述内容学完后,学《训女遗规》《养正》《训俗遗规》,同时还为女童讲《女小儿语》四五行。女童回家后,演算非常浅显的算术一条。女子所读各书,总社将陆续刊行。讲解者为各社社长或者入社者之丈夫及儿子。如果这些人都不能担当此任,则由男社长出面请一性情端正、通晓文义的老儒生讲解。

十岁以下的女童可随其兄弟在男塾中学习,十岁以上者另外组织起来,由年长妇女为教师,教其学习,每天中午讲一次。"其所读之书,止求能讲,不求能背;止求能写俗语,不求能诗文。算止习加、减、乘、除,不学深者,其成甚易。"②讲学所请教师的工资及点心等相关费用,妇女通过纺织即可筹措。

"复郃同绩社"是否组织起来,《刘古愚年谱》中没有记载,《刘古愚先生全书》中也没有直接、肯定的记载,《文集》存《复郃同绩社章程》一文,刘古愚《行状》中有这样的说法:"晚岁睹时事日艰,民生贫苦,又亟亟于织纺、制造、蒙学、女教等事。其事有效有不效,有行有不行,有始行之不效,其后渐收其

---

① 刘古愚自注:"事见《啸亭杂录》。"《复郃同绩社章程》,《烟霞草堂文集》卷九。
② 刘古愚:《复郃同绩社章程》,《烟霞草堂文集》卷九。

效,而以阻挠之故,终于不效。"有可能仅仅拟定一个章程,还没有实际组织"同绩社",也有可能进行过"同绩"的尝试,效果不明显,如果同绩社运行情况真如刘古愚所设想,相关的传记资料中应该有所体现。无论何种结果,纺织机械不成熟可能是一个重要的因素。

上文提及,梁峻山说刘古愚试制出纺织机,效果良好,可能此机械效果不稳定,《行状》"纺纱一器,府君以为用甚溥,山居时,创造新机,终不适用"。所以刘古愚在1900年应邀到潼关凤山书院讲学的时候仍然在寻觅能工巧匠改良纺织机器。潼关厅训导朱纯一曾经见过西方人的小型纺纱机,进行仿制,取得成功。"府君令招匠试造,规模略具,纺纱快利,旧车比之,十不当一。府君喜甚,将大加改良行乡间"①。"行乡间"可能就是准备在"同绩社"推广。刘古愚是庚子年(1900)正月到潼关凤山书院的,朱纯一纺车和"取水器"仿制成功是在庚子七月。七月二十一日八国联军进北京,刘古愚即启程返回烟霞草堂,之前在留别朱纯一诗中曾有"绩欲联同巷,谋皆拙宦途"②两句,可见在潼关期间刘古愚一直在谋划着"复邠同绩社"的事情,就"欲"字来看,此工场有可能还未开办,或者刘古愚的纺织机还不能大规模推广。朱纯一仿制纺织机器基本完工后,正赶上八国联军攻破北京,刘古愚可能无暇在乡人中推广。但是刘古愚改良纺织机器并将其大行于乡的追求一直不改。回到烟霞草堂之后,"尽置箧衣,修理前造纺机"③。庚子冬,还进行取水器的研制和改良工作。

他曾经对梁峻山说:"我今欲作取水器以省人力,此器若成,秦可复陆海之旧。"又笑曰:"勿小视此事,此事成,功不在禹下。禹能收泛滥之水使行地中,我今取沉下之水俾润地上。行地中则水患息,润地面则水利兴,陆海之旧不于今日再见乎?"④其子刘瑞骙也记录了刘古愚这样的言论:"工艺为救中国贫弱要策,孔子云:'吾不试,故艺',盖不能为政,惟艺乃见诸实事也。吾国政治受人牵制,异日一线转机,其在工艺乎?"⑤辛丑年夏,刘古愚的纺车还在

---

① 刘瑞骙:《行状》,《烟霞草堂文集》附录。
② 刘古愚:《朱纯一司训创造纺车、取水机器有成,喜而赋此,即以留别五首》,《烟霞草堂文集》卷十。
③ 《行状》,《烟霞草堂文集》附录,由此亦可推定复邠同绩社即使经营过,效果可能也不理想,否则刘古愚不可能典卖衣服及生活用具以研制纺织机器。
④ 张鹏一:《刘古愚年谱》,第176—177页。
⑤ 刘瑞骙:《行状》,《烟霞草堂文集》附录。

实验中,有一些问题还没有彻底克服:"纺车亦造成,惟觉稍重,妇人力不能胜,纺筒稍轻,紧则上跃。两病皆易治,而造车之人又病,兼之兄家无人不病,故去冬未纺。拟二月内,专意学纺,诸事必就绪也。"①也就是说庚子年冬天,纺织工场处于停工状态。辛丑年间,刘古愚委托柏景伟的弟子董海观"办复郊织绸事,其经费则先师拨刊书处官款为之"②。张鹏一这里所说的"办复郊织绸事"比较含混,董海观办织绸事有可能就是指同绩社事务,所以刘古愚给董海观的信中特别提到妇女"妇人力不能胜。"董海观的经营虽然一直持续到刘古愚去世,但效果并不好,"至二十九年,先师卒后,管款尽折,无法完结,又赴四川候补,未几即卒"③。可见复郊同绩社即使已经开办,其经营效果也不理想。

"遁世迂儒何所补,农桑庠序是经纶"概括了刘古愚隐居烟霞洞期间所念兹在兹的三件大事中的两件(教育与实业),另外一件是研究西北国防问题,这三件事也是刘古愚一生所不懈追求的,是认识、评价刘古愚历史地位的主要维度。这三件事也可以看作是一件事的三个方面,其中有一条贯穿的线索就是教育。刘古愚在教育方面的成就下文将专门论述,就其实业方面的实际效果而言,有当下和长远两个方面。当下成绩而言,刘古愚是民间在西北推广机器生产的第一人(左宗棠以官方的身份为西北引进机器生产),他于1897年成功地引进轧花机,渭北一带机器轧花逐渐推广。之后,又创办了"复郊机器局",进一步推广纺纱、织布机械,其效果不显著,原因是多方面的。首先,就客观方面而言,是西北地区地域的局限。刘古愚创办大型纺织工厂(陕西保富机器局)以及小型纺织厂与东南地区士绅创办同类型的实业是同步的,如张謇的大生纱厂与刘古愚的陕西保富机器局同时,刘古愚创立教育与实业合一的复郊同绩社、复郊机器局与杭州知府林启的杭州蚕学馆(1897)相差两年④,但是林启的杭州蚕学馆逐步发展,并且取得很大成效。当时林启蚕学馆的学生史量才又于1904年创办了女子蚕桑学校,也取得较好成绩。蚕桑业是长江三角洲的支柱产业,其效果能够很快显现,而江浙一带的社会风气要比当时的陕西开通得多,西北地区的社会风气决定着在此推广机器生产其难度要比东南大得多。其次,刘古愚当时的身份也使他受到很大限制。

---

① 刘古愚:《与董海观孝廉书》,《烟霞草堂文集》卷六。
②③ 张鹏一:《刘古愚年谱》,第193页。
④ 非常巧合的是林启正是当时聘请刘古愚主持味经书院的陕西学政。

他是被打入另册的戊戌党人,这使其号召力大受影响,而他的事业基地只能设在风气最为闭塞的乡村,他只能通过道义、思想去组织和展开其事业,其困难可想而知。林启的身份是杭州知府,手中有行政资源,并且得到杭州巡抚廖寿丰的支持,效果自然有别。最后,刘古愚精力投入受到很大限制。隐居期间的各种事业头绪繁多,有复郊学舍,有六所义学,还有各种实业工场,尽管在主观动机方面,刘古愚可谓不遗余力,有着坚强的信念,自己亲自动手研制机器,遍访能工巧匠以共襄此举,但是在具体经营方面刘古愚投入相对不足。《复郊同绩社章程》1899年就制定出来了,而1900年初,刘古愚又应邀到潼关讲学,直到8月才回到烟霞洞。此时八国联军进入北京,时局紧张,刘古愚又筹办结寨自保,整个冬天并未纺织。而且自1900年以来,刘古愚先是有眼病,之后又加了痢疾和疥疮,一度"不能起坐"①,如此多的头绪,不可能一一躬亲,实际上无论是制蜡还是纺织,刘古愚的主体想法是自己的思路由门生或乡人付诸实施,而他本人则仍然以教育为主。所以,山居期间,不仅到潼关授徒,还撰写了许多学术著作。辛丑年间纺织之事是委托董海观办理的。董海观等受委托之人对机器纺织的意义的理解不可能如刘古愚之深,他不会将这项事业与国家富强的命运联系起来,也许只是作为一件差事来办,最终经营失败,"官款折尽",从张鹏一的记述来看,言语之间对董海观不无批评之意。

也许刘古愚并不是一个优秀的经营者,但他确实是一个目光深远的启蒙者。就同绩社的设想而言,其中许多思想是非常卓越的。同绩社的中心思想是在一定程度把妇女从繁重的劳动中解放出来,妇女解放的根本途径是劳动生产率的提高。妇女得到解放,文化水平提高,幼儿家庭教育便有了保障,女童有了上学的机会,全民教育也由此可以逐步实现。虽然刘古愚同绩社的目标并没有实现,但他认识到妇女解放的经济条件以及妇女解放对于提高整个国民素质的意义,并做出了初步的努力。他就像文艺复兴时期的大师一样,有着多方面的兴趣和技能。虽然在具体的领域造就并不深,但是他在多个领域都为人们揭示出通向未来的正确方向,后起者沿着他指示的道路前进,成就了自己,更推动了社会的发展。

---

① 刘古愚:《与董海观孝廉书》,《烟霞草堂文集》卷六。

五、深山讲武固关河

烟霞草堂经营一年之后,光绪二十六年(1900)庚子正月,潼商道陈兆璜(字又渔,湖南桂阳人)邀请刘古愚到潼关讲学,教其二子。刘古愚不愿耗精力于八股之中,以自己不能八股为由,拒绝了陈兆璜的邀请。但是陈兆璜很看重刘古愚的学问,第二次又把聘书送来,并写明可以不讲八股文,一切教法皆由刘古愚定夺。二月,刘古愚率领门生四川酆都傅建侯、其子刘瑞骕到达潼关,在凤山书院设馆,其教法一仍烟霞草堂之旧。潼关表里山河,是陕西与外地联系的咽喉要路,关中长期以来是中国的政治中心,历代的成败盛衰,一幕幕惊心动魄的活剧在此上演,曾经多次重拼中国的政治图画。凤山书院是明代大儒冯从吾的讲学地。讲学之余,刘古愚寻访各种名人遗迹,并考察潼关地形,暗筹潼关防守之策。他寻访了汉代杨太尉(杨震)①讲堂遗址,汤文正②石刻,并赋诗述怀,称赞这些人力行文教,以道德化人。他对冯从吾、汤斌、陆陇其这样的理学名臣特别推崇,对于冯、陆二位力赞他们发明"良知",厥功甚伟,其不分门户,合朱陆而欲一之,尤为卓识,深有"与吾心有戚戚焉"之感。在《陆清献提学》诗中有"性须道问学,学以尊德性。殊途可同归,胡为相诟病"的句子③,表达了他对整个理学的态度。

与潼关有关系的人当然很多,作为一个儒者,刘古愚的注意力主要集中在知识分子身上,在"萧相里",他写出了"千年法令终须变,毕郢原头祷祀频"的诗句。"萧规曹随"历来为人所称道,刘古愚反其道而咏之,此盖亦"学古而审时"之一例。理学名臣多以道德卓然而树其高标,像诸葛亮、王景略(王猛)以及萧何、张良则以功业名垂青史,少年英雄卫青、霍去病,靖灭漠北匈奴,开拓万里疆土,则其事迹更为绚烂多彩。在"武侯祠""萧相里""张良庙""霍卫冢""王猛台"这些见证了前贤千秋伟业的地方,刘古愚有所思,也有所感,这位年届"耳顺"之年的儒士郁积的豪气再度被激发出来。华山归来

---

① 杨震为东汉名臣,著名学者,聚众讲学,门徒遍海内。安帝时为太尉,因屡次上疏反对外戚宦官专政而被鸩杀。顺帝时平反,改葬潼关。此处杨震遗迹甚多,讲堂即其中之一。

② 汤文正:即汤斌,字潜庵,清初理学名臣。顺治十二年(1655)至十六年(1659)为潼关兵备道。

③ 刘古愚:《潼关怀古》,《烟霞草堂文集》卷十。

再拜王猛台,直抒胸怀:"龙骧不助投鞭渡,虿处应知被褐才。何事深山犹讲武,雄心素抱未能灰。"①尽管被褐于深山之中,仍不堕其志,讲武不辍,以图异日有报。这既是咏赞王猛,又是表白自心。

甲午战争后,东部海疆无司守御,迁都西安一时成为朝野热议的话题,刘古愚即开始筹划内地防守之计。现在得地理之便,即对历代潼关战守历史进行了认真研究。季春三月,刘古愚的眼病有了好转,时值望月,惠风和畅,他缓步潼关城南,对该地地形进行了实地考察。登高远望,关南一带群峰际天,蜿蜒东走,直接中条山,黄河穿行在重峦叠嶂的群山之中,南北无隙,黄河河谷是进出潼关的唯一通道。中条山往北地势豁然开阔,颇为平坦,这就是古代著名的蒲阪,奔腾的黄河水在蒲阪之西滚滚南泄,受到潼关的阻遏,折向东流,归入中条山河谷中。潼关之西,华山迤逦东走,与关南群山连为一体,渭河、洛水顺着山势扑关而来,汇入黄河。潼关北以黄河为屏障,南倚群山,南都群峰山形各异,人们分别将其命名为象山、凤山、麒麟山。潼关古有十二连城,由西而南走,东穿象鼻,跨凤翼拊麒麟之背而络其首,最后连接黄河。这里较早设立的是函谷关,在潼关之东百余里。秦国着意经营函谷关,是因为秦定都关中之咸阳,为了遏制东方诸侯的进犯,所以在关中门户之东百余里设防,以潼关为防线,成背水之势,是以函谷关又称秦关。西汉定都长安,又将防线东移百里,设汉关,而荥阳成为军事要地。东汉都城东移至洛阳,为了防备由关中而来的军事力量,出于遮蔽洛阳的考虑,始在今潼关设防,这也是潼关的由来。

秦汉以来,每逢乱世,天下群雄割据,潼关往往成为各方争夺的要地,许多军事、政治集团的命运系于潼关之得失。如今潼关东西南北皆为中国腹地,无所谓防东防西。但是考虑到迁都西安的问题,防守由东向西的势力进入潼关在当时具有现实意义。历史上对于潼关的争夺不过是中国一人一姓政权更迭的事情,而如今防守潼关则具有防备列强的功能,而且可能是关系国家生死存亡的背水之战,所以历史上有关潼关防守的经验就具有很强的借鉴意义。

经过研究考察,刘古愚发现潼关防守有三个要点,一是潼关正面防守,二是北面蒲阪,三是南面的禁阬。"北不能绝蒲津,而河之带解;南不能遏禁阬,

---

① 刘古愚:《关中咏古·王猛台》,《烟霞草堂文集》卷十。

而山之襟披。孤悬一关,虽踞形胜,乌睹所谓百二之用哉?"①潼关东北、中条山以北地区(现属山西永济市)的开阔地带,古称蒲阪,若东方势力从此渡过黄河,则潼关之险丧失,所以守潼关必守蒲阪。

征诸古今史实,刘古愚有《潼关杂咏》五首,其咏蒲阪曰:

> 长河滚滚扑关来,倒泻龙门两岸开。
> 濒死阿瞒终稳渡,潜军貉子竟生回。
> 吴儿鱼贯惊奇险,齐客鸡鸣诧异才。
> 无限深忧仍北顾,坏云隐上白龙堆。

禁阬是关南横亘南北的一条山脉,可以作为一道屏障。潼关以南是一片高地,没有峻拔的山峰,只有纵横交错的沟壑,可以阻隔外敌。商人为了躲避设在潼关的税卡,不断攀爬禁阬,逐渐形成一条通道,这也是防守潼关必须着力注意的地方。刘古愚咏禁阬诗曰:

> 列屯置戍备严关,绝堑天成禁往还。
> 税使权严迁径辟,府兵籍废士身闲。
> 从来善守须争险,谁谓凭城胜倚山。
> 归路无端深叹息,遗踪形势两沟环。

潼关形势虽然险峻,易守难攻,但是客观的地形地势必须有才能之士防守,若所用非人,天险如同坦途;若国家政治混乱,有才能之士而不能用,形胜之地皆成虚设。做诗以叹曰:

> 败军自古难言勇,用险从来贵有人。
> 烽火甫闻先破胆,水关争抉误全身。
> 金汤竟少丸泥用,筹策空劳社稷臣。
> 遥望雁门云暗淡,忠魂夜夜泣潼津。

同年七月,刘古愚所担心的事再度发生,八国联军攻破北京,帝后仓皇西逃,西安成为驻跸的首选。陕西署理巡抚端方②命陈兆璜陈述潼关防守之计,刘古愚即代陈兆璜草拟了防守潼关的策略,其大意如下:

潼关应多集兵力,士兵职责不仅在守关,因庚子年大旱,河南、陕西均有大量饥民,一旦有变,可以即时调兵应急。如果天子西来,必然在潼关之外的

---

① 刘古愚:《游潼关杂咏五首序》,《烟霞草堂文集》卷十。
② 时端方为陕西布政使,署理陕西巡抚。

陕西、河南境上迎接，潼关有足够可调之兵，可以迅速办好接驾事宜。潼关连接三省，一旦有战事，不仅陕西各州府之兵要统一调度，而且必须三省协同，才能对潼关、蒲阪、禁阬等要地实施有效的防守。因此应该派熟知兵事的专阃大员统筹潼关防守事宜。在具体的防守方面，应在禁阬设卡。潼关南有古代修筑的十二连城，现代已经多半毁坏，冷兵器时代筑城是有效的防御办法，但在以枪炮为主的当代战争条件下，城墙的作用已经难以发挥。况且筑城工程量很大，大旱之年，不宜大兴民力，列强军队已经攻入北京，筑城也缓不济急。应在35里的禁阬沟岸设营12座，用地营的方式守卫。每营都掘地为坑，人身藏在坑中，头在营外，以观察敌情，用枪炮迎敌。这种地营能防御敌人的炸炮、巨炮。这是刘古愚壕堑战法的实际运用。

在潼关城外建立石碉。潼关城可以防守土匪，而在西洋的巨炮、炸炮攻击之下，只能被当作活靶子。应将此碉楼拆毁，改为地碉。地堡高出地面约不过三尺，外形呈圆锥状。距地低，可避大部分炮弹，即使被炮弹击中，斜面能够缓冲炮弹的力量，可以极大地减少其杀伤力。在热兵器的枪炮时代，必须改高处防守为地面及地下防守。刘古愚预计关城周围只要建立不超过20个碉堡，即使城上无人，潼关也可保无虞。这种思想是很有科学内涵的。首先，他看到了火器时代必须利用战壕以有效避免杀伤的基本规律。其次，他将弹道学的研究成果运用在抵御列强侵略中。刘古愚潼关防守的对象主要是武器装备先进的列强。传统的城墙与平射弹道轨迹成90度角，这个角度使枪弹的冲击力发挥到最大限度，而斜面可以大大缓解枪弹的冲击力，可起到良好的自我防护作用。"二战"时期，苏联人把坦克前壁由直立改成斜面，仅此一个简单的改革就极大地减少炮弹的杀伤力，在与德国坦克的较量中占尽上风。

对守潼关不能一味地被动防守，应在潼关以外预设战场，实行主动防守。防守充分的情况下，应该积极发挥以逸待劳的优势，与来犯之敌在关外作战，小规模的部队寻机歼敌，可以提振士气，震慑敌人。如此战法，必须平日对潼关外的地形了然于心，才能有效发挥地利的优势。平时应每天派三四士兵外出巡逻，临战之际，胆智均裕，可增胜算。

同时，在黄河之中筹备炮船，巡逻于潼关、大庆关之间，可以巩固陕西东部纺线。天子西来，后面可能有外敌追兵，有炮船可以接应銮驾，也可以防止外敌伺机渡河。潼关西出之口道路狭窄，不容方轨，而且曲折蜿蜒，有"一夫当关,万夫莫开"之势,在此设地雷大可阻敌,在开阔的地方开掘战壕,暗埋地雷,诱敌深入,点引线以歼之。同时,防守潼关还应该做到军民联合,精心训练民团,收民团之利而去其害。

潼关若为战地,必然大兵云集,必须有充足的粮饷才能稳定军心,一切防守谋划才能落到实处。时值荒旱,作为一方疆吏,应该筹措足够的粮食、军械以及相应的资金。

同时,应该制止民众戕杀传教士及信奉洋教之人。当时义和团盲目排外,遇到洋人,不管老幼妇孺,皆予攻击。而且慈禧太后以皇帝的名义发布上谕,将焚毁教堂的举动定性为忠义之举。刘古愚对慈禧太后与列强开战及不分青红皂白地杀洋人的愚蠢做法极端愤怒[1],他委婉地建议端方不要执行慈禧的乱命:"此次义和团以焚毁教堂起衅,明奉谕旨,以焚毁者为忠义。设奸民藉以为口实,因之聚众焚毁教堂,戕杀教民,陕省洋教士无多,即尽杀之,于西洋不及九牛之亡一毛,全无与于胜负之数。若中国人入教者,则其数不下于当年之回民,若激成事端,则与同治初元之祸无异,而陕先自乱矣。似宜按前谕不发,或别出示谕,谓上谕所言指挟洋人以凌华民之洋教士,若中国投教之民,则原是我朝数百年教养之赤子,绝不心向洋人;有人以其入教因而戕杀者,与贫民无异,必皆问抵。至于洋教士,自守不生事端,朝廷仍一体保护,此亦弭乱之一端也。"[2]他基本上将传教士与外国军事侵略者做了区分,将信教国民视为朝廷赤子,刘古愚在此问题上极有政治远见,这也是他深邃的民族思想的体现。

六、弘道甘梁竭忠忱

己亥至庚子间(1899—1900)是刘古愚山居最困难的时候。外在的政治形势日益险恶,载漪等顽固派倒行逆施,与慈禧同恶相济,终致八国联军侵华。庚子九月四日,帝后銮驾至西安,又逢陕西、河南大旱,到西安后的慈禧太后仍然不改奢华,关中百姓深受其苦。唐才常在汉口发起自立军勤王运

---

[1] 刘古愚在给张鹏一的信中说:"失和者非一国,则以不能敌一日本之中国而敌全欧及日本,吾不知主战之人是诚何心?殆利中国之亡而恐黄种之人不尽绝灭也。"慈禧太后及载漪等顽固派与八国开战的做法确实是不顾国运的极端愚昧做法,为中国带来巨大灾祸,刘古愚的评价是非常正确的。刘古愚此信见《烟霞草堂文集》卷六。

[2] 刘古愚:《代陈观察上端中丞书》,《烟霞草堂文集》卷六。

动,被张之洞镇压,唐才常等 20 余人被处死。刘古愚对时局非常失望,在政治上他对慈禧太后非常不满,其间借助在书院讲《春秋》,用微言大义的方式写了不少抨击慈禧太后的文字,曲折地为学生讲明时局。刘古愚对唐才常的壮举非常赞同,当时虽然没有直接表达什么,两年后的 1902 年秋天,他写诗悼念谭嗣同、唐才常,把当时的思想、心绪表达出来:

　　　　壬寅秋吊谭参政复生步题麦幼博扇原韵三首
　　　　　　　其一
　　　是何国运倾颓日①,偏有奇忠冒死来。
　　　狱底歌诗雄一剑②,市头呼语愧三槐③。
　　　乘桴幸得生臣去④,裹帛难医烈妇哀⑤。
　　　我信鬼雄心铁石⑥,帝旁披诉未成灰⑦。
　　　　　　　其二
　　　论文直是行天马⑧,振懦开顽又尔逢⑨。
　　　同里血流惊鼠辈⑩,赖君心热辟鸿蒙。
　　　竟闻圣世言归墨,坐见神州种欲红。
　　　我痛人亡邦殄瘁,时揩泪眼望长空。

1902 年八月,另有《六十自寿诗》对慈禧太后进行了直接的抨击:

　　　破坏纲维只怨秦,虎威震阙九州驯。
　　　权能归后穰侯贵,国不知王范叔贫。
　　　阡陌纷驰戎马足,闾阎反见妇姑唇。

---

　① 原注:德据胶州、俄占旅顺。
　② 原注:谭诗有"我自横刀向天笑"句。
　③ 原注:临刑呼某相国语,某愧不答。
　④ 原注:参政狱中诗有"望门投止思张俭"句,指康长素奉诏不忍去,谭促之,康得脱难。"生臣"语见《管子》。
　⑤ 原注:夫人李氏闻耗,投江不死,哭诉于湘抚陈公署,袖短刀自刎,血喷陈公袖。陈大惊,出奇药以帛裹敷,送归寓。数日不食,忽大呼某相国名,手自裂帛,血涌丈余死。
　⑥ 原注:康哭参政诗有"绝世英灵魂魄毅,鬼雄诗质在帝傍"句。
　⑦ 原注:原作有"愿手成骨、骨成灰"句。
　⑧ 原注:予常论参政文如天马行空,倏忽万里。
　⑨ 原注:平日常自谓中国不绝,须以头血浇灌,人心便醒,请自我始。
　⑩ 原注:庚子之变,南省倡为自立会以折西人瓜分之谋,两湖死者千余人,倡首为唐君才常,亦浏阳人。

疲癃愿缓须臾死,得见吾皇立宪新。

刘古愚的个人生活则是贫病交加,由于把微薄的积蓄都投入到实验纺织、取水等各种器械之中,而且把五十多亩土地也抵押出去①,大旱之年家中无粮,不得不向人借贷。辛丑年(1901)六月一日之后,陕西结束荒旱的历史,大雨时至,农人遍种绿豆、荞麦、谷子等成熟期短的作物以救荒。刘古愚家中无麦,靠吃这些杂粮维持一家生命。庚子年九月,其次子刘瑞骝随陈涛到上海南洋公学就读,刘古愚无力为儿子提供路费和学费,由陈涛和胡坊资助才能勉强维持学业②。

庚子期间另外一件对刘古愚深有触动的事情就是赵舒翘含冤惨死。赵舒翘为官廉洁,官声甚好,曾经捐资为陕西修建道路、桥梁,为味经书院捐赠了大量的书籍。但是他思想守旧,任江苏巡抚期间,贴出告示,反对学生学习新学,反对在科考中出现新学、西学的内容。当时外国人对赵舒翘就很不满,上海传教士主持的《万国公报》就赵舒翘的告示公开提出批评,言辞激烈。③戊戌政变后,赵舒翘的态度受到顽固派的赏识,被擢升为刑部尚书,入军机处,在总理衙门行走。1900年,义和团运动高涨,慈禧太后对西方列强不支持其废除光绪皇帝的做法怀恨在心,想利用义和团以抗击洋人。他派刚毅、赵舒翘到涿州去调查义和团情况。刚毅极言义和团刀枪不入的功夫可以信赖,赵舒翘明知义和团不分青红皂白地攻杀洋人的做法不妥,也没有什么超人的法力,但是在刚毅的淫威下,不敢畅所欲言,依违其间。八国联军攻入北京之后,在议和条件中明确提出必须惩处刚毅、赵舒翘等人。慈禧太后不得已降旨将赵舒翘定为"斩监候",后在列强的干预下,又被定为"斩立决",最后改为赐自尽。赵舒翘认为自己忠于慈禧太后,她不过做样子,应付洋人之后,终究会赦免自己,因此,服毒、吞金,皆未死。后来在陈春煊的监视下,赵舒翘被用浸湿的麻纸层层蒙面,窒息而死,死状非常惨酷④。赵舒翘虽然对陕西维新事业有过极大打击,但是当时的民众更多看到的是赵舒翘对陕西社会事业的支持,而且就义和团事件而言,赵舒翘本来是冤枉的,尤其是赵舒翘籍贯就在

---

① 在与《董海观孝廉书》中说:"祈弟为兄借银二百两,兄即能赎田五十三亩,其田均为堰地,苟夏间得发一次山水,即可以收三料。"《烟霞草堂文集》卷六。
② 刘古愚:《与门人陈伯澜书》,《烟霞草堂文集》卷六。
③ 《南闱监临示》,《万国公报》第105册,1897年10月。
④ 张鹏一:《刘古愚年谱》,第182页。

西安,而在西安被处死,西安民众群情激奋,曾有上万人到鼓楼请愿,甚至有声言劫法场者①。

庚子九月,赵舒翘以位极人臣的身份到西安的时候,刘古愚正在烟霞草堂,但他们彼此已是冰炭不容,并无联系。赵舒翘与刘古愚的冲突根本原因是彼此思想的不同,但是赵舒翘在对待刘古愚这位昔年挚友的问题上,毫不手软,在陕甘最高当局无意惩处刘古愚的情况下,赵舒翘联合北京高官,给陕西巡抚施加压力,必欲置刘古愚于死地,如此做法,可谓冷酷。但赵舒翘被处死,刘古愚并没有什么快意之感,而是为赵舒翘感到深深的惋惜,不胜悲痛。刘古愚不同的弟子对此事均有记述。张鹏一《刘古愚年谱》记载,刘古愚听到赵舒翘的死讯,叹曰:"展如终不悟耶,哀已。"②张季鸾《烟霞草堂从学记》说:"赵尚书舒翘为先生至友,'复豳学舍'书多其所赠也。'拳变'起,先生劝勿祖拳民,赵依违其间,乃至惨死,先生尤深惜之。"③刘古愚晚年凄凉的景象多拜赵舒翘所赐,但刘古愚并不念旧恶,他对朋友赤诚、宽广的胸怀终身不改。

辛丑条约签订后,慈禧太后被迫实行新政,政治气候又发生了重大改变,刘古愚的境遇也开始逐渐好转。1900年,沈卫任陕西学政,他有维新倾向,对刘古愚的做法非常赞赏,而且陕甘总督陶模也向沈卫推荐刘古愚,并且支持沈卫奏请朝廷对刘古愚进行褒奖④。经过调查,沈卫认识到刘古愚"昔年办求友斋,刊书教士,后任味经刊书处事,时越十年,校勘精详,嘉惠士林,其功甚巨。"于是搜集刘古愚20年从教的事实,"胪列师二十年教士事实,以所刊书百种,上呈两宫,分赠枢府,具折保荐先师暨襄事诸人,请褒奖。得旨:师由

---

① 中国近代史资料丛刊:《义和团运动》(一),上海:上海人民出版社,1957年版。
② 张鹏一:《刘古愚年谱》,第182页。
③ 张季鸾:《烟霞草堂从学记》,《烟霞草堂遗书续刻》附录。张季鸾所说赵舒翘给复豳学舍赠书的事情有不准确的地方。赵舒翘给味经书院赠送了大批图书,而刘古愚隐居烟霞草堂期间,与赵舒翘已经不通音讯,对刘古愚必欲惩处而后快的赵舒翘是不可能赠书给复豳学舍的。或者是刘古愚把味经书院部分赠书运到复豳学舍,或者是张季鸾将赵、刘绝交前的事情记忆成戊戌政变之后的事。张季鸾到烟霞草堂的时候,赵舒翘已经被处死,他不可能亲见赠书之事,但刘古愚对赵舒翘的惋惜之情张季鸾则可耳濡目染。
④ 刘古愚在给陈涛的信中说:"今闻汝依陶方帅,我心甚喜。方帅诚当今伟人也,劝谕海外新党文,读之使人感泣。今岁沈学使保荐我,又要我主味经,闻皆方帅授意。我再三辞之不获,然方帅保爱吾党,其用意殆不在汝叔一人,则此情吾陕人人所当感激涕零也。"刘古愚:《与门人陈伯澜书》,《烟霞草堂文集》卷六。

国子监学正晋五品衔,刊书董事成安以知州用。"①朝廷虽然只是给刘古愚一个虚衔,但是这等于为刘古愚从政治上进行了平反,此后刘古愚的社会地位又逐渐恢复。辛丑七月,朝廷再次开经济特科,已经调任贵州学政的赵惟熙欲保荐刘古愚,但刘古愚早已不存入仕之心,也不愿与"后辈旅进退"②,致书辞谢。沈卫又希望刘古愚重掌味经书院教习,刘古愚也推辞了。他此时的兴趣还在普及教育,注意力在办小学,而不在中学、大学。

但复郑学舍依然在运行,学生人数也在不断增加。光绪二十八年壬寅(1902)有50余人,于右任、张季鸾就是在此时执贽于刘古愚门下的③。于右任,陕西三原人,从学于刘古愚时间并不长,但他对刘古愚非常敬重。张季鸾是陕西榆林人,其父张楚林以进士官山东,于1900年去世,张季鸾与母亲及两个妹妹扶柩回到榆林,家境困窘。此时曾经担任潼关道的陈兆璜调任延榆道,他很赏识张季鸾的文采,也很同情张季鸾的境遇,将其招入道署,亲自教其读书④。陈兆璜父子对刘古愚的人品学问非常敬佩,张季鸾由此也对刘古愚甚是崇仰。1902年秋,陈兆璜卸任,其子陈燮赴礼泉烟霞草堂再次从学于刘古愚,张季鸾在得到母亲的许可后,与陈燮一起到烟霞草堂,正式投入刘古愚门下,时年虚岁15岁。第二年春天,刘古愚到甘肃兰州大学堂,曾想让张季鸾随行,但是母亲因为女儿刚刚夭折,非常伤感,不愿张季鸾远行,只好作罢。虽然张季鸾从学于刘古愚只有短短的几个月,但刘古愚的伟大人格以及以天下为己任的高尚情操深深地打动了他⑤。张季鸾一生以文人议政,虽手无寸柄,但一直坚持用笔指点江山,对中华民族走向文明、对团结抗战做出巨大贡献,尤其是在九一八事变之后,致力于理性抗战,七七事变以来,张季鸾更与同仁们坚持抗战到底,使《大公报》成为当时新闻界宣传抗战的一面旗

---

① 张鹏一:《刘古愚年谱》,第193—194页。

② 张鹏一:《刘古愚年谱》,第197页。

③ "是岁,草堂学者五十余人,富平景志伊(字莘农)、蒲城寇遐(字圣孚)、三原于伯循(后以字右任行)、户县李本善(字性初)、榆林张炽章(字季鸾)、张崇基(字阜生)、桂阳陈燮兄弟再来。"张鹏一:《刘古愚年谱》,第202页。

④ 王芸生、曹谷冰:《1926年到1949年的旧大公报》,中国人民政治协商会议全国委员会文史资料研究委员会编《文史资料选辑》第7卷,第25辑第21页,北京:中国文史出版社。

⑤ 张季鸾曾经回忆道:"惟阅世即多,始知先生学术道行之广大,每经时变,穷则怀师,诚不自知其心之何故。"见张季鸾著《烟霞草堂从学记》。

帜。这与刘古愚赤诚报国、九死不悔的精神是一脉相承的。

　　此时,各地纷纷兴办新式学堂,继陕西学政沈卫之后,四川署理总督岑春煊、陕甘总督崧蕃先后于1902年冬天邀请刘古愚主持当地的大学堂。在甘肃大学堂的聘书到来之前,刘古愚都没有动心。陕西、四川的条件较好,门人劝刘古愚出山,刘不以为然,但是甘肃的聘书到来后,刘古愚竟然同意远赴兰州。学生考虑刘古愚年老体衰,劝其勿往,刘古愚叹曰:"汉回为西北隐忧,吾将期以三五年教化回民子弟,此关陇大计,非吾莫属。"①刘古愚考虑的是西北地区是俄国长期觊觎的地方,而该地五方杂处,民族众多,必须把汉、回、蒙古、藏等各族连为一体,才可"靖内讧,御外侮",而教育则是团结各民族的重要手段,因此"谢蜀而赴甘。"②另外,早在1898年戊戌变法期间清廷下诏创办新式学堂的时候,他就垂意于甘肃教育。当时曾怀清任甘肃布政使,曾致函邀请刘到甘主持学堂,此时他在陕西的各项教育事业正在展开中,实无法离开但对甘肃的邀请仍然"此心怦怦",意有所动③。他在给曾怀清的回信中说:"兰垣学堂,制军过采虚声,欲以赘充讲习。诚恐学问短浅,才识不宏,不堪为人师资,有负作人雅意。"言辞间十分谦虚,但还是颇有意于此的,只是当时味经、崇实两书院百事初兴,难以抽身,只好婉言谢绝。

　　光绪二十九年癸卯(1903)正月,陕甘总督崧蕃正式为刘古愚下了聘书及程仪。接书后,刘古愚即准备启程,将草堂事务交给门人魏之杰管理,由其子刘瑞骍协助。撰写成《复郊学舍始末记》,记叙了草堂的缘起,说明财产系由门人及学政柯逢时集资购得,应归公有,子女只有对部分房舍土地的使用权,并无所有权。从中我们可以看出刘古愚公私分明的磊落胸怀。正月十五过后,刘古愚动身赴甘。同行的有继配夫人王氏,次子瑞骍,门人王含初。一直在烟霞草堂从刘学习的张季鸾送刘古愚一行出礼泉县。行至省城西安,刘古愚专程到李岳瑞家礼拜挚友李寅的神主。

　　正月二十日,刘古愚一行抵甘肃省垣兰州城,总督崧蕃对这位关中耆硕大儒礼敬有加,亲自主持仪式欢迎刘古愚。花甲之年,刘古愚从政治迫害中走了出来,再次得到一个施展抱负的舞台,他马上以全副精力投入到紧张繁重的创建兰州大学堂的工作之中。学堂以直隶州知州杨增新为提调,而具体

---

① 张季鸾:《烟霞草堂从学记》,《烟霞草堂遗书续刻》附录。
② 李岳瑞:《墓志铭》,《烟霞草堂文集》卷首。
③ 刘古愚:《与曾怀清方伯书》,《烟霞草堂文集》卷六。

事宜则由刘古愚一手负责策划。他对此投入了极大的热情和精力。早在入陇之前,他就在考虑学堂的创办事宜。正月,写信给总督崧蕃①,建议应先创办一个"延宾馆",这是基于新旧学制交替这一基础之上提出的。为了给学堂创造一个较为有利的外部环境,大学堂应把那些对社会有一定影响力,威望颇重之人请来,设"延宾馆"以安置之。给他们以很高的荣誉,同时以讨论的形式向他们解讲新式教育的目的、意义,由总督亲自负责,数日一临,主持有关事务。具体日常运转则由刘古愚本人负责。这样,这些人既受到了尊重,提高了他们的名声,又影响了他们的思想,使之接受新式教育。经过一段时间后,可以派他们到乡间现身说法,乃至靠他们创办中学堂、小学堂及童蒙学堂。这不但可以改善学堂的外部环境,而且新式教育也有可能被迅速推广。因为延宾馆中人皆为学有所长者,一旦观念转变了,可望迅速成为新教育的施行倡导者。这是一个切合实际的办法,照顾到了新旧两方面的不同情况。

刘古愚到达甘肃后,着手制定大学堂教学制度,制定了《甘肃省大学堂功课提要》。《功课提要》要旨为国学与西学并重,以实用为中心,以经世为鹄的。他特别强调西学的重要,华文每日仅三小时,充分体现了学堂的近代性。国学内容与求友斋基本一致,也分为温经、治史。他更进一步指出,经学的内容包括伦理、政治、文词、习字四项,以伦理一项最为重要。他认为"伦理为主政之源,政治即修伦理之道"。只要人心归于一,以伦理修政治,儒家的五伦也同样可以包括像西方伦理所说的"对己身、对家族、对人群、对国家"的内容。治史的目的在于了解国内外大事及各种典章制度,训练学生的办事才能。他说,历史的内容可分为两项,历代治乱兴衰,这属于事实;"法制文为",属典章的内容。一切内容的轻重取舍均以现实为标准。"考古须证以今,乃可坐言起行,不然,古人已死千百年矣,吾辈考其事实、典章,纵极详明,于我之身世何涉?"所以,在史志方面,他特别强调近代、本朝的内容。为学生开列了《东华录》《满汉名臣传》《圣武记》以及《十朝圣训》《皇朝三通》《经世文编》等书。由于学堂尚属草创,这些书还未准备就绪,因而以《通鉴》代之。但华文仅三小时,所以以读《通鉴辑览》为宜。根据近代中西文明交流、冲突,五大洲相通的形势,他更强调,现在的学生不仅要求能够考古证今,而且还要"知己兼知人",不但能够"直上直下"沟通古今,还要能"横推横行"联结中

---

① 刘古愚:《复陕甘崧锡侯制军书》,《烟霞草堂文集》卷六。

外。各国时事，必须留心"阅近日报章及各国事实、典章之书，其益百倍于旧史也。"①他意识到仅史学一门已不能概括政治、地理、天文及各种专门技术的内容了，因此在"读史"一项的末尾又提出史志包括天文、律历（二者同属算学）、舆地、官制、财赋等13项，要求学生依自己的兴趣及专长可各有侧重。他在摸索着新的学科分类法，不断突破旧学的形式，寻找新的形式以概括新学。

此时，他还写成了《改设学堂私议》及《示张筱山子读书法》《劝学缀言》，较系统地概括了他的教育思想，大致有三项内容，是刘古愚教育思想的总结。（1）教育的目的在"化民成俗"，也就是提高全民素质。教育不仅仅在于培养吏才，也不仅是士子的专业，各行各业的从业人员均应学习。这样才能振兴经济，提高国人的文化水平，这当中贯穿着普及教育的思想。（2）教育要切合实际，以实用为最终目标。针对当时形势，他提出了学校应分为蒙学、小学、中学、高等学堂、大学堂五级，分别设于乡、县、府、省垣、京师。具体的贯彻学用结合的方法与《〈学记〉臆解》及《行周礼必自乡学始》大同小异，这里比以前更简明、更概括。（3）在普及的基础上提高，高级人才来源于教育普及。先普及而后提高，因此，广设师范学堂为当时之要务。

除了撰著以外，刘古愚把全部精力都投入到日常教学之中。他主要担任教授华文的任务，每日坚持登台讲授两小时。算学虽有专门教师，他也参与批阅作业。夙兴夜寐，备极辛苦，黎明即起，操持一天的课业，有时与来访者谈至半夜方息，每每是家人早已熟睡，他还在认真批改作业。他不但注意言传，更兼施身教。在兰州大学堂时，课后往往召集成绩优异的学生与之谈论。四方慕名来访者也络绎不绝，刘古愚总是毫不厌倦地与之剖析疑义，务使每个人满意而去。张鹏一在《刘古愚年谱》中称，"先师总教一月，学风丕变"，辛勤的劳动很快产生了效果。

刘古愚毕竟是年届60的人了，又历遭忧患，这样高强度的劳动是他的身体所吃不消的。但刘古愚却没有意识到这一点，他自恃身强体壮，精力旺盛，并不注意节劳。还想把自己的思想正面系统地阐发，把多年来研究心得写下来，但他当时还没有时间专门从事撰著，主要精力仍然在具体的教育工作中，真是"不知老之将至矣"！入夏，由于劳累过度，犯了咯血的毛病，但仍然登讲

---

① 刘古愚：《甘肃省大学堂功课提要》，见《文集》卷八。

台,批课业,接待四方来访者。他还打算等学堂的事稍有头绪后,说服崧总督开发西北的畜牧皮革资源,"收其皮革以西法腥脂,且复左文襄所购机器,大织毡、罽、呢、羽之属,以塞漏卮而辟利源"①。七月初,早起触瘴疫,浑身虚汗,如入蒸笼一般。后咯血加剧,先咳痰,后继之以血,但仍然手不释卷。门人及瑞骍劝他休息,他则说:"千里来此,胡为乎? 我乐此,不觉苦也。"后病情严重陷入昏迷状态。稍稍苏醒所问全是关于学堂的事情。某某事办没办? 再问他的时候,便瞠目不答,语不及私②。光绪二十九年(1903)八月十三日凌晨,刘古愚与世长辞,享年61岁。哲人既已作古,精神将永垂后世!

刘古愚去世后两年,1905年7月,甘肃门人周文炳、彭怀智、姚守谦等28人,为刘古愚立"教思碑"于省城东门外。张鹏一撰写的《刘古愚年谱》录全文如下:

> 光绪癸卯,咸阳刘古愚先生来总教甘肃,于是秋八月十三日,竟以疾卒。门弟子深痛先生蚤逝,相与立石于城东道左,用志不忘焉。
>
> 先生姓刘,讳光蕡,字焕唐,古愚其号也。陕之咸阳人。少贫食力学,毅然以天下为己任。后以外患频仍,中原多故,而士风靡然不振,益愤求有用学,思以拨大乱而反之正。天不悔祸,世莫之宗,则极力育才牖民,以冀挽回危局。此先生功德所以立也。凡详诸行状、墓志中不叙,叙其事在甘肃者。
>
> 甘肃之聘先生也,后于蜀。先生以甘肃据西北上游,与东南诸省有建瓴势,而汉、回、蒙、番杂处,比近西藏、新疆,又当英、俄势力之冲,内讧外侮,在在堪虑,而士务科举,民甘草昧,凡地方自治事概不讲,倘有变,非细故也,爰辞蜀而赴甘。至则教以弃俗学、求实用,以正人心。日取古今中外兴亡与甘肃切要事,以至诚启发,闻者兴起。且拟广储师范,遍设乡校,开一省民智。而于西北境大兴畜牧,又修复近城织呢机器局,期与学堂相辅而行,以基富强。别选回、蒙、番三族聪颖子弟入学,教以大义,使与汉人同心同德,固西土屏藩。此先生欲以教学振兴边徼大旨也。孰意未及施行,忽焉长逝也。岂苍苍者故阻格吾要荒文明耶?

---

① 刘瑞骍:《行状》,《烟霞草堂文集》附录。
② 张鹏一:《刘古愚年谱》,第221页。

先生之疾也,以忧劳,而其行道济时之心,虽疾革不少懈。昏瞀中恒语学堂事,至易箦时,犹喃喃不已,是先生终其身为斯民也。

　　今先生殁二年矣,凡我同人,微有进步,每与之言及,有泣者,使先生在,其效更何如也? 然不可复得矣! 谨奉垂教之大,凡与同人勉。而手以铭曰:

　　先生为西陲来,为西陲逝。耿耿一心,茫茫百世。下作河山,上昭天帝。惟兹精诚,克造时势。万里边疆,大荒风□。哀思哲人,痛哭流涕。山木遽颓,门墙冈①替。念我先生,各自其励②。

民国二十二年(1933),陕西省主席邵力子出资在西安文庙启圣祠东又为刘古愚修建了祠堂。由王典章、赵宝珊督工修筑。有门房三间,厢房六间,中庭三间,正殿三间,垣墙、井、厕皆备。

刘古愚在戊戌维新时期与康有为结下不解之缘,但是二人终究缘悭一面。民国十一年(1922),刘古愚去世已达20个年头,康有为西游入长安,访刘古愚及门弟子。刘古愚及门诸同人在多隆阿祠西别墅设宴招待康有为。20多年前,曾经在陕西做自己桴鼓之应的刘古愚先生已经长眠地下,现在康有为只能面对他的学生回忆当时旧缘,对此康有为很有感慨。写下了"烟霞草堂"四字大匾,以志昔缘,并赋诗抒怀,序曰:

　　光绪丁酉,刘古愚先生约游陕,未果。癸亥十月,在长安古愚先生门下李孟符、张扶万、郭蕴生、王含初、赵和庭、高又尼、王荫之、巩孝周、曹道符、张定九、陈伯龙、景莘农、邓敬亭、周石生、谭西轩、赵葆珊、贺仲范、孙仁玉暨先生季子复黄设宴聚谈,赋诗曰:

　　　　大贤教泽满关中,朱陆由来无异同。
　　　　刘瓛讲书伤党祸,横渠学案画儒风。
　　　　烟霞天半光犹烂,桃李门中阴尚浓。
　　　　卅载迟来弥怅望,群英高会幸相逢。

十一月,康有为游昭陵,赴烟霞洞,登阁拜祭刘古愚的神主,并做有五言长诗,全文如下:

　　昔序烟霞集,今来烟霞洞。

---

① 此字疑当作"冈"。
② 张鹏一:《刘古愚年谱》,第222—223页。

> 神交数十年,不面复梦悬。
> 死生嗟契阔,馨香未接奉。
> 关学守程朱,严笃碍时用。
> 惟先生讲学,中外并采贡。
> 德行既高妙,物质亦控纵。
> 昔吾强学会,作序表愤痛。
> 君以写屏风,遍令诸生诵。
> 遂遣高材生,南北音问送。
> 政变天地昏,党祸含沙中。
> 谣言累先生,吁嗟楚咻众。
> 弹指星几周,广陵散绝弄。
> 揭来关辅游,深山访弦诵。
> 凄凉讲舍地,友教无游贡。
> 谷名子真传①,洞今烟霞重。
> 九㠖麓徘徊,暝色但云雾。

刘古愚的著作在其去世后陆续由其弟子刊刻面世,王典章出力尤多。民国三年(1914),门生王含初(章)、赵和庭搜集刘古愚遗著,编成《烟霞草堂文集》十卷,由张鹏一在西安印行。但是本次印本错误太多,第二年,李岳瑞再次编定,由王典章在苏州刊行于世。后来王典章又于1921年(辛酉)在苏州刻成《遗书》17种。1925年又搜集遗篇,在金陵(今南京)刊成《遗书续刻》4种。目前行世的《刘古愚先生全书》即由1915年版《文集》与1921年及1925年版的《遗书》及《续刻》组成,由王典章(幼农)出资刻竣。

---

① 相传烟霞洞是汉代逸士郑子真隐居的地方。子真见汉成帝时期后宫弄权,王氏一门执掌政柄,皇帝昏庸,于是隐居不仕。汉成帝屡召不就。陕西民间犹盛传郑子真在烟霞洞隐居,可见子真在关中很受推重。由于郑子真是隐士,后世对其隐居地有不同说法,有的说是在汉中,有的说在礼泉烟霞洞,刘古愚及其弟子即持子真的隐居地在汉中说,并认为此说"前人已有定论"。见《烟霞草堂文集》卷十《山居述怀六首》六首中的《谷口溪水》注。

下 编

维道济时的思想体系

第八章　社会、政治思想

一、治乡观

就其行动及效果而言,刘古愚不是一个政治家,但是他对社会、政治非常关心,在对当时社会现实进行分析判断的基础上,形成了一套独特的思想、认识体系,其教育思想、行为以及其他一切思想都是建立在这种认识、判断的基础上的,只有对其社会政治思想进行基本分析之后,我们才能较好地理解他的整个思想体系。

刘古愚认识社会的思想指导应该是传统的实学思想,这种实学思想认识路线的基本原则可以用"实事求是"来概括。具体来说就是尊重事实,以事实而不是观念或偏见来判定当时的社会大势,在以事实为基础的判断之下,探索解决问题的方案,在设立解决方案的过程中以解决实际问题入手,力求真知实行,从自身做起,从当下做起。这看起来很简单,但是无论是100多年前的晚清还是当下,要从流行的思想中解放出来,实现思想观念的方向性转变,却是非常不容易的。比如19世纪80年代的清流派,其思想基调是爱国的,站在维护本民族利益的立场上,比较坚定地捍卫着本国的文化和价值体系,难以承认西方的物质文化不可抗拒,必须加以正视、吸收的大趋势,以为仅靠着传统的价值观就能够挽回颓势,盲目地排斥西方,显得不合时宜,固步自封。又如刘古愚早年的朋友赵舒翘,他深受传统观念的影响,又身处行政体制内,能够做到不畏强权(晚年位极人臣,为保持禄位已经失去了这样的锐气,也因之丧命),为官清正,在各种职位上兢兢业业,可以说是一位能臣、廉吏,但他只看到西方文化对中国带来的侵略,却始终不承认中国必须吸收西方文化的趋势,也不愿承认中国已经被卷入世界化的潮流之中,戊戌政变前后,像这样的士大夫大有人在,势力很大。

刘古愚对当时中国形势的一个基本判断是世界强国凭借其坚船利炮打开中国国门,其政治、军事、经济、文化等各方面的侵略势力将长期存在,中国与世界的联系、交流已经不可逆转①,中国要在世界上生存并走向富强、取得与列强平等的地位,必须在器物上效仿西方,而器物的背后是其学术,必须学习包括西方的军事、自然科学以及各种政治、人文等方面的学术文明,吸收其适合于中国实际的内容,以为我所用。相应地,中国的军事制度、经济思想及经济政策、教育体制及教育内容都需要改革,要推行这些方面的改革,政治运行机制甚至政治体制也必须改革,刘古愚晚年明确赞成西方三权分立的政治制度。在刘古愚看来,一切改革当从治乡开始,治乡也能容纳一切改革,这是他持之一贯、非常独特的社会政治思想。

他对当时社会政治主要弊端的判断与康有为等在戊戌维新时期的看法基本一致,政治弊病的主要表现为上下隔阂,民心涣散,风气固陋:"天下之情,患在隔,当使之通;天下之势,患在涣,当为之萃;天下之识,患在蔽,当为之开;天下之气,患在惰,当为之勤。"②而解决诸种弊端的根本方法就是从治乡入手。在光绪二十七年(1901)给陈涛的信中对此观点叙述较详。

> 当今之时势,欲富强中国,理财、治兵无从下手,惟有屈意治乡,以固国本。行之三五年,然后再讲富强之术。盖古之为治也详,今之为治也疏。外夷之为治也,则由详密,而一国如一家,上下之情通,政无不举而国势张矣。中国之为治也,则因疏略,而比邻若不相识,民视州、县官如在天上,况府、道两司及督抚乎?官民隔阂,远于万里,民之疾苦不上闻,上之政令不下达,虽有富强之策,皆为虚文而无一事之能举,此即曾子所谓"民散",而勾践欲报吴,生聚所以先于教训也。然则今日中国为治,莫先于聚民以法,聚其迹,保甲是也,实力举行,治绩可匹商鞅;以财聚其事,制田里、教树畜是也,实力举行,政可及管仲;以学聚其心,修孝悌、忠信,则王道矣。此三事即汉三老、啬夫、游徼之职。盖古之遗制,仅存于汉者,而《洪范》八政之司空、司徒、司寇,则其本也。三代之大国,疆域不及今之一县,而有君、有卿、有大夫、上中下士。王畿之内,五家即一下士,为之

---

① 刘古愚经常说五大洲将混而为一,也就是说世界范围内的联系是必然的、不可逆的。参见《泰西机器必行于中国说》《刘君子初墓志铭》《复孙介眉邑令书》《复王介夫学正书》《祭祀为教所从起》《谕味经诸生》《"时务斋"学规》《谕崇实书院诸生》《示张筱山子读书法》等文,俱见《烟霞草堂文集》。

② 刘古愚:《复门人雷曼卿书》,《烟霞草堂文集》卷六。

长,其为治之详密,为何如哉!

故今日欲聚民,宜先设乡学,乡学之师,即以治一乡之事,而兼教其子弟。一乡所统之村,以里计,不得过十五。村各设学,以户计,不得过五十。村学上统于乡,乡上统于县,各学之师均三人,准三老、啬夫、游徼之职为之。县则统于省之学堂,此省学堂即如今之保甲局。开学之始,即调各县举贡生监聚于其中,而督抚须视此等人如己之子弟,而亲与讲求治乡之法,又察其心术,然后使归,而各联其县之人材,编保甲、立乡学。各乡之事十日须一报省,如此,则上宪之政令一日可及于乡,而乡民之疾苦,一日可达于上,而诸善政可次第行矣。故今日造就三老、啬夫、游徼之才,急于良将、良相,而良将、良相之才必因试之三老、啬夫、游徼易见而可信也。

予持此论久矣,予尝云欲以官礼误苍生,又云欲行井田、封建,壕堑,予之井田也,乡官即予之封建。盖侯、伯、子、男,封建之末,而比闾族党,其本也。故今日变法,莫先于治乡,此议汝试与拙存商之。

"治乡观"的基本思想是政学合一、全民皆学,学与政互相促进。这种思想是基于中国的军事、行政、经济等各行业人员都要进行专门化的训练,建立西洋那样专门、严密的现代制度,如此,各行各业的从业人员也就是吏兵农工商必须都要受教育,只有他们受教育,国家才能富强①。从朝廷到地方省府州县都有学校,而他们却被排除在教育体制之外。洋务运动以来,各种新式学校纷纷创办,甲午战争之后,从中央到地方也掀起了兴学高潮,但是有的学校有其名无其实,有的学校虚应故事,远远没有达到吏兵农工商各界从业人员都受到教育的目的,更不用说占人口一半的妇女了。所以刘古愚认为,要实现真

---

① "呜呼!今日中国贫弱之祸谁为之?划兵、吏、农、工、商于学外者为之也!以学为士子专业,讲诵、考论以骛于利禄之途,而非修、齐、治、平之事,日用作习之为,故兵不学而骄,吏不学而贪,农不学而惰,工不学而拙,商不学而愚、而奸欺,举一国为富强之实者而悉锢其心思,蔽其耳目,系其手足,怅怅惘惘,泯泯棼棼,以自支持于列强环伺之世,而惟余一士焉,将使考古证今,为数百兆愚盲、疲苶之人指示、倡导,求立于今世以自全其生,无论士驰于利禄,溺于词章,其愚盲、疲苶与彼兵、吏、农、工、商五民者无异也!即异矣,而以六分之一以代其六分之五之用,此亦百不及之势矣!告之而不解,令之而不从,为之而无效,且弊遂生焉。彼六分之一之士,其奈此数百兆愚盲、疲苶之民何哉?然则兴学无救于国之贫弱乎?曰救国之贫弱孰有捷且大于兴学者,特兴学以化民成俗为主,而非仅造士成材也。"见刘古愚《〈学记〉臆解序》,《烟霞草堂遗书》之二。

正的普及教育必须从最基础的乡村办起,乡村的教育办好了,全国的教育也就办好了。各级官吏兼各级学校的师长,上下级为师弟关系,则全国就不会有隔阂,政令即可畅通无阻,国家之富强即可实现。

刘古愚一生对此思想持之甚固,他自己不仅身体力行,晚年还想通过陈涛向陶模建议推行①。"治乡观"的思想来自对现实的判断,但是刘古愚为这一思想寻找了许多经典方面的依据,同时又以此思想来评价历代的得失,可以说是他思想的核心部分。刘古愚"治乡观"的历史依据主要是上古时期诸侯国的运行模式。《〈学记〉臆解》比较集中地体现了刘古愚这方面的观点。他说尧、舜、禹、汤、文、武、周公之时,本人既是统治者,又亲自主持教育,"纳民于学,使皆为有用之材,以自治其业"。周幽王、周厉王之后,天子无道,教育体制破坏,有政无教。孔子想纠正这种局面,但是布衣不得位,只有将尧、舜、禹、汤、文、武、周公这种政教合一治理天下的精髓传给民之秀者,只能讲学术,无法讲政治,教育的对象于是只有士之一类,而兵、吏、农、工、商都无法受到教育。这并非孔子本意,但是后世遂将此视为当然,形成了这种教育偏枯的局面②。

为了说明上古这种政学合一的制度,刘古愚在《〈学记〉臆解》的开头进行了一番考证。他引用了王夫之、郑玄、孔颖达、吴澄、朱熹等诸家学说,征引王夫之最多,旁证以《汉书》《史记》以证明其观点。刘古愚认为王夫之不把《周礼》中师氏、保氏、大司乐当作州乡庠序(古学校)、大学方面的官吏是正确的,但不赞成王夫之所说这些学校机构另有专官的说法,他认为,党庠之师就是党正,州序之师就是州长。与此相同,其他各级官吏皆为师,官府兼有学校的职能,官长为师,其佐贰为辅,地方如此,中央亦然。所谓"成均""路寝""明堂"都是同类性质的机构,侧重讲论的场所而言,叫"辟雍",以其为舞蹈、歌咏的地方而言则名之为"成均",乃是天子学习礼乐的地方,《周礼》所谓师氏、乐正就是天子的师傅。"成均""路寝""明堂""辟雍"是异名同谓的关系,也就是国学,其领导即为天子。天子虽有师傅,但成年后即身兼君师二职,百官各依其职为专门之师,国之政府同时也为一国最高的学府。

---

① "此议汝试与拙存商之"中的"拙存"就是陶模的次子陶葆廉,与陈涛同学,曾入味经书院学习。陶葆廉对陶模的影响很大,甚至有人认为两广政事多由陶葆廉主持。见路小可:《民国大老吴稚晖》,兰州:兰州大学出版社,1997年版,第35—36页。

② 刘古愚《〈学记〉臆解序》,《烟霞草堂遗书》之二。

刘古愚所云《学记》中国学即国君政府、国君同时即是教师的观点并非纯客观的考证,观点也很难成立,推理的成分很多,有时则是直接的判定,史事的依据不强,他对此也是比较清楚的,所以书名《臆解》①,这种说法是一种六经注我的方法。但是这种六经注我的形式能够贴上圣人的标签,以此来说服学生、说服乡民以及各级官员,所以这种形式在当时还是必要的,是以刘古愚将此思想贯穿在经学、史学研究当中,可以这样做一个全称判断,凡是刘古愚晚年著作涉及先秦两汉有关此问题者,都要做一番印证和发挥,在比较重要的著作如《孟子性善备万物图说》《〈论语〉时习录》《〈大学〉古义》中都有相关内容,《文集》中的许多书信、碑传以及杂著也大量宣扬此思想②,治乡观这

---

① "乙未岁,马关约成,中国赔费二万万,予彷徨涕泗,无能为计。其腊,幼子瑞骃之师解馆,予代督课。时读《学记》,予阅一过,旧书重读,新解特生,盖身世之悲有不能自已于言者,强附经训,以告稚予,故题曰'臆解',观者若执古训以绳予,则予之戚兹深矣。"《〈学记〉臆解序》,《烟霞草堂遗书》之二。

② 在《文集》卷七《杂著》部分有《孔子为中都宰》一则,是读史时遇到相关话题而发挥其治乡观的实例:圣人为政,必从治乡下手,故所叙治绩,皆民间事,《论语》所言为政皆使出治者,自治其心,多未及施于民之事。欲实知圣人所施于民,则当取证于孟子之言。孟子为亚圣,七十子后,儒家之宗,其所言无一不出于孔子,故证以孟子之言,即得孔子之所以为治。孟子陈王道,反复于齐、梁之庭者,千百余言,而其归宿则为制田里、教树畜、导妻子,使养其老。制田里,必经营于民间,然犹可以刑督促之,若教树畜、导妻子、使养其老,非家至而日见之不可,岂仅立一法、出一令能使民之必从哉?按户而察鸡豚,入闺门而导妻子,圣人即百倍于巫马期之披星戴月,岂能三月之间遂收男女异途、道不拾遗之效哉?然则圣人为政,必有奇术矣。奇术为何? 设乡学是也。古时乡制,二十五家即设一学,有间胥、有邻长,《汉书·食货志》备载之。何邵公以注《春秋》,是必孔门之遗言,孔子作《春秋》所宪章之法也。故孟子谓为文王治岐之法,孔子以斯文继文王,其为政必本文王之制。春秋之末,王道虽不行,然未更姓改物,文王之政,仍必有饩羊之存者。故圣人为政,修废补坠,择间胥、邻长,使各得人以督率二十五家之子弟,耕畜、树牧,则乡村、田野、道路之间,耕夫牧竖皆为有师长、受教化、知礼义之弟子,何难奏男女异途、道不拾遗之效于三月之间哉? 即有败类,二十五家以三四师长督察之,真可家至而日见,亦无从为非矣。不但此也,周有采诗之法,郑康成于《诗谱》并言之:使妇人年五十无子者,采诗国中,非仅采诗也,盖宣《内则》之法于国中,即女学之师也。则乡间闺门之内,亦王化之所及,导妻子使养其老,亦操必然之券矣。人人能养老,即人人能孝悌,孝悌为人之本,不犯上作乱,二《南》之化,起于闺门,起于民间之闺门也。孔子曰:"观于乡,而知王道之易易",盖于宰中都,身亲见之,非空言也。由此可知,期月已可,谓法制、纪纲之,可以乡学为纲。三年有成,为政三载考绩,学亦三年小成也。人知圣人以学承尧、舜、禹、汤、文、武、周公之治统,以传道于来世,不知其行于当世者,亦即以学。故疑中都之治效过神,则于圣人之设施,未尝详察,囿于后世之治而疑之也。

一问题也折射出刘古愚学术的一大特色。

刘古愚认为小学、考证是一种工具,作为整理古代典籍的手段,是必须的,他本人在推广新的识字方法的时候,不仅运用了传统小学的知识,还运用了新输入的语法、音标知识,但是他反对将考证作为士人的唯一学问,士人必须具备实用的治国才能以及各种实用技术。刘古愚对古代学问与现实社会要求之间的距离与隔阂知之甚深,并有切肤之痛,但是他并不反对研究古代学问,他对理学、经学、历代典章制度都有很深的造诣,但是他的著作没有为学问而学问的倾向,他著述目的有三:一是为了修心立身;二是为了给当时的维新行为寻找价值支持,《〈学记〉臆解》就是这方面的体现;三是为现实革新活动寻找技术支持,如《〈修齐直指〉评》等。民族危机的紧迫感让他感到无法进行纯客观的、与现实无关的著述了,古代的思想也必须经过选择和重新阐释才能体现其价值与意义,这也是刘古愚很快便接受康有为今文经学的思想基础。因此,其著述所体现的思想、学术时代过渡性特点非常明显,也就是在执着而艰难地寻找着用旧的语言说新的内容。其著作的思想性大于学术性,如果我们仅仅从其学术观点看其是否与古代情况相符的角度来评价刘古愚的学术水平,则不是知人论世的做法,用刘古愚的话来说就是"则予之戚兹深矣"。

在对古代人物及古代典籍的阐发中,刘古愚的立足点和其中包含着的自己的思想也是不同的,有层次的。在通过《管子·小匡》及《国语·齐语》阐发管仲治乡方法时,侧重于借鉴、仿行,在为泾阳县令涂官俊设计的保甲法中多有借鉴。在对《礼记·学记》等典籍的阐发中兼有方法借鉴与寻求价值支持的双重意义,尤其是从中寻找对他的全民皆学、普及教育的价值支持。在《唐府兵论》等文章中,则是以乡学观的思想作为评价历代制度得失、国运盛衰的标准。在对孔子、孟子等圣人与治乡行为、思想的论述过程中,则多为寻找价值支持。刘古愚的乡学观自然有与古代不同的全新内容。

其普及教育、引进运用现代科学技术发展现代化的农业、工商业,军事的现代化等思想,都是从中国以及世界关系的大局出发,这样的思想是很有价值的。其中最为可议的有两个方面的内容,一是用师生感情来实现上下融通,并将其当作革除传统政治痼疾的良药,这无论从思想上还是实践上都是行不通的。二是将治乡当作中国转弱为强的入手处和根本办法。对此我们略作分析。就刘古愚的实践来说,直接的效果甚小,这显得刘古愚的思想很不合时宜,甚至具有很强的空想色彩。放眼19世纪中国遭受列强侵略以来奋力自强的历史,那些曾经在中国实施过的方案都各自显示出了它的利弊。洋务运动开中国近代大工业之先河,也在一定规模上输入了西学,可是戊戌维新时期,洋务运动被指责为只看到器物层面的变革而没有看到制度层面的变革,所以起不到理想的效果,甲午战争使这次变革遭到重创。戊戌维新运动侧重于政治、制度层面的改革,但是这种改革主要是士大夫层面的改革,而且主要由士大夫中的激进派推进(以康有为为代表),无论是在高层还是在地方,都缺乏必要的呼应和支持,又不能有效地调和皇帝与太后两个政治集团的关系,急欲全盘推进,结果遭致失败。可以说戊戌维新的社会基础是很薄弱的。康梁亡走日本的时候,连日本人也指责康梁的行为太过急躁,没有广泛的政治基础,目前史学界也正侧重于揭示康梁变法的这方面的缺点。

之后是辛亥革命,虽然帝制被推翻,但是接着是军阀混战,军阀的封建性与清政府时期没有多少区别。出于总结辛亥革命的教训,在直接反对袁世凯称帝的过程中,陈独秀等人以《新青年》为阵地,对以孔子为代表的传统文化进行了整体性的批判,孔子的文化权威被打破,相应地,传统文化的权威也不复存在。但是五四新文化运动中所开辟的新传统其基础则是如此之浅,实际上只是提出了民主、科学两个方向而已,无论是向下扎根还是向上开花结果都是很有限的。从洋务运动到辛亥革命,都是自上而下的变革,其动员的力量不过是知识分子、新军及会党,五四运动深入到大城市新式学堂的学生,乡村都不在这些改革者的视野中,或者这些改革者大多没有自觉地把乡村当作改革的入手点和重点。当然,包括洋务运动在内的诸多改革,在中国近代社会进步过程中都有着不可磨灭的贡献,其成就已经深深地融入到当代社会的血液中,就是当代社会发展到今天,其血液当中有着上述改革所培植出来的基因,不能因为他们当时没有成功,或者准确地说没有达到当时人们的期望而就对其予以全盘否定。对于刘古愚的治乡观我们也应作如是观。

上述改革的基本思路都是自上而下的,期望借助上层的发动达到风行草偃的效果,全国由此全面进步。刘古愚的乡学观是在胸怀全局的基础上由下层做起,在社会基层单位乡村层面进行直接改革,在乡村的层面固本培元,做成一个实际的点,而逐渐形成面。毫无疑问,乡村如果成功地实现了变革,中国必然会整体发生飞跃,国家面貌将焕然一新。问题是乡村的力量太弱,没有足够的精英人才愿意在乡村层面上做扎实工作,乡村的整体水平太落后,惰性力量太强,而那些致力于乡村变革的人力量又太弱,太容易受到上层的干扰、破坏和否定,这就使刘古愚的思想具有很大的空想性。所以,单纯的自上而下的改革和自下而上的改革都具有片面性,正如基层改革必须有上层支持一样,自上而下的改革最终要落实到最基层,基层进步的程度是衡量自上而下改革成果的最终标准。如果我们从社会进步的整体来看,刘古愚的思想和实践就是社会进步必要的因素和路径,上层发动的改革必须有下层人士具体予以实施。刘古愚的乡学观就致力于具体的实施,其思想价值不应仅以刘古愚个人的实践的成功程度来衡量,况且刘古愚本身思想、行为的作用和影响是不容低估的。

而且刘古愚不仅仅是一个被动的实施者,他关于各种社会革新的思想都走在时代的前列,在戊戌维新运动展开之前,他的教育、经济等各项革新活动已经开始。这里还想强调的是,治乡观有着突出的实践性特色。治乡观是从教育的视角看社会革新,从地域的角度入手,这固然体现了刘古愚职业、地域的局限,但这种局限从另外一个角度来看正是其长处。甲午战争之后,社会基层的革新逐渐受到重视,传统士大夫开始从学而优则仕的路径中解放出来,投身于地方文化、经济建设,如张謇、陆润庠、王先谦等名儒都不同程度地投入到实业建设中,县级层面的各项改革次第展开。刘古愚也是这样一位实现角色转换、投入县域、乡村改革的大儒,他底层改革措施的起步、实验与张謇等人相比一点也不晚,是进行具有现代性的底层文化、经济建设的先行者。

二、政治思想

(一)民本思想的新诠释

刘古愚的治乡观也包含着效仿西方民主制的内蕴。近代以来,西方民主制度及实践开始传入中国。早在鸦片战争前,普鲁士传教士郭士立(Gtzlaff, Karl Friedrich August,1803—1851,也译作"郭实腊")在其主编的《东西洋考每月统纪传》中就提到英国的议会,称作巴力门。郑观应在同治年间也对西方各国的议院制度进行了介绍。上院以宗国勋戚及各大员充任,下院以绅耆士商、才优望重者充任。国事先由下议院议定,报上议院,由上议院奏闻国主。如果两院意见一致,国主决其从违;如果两院意见不一致,国主或者命令停止不议,或者重议定,然后施行。这使西方政事举国皆知,郑观应认为这是通"上下之情"的有效举措。郑观应认为这与中国上古三代的制度精神一致。提出希望"中国上效三代之遗风,下仿泰西之良法,体察民情,博采众议。务使上下无扞格之虞,臣民泯异同之见,则长治久安之道,固有可期"①。林乐知主编的《万国公报》对西方的议院制多有介绍。甲午战争之后,兴民权、开议院为康有为、梁启超、谭嗣同、汪康年等维新志士公开倡导,影响甚大。戊戌政变前,刘古愚直接提到议院的文字很少,只是在《维道济时论》中有这样的文字:

> 外洋政事均决于议院,中国不顺民心得乎?外洋火炮无坚不摧,中国欲不藉沟洫经遂为地营,得乎?外洋挟一国之财力以经商,中国欲不聚商力,得乎?外洋物物无不工巧,中国欲不设考工,得乎?外洋教极陋,而七日一宣,信从者众,中国欲禁人聚徒讲学,得乎?以此数端证之,中国有不得不返三代以上之势。②

由此可见,刘古愚对西方议院的实质还是有一定了解的。与上述郑观应的思路一样,刘古愚也认为三代以前的尧舜之世与西方议院精神相合。西周时期周公制礼作乐,对三代的精神多有保留。在《〈论语〉时习录》中借助孔子"周监于二代,郁郁乎文哉"一句阐发刘古愚的治乡观。

> 此圣人自明作《春秋》以垂法万世者,为周初文明之治法,而非有所变乱于其间也。"监"有法、戒二意,治天下之宏纲定于唐、虞,而其细目、繁节,至周而始备。周之文即本唐、虞之道而变通以尽利者也。千古有一成不变之道,无一成不变之法。后圣之道,无不同于前圣;而前圣之法,决不能复治后圣之天下,时不同也。尧、舜之治,禹亲与其间,而即易禅为继,汤则又加以及,至周而继及之局不可变,则受权于臣民,营成于洛,居天下中,而天子以时莅焉,以齐天下之政。盖诸侯能各以意治其民,而天子总之,则以天下人治天下,而世传之祸或不至于甚烈。故厉王之虐,民可流王,而共和行政,国以不亡。幽王之昏,夷来犯夏,而晋、郑是依,祀犹未坠。盖周监于二代,其制驭臣下宽,而教诲士民也勤,天子无独运之威权恣睢于上,而虐不及境外;士民有同心之爱戴,固结于下,而效可收于衰弱,则其"郁郁之文"为之也。"文"何以"郁郁"?法制修明而有生意运

---

① 郑观应:《论议政》见夏东元编《郑观应集》上册,北京:人民出版社,1982年版,第103页。

② 刘古愚:《维道济时论》,《烟霞草堂文集》卷一。

于其中,如黍稷之郁郁以自畅其生机,不以文法束缚士民,而予以乐利之象也。则周之文,皆本知人安民之诚心而出之者也。①

古者,力役之征以年之丰凶、居之远近、人之强弱,且贤者免,老疾者免,断不能一科如贡法,较数岁之中以为常也。然必乡官得人,时察民力,以为之消息。后世无乡官,其签用民力,权归吏胥,亲民之官,其与民隔也,无异九重之远,不能知民之疾苦,何能形民之力而为之用?用民既无一定之科可循,民将愈不堪命。故不重乡官之权而达民隐,"为力不同科"之古道,亦决不能行于今。"同科"为"贡法","不同科"为"助法"。孟子论取民,谓贡法不如助法,而自战国至今,未有一代取民用助法者,用民力与取民财,其事同也。②

这段话以下几点值得注意:第一,天子的权力是臣民赋予的,不是一家一姓所私有的,所以天子应该对天下人负责,天子尽不到责任,大臣、人民可以废除之。刘古愚这一思想非常明确,在山居期间写成的许多著作都贯彻了这一点③。这里刘古愚将"郁郁"二字解释为"法制修明而有生意运于其中,如黍稷之郁郁以自畅其生机,不以文法束缚士民,而予以乐利之象也。"所谓的"文法束缚"就是秦始皇所奠定的绝对君主专制,臣民的权利被剥夺,只有臣民的权利(包括议政的权利以及废除暴君的权利)得以实施,政治才有生机。

第二,等级君主制格局下,乡官可以充分发挥作用,臣民的权利可以得到保证和实施。西周时期实施的是等级君主制,天子统御诸侯,诸侯统御卿大夫。卿大夫有自己的采邑,卿大夫直接治理采邑中的人民,向诸侯国君缴纳贡赋、提供劳役、兵役等,而诸侯一般不直接治理卿大夫的采邑,天子对于诸侯也是如此。诸侯国国君直辖国都及周围的部分乡村,天子也直辖都城及周围部分土地,也不直接治理诸侯国,只是进行政治领导。这样,天子、诸侯、卿大夫其直辖的面积都是有限的,刘古愚认为天子、诸侯于其直辖地(畿内)、卿大夫于其采邑的各种情况就了解得比较详细,各种政策能够根据辖区内的实

---

① 刘古愚:《〈论语〉时习录》,《烟霞草堂遗书》之五。
② 刘古愚:《〈论语〉时习录》,《烟霞草堂遗书》之五。
③ 如在《孟子性善备万物图说》中说得更为直接明了:"君臣之义何自生乎?生于民。民皆吾兄弟,而有天灾人患不得遂其生,不得不合大群以救之,大群既集,必推一人以为之首,则谓之君。君者,群之首也。又推数人以辅,而君师以之治民事。故君者,君臣之源也,孟子曰'民为贵,社稷次之,君为轻',道本如是,非创为骇世之论也。"

际情况,因地制宜,处置适当(古者,力役之征以年之丰凶、居之远近、人之强弱,且贤者免,老疾者免,断不能一科如贡法,较数岁之中以为常也)。天子、诸侯于畿内官员、卿大夫于采邑内的民众交流渠道也比较畅通。其善政可以直达民间,天子、诸侯、卿大夫有不善,臣民也有批评甚至废黜的可能。具体西周时期的采邑是否如此,现在资料零散,而且可靠程度存在巨大争议,难以有详细的了解,但是西周甚至春秋时期,起码是各级贵族对天子、诸侯有很大的制约关系,存在着比较突出的民主制的因素,则是事实。如鲁国的里革可以终止国君的不当行为,周厉王被驱逐之后又共和行政,这些都是贵族制约君权的事例。百姓也有一定的民主权利,郑国都城内的"国人"可以在"乡校"内议论朝政得失,周厉王时期国人也对天子直接提出批评,天子、诸侯的国都皆有"谤木""谏鼓"等表达民意的设施。战国时期的法家推出绝对君主集权的思想,贵族、国人一定程度上的政治决定权、对国君的否决权在理论上被剥夺殆尽,天子成为唯一的决策者,大臣只是参谋者和执行者,上古民主遗风在理论上、法律上终绝。由此可见,卿大夫与采邑内士及百姓之间存在着民主关系上的互动。诸侯王、天子之于畿内,天子之于诸侯王,诸侯王之于卿大夫之间的关系也是如此。秦以后的中央官吏以及地方各级官员则是绝对的服从者,在政治上不存在主动性。刘古愚提倡乡官实际上强调的就是这种民主的因素①,所以刘古愚的治乡观不仅仅是一种治理层级的关注,更多的是政治运行模式的方向性改变,这也是刘古愚孜孜不倦地提倡治乡观的一个重要内容。

第三,治天下之法须因时变易。由此可见,刘古愚言必称唐虞、三代、文王、周公、孔子,其内在精神绝不是复古,作为维新派的刘古愚不会胶柱鼓瑟地株守旧制度,在这方面他是一个清醒的现实主义者,非常明白古代之法不能治当代之世(前圣之法,决不能复治后圣之天下,时不同也),所以他诠释《论语》突出一个"时"字,就是要从古代提炼出时代需要的新精神。而他同时又用今文经的方法提示周公所奠定的周初文明是孔子借以"垂法万世"的大法,"千古有一成不变之道","后圣之道,无不同于前圣"。这里的道是一

---

① 李岳瑞在刘古愚《墓志铭序》中说:"谓欲兴学校,当遍立乡学、县学,而寓西人议院及地方自治之规模,即以一学之人治一乡之事,庶官师相合而政教一致,于是著《〈学记〉臆解》。"李岳瑞对乃师乡学观的现代性把握还是比较准确的。

个抽象的价值理想,"能利国以及天下,即为王道"①,其内容是敞开的,道的永恒性与法的变异性使刘古愚的思想能够随着时代的前进而前进,此个案也为我们提供了一个既保持中国文化固有的价值精神,又可以与时俱进的发展路径。

(二)民主思想方面的新探索

以上刘古愚对荀子关于群的思想、孟子汤武革命的思想进行了新的发挥,提出对君权要进行限制,突出了臣民的一定程度上的民主权利,与传统的民本思想还没有本质的差异。1903年,刘古愚写成《〈立政〉臆解》一书,表达了对西方议会民主制的肯定与赞同。此书时间标明为"闰端阳后五日",是刘古愚生前最后一部著作。

1903年夏,刘古愚次子刘瑞骊由上海南洋公学回乡探望父亲,随身携带《宪法精理》一部,刘古愚对此书大感兴趣,于是父子同阅此书。《宪法精理》为湖南湘乡人周逵(即周宏业②)编著,光绪二十八年(1902)由上海广智书局出版,是当时最新的西学著作。《新民丛报》曾于1902年刊登广告予以介绍,说该书"采集各国宪法正文,述其成立之所由,使吾国人知求得宪法之为急务"。该书凡例云:"此书详论宪法之原理,而据列国现行宪法为例,使人知其言非著者一人之空言。一、法理深奥,此书唯求思想之普及,故多取政治原理之浅近易明者言之,故谓之法理之言,宁谓之为政理之言,庶为稍近。一、最深之理,若以最深之文出之,则更非寻常学者所能解。此书辞以达意为主,不务高尚,不矜文辞,以求易解。一、宪法之理,说者互歧,聚讼纷纷,莫衷一是。此书唯就列国所通行者言之,不从一家言。间有宗旨者,则著之私案。"全书一共八章,分别为总论宪法之意义、论主权、论国民之权利义务、论元首、论议院、论上议院、论行政大臣、论法院。另外还有各国宪法"成立年表"③。可见,此书为普及性的法理类书籍,有介绍,也有作者自己的观点,所谓"以中国之眼观欧洲之政治"。《新民丛报》对此评价甚高,"谓为现行政治书中第一

---

① 刘古愚:《〈孟子〉性善备万物图说》,《烟霞草堂遗书》之六。
② "二十六日壬申,风雨。游赤阪区青山町东京府师范学校附属小学校,湖南贝元徵(允昕)、周伯勋(宏业),偕孟先生同来。周为日本法科大学生,著有《万国宪法志》《宪法精理》等书。"(清)黄庆澄等撰,陈庆念点校:《东游日记 湖上问答 东瀛观学记 方国珍寇温始末》,上海:上海古籍出版社,2005年版,第74页。
③ 《壬寅新民丛报汇编》,《新民丛报》编辑部整理,1902年,第855—856页。

佳本,非过言也。"《宪法精理》在当时也比较流行,深为读者所推许,是当时宪法类书籍中的代表作①。瑞骃读后,问父亲中国有没有类似的制度,刘古愚即推荐其阅读《尚书·立政》篇,并说《尚书》一书可以包含西方宪法内容而无余蕴。瑞骃遂取《立政》一文研读,并随时批注,刘古愚倾注大量精力对儿子的读书笔记进行批改,"涂改者十七,而留者十三,历七十余日。"②门人王之藩将其抄录,刘古愚重为校订,名为《〈立政〉臆解》。此书也可以说是刘古愚与其子合作的产物,当然主导思想是刘古愚的。

《立政》的大致内容是周公告诫成王如何驾驭百官,任用贤能,接受夏商任人无方的教训。刘古愚仍然采用一贯的我注六经的方式,将《立政》进行了全新的阐释,所以也名之为"臆解",以示并非传统的解经方法。主要是用《立政》中所提及的官名、职名比附西方三权分立的政治体制,并根据《宪法精理》的内容做自己的解释。《立政》一开篇是这样一段文字:

> 周公若曰:"拜手,稽首,告嗣天子王矣。"用咸戒于王曰:"王左右常伯、常任、准人、缀衣、虎贲。"周公曰:"呜呼!休兹,知恤鲜哉。"

在对字句做基本的训释之后,刘古愚做了这样的发挥:

> 西国宪法全以三权相维持,谓主治、行政、议法三权也。"常伯"如西国之君相及上议院,勋贵为之,故曰"伯","伯",长也,把也,谓主持政事也。"常任"即西国行政之官,谓"常任事"也。"准人"则西国下议院,以国人之公论议定宪法而行之,准人情以为法也。"缀衣",屏幛也,大朝会必设屏幛,故以名掌朝会。礼仪之官,文事也;虎贲,军旅之士,武备也。周公以会盟主持天下之政,文事、武备相需而行。齐桓衣裳之会,即举"缀衣"之职;兵车之会,即是"虎贲"之用。霸者假仁,其所谓会盟,固假周公之法也。王左右辅导君德,为立政之大本。常伯、常任、准人,持立国之大纲;缀衣、虎贲,操驭天下之大柄,故特举此六官也。

客观地说,刘古愚的解释和《立政》原文毫无关系,完全是他的借题发挥,以

---

① 《金陵卖书记》云:"宪法诸书虽亦浅近,但专门学之名目已嫌太多,每有购其书而不能读者。《宪法精理》《公法论纲》二书,明备精审,并推杰作,可见吾国人自撰之书,较译本究易推行也。"见宋原放主编:《中国出版史料》近代部分,第3卷,武汉:湖北教育出版社,济南:山东教育出版社,2004年版,第306页。

② 刘古愚:《〈立政〉臆解序》,《烟霞草堂遗书》。

《立政》的官职来说全新的思想。在思想方法上仍然停留在"西学中源"的层次上。即使如此,他基本上把三权分立的西方民主制度说清楚了。通观全书,他用准人、准夫、司马、庶言比附下议院,负责立法;常任、任人、司空、庶慎等比附西方的行政官员;有时也把常伯、牧者、司徒比附为上议院议员,一般由贵族充任。下面一段言三权分立较详明:

> 庶言即立法者,谓本庶人之公议以定法律也,庶狱即司法者,谓持制定之法律以督其行也。庶慎即行政者,谓尊法以实行于国。

这里对立法、行政、司法三权的关系交代得比较清楚,抓住了三权分立的实质。"君主不得掌立法、行政、司法之权,独有提议、裁可、公布等权而已。……是非决于公论,不箝国人之口,以为法也……法立必行,不挟君上之势以挠法也。"这里的君主已经被置于法律的约束之下,只有形式上的权力,成为国家的象征,这是真正意义上的君主立宪制。在这里,刘古愚在思想上已经突破了传统的民本主义,进入到民主主义的范畴。下面一段对君主与法律的关系说得比较明确。

> ……勿挠法官之权也。国之大本在乎法律。法也者起于人群之团聚而以之保平和臻久安之具,即所谓纲纪也。无法律斯无国家矣。故泰西各国视法官为极尊、极贵,贵为天子不能干涉之。

由上可见,刘古愚的思想是处在不停的进步过程中的,他对各种包括西学在内的新思想始终抱着浓厚的兴趣。山居之后,接受外界信息越发艰难,但是只要有机会,他就会对新接受的各种学问进行认真的学习、消化、应用。各种技术性的学问自不必说,即政治思想而言,也是在不断进步。回銮新政之后,再次掀起了西学传播的高潮,尤其是民主、平等、自由等思想成为新思潮的主流,刘古愚明确对民主思想的赞成就是这种思潮影响的结果。当然,西方的民主思想绝不是如上述那么简单,上引资料只是说明在高层政权架构方面的一般原则,其背后还有自由、平等、法制等一系列的思想支持体系。

具体来说,刘古愚此时有比较突出的法治意识,也赞成并强调君主及各级官吏、臣民都应该在法律的约束下,法律是社会安定的必要条件。对《立政》中"周公若曰:'太史、司寇、苏公,式敬尔由狱,以长我王国;兹式有慎,以列用中罚。'"一段,刘古愚做了如下阐释:

> 上节丁宁用人,此节丁宁用法,所以结通篇。政即是法,人议而行之,所以立之也,"太史",记载宪法者也;"司寇""苏公",奉行宪

法者也。嵩言"狱"者,不用宪法则狱随其后,所以纠其必行,政乃可谓之立也。必能实行今日宪法,而不使滋弊于其中,则大纲不坏。以后世累变更,法与之俱变,亦易为力。此篇终于"式敬由狱""式慎用罚"之意,以法维持人也。……盖律也者起于人群之团聚,而维持一群使得相安之具也。使群而无法律也,则强凌弱、众暴寡之风起而群不群矣。故有法律则强者不敢逞其强,众者不敢恃其众,而暴君污吏亦不敢鱼肉下民,如是则强众弱寡可持其平,两相平,则人心固结为一而国强矣。泰西今日之文明富庶即由此也。……故为法律以制之,使不得上下侵越,君民平等以保其宗,则其用心亦良苦矣。

泰西视法律为至尊、至重,无论为君为民,凡有血气者莫不受制于其下。民有犯者则法官罚之,君有犯者,法官亦得称天祖之法以罚之,周公所制之谥法是也。以故君民常憬憬焉,惟恐或犯,而不敢不敬厥职,不若后世之惟君独尊,不特有行法乱法之实权,且并有立法变法之实权,故常居法之外而无所忌惮。如是则以一人持行法之权,而不敬于先,罔慎于后,名为天子一人有权,内而大臣,外而诸侯以及妃、妾、宦寺皆得蒙弊攘夺,假天子之威灵以乱天下之大法,东周之弱即由此也。篇终郑重太史、司寇,使之敬慎持法,法由绎庶言而立,即合一国之众庶为国君守法,而君权乃不他移矣。

《立政》通篇皆竞于王之用人而戒其挠法,盖法行必自王身始也。篇终特戒执法之官,使之敬慎;敬慎者,不屈于权贵,所以使王勿攸兼、罔敢知也,勿间、勿误而政常立矣! 篇终戒执法之官,所以明王亦受制于法也。

这里法的起源、作用、功能与传统法家法的观念相比已经发生根本的变化,是民主之下的法律观念。至于"君权乃不他移矣"的说法,说明刘古愚这里提倡的是君主立宪制,此处的君权与传统的君权也迥然不同。"法官亦得称天祖之法以罚之,周公所制之谥法是也。"这是刘古愚对君权性质、来源的特殊看法,仍然从传统的天命、祖制中寻找对君权进行限制的依据,而他提到的"谥法"也确实是上古民主制的遗留。但在君权服从法律的语境下,这种依靠天命、祖制、谥法来限制君权的旧形式也有了新的内涵。

另外,在《〈立政〉臆解》的序言中刘古愚说:"道出于天,行于人,被于民。天无形声可接,民之聪明明威即天也。故克知灼见以任人,博采庶言以为法,王则罔兼知、勿间、勿误,人法相维而世久安长治矣!"这里的"天"自然不是主宰意义上的"天",刘古愚并不信神,根据《〈孝经〉本义》《孟子性善备万物图书》界说,天不过是现实价值的凝聚体,是现实力量、道理的终极象征者,这里天就是民意的表征体。但是刘古愚毕竟没有说破主权在民的这一近代民主思想的契约论的基本原则。刘古愚对社会契约论如何看法,甚至有没有接触过社会契约论的思想,就其留下的文字来看,已经无迹可寻。从理论上来说,如果不能明确公共权力来自于个体的民,民主思想还尚未说透,民主思想的根基就不会稳定。我们由此也可以说刘古愚对于民主思想还有不及之处。

但是另外一个更加不容忽视的问题是19世纪末20世纪初,中国之于民主思想是如何理解、接受、传播、实施的问题。近代中国接受民主思想出于强烈的功利色彩,其基本思路是,民主的西方列强打败了专制的中国,中国在专制制度下的屡次改革都难以成功,因此只有引进民主制度,中国才能富强。在当时,西方的民主制度已经有了英国、法国、美国等模式,在当时人看来,西方的民主思想已基本成熟,现实的紧迫性使包括刘古愚在内的中国知识分子认为引进西方民主制是不得不实行的事情①,因此,是否对契约论有明确的洞察并不影响刘古愚接受民主思想。对于当时更多的中国人来说,更重要的问题是中国如何实现民主,当中包括如何向那些对民主非常陌生的人传播民主思想,说服他们认可民主思想。当然,现实的挽救国家民族危亡、富国强兵是最大的理由,而像中国这样一个具有强大历史传统的文明体,如何让民主思想与传统思想融通,如何在中国的文化肌体上使嫁接过来的西方民主存活,并实现有机生长,恐怕是一个更现实、更艰巨、更长久的任务。事实说明,任何一个国家、民族在接受、实现民主的时候,都有着本土思想、制度的支持和修正,尤其是德国、日本等国,在接受民主思想时,就有了更突出的根据本土思想、本国实际对思想、制度的修正。德国的思想家伯伦知理(Bluntchli Johann Caspar,1808—1881)一生致力于民主的实践,但是他却对社会契约论提出了尖锐的批判,相比洛克、穆勒、卢梭等人对个人权利的强调,伯伦知理更加强调作为有机体的国家在实现民主过程中的作用。伯伦知理的法律思想有着历史学派的深厚背景,"历史学派的口号是波塔利斯(Portalis)的格言:

---

① 刘古愚明确地说:"平等、平权,西人之说,本自无弊。"李岳瑞:《墓志铭序》,《烟霞草堂文集》附录。

'立法者并不创造法律,而是撰写法律。'历史学派强调法律制度的有机成长,是与国民个性的有机成长并行的,并且认为民众的集体精神制定法律。"①伯伦知理批判社会契约论的一个重要理由就是社会契约论没有历史的依据,这也是事实。确实,与其说是历史上曾经订立过这样的契约,毋宁说当时要订立这样的契约,历史上不存在这样的契约行为并不能否认契约论的现实价值。同样,伯伦知理提出实施民主要考虑不同国家的具体情形,他根据德国的实际情况,提出了自己的关于民主制度的思想体系,这同样是有价值的。

写完《〈立政〉臆解》不久,刘古愚就去世了,他没有看到辛亥革命之后那些热情推行共和政体者的失败,中国民主化的进程遭受一次一次的巨大挫折,民主主义者的热情遭受多次打击,他也没有自觉根据这些打击和教训来总结民主如何与本国历史接榫的机会。但是实学思想的底色使他自然意识到外来思想要与中国现实实际和历史传统相结合,他个人诚笃不欺的性格也使对引进、推行任何一种新的制度都要与现实相对照,经过深思熟虑,确信其可行才予以介绍、宣传。因此,他运用古代的话语、传统的资源来诠释、宣传民主的意义和价值就必须使我们认真考虑。刘古愚所用的"西学中源"的方法在当时已经没有多少说服力②,逐渐为先进的知识分子所摈弃,而在保守的

---

① [法]巴斯蒂:《中国近代国家观念溯源——关于伯伦知理〈国家论〉的翻译》,《近代史研究》,1997年第4期。

② 严复较早在1895年就对"西学中源"进行了深入而透彻的批判,他在《直报》所发表的《救亡决论》中罗列"西学中源"的种种说法:"晚近更有一种自居名流,于西洋格致诸学,仅得诸耳剽之余,于其实际,从未讨论。意欲扬己抑人,夸张博雅,则于古书中猎取近似陈言,谓西学皆中土所已有,无足新奇。如星气始于臾区,勾股始于隶首;浑天昉于玑衡,机器创于班墨;于诸阳燧,格物所宗;烁金腐水,化学所自;重学则以均发均悬为滥觞,光学则以临镜成影为嚆矢;蜕水蜕气,气学出于亢仓;击石生光,光学源于关尹。哆哆硕言,殆难缕述。"接着分析中国古代所罗列的个别科学现象并没有上升到学术的层面,不足以作为西学的源头:"夫西学亦人事耳,非鬼神之事也。既为人事,则无论智愚之民,其日用常行,皆有以暗合道妙;其仰观俯察,亦皆宜略见端倪。第不知即物穷理,则由之而不知其道;不求至乎其极,则知矣而不得其通。语焉不详,择焉不精,散见错出,皆非成体之学而已矣。今夫学之为言,探赜索隐,合异离同,道通为一之事也。是故西人举一端而号之曰'学'者,至不苟之事也。必其部居群分,层累枝叶,确乎可证,涣然大同,无一语游移;无一事违反;藏之于心则成理,施之于事则为术;首尾赅备,因应釐然,夫而后得谓之为'学'。"严复之外,徐仁铸在戊戌政变前所著的《輶轩今语》中对"西学中源说"也进行了否定:"近人于西学一门,考据颇详,西政则中国尚少讲者。曩者华人震惊西学,以为绝技,谓震旦之人所不能至,固属自卑。近人有牵合比附,谓西人之学悉出中土者,亦涉自大之习,致为无谓。"中华书局,1986年版,第1317页。梁启超1902年在《新民丛报》大力批驳"西学中源"的时候,则标志学界将中西学术各自源流分开的思想已经形成潮流。

内地，即使是在南洋公学受过教育的刘瑞骙也还在受此影响。另外，刘古愚通过"天"这一在当时很有影响力的概念作为沟通传统民本思想与现在民主思想桥梁的做法是很有建设性意义的。民主在中国首先是一种理论，理论只有被尽量多的人掌握才会有实践的意义和力量。用当时人们能够认可的语言来阐释理论是理论传播过程中所必须的。美国的《独立宣言》借用宗教的话语来宣传平等思想，说："We hold these truths to be self–evident, that all men are created equal, that they are endowed by their Creator with certain un-alienable Rights, that among these are Life, Liberty, and the pursuit of Happiness."我们认为下面这些真理是不言而喻的：人人生而平等，造物者赋予他们若干不可剥夺的权利，其中包括生命权、自由权和追求幸福的权利。"这对新教徒最易发生共鸣，而中国传统的"天"对于中国百姓而言也是很有号召力的，这种宣传方式也是值得肯定的。就刘古愚思想的个案而言，传统概念经过改造后可以作为接受、建构新思想的资源，我们由此再做一步推论，传统的民本思想虽然和民主思想有本质的区别，但是其中毕竟包含着与民主思想嫁接的最接近的思想资源，这些接近民主思想的成分，在外来思想的促发下可以破茧而出，羽化为新思想的一部分，新的民主思想也可以在此找到生根发芽的根基。因此对刘古愚接受、传播民主思想过程中借用传统的语言、资源不能一概否定。

山居之前刘古愚倾向于反对平等，以下是他对于平等思想的认识：

> 西人平等之说，原以坏吾三纲，万不可从。此中国他日胜五大洲之本，当力持之。然其说有可参者。夫妇不可平等，阴必统于阳，家必统于夫也。男女则可平等，人之视其子女必本同，阴阳之义也。故未婚嫁以前，则男先女而下女；既婚娶以后，则女顺男而从男，皆经义也。男女平等，专指父母爱子女、教之之心而言，何异于经义？①

在《王安石变法论》当中有与此一致的拥护三纲的观念②，夫为妻纲是三纲之一，在夫妻关系上，男女不能平等，夫妻关系之外的男女则可以平等，这种平等的依据与父母爱子女之情是一样的。刘古愚还竭力主张男女在受教

---

① 刘古愚：《复孙介眉邑令书》，《烟霞草堂文集》卷五。
② "西国之教出于墨子，昧父母而事上帝，援上帝以蔑君臣，又倡为男女平等之说，毁裂三纲，以与吾道相敌，较墨子之二本而尤甚焉。"刘古愚：《王安石变法论》，《烟霞草堂文集》卷一。

育方面也应该平等,这是从普及教育、国家富强的认识基础上生发出来的,在此,刘古愚在男女地位方面已经与传统观念有所不同。山居之后,在平等思想方面有了变化,对君臣、君民在政治权利、法律方面的平等甚为赞同,这在《〈立政〉臆解》中有较为明确的体现。另外在《〈论语〉时习录》中结合中国传统的伦理观对平等进行了论述。

"大同"二字见于《礼运》,其义即西人平等之说,人与人并立而为天下,其相接也以朋友之义者,不啻十分九,所谓"朋友者财相让而不争,义相劝而不忌"。故子路、颜渊之愿,皆所适于大同之路也。一人与一人为友,相人偶之义也;天下人与天下人为友,则大同矣。故朋友之义,在中国为相人偶,在西国为平等。相人偶,大同之始,平等,大同之终也。

然大同之义为平等者,人与人相偶而已,其迹则决不能平等,以人生于斯世,自具不能平之等,故人相偶为平等,相人偶,则人不平等,而相之以适于平也。以友道与天下接,而天下之人有老少焉,不能泯其老少之迹,而一以朋友之道相与也。彼固以老少对我,谓我必安之、怀之乃得其平,而仅以平等之朋友视之,为能如其愿乎? 财与朋友共,老少则不能生财,何以谓之共? 共者,两人各有也,善劳无伐、施,在我无伐、施,不必在人之无善、不劳也。若老者则不能劳,少者则何所善? 已第不伐施,其如老少之相形自愧何? 此皆平等之义行于朋友可通,于老少,皆不可通也。知老少不能一例为朋友,而谓父子可平等乎? 故圣人治世之道,以父子为体,以朋友为用。朋友,义之显者也;父子,情之真者也。由我以及人,为朋友之道,而人之中有老幼焉,则由我之老幼推之老吾老以及人之老,幼吾幼以及人之幼,所谓不独亲其亲、子其子也。子路之愿货恶其弃于地不必藏之于己,颜渊之愿力恶不出于己不必为己也。夫子之志,则为二子言之,谓思大同之治,其理同,其迹则由不同以适于同也。

近日论大同之治者,谓即佛氏平等之说,予惧强不同者而概同之,则决不行,而且昧于立爱之源也。故为此说以为英伯补其缺焉。使知平等者,人己平等之谓,则即克己无我之说,非人与人皆平等,甚且施于父子之间也。①

这段文字是对《论语·公冶长》中孔子与颜回、季路(子路)一段对话的发挥,《论语》的原文是这样的:"颜渊、季路侍。子曰:'盍各言尔志?'子路曰:'愿车马,衣轻裘,与朋友共,敝之而无憾。'颜渊曰:'愿无伐善,无施劳。'子路曰:'愿闻子之志。'子曰:'老者安之,朋友信之,少者怀之。'"在这里,颜回、子路都有与朋友人格平等的含义,车马、衣裘都可以与朋友共享,在朋友面前不矜夸,无论能力大小,一视同仁。这样的思想在古代是很难得的。但其中存在一个问题,此二人所说的人格的平等还是在自我能接触到的范围之内,而且有一定的情感基础(所谓"朋友"),而陌生人则不在其内,所以与平等的含义还是有区别的。刘古愚不满于此,援用"大同"的思想,主张要与所有人一律平等,所以颜回、子路所云只是平等的入手处,所有人对所有人的同样尊重才是真正的平等,不分彼此的大同境界,才是符合平等要求的。这里刘古愚对传统思想中的人格平等的内容进行了现代性的发挥,在伦理观方面给平等以非常高的地位。这是在中国文化独有根脉的基础上吸收西方现代文明。但是他反对从佛教众生平等的角度论述平等,则是其儒学立场使然。

另外一层突出的意思是反对以平等而否定差别,尤其是反对抹杀代际的差别,为中国传统的孝亲观在现代平等思想中安顿地位。父子之间、两代人之间,尤其是对于老人与小孩,不能要求其必能创造财富、有与壮年人同能的能力,也就是以壮年人为标准来要求老人与小孩,这样的"平等"则是不应该的,应该承认这样的差别,做到老安少怀,即使他们没有与壮年人一样的能力,但是仍然享有足够的物质待遇和精神关怀,用中国传统的观念,推己及人,由我之老幼推之"老吾老以及人之老,幼吾幼以及人之幼",即所谓"由不同以适于同也",这才是"大同",才是真正的平等(平等,大同之终也)。刘古愚这样的思想与现代平等精神是完全契合的。我们看到,他并不是从肤浅的西方名词、教条中进行演绎,而是有自己的思考,在审慎的选择之后,进行阐述。他于当时社会上不加反思地简单理解西方平等思想是不认同的:"自译书盛行,自由、平等之说嚣嚣横议,不可遏抑。先生忧之,曰:'平等、平权,西人之说,本自无弊。译者乱之耳。夫曰"等",则必有尊卑;曰"权",则自分轻重;物之不齐,物之情也。使贤者居上以临下,不肖者居下以奉上,乃安而无

---

① 刘古愚:《〈论语〉时习录》,《颜渊季路侍章》,《烟霞草堂遗书》之五。

倾,不平之平,平之至也。妄者乐其'平'而忘其'等',昧其权,则大乱之道矣!"①机械的平等自然不应提倡,民众选出的行政人员也并非最优秀分子,甚至其能力达不到必要的水平也是很常见的,刘古愚对此提出批评也是正确的。尤其刘古愚对传统的朋友一伦与大同思想相结合,吸收西方平等观念,做中西融通的阐释,此思想是非常精到的。

当然,刘古愚的思想中也是有局限性的,主要是没有处理好权利的问题,在权利这一概念上认识还不甚清楚。如他强调君主与公、侯、伯、子、男、士在政治方面同等的地位,也含有这些阶层之间的平等的政治权利,但是还没有明确普通百姓的地位,这里有不彻底性。但是我们也不能苛责古人,而且西方的权利思想、民主实践也是渐进的,并不是一开始就能够实现普选,总有个由高层级向低层级过渡的历程。在20世纪初,民主权利到读书人(传统的士阶层)这一层级已属不易。

(三)民族思想

与同时代人及当时的社会思潮相比,刘古愚的民族思想是非常独特的。概言之,他是在国家观念之下看民族问题,把民族问题放在中国与外国关系的大背景下:以当时中国国家为一个整体,强调国内各民族消除隔阂,团结起来抵抗外国侵略,把国内的民族矛盾放在反对列强侵略的大矛盾之下,强调的是民族团结,而不是排满或者排斥其他少数民族。与当时继承传统的华夷之辨,以排满复仇为革命号召的主流思潮相比,刘古愚以如此开放的胸襟看待民族问题是非常难能可贵的。

甲午战争以来,在强烈的国家危机感之下,士大夫冲破了清朝的言论禁锢,各种思潮喷涌而出。一些士大夫精英人士痛感清朝政府的措置乖方、腐败无能,萌生推翻清政府的念头。由于清王朝在入关之时对中原人民的残酷屠杀,在定鼎中原之后,实行一定程度的民族歧视政策,将满族列为上等民族,汉族在形式上被列为满族、蒙古之下,尤其是在选官制度上实行满缺、汉缺制度,满族占据了一半以上的重要职位,而且满官和汉官的地位有很大差别。久经压抑的民族情绪在甲午战争后开始萌动,排满复仇与改朝换代的思想结合起来,康有为、梁启超等人在湖南就借用黄宗羲等反清志士的言论号

---

① 李岳瑞:《墓志铭序》,《烟霞草堂文集序》。

召"保中国不保大清",并刊行《扬州十日记》号召革命排满①。戊戌政变后,章太炎修正《客帝》篇,公然打出排满的旗号,在各种报刊大张旗鼓地宣传排满。这种思想最能拨动士大夫的心弦,于是反满思潮蓬勃而起。孙中山同盟会的纲领第一条就是"驱除鞑虏",由于同盟会及其机关报在日本,革命派不便于直接打出反对帝国主义的旗号,尤其是不能打出反对日本帝国主义的旗号,排满就成为动员革命的响亮口号,汪精卫、章太炎、刘师培等人在《民报》连续刊载满族非中国人,甚至不是一个民族的文章,并从历史、民族理论的角度加以论证。满族与汉族及中国境内其他民族的历史问题及如何对待清政府、如何处理民族关系是一个复杂的问题,以排满为号召宣传革命,其是非也是如此,但是其中一个铁定的事实是整个中华民族面临着空前的危机,国内各民族以及各种势力的争斗则正是日本等帝国主义所希望看到的,正是便利于他们的侵略的②,国际形势要求中国各民族、各种势力必须团结起来才能有效地抵抗侵略。而日本后来侵略东北、内蒙古其所持论调也是满洲、蒙古不是中国的一部分,沙俄、英国之于蒙古、新疆、西藏也持同样的策略,满汉矛盾以及国内各民族矛盾加剧不利于巩固国防,这是无可置疑的事实。

偏处西北的刘古愚没有像汪精卫等人能从日本教科书当中吸取各种民族思想、民族理论,并加以似是而非的应用,也无暇像刘师培、章太炎那样爬梳史料去论证满族非中国人,但是与东南地区的知识分子相比,他对民族问题有着更多的现实体验。刘古愚自20岁开始即深处因民族矛盾而带来的灾难与离乱当中,对因民族问题而导致的边疆危机也有着更深的体验。正是从这样的现实出发,刘古愚认识到包括满族、蒙古、回族等民族在内,各民族都是炎黄子孙,各民族间的矛盾在列强侵略面前都是次要的,应该团结起来,共

---

① 梁启超著,朱维铮校注:《梁启超论清学史二种 清代学术概论 中国近三百年学术史》,上海:复旦大学出版社,1985年版,第69—70页。
② 张国焘在1931年1月从苏联潜回国内经过东北的时候,他切身体会到日本乐于见到中国各派纷争的局面。日本特务在东北无所不在,张国焘一踏入东北就处于日本特务的监控之下,一路的行踪对方了如指掌。到大连搭乘日本船的时候,日本检查人员在盘查张国焘护照的时候,暗示他们已经认出这个共产党要员,但是并没有点破,还"善意"地提醒他,"大连和日本船上,你们是安全的,放心好了,可是你们在上海上岸时,得特别留心。"日本特务也曾经认出了从苏联回国的周恩来以及瞿秋白的身份,但是都没有为难他们。他们这样做的目的不是出于对共产党的友好,而是愿意看到中国继续分裂。张国焘:《我的回忆》,北京:东方出版社,1998年版,第863页。

同抵御外侮,巩固边疆,舍此莫由。因此,他没有狭隘的排满思想,从其一贯的以教育角度看问题的思路出发,刘古愚竭力主张通过教育实现消除民族之间的隔阂;发展民族地区的经济,实现人民的富裕、边疆的巩固。刘古愚在这方面的实践前面已经有比较详细的介绍,这里特意把此问题列出来,意在提示在反满声浪日益高涨的时代,一位深处西北地区的知识分子在民族问题上有着不同于一般思潮的卓越见识。刘古愚的民族思想主要是从现实问题中提炼出来的,在此认识之下,对传统的华夷观念做了自己的解释,夷夏之间的区别在于礼仪,也就是文明程度有不同:

> 孟子论中国、夷狄不与后世同,不以地分,夷狄不为贱。舜为东夷之人,文王为西夷之人,是也。若陈良、许行皆生于楚,而孟子以陈良之学为进于中国之上,而谓许行为南蛮缺舌之人。可知夷、夏以礼义分,不在地也。①

礼仪就是文明程度的代表,各民族之间是平等的,没有哪个民族是低贱的,只有文明程度的区别。此区别可以通过教育及发展经济来消除,各民族都是国之赤子,不应强分此疆彼界。

---

① 刘古愚:《孟子性善备万物图说》,《烟霞草堂遗书》之六。

第九章 教育思想

教育是刘古愚毕生唯一的贯穿始终的事业,他对社会最大的贡献是在教育方面,刘古愚是中国近代卓越的教育家,在这方面有许多开创性的思想和实践。他的教育思想是从追求国家富强的探索中总结出来的,其教育实践是其救国实践的组成部分。刘古愚的教育活动我们已经做了介绍,本章主要分析其教育思想。

一、教育内容须根本改变

中国的传统教育观植根于农业社会,传统社会以自然经济为主体,在此社会条件下,农业、手工业、商业只要靠日常经验即可维持运转,技术改进对社会生产的影响因素还没有被认识到。而且春秋以来,尤其是战国以来,在诸侯争霸的残酷生存条件下,粮食生产以及富有战斗力的兵员成为列国急需,诸侯国具备这两个条件,即可维持自身生存,并兼并他国,本来应一时之急的重农抑商的耕战政策被秦国确立为国策,始皇统一六国之后,相沿不改。西汉政权为了维护中央集权的统治基础,出于解决小农破产、减少或杜绝流民的现实需要,沿袭了秦的重农抑商政策,手工业及商业从业人员的地位低下,与此相关的各种生产经营技术被有意识地贱视。法家是专门研究国家治理方法、原则的学派,法家集大成者韩非子片面强调绝对君主集权,为达此目的,急功近利地把人与人之间的关系简化为功利关系,把人物化,并且公开宣扬阴谋。汉武帝罢黜百家、独尊儒术之后,法家声誉扫地。儒家在批判法家上述缺点的同时,把法家对社会治理的研究也一并摒除,而专制帝王也并不希望百姓了解其深藏于胸中的帝王权谋之术,因此,在显性的意识形态层面,包括国家治理的制度、方法的研究也与手工业、商业技术一样不被肯定,儒家的伦理道德成为被公开肯定、提倡的主要内容,这也就成为历代教育的主要内容。在哲学层面上就形成了重道(主要内容是伦理道德)轻器(器物、技术)的大传统。毕竟,手工业、商业以及国家治理方面皆有其内在规律,这也是国家运转、文明传承所不可或缺的,于是中国传统文化中历来也有对器物、技术方面的研究,以及对此问题重要性的强调。先秦的法家、兵家、墨家以及包括医学在内的各种方术家之后,历代能臣也对此颇为重视,南宋出现了强调事功的永嘉、永康学派,北宋理学家张载也颇重经世之学[①],尤其是在明清之际,受明朝覆亡的刺激,加上西方传教士带来的自然科学技术的影响,实学思潮再度高涨,这是与主流儒家学派相区别的强调技术的另外一个传统,也就是经世致用的实学传统,但是这一传统不占主流。

在这种主流价值观的支配下,自汉武帝以来,选官就开始以儒家经典为主要标准,相应地,儒家经典也就开始成为教育的主要内容。隋唐实行科举制,儒学在教育领域中的独占性日益突出。明朝科举制主要在四书的范围内出题,四书以外的儒家经典也日益受到冷落。乾嘉时期,学术研究再次回归经学本身,学者的研究领域甚至逐渐向子学拓展,但是这些人毕竟是少数,广大的青年士子仍然埋首于八股文之中,经史被束之高阁。在这样一种教育制度下,学子所学习、研究的主要是价值观范畴内的东西,与现实的应用有很大差距。士人束发读书,一旦通籍,即被授予各种官职。任官之前,他们对所要管理的事务非常陌生,而且许多儒生出身的官员还以研究经学为主要兴趣,那些繁难的实际管理事务不得不假手于胥吏。这些胥吏又基本上被堵塞了向上升迁的道路,很难忠于职守,往往以自身的私利为追求目标,这对社会管理是非常有害的。这种所学非所用的局面已经成为明清教育制度的通病,由于有功名的诱惑,士子乐此不疲。

传统教育的目的就是为官入仕,反之,与入仕无关的各种生产性行业如工业、商业的从业人员则无需受教育,这些行业也多不识字之人,即使是军人、士兵也多为文盲。

鸦片战争以来,西方凭借其科学技术及先进的管理方式,给中国社会造成全方位的冲击。西方无论是政府官员还是各种生产行业的从业人员大都受过专门的教育,随着科学技术的发展,各行各业都有专门的学术体系为支撑,军事方面则更为突出。中国传统的教育思想、教育体制显现出了明显劣势。

刘古愚对中国的教育制度进行了全面深入的反思,提出了一系列新的教育主张,并躬亲实践之。他认为传统的教育体制必须进行根本性的变革:

---

① 参见方光华主编:《关学及其著述》,西安:西安出版社,2003年版。

> 我朝抚育中夏二百六十年矣,京师、直省、厅、州、县莫不有儒学有书院。内而大学士、詹事府、祭酒、司业、学正、学录,外而提学、教授、学正、教谕、训导,皆为学官;内而庶吉士、分部学习之主事、内阁学习之中书、国学之贡监生,外之附、增、廪、贡,皆为学徒、候补人员,又有课、吏、律学等馆,勇营则日日操练,我朝立学可谓精神周密,知以学为立政之本矣。乃一旦弃之不顾,京师内外普立学堂者,何非以甲午、庚子两次败衄,赔费累累,国势贫弱,不能自立,始悟国势贫弱,人材不如人也,学校之教不如人也?①

无论是入职前的教育,还是入职后的各种教育,已经不能适应形势的需要,这种不适应首先是教学内容的不适应,不能以两千年前的四书五经(五经也往往被弃置一边)的内容作为如今"五大洲为一战国"时期的选才标准,必须因时变通:

> 轮船凌万里之波,环瀛失险;铁路无山川之阻,峻坂胥平;故中国万里边防,敌寇如环卧榻也。火炮之烈,甲胄不能卫血肉之躯;气球之奇,城池不能御飞行之寇,则武备之学,不可不变也。千人聚语,一日而传;万里寄书,须臾而达,官府之文书万倍结绳之世,间阎之情伪,幻如蜃市之奇,文治之学不能不变也②。

从国家大计的角度来看,武备、文治之学都应该变革。从普通百姓的角度来说,生存、谋生的方式也发生了根本的变革:

> 今请即吾乡民之业言之,民生日众,地不加增,列国各讲殖民之策,吾华独无广土之方,亩有倍钟之收,必需灌溉,则水法宜讲;地无硗瘠之患,专恃粪肥,则土化宜知;是农不学不能容于今之世也。机器不假人力,精巧直类鬼工;水火无情,皆能驱使;金石坚固胥可化分;况取火于日以炼金,炭薪可省;借光于电以代烛,膏油不焚;人器巧而价廉,我事多而功倍;不及十年,百工皆困。盖照相行而写真失其业,石印成而刻字难谋生,必然之理,已然之迹,可共验者也。至于商贾,西人合五洲之物以课盈虚,萃一国之精神以谋生计,公司以合其势,讲会以集其谋,教徒侦探以开其先,兵士拥护以固其后,故

---

① 刘古愚:《改设学堂私议附劝设学缀言》,《烟霞草堂遗书》之十五。
② 刘古愚:《改设学堂私议附劝设学缀言》,《烟霞草堂遗书》之十五。

> 今日中外通商,名为合好,实曰战争。货物,其军器也;市埠,其战场也;领事,其将帅也;员办,其向导也;农出战材于田野;工为战器于国中;和约即宣战之书;市易即交锋之事。彼商皆学,故为素练之师;我商不学,则皆群儿之戏也。以群儿之戏遇素练之师,胜负之数不待智者而知矣。农、工、商、贾,人之生业也。兵战而败,土地为所夺,人民为所掳,国亡而吾之生业如故也。古未有灭人之国,并其国之农、工、商、贾灭之也。若生业,战而败,则一国之人皆失其业,能自全其生者,谁乎?①

即使一般的小民,如果不学习新式的科学技术,其生计也将难以为继。刘古愚此文写于1903年,是为商人王巾珊讲授在当时形势下应该全民皆学、普遍设立学堂的道理而撰著的,文字浅显流畅,希望一般百姓皆能读、易记。其实刘古愚改革传统教育内容的思想在第二次鸦片战争之后就已经形成,为此他才苦学数学。入关中书院后,在黄彭年、李寅、柏景伟等人的感召下,致力于实学研究,1876年会试不中之后即绝意科举,表明他对以八股文取士的不满。虽然他还不得不教授学子制举之学,但是在他的思想深处,与现实需要相适应的自然科学、西学等应该是当前教育所必需的内容。1885年,与柏景伟一起在味经书院设立求友斋,在经、史、道、政四项之外附天文、地理、算法、掌故各学,进行包括数学在内的自然科学教育,这是刘古愚第一次公开地、较大规模地进行教育内容的改革。这在当时是开风气之先的。

推动中国境内教育内容革新的有三种力量,第一种是西方传教士,第二种是政府及洋务派官员,第三种是民间士绅。早在鸦片战争前,英国伦敦会传教士马礼逊于1818年在马六甲设立了英华书院,吸引华人及华侨子弟入学。马礼逊去世后,外国在华传教士成立了马礼逊教育会,1843年,在香港设立一所学校。鸦片战争后,传教士在东南地区所设立的学校不断增加,到1876年,传教士在中国共设立学校350所,学生总数5975人②。这些传教士所设立的学校其根本目的是为传教服务的,对中国具有明显的文化侵略性,其教学目的是以宣扬西方文化的优越性为主,教学内容与中国传统学校自是迥然不同。但同时也为中国培养了一批通晓西方文化的人才,如伍廷芳、黄

---

① 刘古愚:《改设学堂私议附劝设学缀言》,《烟霞草堂遗书》之十五。
② 陈景磐:《中国近代教育史》,北京:人民出版社,1983年版,第65页。

胜、黄宽等。

出于培养与外国交涉的翻译人才及满足洋务派所创办的近代化企业技术人才的需求,中国人也自己创办了一批新式学校,如京师同文馆(1862)、上海广方言馆(1863)、广州同文馆(1864),这些学堂主要以学习西方语言为主。洋务运动兴起之后,洋务派官员也创办了一批技术性的学校,如江南制造总局附设学馆机械学校(1865),马尾船政局附设的船政学堂(1866),天津电报学堂(1879),天津水师学堂(1881),天津武备学堂(1879),天津总医院附设的西医学堂(1893),上海电报学堂(1882),湖北自强学堂(1893),湖北武备学堂(1895),湖北铁政局附设化学堂、矿学堂(1892),工艺学堂(1989),南京陆军学堂(1895),江南铁路学堂(1895)以及广东水师学堂(1887)等。这些学堂以学习西方科学技术为主要特色,毫无疑问是中国近代教育现代化的先声,它们或由朝廷举全国之力兴办,或由封疆大吏以一省或几省之权力、财力创设。无论是朝廷还是疆臣,都是在外在形势逼迫之下,办新式学堂为履职所不可或缺。这些新式学堂的学生都有科甲功名为保证,由于当时社会积习的原因,举办起来仍然步履维艰。作为民间士绅,刘古愚没有职务压力的驱使,当然更没有权力、财力的支持,其外在力量仅是少数士绅的道义以及微薄财力的支持,创办求友斋其艰难程度可想而知。如果没有对教育变革必然性的深刻认识,刘古愚从求友斋到时务斋、崇实书院,坚持不懈地进行教育改革的行动是难以想象的。

中国近代以民间之力创办新式的分科教育始于1878年张焕纶在上海创办的正蒙书院①。第一批招生40人,实行分级分班教育,教学内容有国文、地理、经史、时务、格致、数学、诗歌等,强调德智体三育并举,光绪甲申年(1884)添设"英、法文,旁及应对、进退、洒扫,与夫练身习武之术,有击球、投沙囊、投壶、习射、蹴陶、超距、八段锦诸课,分日轮流演习"②。其经费也由民间士绅自发筹集。1882年,上海兵备道邵友濂捐俸为之倡,从各衙署先后筹集了4200两白银,缗钱6000串发商生息,作为书院的日常经费。求友斋与正蒙书院相比,各有优劣,主客观条件也有所不同。教学内容方面,求友斋并没有外

---

① 黄炎培:《中国教育史要》第93页,上海:商务印书馆,民国十九年。
② 张在新:《先君兴办梅溪学堂事略》,《中华教育界》第三年第十一月号,转引自陈学恂主编《中国近代教育史教学参考资料》(上册),北京:人民教育出版社,1986年版,第241—242页。

国语言,缺乏体育方面的内容,创立时间比正蒙书院晚七年。求友斋是一个兼教学、研究、出版功能于一身的文化机构,学生规模基本在 40 人左右,它的背后是规模更大的味经书院,求友斋可以说是味经书院的实验班,它的做法可以影响到味经书院全体学生,其出版职能为正蒙书院所无。虽然正蒙书院也经始艰难,但是它的主客观环境要比味经书院与求友斋好得多。上海在 19 世纪七八十年代,已经是中西辐辏之地,传教士所创办的新式教育机构很多,墨海书馆就是其中著名的教育、文化机构,而且《万国公报》《申报》等新式报刊其影响也日益扩大,许多人奔走于新式学校、文化机构之门,风气远较偏在内地的泾阳县开通,而且各种西学、外语人才也不难觅到。西方文化对上海的影响是直接的,当地人士对吸收西方文化的必要性、迫切性有着切身的体验。

在关中地区,西方人士很少,外语人才更难觅到,西方的经济、文化、军事力量对陕西的影响当时还是间接的,他们罕有对西方文明以及由此带来的物质力量的直观感受。刘古愚终身没有到沿海地区的经验,只是 1876 年到过北京及当时直隶总督府所在地保定。他对西方文明的认识基本上都是间接地从师友、商人、退役士兵以及零星的上海所出版的报刊得来的,他创办新式教育的力量更多地来自教育思想的深刻性、坚定性。即使如此,求友斋在民间教育改革方面也走在时代的前列。康有为的万木草堂创办于 1891 年,湖南第一个新式教育机构浏阳算学馆创办于 1897 年,那时已经是戊戌维新运动的高潮时期。

二、全民皆学与普及教育

"全民皆学"是刘古愚教育思想的核心部分,也是他矢志不渝的终身追求。刘古愚有一种"教育本位论"的思想倾向,他认为国家要摆脱被侵略的地位,实现富强必须从教育入手,实行政学合一,各级、各部门官员兼为学校教官,或者反过来,学校教官应该成为各级政府官员,上下级关系如老师与弟子,如此即可解决上下隔阂的问题,国家政令就会畅通无阻,各种改革可以轻易推行,这一点我们在思想政治部分已经做了介绍。从政治的角度来看,这种仅从教育视角看待整个社会问题的方法自然有其狭隘的一面,但是这并非全无道理,任何社会的变革必须通过教育,尤其是当时中国政治、经济、军事各方面的变革都需要现代教育的支持。从教育的视角来看,这一思想又是有其内在价值的,他把教育放在与国家命运等同的高度,以国家与社会的进步、发展的宏观视野来看教育问题,就站在教育的制高点,显示出了大教育家的"气象"。在此思想下,刘古愚提出他的全民皆学的观点:

> 呜呼!今日中国贫弱之祸谁为之?划兵、吏、农、工、商于学外者为之也!以学为士子专业,讲诵、考论以鹜于利禄之途,而非修、齐、治、平之事,日用作习之为,故兵不学而骄,吏不学而贪,农不学而惰,工不学而拙,商不学而愚、而奸欺。举一国为富强之实者而悉锢其心思、蔽其耳目,系其手足,怅怅惘惘,泯泯棼棼,以自支持于列强环伺之世。而惟余一士焉,将使考古证今,为数百兆愚盲、疲茶之人指示、倡导,求立于今世以自全其生,无论士驰于利禄,溺于词章,其愚盲、疲茶与彼兵、吏、农、工、商五民者无异也!即异矣,而以六分之一以代其六分之五之用,此亦百不及之势矣!告之而不解,令之而不从,为之而无效,且弊遂生焉。彼六分之一之士,其奈此数百兆愚盲、疲茶之民何哉?然则兴学无救于国之贫弱乎?曰救国之贫弱孰有捷且大于兴学者?特兴学以化民成俗为主,而非仅造士成材也。风俗于人材,犹江河之蛟龙也;江河水积而蛟龙生,风俗醇美而人材出焉。无江河之水,即有蛟龙,亦与鱼鳖同枯于肆,而安能显兴云致雨、以润大千之灵哉?故世界者,人材之江河,而学其水也。化民成俗,则胥纳士、吏、兵、农、工、商于学,厚积其水,以待蛟龙之生也。兵练于伍,吏谨于衙,农勤于野,工巧于肆,商智于市,各精其业,即各为富强之事,而又有殊异之材挺然出于群练、群谨、群勤、群巧、群智之中,以率此练、谨、勤、巧、智之群,自立于今日之世界,不惟不患贫弱,而富强且莫中国若矣!①

这段话如悬河泻水,把刘古愚对教育的基本观点和盘托出,抓住了中国社会走向现代化的关键,也抓住了新时代下教育的根本任务。近代中国与西方的差距形式上表现为物质力量方面的巨大差距,这种差距的产生其背后的原因是西方各行各业已经摆脱了仅凭借日常经验行事的阶段,已经或者开始凭借超出日常经验的科学技术来指导各种行政、管理、生产行为。中国要进入此阶段,各行各业从业人员必须经过专门的训练,这种训练自然是要通过

---

① 刘古愚:《〈学记〉臆解》序,《烟霞草堂遗书》之二。

专门的学校教育来实施。西方在武器方面的先进性在鸦片战争期间已经为国人所认识到,至于当时世界先进国家在军事制度、战争方法、士兵素质方面的专门化训练经过甲午战争也为士大夫阶层所认识。农业、工业方面须引进先进技术,刘古愚在这方面有专著,其创办纺织工厂与书院相表里的思想是典型体现。他还对经济的重要性给予充分重视,并对传统重农抑商的思想进行了彻底的批判,把工商业的作用提高到走出洪荒、开辟文明的高度,至于工商业在国家富强中的作用,其认识则更为透彻,在经济思想章对此还要专门论述。这里想要强调的是"全民皆学"是一个系统的体系,是其一生教育思想、教育实践的总目标,是实现国家富强、摆脱民族危机的根本手段。其内涵包括以下方面:

(一) 普及教育

普及教育是全民皆学的必然函摄项。国家的各项政令即使全都正确,最终都落实到"兵、吏、农、工、商"五类人身上,这些具体实施的人没有文化,"皆懵然罔知之人,岂能与外洋无人不学者敌乎?"①"今日中国不患不能为富强之谋,而患不能实为富强之事"②,所以,普及教育比精英教育更为重要。这种思想与传统的精英教育相比是根本性的转向,是教育现代化的重要标志。教育普及到每一个人,教育的目的也相应地发生根本性转化,教育的目的不仅仅是为了做官,而是培养各种专门性的人才,各行各业都应该有其精英,不仅是在政治、官场这一狭窄的领域。而且普及教育与精英的产生是相辅相成的,教育越普及,精英越多,也越容易发挥作用。他赞成西方、日本的"强迫教育"(即义务教育),教育应"当注意于多数之民,而不当注意于少数之士",政府首先应该切实负担起此责任,至于举业,"士子自会着急,朝廷不必替伊担心。"③

(二) 教育的根本功能和最终目的在"化民成俗"

普及教育的目的不仅仅限于提高行政、管理、生产的效率和水平的功利性方面,"化民成俗"是其最高目标。"化民成俗"一词出自《礼记·学记》:

---

① 刘古愚:《与柯逊庵学政书》,《烟霞草堂文集》卷五。
②③ 刘古愚:《改设学堂私议》,《烟霞草堂遗书》之十五。

"君子如欲化民成俗,其必由学乎?"意思是通过教育来改善民众的整体素质,使之固定化,并形成风俗,这里的"俗"即是指"文明"。刘古愚在《〈学记〉臆解》中用江河与蛟龙比喻风俗与人才的关系,人才是良好的风俗中产生并发挥其应有作用的,这里的风俗实际上就是文明的含义,"化民成俗"就是文明的进步和发展。刘古愚在许多著作中反复强调:"化民成俗为兴学之本意,则造士育材犹为教学第二义。"①

> 今日各省改设学堂,皆未得朝廷之本意,而姑敷衍以应于外,有形体而无精神,虽通行兴办,恐其效不易睹也。学者,化民成俗之事,吏治之本源,教士成材其一端也。知学之实为化民成俗,一眼注定于民,凡其设施无不关于民俗,则以民事教士,士之学从民事入,其成材必皆有用之实学,而虚文之弊可一旦廓清矣。②

朝廷设学堂之意是不是在此无需深究,刘古愚本人的思想则是非常明确的,广大民众整体的文明、进步才是教育的根本。"化民成俗"的思想出于解决中国实际问题的需要,是解决上下隔阂、民心涣散的对症之药。风俗、文明由广泛而深入的教育而得到改良和提高,在良好的风俗和文明程度下,每个人都具有自我发展、全面发展的内驱力和能力:

> 故今日中国之患,不在外洋,即今日中国之教、学不必急效外洋,而当急去吾君民之隔阂,而使之通;急联吾民之涣散,而使之聚。兴教立学,不在生数十才智之士,而在得数万亿兆之民心,使人人自出其本心,自精其生业,则兵练于伍,农劝于野,工精于室,商智于市,而于此四民之中择其尤异者,各省有一二十人,足以供天下之用矣。故今日之教民,当注意在化民成俗,不当在育材兴艺,此所谓"务本"也。③

刘古愚还从古代经典中为他的这一主张寻找依据:

> 不作养人才,而殷殷求才,才何从出?周公何以第言"立政"不言"兴学"?曰《多士》《无逸》《多方》言之矣。《多士》,为天下普立学校,而诰敕之也;《无逸》,学校既立,君以身先之,有真精神贯于其中,而人人争自奋于学矣;《多方》为化民成俗之事,风俗既成,人才

---

① ③ 刘古愚:《〈学记〉臆解》,《烟霞草堂遗书》之二。
② 刘古愚:《改设学堂私议》,《烟霞草堂遗书》之十五。

不能不兴于其中。故此篇勖人君诚求而任用之,以教养之法已前备也。教不先,无由成材;材成而上不用,不惟已成者消磨于无用,而未成之材亦无所观感,英华消阻,而胥自放弃矣。周公之书以《立政》终,汲汲求才,即人君以《无逸》真精神鼓动天下之人心,而厚培为政之本也。①

(三)大力提倡妇女教育

妇女教育也是普及教育的应有之义,是因为当时妇女不应受教育的思想根深蒂固,是以刘古愚在思想上、实践上都竭力推行之。他提倡妇女教育的理由一是妇女不学即不可能达到全民皆学,二是妇女有文化可以对幼儿实行良好的早期教育,三是妇女有文化有助于生产的发展。在妇女教育方面,刘古愚所持的观点还是社会本位论,尚未达到妇女解放的高度。刘古愚主张妇女受教育是初步的,以能教育子女、操"针黹、织纺、酒食"为目的。②

(四)普遍开设蒙学、小学是普及教育的入手处和最基本的要求

"今欲去其隔而使之通,改设学堂下及闾巷之蒙学,知本计矣。故今学堂之急宜议者,莫先于蒙学之规制也、教法也。"③这是刘古愚针对清政府发布的学制改革方案而发的议论,认为学制改革必须从遍设小学入手,这是根本之计。山居期间他在给陈涛的信中也说到他对初等教育的重视:"我今注意在乡学不在府县之学,在小学不在中学、大学。"④

(五)遍设乡学是实现刘古愚教育思想的主要形式

刘古愚的乡学观主要体现了教育的视角。

> 注意设乡蒙学者,以今之乡不惟不可与古并言,并不可与日本

---

① 刘古愚:《〈立政〉臆解》,《烟霞草堂遗书》之二。
② "蒙学须兼男女,今女学不修,妇人无仕进之事,故皆不学,识字、习算者少,无从得女师,拟以蒙师兼之。蒙童学舍之后为女学舍,女子知识不如男子之宏大而早于男子,拟以六岁入学,十岁出学,自学于家。俟数年后,女学大明,再延女师,则出学当以十二三岁为期,以女师能教针黹、织纺、酒食操作也。"刘古愚《改设学堂私议》,《烟霞草堂遗书》之十五。
③ 刘古愚:《改设学堂私议》,《烟霞草堂遗书》之十五。
④ 刘古愚:《与门人陈伯澜书》,《烟霞草堂文集》卷六。

并言。古以国统乡,乡学之士即升于国学,是古之乡学即今省会之高等学也。日本之蒙学、小学、中学、高等学、大学与今中国所颁各学略同,然日本郡、县、町、村自废藩府后,以亲王知县,县即径达于国,其县学亦与中国之省会学无异。中国之县大于古诸侯之国,乡大于日本之郡,此不能不变通办理者也。日本五等学校,以所办之规模、教法、大小分,不以藩、府、郡、县、町村分,故钦颁学堂章程亦有乡间财力充裕能如县学规制、教法,准为小学与县学同;外府繁富之区及通商口岸财力充裕能如省会规制、教法,准为高等学。亦知吾国疆域广大,有不能尽泥古法与东西国之法制者矣。注意化民成俗,而今之县大于古之国,则教法当全备于县,以兵刑礼乐钱谷治天下之具,即一邑而已略备也。士固有一日千里者,贾生、洛阳少年即举为天下第一,乡间不必无中学、高等学、大学之才,即县乡学不能不备高等学之教法。今日改设学堂,规模、教法须全备于县,特视省、京师为具体而微耳。①

从刘古愚的教育理想而言,在县一级设立从蒙学到大学的各级学校,确实能够做到普及教育,县县如此,中国的文化程度即会有根本的改变,化民成俗的任务也自然能够实现。就刘古愚的个人经验而言,他曾经在县级层面进行过从蒙学到大学的实践,其所设馆的家塾、创设的义塾为蒙学、小学,味经书院以及所设立的求友斋、时务斋是中学以及大学的规模,尤其是设立了具有现代大学规模的崇实书院,这些都是在一个县的范围之内进行的。但是味经书院却又不是属于一个县的,它是由陕西学政主持创立,虽然有一半以上的民间集资,但是动用了上万两的藩库资金,崇实书院也是得到督抚的支持,动用了国帑。味经书院的学生不但不是出自泾阳一县,而是来自陕甘两省,就实际情形而言,一个内地普通的县确实不能支持一所大学,无论是从资金、生员还是师资来说都是如此,除非是通商口岸等经济发达的城市,所以刘古愚所设想的一县具备从蒙学到大学的规模不仅在当时,就是在现在也是不现实的。

但是衡量一种思想的价值不应仅看其在当时的现实性如何,还要看其前瞻性,一种思想也许在提出之时实现的可能性很小,有的要百年后才能实现,

---

① 刘古愚:《改设学堂私议》,《烟霞草堂遗书》之十五。

有的甚至需要上千年,有的甚至能够引领人类整个历史,如终极关怀。往往一种思想越是能够跳出当时世俗、常识的羁绊,越显示出它的价值。这样的思想如果从横向的、广泛的范围来看,实现的范围并不大,但在一定范围或具体事例中却有着深刻的影响,推动着实践向深入发展,起到极大的引领作用。刘古愚的思想某种程度上也可做如是观。

就教育的普及而言,100年后的今天,小学层面的教育也未必能够全面普及,各行各业劳动者全面受到良好的教育,今天也不能说已达到目标。刘古愚的河套屯田、壕堑战法在当时也没有实现的可能。但是刘古愚针对中国要摆脱危机、实现富强的问题提出了答案,作为个人,作为一介士绅,没有无限的实现答案的资源、条件,甚至是能力,但是他可以做无限的设想,这种设想在条件具备的情况下就能实现,而且舍此莫由,那么这种思想就是卓越、伟大的。

就教育而言,中国教育近代化的历史过程更多地体现在自上而下,先由大城市、发达地区率先发展教育而为内地、落后地区的先导,与刘古愚自下而上,由蒙学、小学入手的路线也不一致。但是这种重视基层教育的自下而上的思想正与自上而下的教育相辅相成。高等教育的质量取决于基层教育、初等教育,而且高等教育也必须有其目标,也须服务于推进文明这个大的目标。尤其是初等教育的普及是中国迈向文明、全面走向现代化的必由之路,刘古愚揭示了这一条规律,并且是在这条道路上奋斗的拓荒者之一,这是刘古愚教育思想的价值和贡献的一个方面。而且中国要实现根本的富强,必须解决最基层的农村问题,刘古愚的治乡观、乡学观就是对此问题的强调和凸显。刘古愚来自乡村,他的根始终也扎在乡村,在他的思想深处有着浓厚的民粹主义的精神,从历史长时段来看,这种精神是撬动社会根本进步的有力杠杆。

再者,刘古愚的教育思想不仅成就其自身成为伟大的教育家,还深入地推进了西北地区教育的现代化。把教育与国家命运与社会文明进步联系起来,充分认识到教育的重要地位,这一信念使刘古愚一生致力于培养人才及文化启蒙的事业中。可以毫不夸张地说,刘古愚启动了关中地区文化迈向现代化的进程,为甘肃的高等教育埋下了火种。刘古愚的弟子以及再传弟子继承乃师的思想和精神,继续从事着教育拓荒、发展的事业。关中宏道书院是味经书院精神的直接延续,刘古愚的大批弟子不愿做官,而毕生投入中小学教育事业当中。杨松轩在华县创办咸林中学,将知识传播与各种实业有机结合起来，成为当时国内具有典范意义的教育机构，杨松轩也被视作与创办南开中学的张伯苓齐名的革命教育家。

刘古愚的教育须以推进文明为最高目标以及普及教育的思想与同时代的思想家相比更显其深刻性。对教育体制、教育内容进行改进，自鸦片战争以来，士大夫的开明分子多有认识，如冯桂芬、郑观应、王韬、陈炽、何启、胡礼垣等人都对此有过探讨，戊戌维新运动期间形成潮流，但普及教育的思想尚不多见。1898年，康有为在《请开学校折》中介绍普鲁士教育制度时提到："令乡皆立小学，限举国之民，自七岁以上必入之，教文史、算数、舆地、物理、歌乐，八年而卒业，其不入学者，罚其父母。"然后他建议皇帝"乞下明诏，遍令省府县乡兴学。乡立小学，令民七岁以上皆入学。县立中学。其省府能立专门高等学、大学，各量其力，皆立图书仪器馆。京师议立大学数年矣，宜督促早成之，以建首善而观万国。"①这里提到了西方普及教育、义务教育的做法，并建议中国实行普及教育（7岁以上儿童皆入学）。1902年在印度撰写的《大同书》中，他设想了从胎教院、育婴院、怀幼院、蒙学院、中学院到大学院的养育、教育体系。提出每一个孕妇都可以到公立的胎教院接受细致的照顾，并对腹内的胎儿进行胎教②，这样，每个人从胎儿期间就开始受教育，直到大学毕业。"大同之时，无一业不设专门，无一人不有专学。""盖自有生以来，十五年中，同为世界之人，无一人之或富或贫，或贵或贱，同育公家，同学公学，无家可恃，无私可离，无累可牵，无性可感，无游非学，无群非学，齐驱并进，无却无前，万千并头，喁喁向上。虽欲不学乎，有引于前，有鞭于后，无由有失学者矣。"③这个方案贯彻着彻底的普及教育思想。康有为是一位思想极其丰富又极其复杂的人物，尤其是在戊戌维新时期，康有为提出了囊括政治、经济、军事、文化等多个领域改革方案，这些方案背后固然有康有为多年思考的思想基础，但是在1898年短短的几个月之内提出如此庞大的方案，不少是对西方传教士所提出的方案及日本明治维新以来诸制度的照抄。就教育方面而言，康有为有比较深入的思考，主要集中在教育内容及教育制度方面，对普及教育思考并不深入，从上引《请开学校折》中来看，也是对普鲁士制

---

① 康有为撰，姜义华、张荣华编校：《康有为全集》第四集，北京：中国人民大学出版社，2007年版，第314—315页。
② 康有为撰，姜义华、张荣华编校：《康有为全集》第四集，第92—93页。
③ 康有为撰，姜义华、张荣华编校：《康有为全集》第四集，第108页。

度的模仿。《大同书》中体现了康有为对普及教育的认识比较成熟,而且甚为推崇。但是《大同书》是指向未来的,康有为并没有将其马上付诸实施的想法,所以书稿写成后,秘不示人。康有为教育方面在中国教育史上的重要地位及影响毋庸置疑,他的主要贡献是推动教学内容及教育、考试制度的改革,而且其兴趣在政治,教育改革是其政治活动的一个组成部分和切入点,通过政治活动推动了中国教育的进步,教育并非他关注的主要内容。而刘古愚主要是一个职业教育家,他由改良教育而卷入政治,他一生所思考问题主要是教育,而且刘古愚的普及教育思想是成体系的,其思想的深度和内涵超过了康有为。刘古愚比较成熟、系统地表达其普及教育、全民皆学的思想是在1895年,较康有为明确提出普及教育的时间要早。

新加坡学者严寿澂也注意到刘古愚普及教育思想在中国教育思想史上的开拓性意义,认为在这方面可与刘古愚比肩的唯有王照与蒯光典。王照在民国元年所作的《救亡以教育为主论》中指出:"国为人之国,人有自立之能力,乃有结合之能力,吾国多数人,知识不足以谋生,非教育普及万不能救。"①严寿澂又引王照在19世纪20年代针对梁漱溟乡村自治而发出的教育普及的议论②:

  前清直到末年,管教育的大员,但抱定造就人材的标语,所成立的学堂,与户口比较,不啻沧海一粟,实等于无。入民国后,各县正式小学堂较清末有减无增。前清所谓造就人材者,造官材也。民国标语较多,教育法术总不外教以争权,教以吹法螺,教以骇吓洋人,令人人含有出风头之妄念,亦仍是放浪不羁之新样官材而已,于真正民事何涉?总计三十余年,未尝一日真办教,而论者动以兴学校三十余年毫无效果之言,抹煞世界各国不二法门之大根本。此一谬点,与未尝试行真民选议员,而妄谓已行,妄谓不宜于中国,凭空抹煞世界公认立国必需之德谟克拉西制,共为两大谬点。一为不要血

---

① 王照:《小航文存》,收入沈云龙主编:《近代中国史料丛刊》(265),台北:文海出版社,1969年版,第141页。
② 严寿澂:《从改善民生、革新行政到议员政府、普及教育》,《近代史研究》,2006年第2期。

肉，一为不要脑筋，已足送此一堆白骨入墓矣。①
王照对教育的地位以及教育普及的主张确实与刘古愚有很大的相似之处，他们都把教育当作救国的根本途径，以是否普及教育为衡量教育成败的标准。按照严寿澂提供的资料，王照的思想比刘古愚晚了近20年。

蒯光典正面论述普及教育主要体现在《议兵》及《上铁宝臣尚书书》两文中。在《议兵》篇中，主要以英国为参照，提出英国无论士兵还是商人等一般民众，都经过专门的军事训练，实际上做到全民皆兵。中国除士之外，农、工、商贾三者不学，即此三部分不能为兵，要与列强角逐，须对包括农、工、商贾在内的全民进行教育。②《上铁宝臣尚书书》则从工商业的角度论述普遍设立学堂的必要性：

各国进化，皆由农而商，由商而工。至于能以工战，则必科学工

---

① 《致梁漱溟各篇》四《大谬》收入王照：《小航文存》，沈云龙主编：《近代中国史料丛刊》（265），台北：文海出版社，1969年版，第318页。

② 为较完整理解蒯光典的思想，现我们将《议兵》有关文字摘录如下："三代圣王觌文匿武，而官材论于司马者，盖射御掌于学官，文舞武舞即寻常之体操、兵操，无人不入学，即无人不知兵，初非仅寓兵于农也。英国学校不后于各国，操练一切，童而习之，故各国民兵可，英国不民兵亦可。即如上海商团皆商人，本身并非有募，其举国皆兵，可在知素习故也。今日即有秦皇汉武，断不能驱今日柔脆之士商以为兵，即勉强驱之，适以偾事而已，不素习故也。故不修学校则兵有练而无训，即训之，亦具文而已，是谓以不教民战，断难语于节制之师。不修学校则所练更换之兵究竟有限，终难卓然自立；则将才确乎难得，更无论兵丁中皆有上等武学之盛（《临阵管见》书中语：盖博学通才而不愿就武职者）；不修学校则通中学者千百里难得一人，更无论求智识于寰宇（日本五条誓众之一条）。人知学校之宜讲西学而不知其必先中学也；人知学校之无所不包，而不知其为兵之命脉也；人知学校为百年树人之计，而不知其救急不易之策也。如学堂中有数十万人，数年之后即多数十万执干戈以卫社稷之人，有数百万人执干戈以卫社稷之人，亡羊之补、苞桑之系其在斯乎？第博士久已倚席不讲，各省学堂书院亦半属虚文，宜明定条例，各县学堂以义理文理为主操练，及浅算学次之，不但不涉西学，中学亦不可繁重，以期核实。省府以次扩充，其课程及章程细目应令各省自行酌定。试办之初，不必遽为一切之法，惟必须克期办成，多多益善。并仿宋代之制，地方官列入考成，小度乡会二试未可骤议，但令非学堂书院卒业者不得应试，则群情鼓舞，经费亦不难筹。果能如此，则根本粗立，条理粗得矣，而持久之道尤在精进不已。天下之事不进则退，以兵言之，国初之八旗、中兴之勇营究竟如何？其明验已。以学校言之，国家所能取，惟士耳，为数几何？今日之农工商贾无所需于学堂，固不能取必之也，不能入我范围，是四民犹有三者在学之外，即犹三者在兵之外，断不能举国皆兵，以与群雄角逐，非刻意讲求悉纳于学不可，此尤光大彰明较著者也。"蒯光典：《金粟斋遗集》卷六，收入沈云龙主编：《近代中国史料丛刊》一辑（304），台北：文海出版社，1969年版，第295—298页。

艺皆能大过乎人,非一朝一夕之故也。谈时务者,动言抵制,不知不能出口,即不能抵制。进口之货,日新月异,层出不穷,岂此区区仿效不精者所能塞其漏卮哉?必欲抵制,亦因民散之故,必得政府办一榜样,而后风气可以骤开。今日不但尚无榜样,并无合格之农工学堂,遽欲于此等款,未见弹而求炙鸮,未见卵而求时夜,不亦诞乎?①

这里虽然没有直接提到普及教育,但是从工商业的角度论述了专门教育的重要性和必要性,与前述军事方面的需要结合起来,蒯光典对普及教育重要性的认识是比较深刻的。《上铁宝臣尚书书》有"日本此次与俄开战"的句子,可知其作于1904年日俄战争前后。《议兵》篇多次提到"学堂"一词,可能是庚子后朝廷大力兴办朝廷学堂后所作。

蒯光典弟子程先甲在《金栗斋遗集序》中说:"(蒯光典)欧游所获,以上下互监督为宪法精义,以普及教育、公共卫生为维新急务。"另外,程先甲也在为蒯光典所撰写的《行状》中说他自欧洲留学生监督任上回国后(1909年)向当道"敷陈普及教育、公共卫生为兴国元素"。奏毕回江宁(南京)休假,"闭门却扫,闲与门生故吏往还,极道欧行所得,可坐言起行,其要义则以普及教育、公共卫生为救国良策。"②这期间如何论述普及教育,《文集》中没有记载。

上述康有为、蒯光典、王照均提倡普及教育,他们的关注要点都是从社会改革的视角而进入到教育问题,由社会问题而归结到教育。自然,刘古愚的思想也由此逻辑发展而来,但是刘古愚毕生将教育作为自己的主要职业,他在1895年就形成了很成熟的"全民皆学""化民成俗"等教育思想,长期以来从教育自身来探讨普及教育,并将教育与全社会文明程度等问题结合起来,在此问题上比上述三人思想成熟要早,思考更为深入,也更为体系化,并且一直在实践着自己的思想。

---

① 蒯光典:《金栗斋遗集》卷六,沈云龙主编:《近代中国史料丛刊》一辑(304),台北:文海出版社,1969年版,第308页。
② 程先甲:《金栗斋遗集序》,收入沈云龙主编:《近代中国史料丛刊》一辑(304),台北:文海出版社,1969年版,第5、51页。

三、教学方法

(一) 引导与尊重学生个性

在教育目的、教育宗旨、教学内容方面,刘古愚均以社会需要为旨归,有着"社会本位"的特点,但是在具体的教学方法方面尊重学生个性,以其性情所近而确定学生的学习内容,学生有很大的自主性,这方面有着"学生本位"的特点。实际上刘古愚很好地将教师引导与学生自主学习结合起来,让学生从内心认识到自己所学内容的重要性,自主学习,自我发展,教师的主要任务是确定学习内容,组织学习。

刘古愚引导学生重视实学、时务之学、自然科学、西学的过程我们已经有了比较详细的介绍,这里主要在教学方法方面略作总结。

第一,刘古愚是一个负责而严格的教学组织者。他接手味经书院的时候,重申史兆熊、柏景伟严格的管理制度,并切实奉行,形成了良好的学习风气。

第二,循循善诱,将教师的目标内化为学生的自觉。讲经史、学自然科学、西学都与传统的学习习惯有很大差别,学生及其父母的目的是八股文,由此而获取功名。为了矫正这种习惯,刘古愚不厌其烦地从天下国家大事入手,引用传统经典,晓谕学生扭转学习习惯,《泰西机器必行于中国说》等一系列文章都是为了晓谕学生而作,教学内容每进行一次改革,刘古愚都要反复申说,他之所以一直秉持"西学中源"说,与劝谕学生有着直接的关系。对于没有切身感受西方文明的内地学生及其父母而言,传统经典的说服力是最强的。从客观条件来看,刘古愚进行教学内容改革与同文馆以及各种封疆大吏所举办的新式教育有着巨大差距,他不能有任何的职业及功名的诱导和保障,只能使学生在思想上认同,学生学习了新式知识之后,也还得由科举考试获得进身之阶。因此,没有学生的思想认同,他的教育革新是很难进行下去的。一部分学生认同之后,即组织"实验班",如求友斋、时务斋,由此带动更多的学生。学生内在的自觉性被调动起来之后,就按照刘古愚所确定的目标自我发展,以有限的教学资源可以取得无限的教学效果,学生某些方面的成就甚至超过乃师。如张秉枢、张遇乙、张元勋、吴建寅等在数学与器物制造方面就是显例。

第三,以"课程册"为主要形式,将教师管理与学生自主学习有机结合起来。刘古愚曾经组织学生读《汉书》《资治通鉴》,引导学生读《文献通考》《读史方舆纪要》等大部头的著作。这些书内容庞杂,在学习的过程中学生难以面面俱到,刘古愚强调每个学生根据自己的兴趣,从某个侧面去集中研究这些巨著,如考据、天文、地理、掌故,等等,研究的侧重点不拘,但是有一点是不变的,那就是必须下功夫,实有所得。刘古愚通过学生的课程册来对学生的学习进行考核、管理,这一方法贯穿于刘古愚教育的终身,也确实产生了良好的效果。

第四,学实学,成真才。实学是刘古愚思想的底色,一些学问、思想在此基础上发生,也以此为中心。他晓谕学生,无论学什么,必须证之于身心,于身心实有裨益,尤其是要适应时代的需要。刘古愚特别注重学习与实践的结合,学习自然科学强调必能应用,竭力为学生创造实践的机会,如赈济灾荒、考察实业、校勘书籍,等等,学生的能力在实践中获得提高。

第五,用人格去感染学生。刘古愚特别注重对学生品行的陶冶,对"宋儒守身之学"持之甚严,20世纪初期,各种思潮风起云涌,其中不乏完全否定传统的虚无主义,他告诫陈涛,必须坚持传统的身心修养之学,不得泛滥无归。刘古愚具有赤诚的爱国主义,公而忘私,几乎是一个道德完人。他的伟大人格对学生具有巨大的感召力,有人从刘古愚那里没有学到太多的知识,但是刘古愚的人格影响却使他们终身受益,甚至奠定其一生的人生道路。于右任从学于刘古愚不过一月,张季鸾也不过一年,但是刘古愚那种以天下为己任的情怀深深地感染着他们,使他们永世难忘。于右任在《我的青年时代》中表达了对刘古愚深深的崇敬之情,了解张季鸾的旧《大公报》人如曹谷冰、王芸生、李侠文等都提到刘古愚对张季鸾的影响。[①]

(二)尊重儿童认识、心理特点的儿童教育观

刘古愚有着丰富的儿童教育实践经验,上文对其儿童教育多有论述,这

---

① 李侠文:《我所认识的张季鸾、胡政之两先生》,中国人民政治协商会议全国委员会文史资料研究委员会:《文史资料选辑》第14辑,北京:中国文史出版社,1989年版,第106页。王芸生、曹谷冰:《1926年至1949年的旧大公报》,中国人民政治协商会议全国委员会文史资料研究委员会编:《文史资料选辑》第7卷,第25辑,北京:中国文史出版社1989年版,第21页。

里就其儿童教育特点略作总结。

第一，儿童教育是普及教育、提高整个社会的文明程度的基础和入手处，刘古愚对儿童教育非常重视。山居以来，在儿童教育方法、原则方面多有表述。

第二，用俗语、歌谣对儿童进行启蒙教育，让儿童在愉快的氛围中学习。当时的书面语言与口语差别非常大，儒家经典大多是形成于先秦时期的古文，而儿童首先学习的是白话文，以儒家经典为内容对儿童进行启蒙教育，很不合理，难度也非常大。刘古愚对儿童的认识、心理特点有很深的理解，山居期间，刘古愚经营义塾提倡用俗语（俗语就是白话）为儿童讲解经典，只求明了大义，不求背诵①，儿童理解了经典的意义之后，再教其读原文。同时，要求义塾教师将有关内容编成歌谣，让儿童读起来上口，在快乐中进行学习②。传统的蒙学教育，体罚学生是常事，《礼记·学记》中说"夏楚二物，收其威也"，仿佛为这种行为找到了经典的依据，对此刘古愚有他自己的理解：

> 盖人之聪明敏悟须以乐育，使生机畅于中，使自鼓舞于不容已。自唐虞至周，以乐官教童子之歌诵、履蹈，不闻以刑也。人之诵读不能记忆，讲解不能明晰，论说不能会悟，正如习艺之巧拙，非师所能与，即非刑所能求，故大射射不能中，第驰弓而饮之酒，不闻扑责也。若其步伐行列，工作之勤奋，此有迹可循，人人可勉而能，而自乱之，不可不责罚，故不挞其不中者，挞其不循法者。以此例之，则童子诵读不能成诵，必非夏楚所能奏功，夏楚能收其威仪不能益其聪明敏也。今塾师乃以夏楚横责童子成诵，直以囚待童子，是典乐之职顿易以士师之威；庠序之区骨变为囹圄之象也，汩没人才于萌芽盖不少矣，宜近人目为蛮悍也。③

这里对传统的强迫性、体罚性教育做了根本的、严厉的否定，对儿童的认识、

---

① 刘古愚：《示子瑞騋》，《烟霞草堂文集》卷八。
② "古人诵读皆谓之歌，凡欲人记诵，必有韵。故孔、孟云《诗》为诵古者，以乐官为稚子师，乐德之后，教以乐语，即教子弟所学之事之歌括也。故夫子闻武城弦歌而笑，而子游对以'君子学道、小人学道'，可知所歌之词，皆是道艺语，如今之读'四书''五经'也。古人读书必如今佛家诵经用乐器助声，尤易成诵，而童且果为之。今拟童子八岁入塾后，凡识字、知数、习礼，能为歌括者，皆编成浅歌以代记诵之劳。但必须已习其术、明其文，方读而歌之。"刘古愚：《义学章程》，《烟霞草堂文集》卷九。
③ 刘古愚：《〈学记〉臆解》，《烟霞草堂遗书》之二。

心理规律的把握是非常准确的,高明的教育在于把学生的兴趣调动起来,把其潜能发挥出来(使生机畅于中,使自鼓舞于不容已),体罚是对学生生机的戕害,其效果适得其反。当然,必要的约束是不能放弃的,教师必须起到组织与引导作用。这些观点在今天看来仍然是不刊之论。

第三,注重体育与技能培养,学用结合是刘古愚的一贯方针,对书院成童要求如此,对于义学幼童也不例外。刘古愚在烟霞草堂时,将农业、手工业、牧业与日常学习结合起来,让幼童参与管理,日常洒扫应对、招待客人、维持学习纪律都由学生负责。他特别注重学生体育锻炼,变通古代"武舞"传统①,推广体操,教学生使用枪械,将军事训练与日常体育活动结合起来。

张季鸾亲身经历了这样的教育过程,他将刘古愚的教学方法与美国的道尔顿制相提并论:"近年美国道尔顿制震传中土,不知'复豳舍'固行之,盖中国讲学旧法也。余等自读自解,不限多寡、时刻,惟日须撰日记就正先生,而疑难论议任意书之,初无定程,但戒空泛耳。"②道尔顿制的创立者柏克赫司特(H. Parkhurst)概括了该教育方法的两个原则,一是自由,二是合作。自由就是对儿童的潜能进行开发、引导,充分调动儿童的学习自主性,但是自由绝不是放任,她说"自由是道尔顿制的第一原则","在道尔顿制下,我们把作业的问题,切切实实地放在儿童前面,并指示应达到的标准。此后让他们照自己认为正当的方法,按自己的速度处理一切。因为他对于结果负责任,故不仅智力得以发展,而判断和品行也能发达。""这种理想上的自由,不是放任,更不是无纪律。其实正于此反。想做什么就做什么的儿童,并不是自由的儿童。反过来,他容易成为恶习惯的奴隶而自私自利,不适应社会的生活。所以在他成为成人之先,我们须想法解放他的能力,然后可以希望他将来能与同侪合作,而谋公众的利益。""道尔顿制的第二原则是合作,或用一句我所爱谈的话,是团体生活的交互作用。这个交互作用的观念,杜威在他的《德摸克拉西与教育》(Democracy and Education)一书中说得很好。他说,德摸克拉西教育的目的,不仅使各个人在直接有关的团体生活中做一个有智慧的参与

---

① "今五洲大通,宜采各国诗歌如其语言、歌法以教中国人,则语言之学即寓于诗矣。歌诵,读也,所以启人之聪听;舞,履蹈也,所以健人之筋骨。人皆明强而不愚弱,圣王立学之本意也。则今日学校须有舞法,宜以军营步伐定为舞列,使习之以健筋骨。"《〈学记〉臆解》,《烟霞草堂遗书》之二。

② 张季鸾:《烟霞草堂从学记》,《烟霞草堂遗书续刻》附录。

者,而且使各种的团体都要发生交互作用,以至于再没有个人或经济的团体能离开社会去经营独立的生活。"①对比刘古愚的教育方法,确实与道尔顿制有神似之处。

首先是刘古愚对教育对象主题性的强调,这是刘古愚主观认识的结果,也是当时客观形势的必然。上文已经提到,作为一个民间教育家,刘古愚手中没有任何强迫性的手段可以让学生学什么,也没有什么手段可以给学生承诺什么功名,他只给学生讲清道理,让学生自己乐学,另外就是以自己的人格力量感染学生。让学生在学习过程中训练社会技能,培养团体合作的意识,这就是刘古愚在甲午战争以来反复强调的要合群。刘古愚在管理方面非常严格,通过严格的管理来保障学生有一个良好的学风,这与道尔顿制度的精神也是高度契合的。柏克赫司特的书1924年在中国翻译出版,柏克赫司特本人1925年到上海访问,此时刘古愚墓木已拱,他对柏克赫司及道尔顿制度毫无所闻。而且柏克赫司特背后是西方思想文化的支持,尤其是以自由主义思想为基础,柏克赫司特本人深受杜威思想的影响,很大程度上是建立在心理学等当代科学的基础上的。刘古愚教育思想是从日常经验中摸索出来的,其背后的文化背景是《礼记》、孔子,如果把刘古愚的教育思想与柏克赫司特的教育思想比作两棵大树的话,他们的相似是外表、树冠的相似,其扎根的土壤及根干中吸收、输送营养的方式迥然有别。

刘古愚尽管终身提倡科学,但是在他的那个时代,刘古愚自己乃至其学生,对中国传统以及西方科学的掌握都是初步的,知识是很不完备的,西方的实验心理学等科学知识和方法是他所无法掌握的。科学固然与经验常识不能等同,但是科学不过是对经验常识的系统化证明或说明,刘古愚在常识、经验的基础上也得到了与建立在近代科学基础上的教育方法相同的认识,这是其近40年来惨淡经营、反复摸索的结果。中国传统的教育制度强调灌输,有着强大的惰性力量,要对它进行挑战,必须经过反复实践,摸索到切实有效的方法才能在庞大的惰性肌体上凿出一窍,开辟出新的道路。刘古愚的这一现象提示我们,参透中国的问题,以西方文化为参照(而不是照搬西方的教条)在中国具体的社会条件下寻找道路,并全面考虑到具体的社会条件,才能找

---

① [美]柏克赫司特(H. Parkhurst)撰,曾作忠、赵廷为译:《道尔顿制教育》,北京:商务印书馆,1924年版,第18、19、21页。

到切实可行的道路,而这样的道路也就是最先进的①。在传统向近代转化的过程中,那些承前启后的先行者们犹如欧洲文艺复兴的巨匠一样,他们的一些探索具有大手笔、大气魄,为后来者开辟了宽广的道路。

---

① 道尔顿制本身有种种缺点,但是它把教师的引导(尤其是强调纪律,反对放任)与教育对象主体性的发挥结合起来则是正确的。尤其是过分强调学生的主体性、放任式的教育方法的弊端在西方日益显现的情况下,强调约束一面是正确的。

第十章 经济思想

刘古愚充分认识到西方列强将现代科技运用到工商业领域所带来的巨大变化,中国要想改变贫弱的地位只有在农业、工业、商业方面引进西方技术。但是传统观念却对工商业很不重视,战国以来形成的重农抑商思想在社会上根深蒂固,这种观念背后的哲学思想是重义轻利、重道轻器。刘古愚从事实、哲学、历史等方面对传统的经济思想进行了系统的批判,形成了他独特的经济思想体系。

一、对传统义利观、理欲观的新阐释

儒学本质上是一种道德本位论,各种流派的道德思想都首先是要求人们自觉地抑制自己的私利,强调对他人、对社会的责任和义务,或者是暂时牺牲目前的、小的利益以获取长久的、大的利益和幸福,儒学也不例外。孔子所创立的原始儒学有这样一个基本前提,那就是个人会自然地追求私利,无需提倡,而克制私利则需要意志努力,需要理性的保障,因此孔子的思想主要是探讨人如何自我克制以实现利他行为,以服从社会规则("克己复礼"),孔子并没有否定追求个人利益的合理性,只是要将其限制在合理的范围内,用正当的手段去获取。如孔子说:"富与贵,是人之所欲也;不以其道得之,不处也。贫与贱,是人之所恶也;不以其道得之,不去也。"[①]"富而可求也,虽执鞭之士,吾亦为之,如不可求,从吾所好。""不义而富且贵,于我如浮云。"[②]孟子进一步突出了义利之间的对立,董仲舒提出"正其义不谋其利,明其道不计其功",重义轻利的思想逐渐占据意识形态的统治地位。北宋以来,理学兴起,义利问题与天理与人欲联系起来,宋儒提倡"存天理,灭人欲",重义轻利的思想有了本体论层面的论证,日益巩固。但是孟子、董仲舒、宋代以来的理学大儒不能、也无法否定人欲的存在,及一定程度上肯定人们对利益的追求,这样

---

① 《论语·里仁》,北京:中华书局,2009年10月版,第35页。
② 《论语·述而》,北京:中华书局,2009年10月版,第68页。

的观念也不可能衍生出对经济活动的根本否定,所以再偏激的义利观也不否定农业存在的必要。而农业之外的手工业(主要是用来交换的手工业活动)、商业其形式是直接指向利益,而且商业的活跃还导致土地的集中,大批自耕农离开土地变成流民,这就威胁到了中央专制集权的统治基础,西汉以来的统治阶层遂继承战国时期在秦国实行的重农抑商政策,打击商业,不鼓励用于交换的手工业活动,一句话,打击商品经济,而重义轻利就成为打击商品经济的思想依据,重农抑商成为历代奉行不渝的国策。

传统的轻视经济的思想之所以根深蒂固还有另外一个原因就是君子与小人之分。"君子"的本意是国君、封君之子,是对身份性贵族的称谓,孔子将君子赋予道德的内涵,只要道德水平高的人就是君子,不管他的身份如何。尽管"君子"的内涵中纳入了非贵族的人员,但是君子的地位仍然是高于"小人"的,这种人格的差异、不平等一直保留下来。"小人"的本义是指从事体力劳动的没有文化的人。在先秦时期,从事学术研究、国家治理是复杂的工作,需要专门的学习,而农业、手工业以及商业活动仅凭常识即可进行,被认为是无需君子重视的,君子应该从事"劳心"的活动,小人从事"劳力"的活动,"劳心者"地位高于"劳力者",于是形成了贱视生产劳动的传统。

春秋战国的传统还认为各种技术活动是针对可见的器物的,而道德、政治等研究活动是针对不可见的、抽象的"道"的,前者易而后者难,器之用有限而道之用无穷,于是形成了一种"重道轻器"的观念传统。这种"道"也不是指所有的抽象的原理,主要是指政治、道德方面的内容,所谓"道者,所由治之路也。"儒家、法家、道家在重道轻器这个问题上观点是非常一致的,尤其是老子和庄子提出"有什佰之器而不用""有机心必有机事",奇技淫巧会破坏人心的淳朴,这一观点也为儒家所赞同。在长期的农业社会中,人们体会不到技术带来的巨大变革力量,于是,轻视经济,尤其是轻视商品经济的思想长期占主导地位,重农抑商遂成为深入人心的教条。刘古愚从现实出发,对上述观念做了翻转。

《〈史记货殖列传〉注》《〈修齐直指〉评》《泰西机器必行于中国说》是刘古愚集中论述经济问题的著作,《〈论语〉时习录》《〈大学〉古义》《孟子性善备万物图说》从哲学的角度论述义利、王道与霸道问题,此外,《〈孝经〉本义》也对此问题有所论列。除《中庸》外,刘古愚对理学奉为经典的四书中的三部都进行了阐释。他阐释这些经典的目的不是纯学术研究,而是为现实社会提供理论论证,提供思想支持,他的理学思想一个突出的特点就是注入了实学的精神,而经济问题是实学的重要体现。

刘古愚宗心学,心学的本体是良知(也称"明德""天理""道"),良知、明德是天所赋予人的,是一个最高的价值本体,明德是内在的,无不善,外化为情,有善有恶,中间经过"絜矩之道"而使情范于道,情合于良知、明德,此情已不是自然的有恶念的"情",而是合于天德王道之情。"絜矩"成功也就是格物成功(称为"物格"):

> "矩",所以为方也,絜矩以平天下,则天下之平必是物物就矩而范于方格之中;天下胥范于方格之中,则身、心、家、国之就矩不待言矣。天下平是平其好恶,好恶之情发于明德之性,故明德为矩之理,而矩为明德之形。"大学之道,在明明德,在亲民,在止于至善",求矩之所在,格物也;同民好恶而得众,而天下平,明德明于天下,絜矩之成功,物格也。大学之道,以明德始,以絜矩而天下平终,方完得"格物""物格"两字之义。①

絜矩之功不能仅仅限于一身,要化为外在的实事,最终要达到"平天下"的境界,这是理学的内在要求,平天下在平天下之好恶,天下最大的好恶就是"财":

> 平天下在平天下之情,情者,人与人相接之情。人与人相接,不能不假于物,其所假之物,则财是也。财不能养人之欲,给人之求,则人患兴,未有能平天下者也。天地之大德曰生,既生人,必生物以养之。圣王散财以聚人,而"正辞、禁民为非"之义专归于理财。"民之失德,干餱以愆";"粟如水火,而民焉有不仁"? 故圣人参赞化育,必在能尽物之性,能尽物之性方能生财,以养给人之欲求,而平其情也。

> 小人聚财,君子散财,圣人生财。唐、虞之世,众圣人聚集一堂,而其所为乃在工虞水火,其开创草昧之艰难,在物而不在民。及至汤、武之世,纣、桀聚财以遏天下之生机,汤、武起而散之,而天下平矣。汤、武之经营在民,其实亦在财。除民之害,使民各安生业,即为民生财也。民之质矣,日用饮食,财乃日用饮食之资,所以遂民生

---

① 刘古愚:《〈大学〉古义》,《烟霞草堂遗书》之三。

也。自古至今,安有不善生财而可以称圣人哉?

以人情物理言之,其为人人所欲为之事,需财用必多,其非人人所欲为之事,则无所用财,故财者,人之生机,即天之动机,无财用,则人事绝,天理灭矣。①

中国传统的"经济"一词是经邦济世的意思,是两个动词的合用,日本用"经济"来翻译英文的"economy",当时中国的严复、梁启超均用"生计学"。这里的财、理财、生财、用财合起来就是指经济活动。上述三段文字把经济的地位说得非常清楚。首先,肯定财富是人类得以生存不可或缺的资料,天地既然生人,必有养人之资,无财富,人类即不存在。其次,就个人而言,"财用"是人类共同的欲望,此欲望正是天理的体现,是人之生机,也是宇宙的生机,无财富即无人类,宇宙归于寂灭。此"人欲"正是"天理"的体现。再次,社会、政权的基本职能就是理财、生财,为百姓创造财富提供条件,"使民各安生业",这方面做得好,才是圣人。这里,从本体论的高度对传统的理欲问题、义利问题做了根本性的翻转:理欲统一、义利统一,天理在人欲中,义在利中。刘古愚同时明确指出,"人欲"即包括耳目口鼻之"欲",他在解释司马迁《货殖列传》中"至若《诗》《书》所载,虞、夏以来,耳目欲极声色之好,口欲穷刍豢之味,身安逸乐,而心夸势能之荣,使俗之渐民久矣。虽户说以眇论,终不能化"一段话中的"欲"字的时候说:"此'欲'是'人欲',即圣贤亦不能无,此处正可以验天理。先提出'欲'字,一篇之主。"②这样的口腹之欲不仅是合理的,而且还是文明发展的强大动力:"有欲则物自来,地虽边鄙,为中国嗜好所需,而不能禁其不入中国。"③正确的方法是顺应而不是遏制。通过对传统重义轻利的义利观、重理轻欲的理欲观进行根本性的扭转,在哲学上充分肯定了经济的基础地位。

对于重道轻器的道器观刘古愚也进行了批判,他批评道家对器物、礼乐一概否定的态度,器物制造,新事物、新机器的出现是"天地之运"不可阻挡,世界必然是不断创造吸收新的器物、礼乐,"日趋于文,一代之兴,其经营以垂后世者,皆文也。""黄老家乃欲逆天地之运,屏去一切文法,反世于淳闷无为之世,此必无之事也。幸其不起于春秋而起于战国,设春秋无五伯假先王之

---

① 刘古愚:《〈大学〉古义》,《烟霞草堂遗书》之三。
②③ 刘古愚:《〈史记·货殖列传〉注》,《烟霞草堂遗书》之九。

法以持世道,则中原早沦于夷狄,不能相持以至数百年之久也。""故'君子不器',不但不可以一器名也,其心直忘己之能兼众器,而以容天下之器为者也。"①

对这些传统范畴进行批判和重新解释的目的就是为了引进西方先进的科学技术,以发展经济:

>"生众食寡""为疾用舒",自汉以来,君相经营财用,亦知取则于此,然不过重本抑末、驱民归农、食节用时、示民以俭已耳。至今思之,仍搏节爱养,谓为理财之极则可,非生财也。生财则须以人力补天地之缺陷,如羲、农以至尧、舜之所为则可也。……今外洋机器一人常兼数人之功,一日能作数日之事,则真"生众食寡,为疾用舒"矣!《易》称黄帝、尧、舜之治归之制器,《大学》论生财未必不见及此,故吾反复此节,而知外洋机器之利,夫子必已见及,而时未至,不能遽兴,故露其机于此,以待身逢其时者之取而用之也。②

由此,对于能够开辟利源、做出历史性贡献的人更应该给予充分的肯定,那才是真正的圣王,那样的行为才符合"大道":

>治天下必兼民物。君子有大道是治人之道,生财有大道是治物之道。治人而平其情,即是不聚财而散之,然所散者仍斯民自有之利耳,若创天地未有之利源,则非大圣人不能矣,故曰:"有大道"也。③

刘古愚虽然是一个处于思想文化转折时期的人物,平生以开风气为职志,但是他的思想却并不偏激,为文风格也是平正通达,说理透彻,却不枝不蔓,朴拙浑厚,颇显碑碣之风,简洁遒劲,又如木刻。刘古愚强调的是义利、理欲的统一,二者不能偏废任何一方,他对理学进行新阐释,进行改造,但是对理学当中重视克制不合理欲望的价值观非常重视,并身体力行,这也是他主张不能抛开宋儒守身之学的原因所在,在经济方更不能无视理欲之分,只是作了与传统不同的解释④。他固然重视财富,但是更反对唯利是图,不合道义地追求财富的行为。

---

① 刘古愚:《〈论语〉时习录》,《烟霞草堂遗书》之五。
②③ 刘古愚:《〈大学〉古义》,《烟霞草堂遗书》之三。
④ "顺民之欲,则为大仁,而君且可不劳而理,纵一二人之欲,以逆万民之欲,即为大不仁,而天下遂多事矣。理欲之辨,即在于此。"《〈史记·货殖列传〉注》。

> 战国之大夫皆为身家富贵，无一人志在君民者。彼时王道不明，所谓忠臣、良臣，皆为富强以长君、逢君之恶，贼君以贼民。君不知而谓之忠，民不知而谓之良，成为杀伐之世界，而卒君民胥受其祸，求一朝之安不可得。孟子痛心于是，不得不以贼君、贼民斥之，而大声疾呼，欲当时之寐者瞿然觉、惕然思也。
>
> 富国强兵不从民起见而从君起见，故为富桀辅桀，而善战阵为大罪，连诸侯、辟草莱、任土地皆宜服刑，战国之祸事君为之也。知民贵矣，而于一国则为安社稷臣，大小远近若一，则为王者无外之义，为天民不徙，欲一国之民安，欲天下之民举安也。①

所以他仍然肯定王道与霸道的区分，富强诚然必须追求，但富强必须注入王道的价值观才是合理的富强。这体现了刘古愚思想突出的时代意识和强烈的现实感。

二、经济在创造文明、推动社会进步方面的重要意义

刘古愚不仅从哲学的角度对经济重要地位进行阐释，还从历史方面对经济在文明产生、发展、社会进步中的作用进行了揭示，把自春秋战国以来，被遮蔽的历史重新予以恢复。

（一）工商是开启文明、推动社会发展的重要力量

司马迁在《史记·货殖列传》中对经济活动在社会中的地位做了精辟的论述，刘古愚对《货殖列传》做了评注，继承了司马迁的经济思想，并结合当时实际，做了进一步发挥。司马迁认为人们对基本生活资料以及安逸生活的欲求是无法抹杀的，对于这样的欲求不能遏制，当然也不能放纵，他对各种不同对待欲求的方针进行了介绍和评述，"故善者因之，其次利道之，其次教诲之，其次整齐之，最下者与之争。"刘古愚对司马迁的这一观点非常赞同，说："千古治术，尽此数语。"②刘古愚进而指出，政治就是在服务、调节这种基本欲求的基础上产生的，"惟天生民，有欲无主乃乱，君师之源。"对民众基本欲求顺逆的程度是衡量政治得失成败的基本标准："顺民之欲，则为大仁，而君且可

---

① 刘古愚：《孟子性善备万物图说》，《烟霞草堂遗书》之六。
② 刘古愚：《〈史记·货殖列传〉注》，《烟霞草堂遗书》之九。

不劳而理,纵一二人之欲,以逆万民之欲,即为大不仁,而天下遂多事矣。理欲之辨,即在于此。"从历史的角度来看,人类从洪荒走向文明也正是由工商业推动的。《货殖列传》有这样一段话:"谚曰:'百里不贩樵,千里不贩籴',居之一岁,种之以谷;十岁,树之以木;百岁,来之以德。德者,人物之谓也。"刘古愚对此做了阐释:

> 物产不通,即风气不开,风气不开,即为洪荒,有人物如无人物,风俗固纯朴,亦何用圣人修德为哉?以德为人物,此语极精。人,有欲者也;物,欲所寄也。人物能来,通商也。千古之治,由商而开,由人之欲物也。故《易》叙黄帝、尧、舜之治,在为市后。①

因为人对物质需求的欲望不可遏制,使自己不能生产的物品源源不断地被输送进来,而输送外来物品的活动就是商业。如果没有商业活动,本地的物品即使再精巧也无法输送出去,外地的产品也无法引进,人们将永远处于与世隔绝状态。当地人们的创造物及创造能力均不为外人所知,"有人物如无人物",世界将处于洪荒状态。这种洪荒固然有老子所设想的小国寡民的淳朴,而这种状态下人的聪明自然也如老子、庄子所设想的那样无所实施,体现人类无限创造力的文明也就不可能出现了。正是有了商业,才使文明得以产生,并不断发展(千古之治,由商而开②)。刘古愚这里是根据司马迁的语境专论商业,当然他对工业对文明作用也有正确的评价,工业活动是商业活动得以存在的基础之一,人们对器物的创造活动使人类直接告别原始荒蛮的状态而进入文明时期:"自盘古以至神农,外纪所云岁数虽不必尽信,然亦必数千年之久无舟车,则山川之隔,不相往来,可知也;无重门、击柝、弓矢,则无寇盗,可知也;无杵臼、宫室、棺椁,则风俗俭朴,可知也;无书契、文字,则人心纯厚不相诈虞,可知也。数千年之间,浑穆相安。"③黄帝以来,发明了舟车、重门、击柝、弓矢、杵臼、宫室、棺椁、书契、文字,产生了各种生产、经济活动,先民得以有效地保护自身,华夏民族进入到礼乐文明阶段。农业自古为传统社会所重视,刘古愚因此无需专门论述农业。这里我们已经可以清楚地看

---

① 刘古愚:《〈史记·货殖列传〉注》,《烟霞草堂遗书》之九。
② 刘古愚在《〈前汉书·食货志〉注》中对此也有论述:"然世间风气之开,皆商为之。神农以农为号,而立日中之市,商货流通,遂开黄帝、尧、舜文明之治;舜就时负夏禹;言懋迁;文王关市无征;太公设九府圜法,又劝女工兴鱼盐以富齐。"
③ 刘古愚:《泰西机器必行于中国说》,《烟霞草堂文集》卷一。

到,刘古愚把文明的产生放在满足人们基本欲求的生产、交换活动之上,工商等活动是文明产生的基础,社会发展的动力,也是政治的最基本职能。刘古愚从被儒家重利轻义思想层层遮蔽的资料中梳理出文明产生的历史真实,把一定程度上被颠倒的历史重新又纠正过来,这种认识是非常卓越的。

(二)对重农抑商思想的批判

刘古愚不仅从文字材料中把工商业对文明产生的关键性作用做了正本清源的论述,他还对文明产生后,历代圣王对经济问题的倍加重视的事实进行了清理,揭示了传统的重农抑商政策的由来及其实质、危害。

> 开创之时重工,封建之时重商,至一统守成之世,乃抑工商。尧、舜时,禹、益懋迁有无,蒸民乃粒;虞廷命官,工在礼乐之前;奚仲为汤左相,乃教造车;太公劝女工,通鱼盐之利;唐、虞三代无一不重工商。至秦乃抑商,以有市籍者与赘婿等而谪戍之,至汉始抑末作而重农桑。高祖抑商,令不得乘车、衣帛,至景帝,雕文刻钟镂为伤农事,锦绣纂组为害女红,则并工而抑之。盖秦之抑商,即杀豪杰之心,惧以财货得民为国害,弱民之术也。汉初草创,于古圣王治市肆、考工之法,全未讲求,而以风俗奢靡,其端始于工商而抑之,以为反朴之法,盖习见秦法而用之,此亦汉治杂霸之一端。孟子论古之治市,以所有易所无,不通功易事,则农女皆困,而为率天下而路,征商为始自贱丈夫,而以为关为暴,则圣王视工商,与农民并重。困以抑之,为秦之虐政也,明矣。①

上面一段文字言简意赅,句句点到要害。"开创之时重工"正是各种新技术的出现、新器物的运用,使人类进入了文明时期,黄帝、尧、舜、禹等上古圣王均与器物发明有关。尧、舜时期,大禹和益从事于货物流通的"懋迁"之事;舜设立职官,工官优先于礼乐之官,奚仲作为汤的重臣,因教造舟车而名重后世;武王、周公时期,姜太公在齐国大力提倡渔业、盐业,而使齐国富强,西周之前,工商的地位非常重要,并无轻视工商的现象和思想。"封建之时重商"与"开创之时重工"互文见义,封建之时重商业并非不重视工业。刘古愚所说的"封建之时"是指封邦建国的分封制时期,分封制下,各诸侯国有相对独立

---

① 刘古愚:《孟子性善备万物图说》,《烟霞草堂遗书》之六。

的利益,商业聚集财富、增强国力的职能为各国认识到,战国时期尤其如此:"列国之世,可取彼益此,故重商",至于战国时期,各诸侯国成为敌国,以邻为壑的现象时常发生,各国对商业更加重视"战国纷争,其重商自是势所不得不然。"①"至一统守成之世,乃抑工商",刘古愚认为其原因是"一统之世,商所取者仍为一家之物;农则取财于天地者也,故重农轻商"②。孔子、孟子也不轻视商业,孔子学生子贡为大商人,"孔子论治,柔远人在来百工之次,怀诸侯之前;孟子为齐君陈王道,以商行旅与士农并言而不及工,其泛论王政亦以市廛在士之后农之前。"③孟子反诘许行不能生产全部生活用品,其反对分工、反对商业交换的做法是疲敝天下的谬见。三代圣王、孔孟圣人将商业与农业视为同等重要的大事。

  刘古愚认为重农抑商的思想和实践来自于秦,秦之抑制工商是因为惧怕商人借财力与之分庭抗礼,借抑商来实现其杀豪杰、愚弱黔首而巩固其一己统治的私心。因此创立市籍制度,贬低其身份,令其不得衣帛、为官,将商人与罪犯、赘婿等同,以谪戍边关等方法轻贱之。汉高祖继续沿用秦代抑制工商的政策,令商人不得乘车、穿丝质的衣服。汉文帝、汉景帝认为技巧高超的专业化纺织妨害家庭女工纺织,商业发达,商人富贵导致风俗奢靡,使农民不安于田亩,粮食生产受到影响,农民因商业而破产,是以文景之时连工业也列入抑制的行列之中。刘古愚认为,即使汉高、文、景这样声誉很高的帝王,他们也没有了解工商的重要性和应有地位,只是简单地沿用了秦的政策,并非贯彻了圣王、圣人的精神,这是愚黔首、杀豪杰的独裁政策,是霸术、虐政,并非王道。

  刘古愚批评秦汉统治者不能正确、全面理解工商业作用的观点是正确的,秦汉时期的重农抑商政策使工商业失去了活力,尤其是汉武帝采用官府垄断重要工商业的政策使工商业被束缚在自然经济的肌体上,对中国社会产生巨大的影响,社会的活力被抑制。实际上自秦孝公任用商鞅变法就开始了重农抑商的政策,而此时商鞅的政策也确实是权宜之计的霸术,其政策的着眼点只有两个,即战争及为了满足战争的粮食生产,社会的一切力量都被动员到这个目标上,整个社会被改造成为一架战争机器,社会的整体性、有机性特点被简单化,社会经济全面、协调发展的机制被遏制。秦国实际上奉行的

---

  ①②③ 刘古愚:《〈前汉书·食货志〉注》,《烟霞草堂遗书》之十一。

是军国主义政策。对于秦国重农抑商的这种社会基础刘古愚没有看到,此外的论述基本上符合历史的本真,恢复了历史的本来面目。他特别强调秦汉重农抑商背后的愚黔首、杀豪杰的自私动机,已经剥夺了重农抑商政策的历史与价值方面的合理性,在当时的语言环境下更有针对性,更能说服当时的人否定重农抑商政策。

重农抑商的一个重要经典依据就是孟子驳齐国、魏国国君张口就谈利,孟子认为仁义无敌,无需言利。刘古愚认为孟子对齐宣王、魏惠王(梁惠王)所说的话是具体语境下的有特定针对性的,不应将其做普遍化的教条性理解,而且齐宣王、梁惠王言工商之利也并没有错,错的是在他们仅知道利,而忽略了仁义,孟子是为了纠正此偏颇才说"王何必曰利"。而且齐国继承太公的风俗,知工商之可贵,孟子无需强调工商,所以只谈重农,这也不能说明孟子即轻视工商。

> 齐宣志在霸天下,较惠王仅欲复仇,其见为阔大,故惠王问"利吾国",而宣王则问桓、文。又齐自太公后,继以管仲,俗尚工商,故孟子告惠王,仅及农,告宣王,并及工商行旅也。王政视工商无异于农,制田里之时,必有工商之里与农政同时并举,不以工商为末作而忽之也。观《明堂》章及《关市》《尊贤使能》章及《市廛》可见。
>
> 王道全在同民,一眼注定,保民即是王道。制田里,教树畜,是养民之政;设庠序,导妻子,是教民之政。王道备于治乡,乡治而国治矣;国治,乃可交邻,而王政及于天下矣。孟子言《五亩之宅》节,须参以何休《公羊》"初税亩"之注及《汉书·食货志》《管子·轨里连乡》篇及《王制·度地居民》及学校各法。管子"轨里连乡"法,非霸术也。志在富强齐国,不以安天下为心,乃为霸术,知利国不知利天下,即是霸术;能利国以及天下,即为王道。霸者所行之法制、政令,多与王者同,故能小康,特其存心异耳。霸者以利国为心,王者以利天下为心也。①

刘古愚指出对孟子关于工商的观点应该全面看待,这样才能理解孟子对农业、工商业的整体看法,这就纠正了自汉代以来尤其是宋代理学家对孟子义利观、经济思想的片面性理解,这是对孟子经济思想本来面目的恢复。齐宣

---

① 刘古愚:《孟子性善备万物图说》,《烟霞草堂遗书》之六。

王、梁惠王等人重视工商,强调富强并没有错,他们的错误在于忽视了仁义教化,因而不免落于霸道。刘古愚并进而指出,"霸者所行之法制、政令,多与王者同,故能小康",这里对春秋战国以来包括重视工商在内的各种强国政策、制度、管理方式予以肯定,刘古愚认为他们做到了利于一国,而不能利天下。其实,齐宣王、梁惠王等战国诸侯在富强政策方面的失误不在于能否利天下,而在于能否谋及长久,因为当时确实以诸侯国为利益单位,让诸侯国去利天下是不可能的,在经济、政治方面谋及长久、顾及全面,不仅仅把眼光局限于一时,做急功近利的应急之策。

三、经济是仁义的基础,是仁义的必要内涵

仁义是儒家最高的道德范畴,自汉武帝以来即处于意识形态的核心地位,成为当时社会通行的第一价值。也是自西汉以来,在重义轻利思想的影响下,经济在仁义的内涵中没有什么地位,那些在经济方面做出贡献的人往往被贬低,如桑弘羊、商鞅、管仲等。刘古愚对此做了新的解释。把满足百姓基本欲求的经济活动作为衡量帝王是否仁义的最基本标准,也是帝王的基本职能,刘古愚对仁义与食货关系的论述体现了他的这一思想。

> 天生民而树之君,以利之也,利民必资食货,故王者为政食货重于仁义,以食货养民即是仁,以道制民,食货即是义;不为食货之事而空言仁义,则仁义无从见而大乱起矣!故孟子不欲梁惠王言利,而王道之始、王道之成,皆从为民谋衣食器用做起,舍谋衣食即无王政。道不可施于政,即非圣道,故曰:道不远人。民之质矣:日用饮食。食货,质也;仁义,文也。无质则文无所附,无文则饱食、暖衣、逸居无教,近于禽兽,相夺而不得安。故食货者,教化之端;教化者,食货之终。①

仁义等价值是建立在食货等经济问题的基础之上的,食货问题是仁义的基本内涵,不能解决食货问题即达不到仁义的最低要求。不仅仁义要以食货为前提,各种制度、礼乐都要以食货为基础:"礼者,制食货之章程;乐则食货平准所发之和气也。"②这里实际上是把各种社会制度以及思想、价值建立在"食

---

① 刘古愚:《〈前汉书·食货志〉注》,《烟霞草堂遗书》十一。
② 刘古愚:《〈前汉书·食货志〉注》,《烟霞草堂遗书》十一。

货"等经济问题的基础之上。

在这种思想之下,刘古愚对传统的价值观进行了修正,对一些历史人物也做了重新的评价。司马迁在《货殖列传》中说:"本富为上,末富次之,奸富最下。无岩处奇士之行,而长贫贱,好语仁义,亦足羞也。""由此观之,贤人深谋于廊庙,论议朝廷,守信死节、隐居岩穴之士设为名高者,安归乎?归于富厚也。"司马迁的这段话是非常精辟的,他指出对基本生活资料的获取是人立身处世的基本能力,在这方面有优长、做出突出贡献的人是值得肯定的,是社会的楷模。当然司马迁也并非主张财富是衡量人之高下的唯一标准,那些具有"岩处奇士之行"的高人,虽然贫困依然是值得肯定的,但是这些"岩处奇士"其最终目的("归")也不应与民众的富裕相违背(归于富厚)。相反,那些与社会财富增加没有联系而空谈仁义的人就没有什么可称道的了,甚至应该感到羞耻。司马迁认识到,仁义等价值观是建立在实实在在的经济基础之上的,空谈仁义,并不可取。刘古愚非常赞成司马迁的观点,他在司马迁"好语仁义"句下注曰:"空谈仁义,何益于世?"在这种思想之下,刘古愚的历史观、价值观就发生了方向性的改变,对历史人物的评价也有了新的视角。

> 史公列子贡于《货殖》,刘子元摘之,世皆是子元而以是訾及《史记》全书。余独有说焉。儒者皆如原宪,永匿穷巷为足行道、传道,则子贡非矣。若有不得不出者,则如孟子,后车数十乘,从者数百人,与其受宋、滕、薛之馈,不若得之货殖,犹为自生之而自用之也。夫道启自尧、舜,舜即就时负夏者。①

宋代以来,在漠视经济的理学思想指导之下,孟子被塑造为"重义轻利"、割裂经济与仁义的亚圣,子贡则因为从事商业(货殖)而被贬低。刘古愚则反其道而行之,认为子贡通过货殖而经济自给,这比孟子接受各诸侯的馈赠要好。这里不仅仅是个别人评价的问题,而是整个社会价值观变化的体现,刘古愚的最终目的在扭转社会风气,提倡全社会注重生产,把创造财富这个人类社会最基本的职能和使命明白地标识出来,士人阶层不能仅仅口谈仁义,而不承担创造财富这个基本职能:

> 后世一命为士,遂终身为食于人之人。日逞口谈,而身无一事。其终不至以诈伪获食不止,岂非以子贡货殖为非之流毒乎?夫子明

---

① 刘古愚:《〈史记·货殖列传〉注》,《烟霞草堂遗书》之十九。

> 斥樊迟为小人,后世儒者不以稼圃为恶,奚独以夫子"赐不受命"之
> 言,而以货殖为恶乎?然则史公此篇之文,真能洞彻道之本源。夫
> 所谓大道者,固以纲纪民之日用饮食而名也。①

这样,管仲、商鞅、桑弘羊这些人都是值得肯定的,他们创造财富的能力堪为千秋表率,他们在创造财富的手段等方面有不足,但是不能仅凭此而对这些人根本否定。这里体现了刘古愚理性、平实、全面的思想风格,强调包括士大夫乃至"岩处奇士"均应投入到强国富民的实际活动中,这又是刘古愚一贯秉持的实学思想的体现。

四、对一些经济现象的认识

刘古愚对一些经济现象也做了分析。在《史记·货殖列传》"故物贱之征贵,贵之征贱"句下注云:"又用物提起。物能遂人之欲而有余则贱,不足则贵,则人争之,物又给足而贱矣。故此二句为物欲牵引之端,而极商贾之能事"。在这里,他看到价格在需求(欲望)的作用下上下波动,成为工商业经营中的一个总规律(极商贾之能事)。这里有朦胧的对价值规律的认识。

刘古愚早年在与周围商人的交往过程中,对货币、金融等问题有一定的认识,看到中国货币不统一,币制紊乱,外国人仅以货币、金融的手段就将中国的大量财富掠夺而去②。在光绪二十五年(1899)山居期间写成的《〈前汉书·食货志〉注》中又表达了他对当时中国货币问题的看法:

> 凡法施于民间者,宜简易,不宜繁难,故禹贡惟金三品,金以品
> 计,盖即以为货也。三品《伪孔传》以为金、银、铜。今地球各国用
> 币,皆此三品。圣王所定,固万世不能易也。铜为圆,银为锭,而金
> 为叶,此今日中国三品之形,各国皆圆之,是三品之金同于中国,而三
> 品之形尤简于中国也。中国与洋商交易,既以银锭易银圆,暗受大亏,
> 又有洋债借入金圆,而以银偿之,每次受亏折,多至三百余万,此固主
> 国计者所宜尽心筹画矣!
> 民间铜圆日少日恶,市易竟有不能见钱,而在上不为之异也乎?
> 中国通行银锭、铜钱,而民间市易钱多于银锭,以银锭难于锱铢分,

---

① 刘古愚:《〈史记·货殖列传〉注》,《烟霞草堂遗书》之十九。
② 刘古愚:《王翁益农墓志铭》,《烟霞草堂文集》卷四。

不便于驭日用零杂之物。似宜仿中国大钱之意,铸大小银钱与铜钱相辅而行,以苏小民之困,再铸金圆以抵洋债之亏折。钱法能行于外洋,须入外洋公会,其费亦巨,然不过一年所亏折之数。今岁以前中国所负洋债,已非三十年不能清还,况此次偿款必巨,恐百年内中国之债不能脱然也。

当时慈禧太后与八国宣战,战争虽然没有结束,但结果是没有任何悬念的,中国必然要有大额的赔款。自甲午战争以来,为了应付赔款就不得不大举外债,这样在与外洋交往过程中金融落后的问题就更加凸显了。外国的银圆、金圆是真正的货币,货币是表示等价物的符号,西方现代货币本身已经不是商品,货币的面值是人为规定的,而且作为等价物符号的银圆其中还掺有其他成分,银子的纯度并不高。而中国的银钱实际上是商品,是银块,其纯度高于外国银币,而"银块"与银圆、金圆的兑换比例又由外国人操纵,尤其是当时金银兑换比例波动非常大,往往是金贵银贱,中国政府对这样的金融问题不予重视,在大量的中外金融来往过程中吃亏很大(镑亏),刘古愚说每次亏折多达300万。另外的现象就是国内流行的铜圆数量减少,成色不足,实际价值与面值差别太大,这都是当时各地为了一方私利而私铸、滥铸铜圆而造成的恶果。对于以上现象,刘古愚提出铸造金圆,铸造铜钱与银两之间的中间币种。完善各种币值体系是当时国内所面临的严重的问题,急需解决,改进货币制度,以消除严重的镑亏,实际上涉及中国需要实行与西方世界一致的货币本位问题。进入20世纪以来,关于货币本位制度的思想和改革方案成为经济问题的热点。之所以货币本位制度在此时引起广泛重视,一是国人普遍认识到严重的镑亏问题,二是中国于光绪二十八年(1902)、二十九年(1903)分别与英国、美国、日本订立了通商行船条约,条约都规定中国要设立国家统一的"国币",货币整顿问题被提到最高统治当局的日程。1904年,美国国际兑换委员会委员精琦提出了中国货币改革的方案——《中国新圜法条议》《中国新圜法论解》,提倡金汇兑本位制[①]。张之洞、梁启超以及江南商务局总办、江苏补用道刘世珩就货币本位制度问题展开了热烈的讨论,中国近代货币改革问题引起普遍关注。刘古愚对货币本位制度只是有所感觉,认识还是朦胧的,但是他出于对现实问题的关心,比较早地认识到这一问题的重

---

① 叶世昌:《清末关于本位制度的讨论》,《中国钱币》,1992年第4期。

要性，可见他在实际经济问题方面颇具敏锐性。

刘古愚是近代经济思想由传统向现代转化过程中的一个重要人物，在近代经济思想中应有其地位。魏源较早提出重视工商的主张，他对富强、追求正当的经济利益的行为和观念给予肯定，并提出富强是王道的主要内涵：

> 自古有不王道之富强，无不富强之王道。王伯之分，在其心不在其迹也。心有公私，迹无胡越。易十三卦述古圣人制作，首以田渔、耒耜、市易，且舟车致远以通之，击柝弧矢以卫之；禹平水土，即制贡赋而奢武卫；《洪范》八政，始食货而终宾师；无非以足食足兵为治天下之具。后儒特因孟子义利、王伯之辨，遂以兵食归之五伯，讳而不言，曾亦思足民、治赋皆圣门之事，农桑、树畜即孟子之言乎？抑思屈原志三后之纯粹，而亦曰"惜往日之曾信兮"，"国富强而法立"，孔明王佐之才而自此管、乐乎？王道至纤至悉，井牧、徭役、兵赋，皆性命之精微流行其间。使其口心性，躬礼仪，动言万物一体，而民瘼之不求，吏治之不习，国计边防之不问；一旦与人家国，上不足制国用，外不足靖疆圉，下不足苏民困，举平日胞与民物之空谈，至此无一事可效诸民物，天下亦安用此无用之王道哉？①

魏源主张富强是王道的主要内容，传统的重义轻利思想忽视农工商等经济问题是对孔、孟等圣人思想的片面理解，认为百姓合理的欲求是仁义的重要内涵，主张义利统一。这是经世致用思想在经济方面的体现。刘古愚的思想与魏源一脉相承，他曾经引用魏源的上述王道与富强关系的论述②，对孟子仁义与经济关系的全面理解以及《周易·系辞》与文明的关系问题（《易》十三卦之制作）与魏源的思路甚至语句都非常相似。刘古愚对魏源的思想做了进一步系统的发挥，对仁义与王道、仁义与食货、义利关系等问题，就《大学》《孟子》《论语》等经典中的有关句段做了详细的阐释。"魏源虽倡导崇利哲学，但对如何学习西方的经济制度、发展商业的问题却只字未提。"③而刘古愚对现代工商业在社会中的重要地位则有着更为明晰的认识，并且一生身体力行。可以说刘古愚继承了明清之际的经世致用思想，尤其是对魏源的思想做

---

① 魏源：《默觚》下《治篇》一，《魏源集》，北京：中华书局，1976年版，第36页。
② 刘古愚在《与赵芝山学政书》中说："魏默深云：'有非道之富强，无不富强之王道。'善哉，言乎！圣贤为政，故无贫弱之可患矣。"刘古愚：《烟霞草堂文集》卷五。
③ 申满秀：《从"抑商"到"重商"观念的转变》，《贵州社会科学》，1999年第6期。

了发展和实践,他不仅是倡导者,也是实践者。

19世纪七八十年代,王韬、马建忠、陈炽、薛福成、郑观应等人也开始批判重本抑末思想,重新认识、论述工商业在经济中的地位和作用。陈炽提出了生产是财富之源的观点,强调重视工业、商业。郑观应提出了"商战"的观点,要求在工商业领域奋起直追,以抵抗外洋的经济侵略。这些人是从外国工商业在本国所发挥的巨大力量以及对中国造成的冲击、危机等具体事实的角度立论的,如王韬认为:"……西人工于贸易,素称殷富……所造火轮舟车,便于行远,织器田具,事半功倍,说者谓若能仿此而行,则富强可致。"[①]马建忠认为:"若英、若美、若法、若俄、若德、若英属之印度,无不以通商致富,尝居其邦而考其求富之源,一以通商为准。"[②]郑观应主张与西方进行商战,大力发展本国的工商业。这些人有一个共同的特点就是大都在东南沿海地区活动,而且大都有长居国外的经历,王韬曾长居香港,他在未到欧洲游历之前,对工商业的看法与传统的观点没什么区别。[③] 马建忠曾被派往欧洲学习,通晓英文、法文;薛福成曾是驻英、法、意、比四国大使,为清廷外交大员;陈炽曾到香港澳门等地考察;郑观应本身就是从事商业活动的资本家。他们批判传统的重农抑商思想大都从现实时势入手,针对当时的国内外形势立论,用自己亲身经历的事实说话。与这些人相比,刘古愚没有上述人物亲历外洋的机会,也没有机会去体验通商口岸新兴现代化工商业发展的情形,在陕西这样的内地,现代化的工商业因素很少,对于海外及中国的经济形势多从经商的朋友口中得知,对全国的经济形势情况也只是通过《万国公报》《申报》等获取一些间接、零散的信息。但是他对现代化工商业在经济中重要地位的认识并不比郑观应、王韬、薛福成、马建忠、陈炽等人逊色。在对传统的重农抑商思想的批判方面,其系统性、深入性超过了魏源。刘古愚的经济思想在甲午战争之前就基本形成,在他的一些文章、书信以及所撰写的墓志铭、寿序、碑传中有所体现,在1898年山居之后做了系统的表述。在近代经济思想向现代转化过程中,刘古愚是重要一位,他在西北地区曾经起到过重要的经济思想启蒙作用。

---

① 王韬:《与周弢甫征君》,《弢园尺牍》。
② 马建忠:《富民说》,《适可斋纪言》,北京:中华书局,1960年版。
③ 张海林:《论王韬经济思想的时代特征》,《苏州大学学报》(哲学社会科学版) 1992年第2期。

但是刘古愚这方面的贡献长期以来为学界所忽视,各种关于近代经济史、经济思想史的专著都没有提到他,即使在陕西,刘古愚也主要被当作一个教育家来认识、研究。笔者曾在1997年、2003年[①]对刘古愚的经济思想进行过介绍,希望学界重视刘古愚在近代经济思想方面的贡献,尤其是将刘古愚与早期维新派的经济思想进行系统比较,给刘古愚以适当的地位。

[①] 分别见任大援、武占江:《刘古愚评传》,西安:陕西人民出版社,1997年版;武占江、王桂巧:《刘古愚经济思想述论》,《西安电子科技大学学报》(哲学社会科学版)2003年第3期。

第十一章　理学思想

曾经受业于刘古愚的于右任说咸阳刘古愚与三原贺瑞麟是陕西近代最著名的学者,贺瑞麟以提倡理学而闻名,并且恪守程朱门户;刘古愚是渭北经学领袖,提倡今文经学。其实刘古愚的学术着力点并不在今文经学,他的学术底色是实学,他对经学固然有研究,但是以时代的需要为标准,用实学的思维和方法解释经学,对传统经学中的一些价值观做了适合时代要求的阐释和发挥。在1895年受到康有为今文经思想影响之前,刘古愚在阐释传统经典方面并没有突出的今文经和古文经的分野,他是反对株守传统的字句训释式繁琐解经方法的。在学术内容方面分为两个部分,即所谓经世之学与守身之学。经世之学主要是传统的典章制度、农田水利、地理、边防等,属于广义的史学范畴,另外就是中西自然科学;守身之学主要就是理学。刘古愚"初窥学术门径"就是从王阳明开始的,他毕生研究理学,并以理学的一些重要观点作为立身原则,从其流传下来的著作来看,他对理学的关注度和研究的投入其实是超过经学的,如果从传统学术视角来看,刘古愚也是一位理学家。他对理学所推崇的四书中的三部即《大学》《论语》《孟子》都做了专门阐释,另有《孝经本义》,也阐述了他的理学思想。

明清之际以来,无论是程朱还是陆王,都受到学界的批判,理学内部的创造力日渐式微。当然,清初以来也有一些人为程朱或陆王争正统,但是研究方式已经发生了很大的变化,一些理学的范畴、思想主张被斥责为宋儒的臆造,缺乏经典根据,清代捍卫理学观点的不少学者为了应对这种批判,致力于从原始经典中寻找依据;而否定理学思想的学者也主张返归经学本身去寻找圣人"真正的"身心性命之学,因此学术的形式演变而为经学研究,方以智即提出"藏理学于经学"①。余英时先生曾经对清代这一学术流变现象进行过总结和梳理②。另有一些人反对理学内部的门户之分,主张吸收两者的长处,

---

① 方以智:《青原志略》卷三,《仁树楼别录》凡例。余英时:《论戴震与章学诚》,北京:生活·读书·新知三联书店2000年版,第290页。

② 参见余英时:《论戴震与章学诚》,北京:生活·读书·新知三联书店,2000年版。

调和各派。到了清末,学术趋向再度发生转变,经世思潮再度勃发,今文经学异军突起,虽然也有一些人提倡理学,如倭仁、曾国藩、刘蓉等,但是这些人多是在实践上以理学的心性修养为指导,在理论上也没有什么创新,理学已经不是晚清学术的生长点了。刘古愚就是在这种学术氛围中研究理学的。他的理学有很突出的过渡性特点,所谓"过渡性"就是尝试着将传统价值观与当时社会形势的结合,也就是探索传统学术向现代学术思想的过渡。其具体过渡的方法是在理学中灌注强烈的"时"的观念和实学精神,通过调和程朱、陆王,避免理学的内部纷争来发挥理学价值观的现实作用。所谓的"时"就是要适时、应时、合时;"实学"精神主要体现在理学的心性修养要落实到包括经济建设在内的时务之学上,也就是守身与经世一贯,"明德"与"亲民"合一。

一、天元与人性

张载、二程、朱熹对宇宙论很重视,探讨天地宇宙之所生,意在论证"理""道"的本体地位。陆王一派则在宇宙论方面没有建树,也没有兴趣,因为程朱已经论证了"理""道"的根本性地位,他们在于证明"理""道"根于心,是内在的,而不是外在的。刘古愚对宇宙论也有论述。认为宇宙形成之初无声无臭,但无声无臭的状态并非纯粹的空无所有,有气充塞于其间,无论从时间上还是空间上都不存在无气的时候,由于此时之气特别清纯,因而不显任何形实。气一直处于不停的运动状态,升降飞扬,未有止息。而这种运动又是有条理可寻的,这种气的条理又称作"文理",在刘古愚看来,这便是"理"。理并非创生万有的物质实体,仅是物质的规则与规律,须依附气而存在,无气便无所谓理。

> ……进而上之为气推求所起之端,此不可谓之理,理是已有形质后自具之文理,气流行时有动静即有条理可寻,故可言理,发端时不可言理。①

理附着于气,气是实体,理是规则,这与程朱的理气论是一致的。刘古愚进而论述宇宙形成的过程。由于气的进退产生了寒热,进则为热,退则为寒,热为阳,寒为阴,阴阳互相作用,六合之内,气便处于无休止的运动变化之中,有了阴阳,便产生了创生事物的动力。气的精华逐渐凝聚,达到极处便形成了太

---

① 刘古愚:《孟子性善备万物图说》,《烟霞草堂遗书》之六。

阳。太阳生成后继续向外发光发热,这些光和热被称为"生气",太阳的"生气"是万物欣欣向荣的根本条件。这种"生气"极热时形成风,一部分"精光"之气及太阳的光和热形成火,气的"精液"形成水,气的杂质便是土,有了水、土、光、热、风这些无机的自然条件,有机界的动植万物(包括人)便随之产生,至此宇宙完全形成。这里刘古愚引入了太阳的概念,是对现代自然科学粗浅的利用,与谭嗣同等近代思想家在哲学上引用西方科学思想有类似之处,但这种引用是粗糙的。

理学家探讨宇宙论并不是出于纯粹研究自然的目的,而是要在宇宙形成之际安顿儒家的价值观,二程、朱熹等都要在气之上加一个在时间上、逻辑上更为优先的范畴,这就是"道"(也称为"理""太极",等等),这就使其不能彻底贯彻气本论的思想。刘古愚也不例外,他所用的范畴是"元"。刘古愚自己也认为"未有天地即有气,况有天地后乎?又为气寻出根源,语即嫌涉虚无"①。但是气也可以被理解为中性的物质,须在此中性的物质上安顿价值性的概念,儒家价值观的根本性才能够得到体现。另外,如果不把儒家的价值范畴安顿到天地初起之际,世界根本之地,佛教、道教、基督教就会把他们的空、无、上帝说成是世界的根本,"不究到此处,异端将据此以难吾儒矣。故惟圣人善言道之本源曰:'易有太极,是生两仪';又曰:'大哉乾元,万物资始,乃统天。'"这就是刘古愚将"元"强名之为"气之母"的原因。就其为"气之母"这一层而言,与"元气"是异名同谓的关系,但它确实有与纯物质意义上的"气"不同的地方,刘古愚有时称之为善,有时谓之为仁,准确地说,应该是元有"善性""仁性"。此时"善"与"仁"的伦理意义还不明显,刘古愚为了调和"气为本"与"元为气之母"的矛盾,在宇宙生成的过程中,把元的性质——"善"解释为一个描述、形容的词,是对含有无限生机奥妙的元的赞美,是"称美此物",此时的"善"是一般意义上的形容词。"仁"侧重于元的创生性,刘古愚把仁解释为"桃仁""杏仁"之"仁",即植物的种子,取其充满生机、有无限发展可能的含义。

一涉及伦理领域,这些在天上还是中性的"仁"与"善"就与儒家伦理意义的仁、善毫无二致了。"元"充满了生机,在生机鼓动下,气开始运动,在运动过程中,气开始变得重浊,有的凝固成形,成形之后理便附着其上,成为这

---

① 刘古愚:《孟子性善备万物图说》,《烟霞草堂遗书》之六。

个具体的有形之物的理,同时又具有一般意义上的理的特征。相对于气而言称理,相对于具体的有形之物而言,理多被称之为"命",由于是来自宇宙形成时的理,因而又称为"天命"。这种"天命"既具有不以人的意志为转移的自然法则、外在必然的含义,又具有伦理使命。这样,在气的运动过程中,通过命就使万物(包括人)具有不以人的意志为转移的自然之规定与天赋的伦理使命,儒家的伦理规范被提升到与自然之则相等的地位。

气在宇宙间的运动是有规则的,理即附气之上,当某一部分气上附着人之理时即形成人,附着犬牛之理便形成犬牛。气一旦凝聚成形,所附之理便成为本具之性。这是就人的内在而言。从外在必然性的角度而言,被称之为"命",它也是在气的凝结成形时赋予人的。刘古愚主要侧重于讨论性。在他看来,性和物的形色是统一的,形色不同性也不同:

> ……凡有形即有性,如《本草》所列药性是。形质色味同,则性同;形质色味异,则性异。凡物皆然,人何独不然?①

这里,性和形质色味是统一的,并不是因为理一出"太和"这个清明净洁之地便受到污染,而有气质之性,与天地之性相区别(如张载、程朱)。相反,刘古愚在"性"形成论方面,认为人性、物性皆是建立在气质之性上面的,离气质无从谈性,"在天之性不能离气,在人之性岂能离气质哉?"既然性全建立在气质的基础上,也就不存在"义理之性"与"气质之性"的区别。在人性论上,刘是一元论者,主张人性纯善,无所谓"气质之性",人之所以能为恶,是"陷溺其心而昧其性也。"即使动物之性,也是善的,如水之就下。

总之,在人性论上刘古愚是一元论者,反对天地之性与气质之性的二分与对立,主张人性与人的物质基础是统一的,这具有自然人性论的某些特点,他又明确提出人性是善的,这又与自然人性论有很大的不同。之所以形成这样的观点,与刘古愚注重实际积极入世的精神分不开。人性二元论者认为天命之性贵于气质之性,而且前者是主动的,可以统帅后者,后者是被动的,属于克制和被改造的对象,而耳目口鼻是气质的,欲又是气质之性的产物,是乱性的罪魁。在这种理论主张之下,气质之性及其产物——"欲"便是克制防范的对象,仅具有消极的意义。而刘古愚反对气质、天命之性的划分,认为气质之性与天命之性在理论上具有同等重要的地位,人的欲望也是人性的产物,

---

① 刘古愚:《孟子性善备万物图说》,《烟霞草堂遗书》之六。

应该予以正视,满足人的正当欲望就是"全天性""顺天命"的表现。这样刘古愚就避免了理学重灵性而轻事实的玄虚:

> 不以气质为恶,此大有关系。气质即是五官百骸,物也;声色臭味亦物也。物不能不与物交,然各有则焉。不讲求其则,而谓耳目口鼻、四肢为声色臭味之根而绝去之,则佛家黜聪明以全灵性,道家以身为大患,耶教谓为魔鬼,欲消除之,皆将弃人事以全天性,即在吾儒亦将放浪形骸,不讲修身实行,以为悟道者。①

"弃人事以全天性",就会导致"束书不观、游谈无根"的浮虚之风,这正是刘一贯所反对的,更重要的是刘古愚欲借人性纯善来抽去佛、道、耶(基督教)的理论依据,也有捍卫儒家精神,反对佛教、道教、基督教的卫道意蕴。

他把"气质之性""欲"由消极防范克制的对象变成积极研究、顺应、满足的对象。他特别强调"利",重视生财、理财,认为财是天地的生机,是全身养性的必备条件,这种思想具有明显的时代烙印。由此可以看出,刘古愚在理学思想方面继承了明末清初的一些思想家如陈确、颜元、李塨、戴震等肯定"欲"的思想成果,把晚明及清末经世致用的精神灌注到他的理学思想之中。

值得注意的是,在人性论方面刘古愚有着进化论的思想。他并不像一般的理学家一样,仅指出人性何所是,从何而来,有何性质,便转入了修养论,他还进一步提出人性有一个发展过程。他根据中国滇边的"怒夷"(云南少数民族)、美洲的"红夷"(印第安人)及非洲的"黑夷"(黑人)的发展程度低,"犷悍难驯,如禽兽不可施于教化,束以礼法",推论人类曾经历过一个与禽兽无异的荒蛮时代。这时人类尚未进入文明时期,灵明不昧、万理皆具的人性虽然此时也具备,但尚处于潜伏状态,如果把文明时期的人性比作花果,而野蛮蒙昧时期的人性便只处于种子阶段,只是含有生长发育成花果的可能,其本身尚不是花果,其生长需要一个漫长的过程,需要有"神灵首出者"即君、师"赞天地之化育",对他们进行培养,施以教化,才能"民智日生、风俗日美,炎黄以上之榛狉能为唐虞三代之礼乐",同理,就是今天相对落后的"怒夷""红夷""黑夷"也有朝一日能步入文明的殿堂,文质彬彬。

---

① 刘古愚:《孟子性善备万物图说》,《烟霞草堂遗书》之六。

二、明德说

(一)心与性

既然性与天地万物同出于"元",则性中就先验地具有天地万物之则,即具有自然之物及其规律性,更为重要的是具备各种事物的规则及处理方法,指导人们正确行事,适可而止。用孟子的话说就是"万物皆备于我","物则备于性,故无一物能遁性外也。"(刘古愚语)这样,只要尽人之性就尽天之性、尽天之性就达到了成圣的境界了。尽性怎样具体地操作呢?在儒家看来,就外在的表现而言,无非是齐家、治国、平天下,而家国天下需要"我"来齐、治、平,故修身为诸事之根本。又因为性无声无臭,须以心为舍,"心为性之郭郭。"就内在修养方法而言,修身即为修心。寓于人心中的性被进一步阐述规定,"具于心,贯于百体,亦无声无臭,强名之为诚,元则诚之端,圣则诚之至也。其发于心为忠恕,见于事为孝悌。尧舜之道孝悌而已矣!"①这样,性经过三重转折变化(元—理—性—心),从为"气之母"善而仁的"元"那里随气流行(此时称作理),赋予天地万物(包括人),成为形色不同的有形之物间互相区别的本质,就人而言,也指与禽兽相区别的人类本能。在上述意义上,性不具有伦理含义,它仅是事物的根据,所谓的"性善",是赞美形容之辞。由于气在形成前、形成后均处于无休止的运动中,上达于无人之时的洪荒之域,下抵文明世界芸芸众生,性也博而为"众物之则,无一物能遁于性之外"。在它由弥纶六合的自由之域降到盈盈一心的方寸之地后,便约而为"诚",为"忠恕,"由自然之性转化为伦理之性,儒家的道德规范在此由附庸而蔚为大国。刘古愚的性论,从宇宙论过渡到伦理学,由万物之则的"理性"变成伦理本体的"德性",由论性转到了论"心"。此心非凡心,乃载性之心也,因是之故,心也相应地具万事,备万理,这就是"明德""良知",刘古愚又称之为"几希""独"。只要发明本心、致良知、充明德之量致其极,便是"尽性",便内成圣、外为王,尽性就可以而且只有通过尽心来实现。

在刘古愚的整个理学体系内,对于宇宙论的探讨是为了论证"心"的地位。"心"本是宇宙中之一物,在刘古愚的理学逻辑中,它却全息性地包含了

---

① 刘古愚:《孟子性善备万物图说》,《烟霞草堂遗书》之六。

宇宙的一切，只要反身而诚心，就能认识宇宙的一切。建构了宇宙论之后，通过"性"引出"心"，"心"通过"性"而包含万有，"心"实际上也具有了本体的地位，此后，在修养论方面，"心"即可以代替"性"而成为重要概念，也就是说"性"也被"心"所取代，而成为后面展开的修养论的基本依据。刘古愚在论性的来源、特点方面基本上沿着张载、程朱的路子，用他们的方法，只是稍作改变（摒除性的二分、气为理之本，也不同于程朱）。但论性仅是手段，而非最终目的，他是运用两宋以来业已形成的性的崇高地位与天道、天理等同，来论证心的本体性，赋予心（心是一个笼统而欠准确的概念，确切地说应为良知。就刘古愚的思想体系而言，用"明德"一词更为恰当）以等同于性的地位。这就是刘古愚理学"导源姚江，汇通闽洛"的体现。但是刘古愚绝不是阳明心学的简单重复，在"心"的概念层面，他又提出了"明德"与"意"两个重要概念。

（二）明德与新民

关于"明德"与"新民"的关系，刘古愚主要在他的《〈大学〉古义》中进行阐发，以下引文除另注出处外，均采自该书。与王阳明一样，他采用的《大学》也是《礼记》中的原文，即所谓的"古本"，是未经程朱调整补传的本子。凡朱子增补改定的地方，刘古愚均恢复其原貌，并逐条批驳了朱熹的安排与解释，但在个别地方对朱注也有所采纳、吸收。我们知道，刘古愚开始系统研究学问就是从阳明入手的，所以阳明学在他的心目中占有重要地位。后来由于学识的增长，实践的启发，使他认识到理学是一个整体，都是关于人心的学问，不应互相攻讦，可以殊途同归。但毕竟两派在本体及方法上差别甚大，在理论体系上基本上不可以合而为一，所以立论时不免有所侧重，刘古愚就是侧重于王阳明的。

《大学》首句为"大学之道，在明明德，在亲民，在止于至善。"朱熹把"亲民"读作"新民"，刘古愚认为应依旧读。他虽然认为两种解释（亲民、新民）均可通，但前义不如后者"深刻宏大"。这一改动在刘古愚思想体系中具有重要意义，"亲民"二字体现出刘古愚思想的根本特点。前文已经指出，明德就是性，为"人之所得乎天，虚灵不昧以具万理而应万事者"是纯然至善的，也就是"道"。但这只是一种抽象的规定，而他的具体内容则是"亲民"，在刘看来，"亲民"是明德一个最根本、最重要的规定。"明德是道之本，亲民是道之量。"明德在"亲民"的过程中做得完美无缺便达到止于至善的境地，这是刘古愚对"三纲领"的解释。他甚至提出"合德民为一物","明新"为一事,除却亲民,明德即无从谈起,儒家五常、宋儒所谓"性"中必备之物,即性之内容,也只有在明德亲民的联系中才有容身之处。

亲民的意念、行为即是仁,只要具备这种意念便具有仁性,这仁是天地生物之心,上与元相通,为众善之长。亲民的具体运作也就是亲民的具体化,就是"礼",这种具体的操作无过与不及,适可而止就是"义",合"礼"与"义"就"止于至善"。

> 明德是性善,亲民即仁也。有此明德发见于,外第一念即是仁,所谓"天地生物之心","元者善之长也"。亲民之节文是礼,即至善也。"止至善","止"字中有"义"字在。盖审度而止之,即义也。①

对"智""信"二常是这样解释的:

> 德而曰明,生而自具之智也,明而曰德,生而自具之信也,明德而亲民,以智信为仁,贞下起元也。②

刘古愚对"明德在亲民"这一命题倍加重视,反复申论:

> "大学之道"是由明德以亲民之路,明德不亲民,即无道。故"大学"之道生于民,无民即无道。天地间万事起于有己有人,若天仅生我一人,则德不与人接,谁谓其不明,亦何贵于明哉?圣贤立学之意凡以为民也,学者有志于学,须立地有民胞物与之量,方可言学。明德至善之地仍在亲民上见,不亲民而空自明德,其明于何见之,即不明亦何人知之?……盖己与民共立于世,无民即无己,无己即无明德可言,故为学以亲民为重也。合明德、新民为一物,此有深意。人皆视明德、新民为二,故佛老之徒修身养性只知为己,无圣人成己可以成物之公心。利达之子,政道刑齐惟责诸人,昧乎君子有己而后求人之恕道,其弊皆由歧明德、新民为二生也。③

由上可知,"明德"与"良知"是同等意义上的范畴,刘古愚这里之所以强调"明德"是因为他在依据《大学》的经典阐述问题。"明明德"是《大学》三纲领之一,由此入手,可以涵盖下文的格物、致知、修身、齐家、治国、平天下一切问题。在心学哲学角度来看,明德是心本体,一切行动均由"心"而发,对心之所向的规定决定着其学术思想的基本取向。刘古愚认为明德之道主要在

---

①②③ 刘古愚:《〈大学〉古义》,《烟霞草堂遗书》之三。

亲民,既然儒家是研究社会问题的,社会问题就是人与人之间的关系,"亲民"即为明德之全量。民之问题即为"明德"的主要问题,而民之问题都是具体的实践性的,明德必须落实于具体的实践,不能空谈心性。这样,他就在大方向上在明德主体——心本体上注入了经世致用的因子,在总体方向上,心性修养必须关注实际,把"心学"与"实学"这两种看起来大相径庭的学问巧妙地结合起来,给近300年来饱受了"空虚""无用"批判的理学注入了注重实际的精神,这里体现着强烈的时代特色。而在从事功利性的活动中又不能背离儒家的价值观,也就是"新民"必须要明德。在刘古愚看来,这两者密不可分,单讲明德不讲亲民,不参与社会事务,就会流于佛老玄虚,导致遁世一路,这是不符合儒家积极入世精神的;只讲亲民而舍却自身道德修养,不知亲民是通过由己及人的"恕道"来实现的,应先有诸己,然后再求诸人就会流于文法事吏一类,唯求用法度来约束惩治民众,而自己却逍遥法外,不受道德约束,这也是有悖于儒家之道的。道这里指儒家的政治理想,即王道、仁政。

总之,明德与亲民互相规定,以明德来释亲民,是刘古愚所强调的重点,也是他理学思想的核心特点。理解了这一点,其他问题也就迎刃而解了。也可以说这是他整个思想的核心,"经世""守身"两种学术由此来统一,这也是刘古愚一生所追求的两个目标,一切学问行动皆围绕此核心。从"气""元"到"性""心""明德"这些都是在本体论的范畴中讨论问题,本体论必然要过渡到修养论,在修养论层面,"明德"也不是核心范畴,在此层面上,刘古愚又引出了"意"这一重要概念,刘古愚的修养论直接与"意"联系。

三、诚意论

(一)意与明德

就《大学》经文而言,由明德到齐家、治国、平天下,中间需有正心、诚意、格物、致知的工夫,其中与明德关系最贴近、最密切的便是"诚意"这一条目。刘古愚选用《大学》古本作为阐发他思想的经典依据,对于他的理学主张的阐发也是依据古本《大学》的顺序的,所以刘古愚要花大力气讨论"诚意"这一条目。依据《大学》,"正心"是对诚意、格物、致知的概括,完成了这三个条目,心自然便正了。刘古愚对格物致知也做了解释,但其理论侧重点则在诚意上,在解释完"明德""知止","物有本末"三节后,"诚意"一直贯穿《大学古义》始终,随着经文的变化,诠释的侧重也各有不同,"诚意"成了刘古愚理学体系中特别复杂而又关键的一个概念。

> 天以明德与人,无形状可言,不可见也。即凝聚为意,与吾深合团结为一,为吾应事接物之主。

> 明德者,天与人之性,蕴之于心者也。然性以心为舍,究不得谓心即性。于心之中求其纯乎明德,不落于形迹者,则惟此自具之灵明,惺惺不昧者为性之本体。言其发动之机,则为知;指其存主之神,则为意。①

"明德"是与王阳明"良知"同等地位的概念,"明德"凝聚为"意",为"应事接物之主",就是在"良知"之中进一步强调其方向性,"良知"的内容不能是其他,只能是儒家的价值观和基本主张,这实际上是对明末王学末流空谈心性的矫正。王阳明继承陆九渊,把心提到本体地位,王畿提倡"现成良知",认为只要洞达心之本体,心之发用一切皆良,因此可以顺心而行,解缆放船。无论是孟子还是王阳明,他们所说的良知不过是一种预设,预设心中具有儒家仁义,实际上"心"不过是一个能够接受仁义的平台,仁义的内容还需要后天培养。王阳明也注意到这一点,所以他的"致良知"并非单向的从良知发用,而是双向的,致良知和培育良知是同时进行,都是永无止尽的。② 王畿以及泰州后学强调现成良知,倾向于良知之单向发用,而忽略良知内容的培育,是以不免流于狂禅,流于否定儒家的价值观,如李贽等。出于矫正这种弊病,刘宗周在肯定阳明学基本修养方法的同时,特别强调在良知中要植入儒家的时代责任感价值观的内容,他借用大学"诚意"的说法又提出"意"这一概念,以"意"为"心之所志"③,"止言心,则心只是径寸虚体耳,著个意字,方见下了定盘针,有子午可指"④。这就确定所"致"之"良知"一定是儒家内容,须有此"定盘针"做规定,这是对阳明后学偏离儒学价值观的矫正。刘古愚之所以强调

---

① 刘古愚:《〈大学〉古义》,《烟霞草堂遗书》之三。
② 王阳明曾说:"我辈致知,只是分限所及。今日良知见在如此,只随今日所知扩充到底;明日良知又有开悟,便从明日所知扩充到底,如此乃是'精一'工夫。"这表明,良知可以看作是一种心本体,但这种本体不是静止的,而是不断活动的,随着"致"的工夫不断加深,良知也不断扩充完善自己,永无止境。《王阳明全集》卷四《文录一·与陆原静·丙子》,上海:上海古籍出版社,1992年版。
③ 刘宗周:《商疑十则·答史子复即翻董生前案》,《全书》卷九。
④ 刘宗周:《答董生心意十问》,《全书》卷九。

"意"正是对刘宗周思想的继承:

> 刘念台训"意"为心之主,若今云主意也,此解甚精。观后诚意传中,好恶是意,知好色、恶臭是诚。然则意是人心能为好恶之根。故《大学》《中庸》之"独"即孟子所谓"几希",即心所具之性,意发于"独"即孟子所谓性善也。①

"意"是"人心能为好恶之根",把"意"界定为"独""几希"也是刘宗周的说法。心性论是理学的核心概念,它上接宇宙论、本体论,下启修养论,有什么样的心性论就有什么样的修养论。刘古愚接受刘宗周心性论层面"意"的概念,可见其理学思想受刘宗周思想影响很深。刘古愚在代柏景伟写的《重刻〈关学编〉前序》中说柏景伟的儒学之路是从刘念台开始的,刘古愚为柏景伟所撰写的墓志铭中也提到柏景伟"其学外似陈同甫、王伯厚,而实以刘念台慎独实践为归,故不流于空虚泛滥"②。在刘古愚儿子、弟子、亲友所撰写的行状、墓志铭以及各种序跋中,都没有提到刘古愚受刘宗周的影响,只是说他在理学上"导源姚江,会通洛闽",其实,深入其理学思想内部,刘古愚受刘宗周影响还是很大的,这种对刘宗周的吸收应该与柏景伟有直接的关系。

(二)诚意与格物致知

刘古愚在《〈大学〉古义》中有这样一段话:

> 古本自"大学之道"至此谓"知之至也",以明德为纲,反复推明,欲人充满其量而实至其功。量之所及皆物也,心、身、家、国、天下是也,功之所始则知也,修、齐、治、平为物则,而我知之也。明德不充其量,则遗弃民物,虚寂之学,非大人之学也;明德不实其功,则泛滥为知,俗伪之学,非大人之道也。故"知止"是致其大纲之知,"知所先后"是致其纲目之知,皆实其知于物也。欲明明德于天下,而国必先治,家必先齐,身必先修,心必先正,意必先诚,格物也。意果能诚,而心即正,而身即修,而家即齐,而国即治,而天下即平,物格也。修身为本,格物之要,即为"致知"之"知止",本乱末不能治,本薄末不能厚,是格物之序,即致知之知所先后也。"明德",道之源

---

① 刘古愚:《〈大学〉古义》,《烟霞草堂文集》之三。
② 刘古愚:《同知衔升用知县柏子俊先生墓志铭》,《烟霞草堂文集》卷五。

也;天下平,道之极也,握其源、造其极,则知止而得止,非所谓"知之至"乎?①

"意"是明德之主,是体,"诚意"是明德的发用,是修养论、工夫论。在刘古愚看来,身心家国天下即"物","格物"即是"格"此物,"格物"的关键就是"诚意",做到诚意就完成了格物。明了"修身为本,是格物为要"就是致知,明了由修身到平天下的顺序,握明德之源,而不断努力,最终达到平天下,在事功方面造其极,就是致知②。这里仍然沿用了朱熹的"格物致知"说,但是"格物致知"的内容已经被虚悬了,其内容被"诚意"所取代,是以诚意是刘古愚主要的工夫论。这也是与心学的一贯思路是一致的。王阳明提出致良知,就消解了朱熹的"格物致知"说,将"格"解释为"正",格物是"正其不正以归于正"③。又说:"《中庸》言'不诚无物',《大学》'明明德'之功,只是个诚意。诚意之功,只是个格物"④。刘宗周提出"意"的概念也是要修正王阳明以及王门后学现成良知派忽略儒家价值观的偏颇,而提出"诚意""慎独"的修养论。在刘古愚的理学思想体系中,"格物致知"不是主要的修养论,诚意才是修养论的中心:

> 故大学之道。以诚意为本,能诚意者,则握其本以为之,而明德于天下矣。⑤

"修养论"其实是理学中最复杂的问题,它是思想与行动相联系的关键环节,是程朱与陆王争论的焦点,也是程朱以及陆王内部各学派所关注的焦点问题。王阳明就是在按照朱熹"格物致知"指示的路径进行实践的过程中发现问题,而对朱熹理论进行改造的,刘宗周也是针对阳明后学修养论中的问题而对阳明学说进行修正。在修养论中涉及"已发""未发""知""行""情"

---

① 刘古愚:《〈大学〉古义》,《烟霞草堂文集》之三。

② 刘古愚也有一种别致的对"格物致知"的解释:"'致'是推极其明,'格'是方正其德,'致知'是具众理,'格物'是应万事也。万物皆吾性所固有,然谓之'万',数实不止于'万',则纷而难理,繁而易忘,必使人有一大方格,中界无数小格,使物物各就其格,则各就理而不忘,则'物格'而知亦'致'矣。"这种解法通俗易懂,也是一种方便法门,但这样的格物致知也是心学体系的,非程朱一派由格外由知物而知内心道德之知的路径,而是直接在道德方面下功夫,不作迂曲之功。

③ 王阳明:《大学问》,《王阳明全集》卷二十六,上海:上海古籍出版社,1992年版。

④ 王阳明:《传习录》上,《王阳明全集》卷一。

⑤ 刘古愚:《大学古义》,《烟霞草堂文集》之三。

"意"等一系列复杂的概念,由北宋到明末,学者围绕这些问题进行争论,使理学呈现出不同的特点。刘古愚也通过"知""情""意""行"阐述他在修养论方面的观点。

  盖好恶者,明德发动之端也。明德,性也;好恶,情也。"所谓诚其意"以前是知性之学,察识明德之全体大用而约以守之,举天下之物一一洞悉其次第、节目之详,则万物秩然于一心,而一心昭然于万物,即"物格"而"知止"矣。心之昭然于物,物之秩然于心,其昭著于物而凝聚于内者为心,而不可即谓之心,则谓为"意"。明德之全体大用退藏于密,能为好恶,不可以好恶言也。能为好恶,必先能知善恶,故知为意之精光,意即知之形质。实致此知于身、心、国、家、天下,则意未动时第为虚寂,灵明之体何从着力?故须于动时着力,则感于物而动。物有善恶,意发为好恶,此时方有工夫可言。指其保守之功则为"慎",完其本然之体则为"诚"。好恶不违其独知独觉之意,则以此达之家、国、天下,而无不各就其范矣。故"诚意"非行,"诚意"以自贞其好恶,端百行之本,而行自始矣。

  不曰"所谓诚意在致其知"者,而直曰"所谓诚其意"者,有知即有意,就知之始而言,良知且发于意;就知之继而言,凡知皆凝为意;"知"与"意"先后不可拘也。"知"是明,"意"则明德也。知凝为意,犹恐为光景之虚,故须诚之。"明德"二字知行相串说,而诚意在致知后,则知行对言,即《中庸》"明""诚"之旨也。"明""诚"对言,则不得谓"诚意在致其知"矣。①

既然"意"是能为好恶之根,"意"是如何来的呢?就刘古愚整个理学思想逻辑而言,既然善性来自"天元","意"本身就是善,同时他又秉承心学的传统,认为"意"本身能知,是活动的,具有"知"的功能,所谓"良知发于意"。在这个意义上的"知"必须首先具备价值属性,不仅仅是一般意义上的认知或认知的功能,而是指道德认知,故有"凡知皆凝为意"之说,"知"和"意"逻辑上没有先后之分,"知"须由意来"指","意"须由知来"充","知为意之精光,意即知之形质"。这种思想与张载的"大心"说的精神是一致的,"知"不能脱离价值方向,而仅仅停留在中性的对事物之理的认识之上,朱熹也批评这种中性

---

① 刘古愚:《〈大学〉古义》,《烟霞草堂文集》之三。

的"知",认为只是通过对自然之物等不包含价值内涵的对象的认知,而要达到儒家修养目标作法是"炊沙而欲其成饭也。"①刘古愚论知的方法不多,下面一段文字正面谈及此问题:

> 人心之灵,莫不有知,而人往往苦于无知者,何也?知、不知之界未明也。不知之数杂于所知之中,而所知遂依稀而难信;所知之数又杂于不知之中,而不知亦恍惚而不真,故必常以自省。凡我所知之数,无一毫不彻,而此心莹然;我所不知之数,无一事之或忘,而此心慊然;而又知大道之无穷,时之未至,境之未亲,有不能悬揣以为知,而此心悠然、怡然,虚以待之,常如明镜之悬以待万物之来,舜之大智,如斯而已矣。然则夫子以知诲子路,诲以君国子民之度也。《中庸》之所以以子路之勇,继舜之大智也。②

切实明了知与不知的界限,做到知为真知;避免以不知为知,以虚怀若谷之心对待无穷的未知世界;遇到未知之物,虚心接纳,勇于求知,就会像舜一样具备大智慧。如此分析,可谓透彻。刘古愚注意更多的是如何将"意"贯彻到事物之中,也就是"诚意"。当人遇到事物,需要做出判断、付诸行动的时候,"意"就有了善恶判断,此善恶判断决定着人的行动选择,刘古愚认为这个时候正是修养的关键时刻(此时方有工夫可言)。此时应精心护持已有的善恶认知,不为外界所摇动,此为"慎"(指其保守之功则为"慎");并且将明德之全体彻底贯彻到行动中,此为"诚"(完其本然之体则为"诚");这样就能在行动中不违背儒家价值凝聚体——"意"的要求,齐家治国平天下,无有不当。"诚意"固然不是行动,但是"诚意"是以价值为指导的正确行动的本源,是正确行动的开端,这就是"诚意"的重要意义。

(三)情与行

"意"在与物接之时,即表现出好恶,这种好恶是一种道德意志,刘古愚也将其称为"情",这样"情"就成为沟通思想与行动、联系主观世界与客观世界的桥梁。一般意义上的情自然有不符合道德要求的方面,是不善的,在这一点上,是与性相对立的。所以这种情又被称之为私情,能为物欲所蔽,需发明

---

① 朱熹:《答陈齐仲》,《朱文公文集》卷三十九。
② 刘古愚:《〈论语〉时习录》,《学而不思四章》卷二,《烟霞草堂遗书》之五。

本心,反身而诚,让"情范于理",使"意为情之主"。这是就个体而言。就群体而言,百姓共同的情感则是民众的普遍意愿、要求,此情必须尊重与顺应,即"与百姓同情","天下之情本相同"。

就个体而言,如果意得到应有的修养工夫,明德无杂质无所碍,则这种好恶、这种情即可控制刑赏,这样的刑赏便无往而不中,平天下不过刑赏二端而已,"达之家国天下无不各就其范"。由此可以看出,情是沟通内(本体)与外(行动)的桥梁,明德正是由此中介、桥梁而充其量,达到成圣平天下的目的。显然,这里所谓情并非单纯情感的意思,而是情与理的统一,个体之情与群体之情的统一。所谓"万物秩然于一心""一心昭然于万物",显然指的是明德无杂无碍的纯净状态。

上文提到,由心性论到修养论是理学最核心的部分,各学派的分歧主要由此产生,由此体现,这部分也是理学最为精密、深邃的地方。就刘古愚整个理学思想体系而言,这部分所占比重不大,而且刘古愚论述理学的逻辑重点在于:(1)如何由"明德""意"(正心、诚意)过渡到"行"(齐家、治国、平天下);(2)如何在这个过渡过程中确实保持将明德贯彻到"行"之中;(3)如何具体地"行",也就是说治国、平天下的具体技术性操作是最值得研究的领域。传统的理学只侧重如何将儒家价值观贯彻到具体行动中,保障行为符合儒家规范,至于如何行动,行动的"术"的层面则不予重视,凭经验即可。在近代科技发挥巨大作用的条件下,"行"本身的技术性问题被凸显出来,是以刘古愚对此倍加重视,这是其理学时代特征的体现。另外,在这一环节上,刘古愚基本上扫除了阳明学——尤其是阳明后学——颇有神秘性的境界体验的内容,也基本上摒弃了禅宗"荡相遣执"的般若智的修养方法,做到了与禅宗修养论基本脱钩。其实,无论是程朱理学还是陆王心学,在修养论方面都大力吸取禅宗的因素,王门后学龙溪、泰州学派尤其张大之,就是以矫正王学为职志的刘宗周,其禅宗的修养方法也俯拾即是。刘古愚基本不用禅宗的方法来讲理学,这也是其理学思想突出的特色之一。

四、治国平天下

在儒家语境下,人的行为的最高目标就是治国平天下,在如何治国平天下方面,刘古愚进行了重点讨论。前文提到,正好恶以成刑赏可以平天下,这是"平天下"的原则之一,随着对《大学·平天下章》传文的解释又有其他不同的方法与途径:有絜矩以平天下,上下通感以平天下,理财以平天下。所谓絜矩是指通过格物以认识明德,求得"矩"之所在,"平天下者平天下之好恶也,将好恶之情范之以矩,则物物就范于方格之中,此谓絜矩之成功,天下因之而平。"① 通感以平天下是指君子(或圣人)"实有此明德,以昭于众","则小民之愚"见此必受到通感,因为他们本身也有与君子相同的明德,在君子明德感召下,就会上下同情,这样天下的好恶已平,而天下平矣,这些平天下的途径都是从心学的理论推演出来的,笼统而抽象,其可操作性不免要打折扣。

如此反复论述平天下只是说明了一个道理:平天下在同民之好恶。这个道理具体执行要通过理财、生财来实现。刘古愚从平天下为平天下之情入手,指出情是人与人相接触的过程中产生出来的,而人与人相接触主要是通过财来实现的,所以要平天下之情,须先平天下之财,理财便成为天地间头等重要的大事,是亲民止至善平天下的必经之途。刘古愚在理论上赋予财以相当高的地位:"财者人之生机,即天之动机,无财用则人事绝,天理灭矣。"此外,他又从历史上论述了财的重要性,唐虞之世,"众圣人聚集一堂,其所为乃在工虞水火",开创草昧是为了生财;纣桀聚财,遏天地之生机,汤武之经营革命实质上是散天下之财,畅天地之生机。他从历史上说明了儒家历代所标举的圣人都是因财而圣,"自古至今安有不善生财而可称圣人哉?"刘古愚进而对生财、理财做了区别。理财是合理地运用已有的财富,统治者不要贪得无厌,聚敛财富,否则人民就会穷困无依,必起而造反,这样就不能同民好恶,壅遏了天地的生机,国君将成为独夫,求为匹夫而不可得,焉可以称贤称圣? 善理财要散财于民,财散则民聚,盛世成矣。汉以来的"重本抑末,驱民归农,食节用时,示民以俭"也只是一种理财的方法,而非生财。生财是指创造新的财富的方法,开千古未有之利源,也就是提高生产力水平,用"人力补天地之不足"。这是最重要而伟大的事业,是"圣人参赞化育的大作用",生财主要在于发展工商业,发展工商业就必须改进生产技术,外洋先进的技术及有关的数学、化学、物理、外语等,就成为开利源、平天下所必需的。因此,学习西学及发掘中国固有的各种技艺就成为圣学中应有之义。除了学习应有的知识外,还要自己研究创造。平天下是"尽物之性"。因此,应该研究认识自然界。学习先进技术,重视工业、商业,是刘古愚一直坚持不变的思想,也是他中年

---

① 刘古愚:《〈大学〉古义》,《烟霞草堂遗书》之三。

以后排除重重阻碍所孜孜以求的一个坚定不移的目标。

在"诚意""致知"的层面上,刘古愚论述仍然是伦理价值优先,但是刘古愚在伦理优先的情况下,在认知的范围内为对自然的认识开辟了孔道,"察识明德之全体大用而约以守之,举天下之物——洞悉其次第、节目之详,则万物秩然于一心,而一心昭然于万物,即'物格'而'知止'矣。"这里"举天下之物——洞悉其次第、节目之详,则万物秩然于一心",在字面意义上与陆九渊、王阳明的说法没有什么区别,此二人也经常说"万物森然于方寸间",可是他们的"万物"是不包括自然科学的,刘古愚在此论"格物致知"也没有在字面上提到自然科学,但就其整体体系而言,逻辑上则包含着自然科学的内容,通过治国平天下,我们可以清楚地看到这一点。在"明德""意"的本体层面,刘古愚没有透出科学,但是在具体实践方面,在"平天下"的层次却给科学以重要地位,其实学的内容中,自然科学充盈于其间。这是刘古愚理学思想实学特色的反映,也是刘古愚理学思想中时代性的体现,与传统理学有了根本的区别。

由此我们可以得到这样的启示,理学思想与现代科学、民主精神是有接榫的可能的。就理学的最高伦理本体"性"或者"良知""明德"而言,它是有价值指向的,而儒家价值以民为最高标准。当时代到了将民主、科学作为"民"的利益诉求的时候,良知即不应排斥此价值,而应顺应、容纳之。刘古愚的"明德""良知""意"中尚没有明显的民主的成分,但科学的内容是很突出的。牟宗三将良知界定为"即存有即活动","存有"指其价值肯定,"活动"指其贯彻到行动中的不懈动力以及与时俱进的开放性功能,也提示出一种传统理学与现代精神相融通的道路。① 问题的关键是我们如何对待理学。如果我们把理学仅仅看作是一个既定的体系,那它确实与现代精神有许多格格不入的地方,在当代也难有活力。实际上自周敦颐、张载以来,古代的理学大家从来没有把理学看作是静止的、既定的现成体系,他们都是根据时代的要求,不停地加入新的内容,刘古愚也是如此。100多年后的今天,我们应该把理学的心性论看作即存有即活动的敞开的智慧体系,而不应该像对待博物馆中的文物一样做静态的"解剖",这是刘古愚给我们的启迪之一。

---

① 牟宗三在一系列著作中阐述了这个问题,主要有《心体与性体》《从陆象山到王阳明》等。另外,郑家栋于1992年在中国广播电视出版社出版的牟宗三作品选辑《道德理想主义的重建》,也突出了这个问题。

五、孝道与仁体

由宇宙论讲到治国平天下,刘古愚理学思想的基本逻辑框架也大致明晰了,上面各部分也仅仅是介绍了如何论证儒家价值的宇宙本体地位,心性论如何连接修养论。但是理学(尤其是程朱一派),讨论上述形而上学问题最终要落实到如何实践儒家伦理规范问题,作为理学创始人之一的关中学者张载尤其重"视躬行礼教"①。刘古愚对张载、程朱的躬行礼教的主张也很重视,而且刘古愚思想中对关学传统的继承也是很明显的。他对如何践行儒家伦理规范也有所论述,但他重点讨论的是"孝",以下是对刘古愚这方面思想的简要介绍:

(一)孝的伦理中心地位

刘古愚认为,在各种伦理行为中,孝是最重要的,占据核心地位,孝是"尧舜以来所传之大道,全体以此立,大用由此生,亘古今,塞宇宙,无一人一事所能外,为孔门论学宗旨,大道之渊源"②。首先,他把《孝经》规定为群经的中心。刘古愚重理学,倡今文,但却把《孝经》放在最重要的位置,《孝经》虽不在六经之列,但刘古愚却认为《孝经》之名为孔子亲定。《孝经》之经非经典之义,乃是经天纬地之义,是天地间的大经,其他六经皆为纬。《诗》《书》《礼》《乐》《易》《春秋》起初皆不称经,经字乃后儒所追加,独《孝经》为孔子手订,"孔子以六艺题目不同,指意殊别,恐道离散,后世莫知根源,故作《孝经》以总会之。以《孝经》为道之本源,六艺之总会"③。此说固然缺乏依据,有着康有为今文经学的明显痕迹,但刘古愚对《孝经》的重视由此可见一斑。其次,他从逻辑上论述了孝的重要地位,认为孝与仁、明德属于同一层次的范畴:

> 孝握天下万世王道之本源,而一以贯之者也,即《论语》所谓仁,《大学》之明德,《中庸》之至诚,《孟子》之性善。④

可见,孝是明德的具体内容,是明德的具体化。上文已论及,"亲民"是明德的核心内容,三纲领是一串说下去的,孝也是性中必有之义,也属于明德,

---

① 武占江、孟昭信:《关学、实学与新学》,《西安电子科技大学学报》(哲学社会科学版),1999年第4期。
②③④ 刘古愚:《〈孝经〉本义》,《烟霞草堂遗书》之四。

那么孝与亲民的关系究竟是怎样呢？首先须明确，孝有两层含义：一指孝心，是一种情感；一指孝行，指人的行为。刘古愚在仁、性善、诚、明德这个层次论孝，指的是孝心，是心理领域的问题，指具有无限发展潜能的道德品格，故而被称为"万世王道之源"。"亲民"是王道实施的具体途径、原则，属政治领域的问题。二者（孝与亲民）虽同属于明德，但其含义有区别，侧重于不同的方面、层次，孝为源，亲民为流，在逻辑上，孝为先，亲民为后。刘古愚有时把孝直接表述为明德，与仁是平等的，二而一的，同时亲民又是仁。如果说孝与亲民是情与行、源与流的关系，这种不同的规定还可以解释的话，那么他对忠恕与孝的界定就存在着明显的矛盾。在有些地方他认为忠恕也为仁、性、明德，声言"孝悌是忠恕之事，忠恕是孝悌之心"，显然忠恕为"体"，孝悌为"用"①。同时又写道："孝悌为要，诚恕为用，孝悌，慈性也……恕则推其成物之心而涉于情矣。"②显然，孝与诚恕这一对范畴不能同时互为体用，这就产生了明显的矛盾，之所以如此，我们认为原因有两方面：其一，中国哲学往往随事而论，学者们不太注重概念的严格同一性，在不同的语境中，同一个范畴被置于不同的甚至相互矛盾的地位，刘古愚也不例外。同时，他又是一位有个性的耿介之士，在行动上不肯随波逐流，在理论上有自己的独特的主张，不受古人的限制。他在不同的场合把仁、忠恕、孝悌、明德等都置于道（性）的高度，目的在于在承认旧的固有范畴（仁、忠、恕）地位的基础上，又把自己的主张（孝悌、明德）也赋予本体意义，好像不裁撤旧衙门的同时增加新建制，并赋予其高位重权，借以从实质上替代旧有的东西，而不在形式上明确反对，或取消之。刘古愚并不怎么谈"仁义"，大都是在论亲民、孝悌时涉及，从总体上看，孝悌的地位要高于忠恕。实际上也是如此。忠是在孝的基础上发展起来的，先有家族，后有国家，先有孝悌后有忠君，先有宗统后有君统，所谓移孝作忠，也就是就这一意义而言。恕是一种实现忠孝的方法。把这种情感扩充到世间每一人、每一物，便是恕，因而它属于"用"的范畴，要低于孝。

　　刘古愚从经验与理论两方面对孝进行了阐述。就具体个人而言，孝源于一种对父母的天生亲敬依恋，在此情感基础上，人自然会孝。悌源出于兄弟间的一种亲情，在传统伦理学中，多指弟对兄的尊敬爱戴，这是原始的悌的含

---

① 刘古愚：《〈孝经〉本义》，《烟霞草堂遗书》之四。
② 刘古愚：《孟子性善备万物图说》，《烟霞草堂遗书》之六。

义。人要行孝就要在物质上赡养父母,行为要符合规范。更重要的还需有内在的敬重之情为外在仪节的基础,无敬之养乃犬马之养,非人之孝道,要做到孝与养的统一,这些主张与传统的对孝的解释并无多大区别①。此外,作为一个真正符合孝道的人,不但对父母有责任,对自己也有义务。其依据是,身体是父母给予我们的,所以对身体要爱护,《孝经》所谓"身体发肤受之父母,不敢毁伤",而且我们如果对自己的行为不检点,身陷祸乱之中,牵累父母为此担心,这也是不孝,这是对孝的进一步推演,都是经验方面对孝的解释,与一般说法无大区别。下面是从刘古愚的理学体系方面讲述他是怎样对孝进行推演的。

首先是孝的逻辑来源。孝是明德的具体内容,在理论上,它源于元,随着气化流行赋予人。就现实具体的个人而言,孝性是父母授予我们的,由于性与形质是统一的,所以,父母在授予形质的同时也赋予了我们孝性。

其次是孝道。刘古愚在理论上把孝与人性、元联系起来。由于理气同体,形性相依,所以明德、性灵与形质、肉体是同等的,我们对于二者应该同等重视,既不偏形,也不偏性,这算是个人方面全了孝道。基于此,他对各种学说以他对孝的独特界定为标准进行了批判。魏晋名士,闻亲丧而博弈自若,这是贱视形骸带来的后果。佛教徒焚毁顶指以奉佛,不拜父母反坐受父母之拜,这些都是不尊重自己的形体,不体念父母造就形体之功,只求性灵超脱的表现。基督教设一天堂,谓为灵性居住的地方,这是由于不懂性灵与形体的统一而致,墨子的兼爱主张也在形性关系上遇到了困难,不能自圆其说。如果爱性灵的话,性灵为虚,无处下手;如果爱形体,却又甘于残损自己的形体,摩顶放踵以利天下,爱别人的一切唯独不爱自己的形体,这也是不符合孝道的。至于主张薄葬,谓人既死,魂已灭,视形体如粪土,无慎终追远、崇宗念祖之意,也不属于孝道。值得注意的是,他赋予传统的孝道以人道主义的含义:

> 能忍于亲之血肉,其余民之血肉又何所不忍?战国以来之杀戮,原野厌人肉,坑谷流人血,皆以气质为恶,有以窒其恻怛慈爱之源,以至于斯也。故孟子论事亲在能守身而养亲,又重养老而不遗养口体,真孔门之所谓孝矣。②

---

① 刘古愚:《〈孝经〉本义》,《烟霞草堂遗书》之四,第9、35、43页。
② 刘古愚:《〈孝经〉本义》,《烟霞草堂遗书》之四。

对于人的个体生命、生存权利的尊重是通过施孝道于自体(即重视自己气质之体)来实现的,并不是以天赋人权、上帝、博爱来立论,而是借父母的权威以行其义,这也是一种对传统的发挥改造吧。

真正的孝不是仅仅表现为庐墓持服,甚至不局限于父母一身,而是在充其量,这是《〈孝经〉本义》反复申述的一个重要观点。刘古愚认为,流传甚广的"二十四孝"、史策所称的所谓的孝行"皆不出服劳奉养之外",这并没有把握圣门孝义的真精神,这些孝行皆未充其量,唯有张载以事亲言事天,把二者联系起来,才把握了孝的真谛。

(二)孝道与"民胞物与"的新论证

将《孝经》列为孔子手定,是从经典的角度论证孝的中心地位;将"孝"与"天元""明德"等同起来,认为孝是仁的主要内容和体现,是从哲学的角度论证孝的中心地位,就此两方面刘古愚已经明白地表达了他对孝的观点,但是刘古愚并没有停留于此,他认为孝不能仅仅停留在对父母的物质(口体之养)和精神的孝顺,还应该扩充孝之量,进而达到与天地万物为一体的境界。

> 父母生养我,我心自然是爱父母,此便是性分之所固有。爱父母,孝顺父母,须时时体贴父母之心。父母生养我,即知有生养父母者为我之祖宗,生养我父母与生养我何异?我岂能不孝他?由此递推而上至不可知之始祖,其生养我始祖者亦不可知,不可知,不得不归之天地,则天地即我之远父母。由此而下推,父母生养我即爱我,我所生养之子孙岂能不爱他?递推以至万世之子孙与目见之子孙无以异,虽孝祖宗谓之尊敬,爱子孙谓之慈,不过因上下异名,而孝理之直上直下,则一也。既体贴父母之心矣,则父母生养我、爱我,与生养我兄弟、爱兄弟之心初无一毫之异。我体父母之心,乌能不爱兄弟?则弟行焉。由父母而祖宗,而高曾,而不可知之祖宗,以至于天地,其视所生而爱之,皆与父母之视我、爱我同,则天地间何一非我之兄弟,而弟达于四海矣。

> 由此言之,天地实实确确是吾大父母,民皆天地所生,非吾兄弟而何?物亦天地所生,即父母所留之器用、物产,形与吾同气,吾之气,即万物之气;性与吾同理,吾之性即万物之性也。有物有则,物则悉备于我矣,反身而诚,以吾身之父母证天地,以吾身之兄弟证民

物,实信其无不同也。强恕而行,由同胞推之群,从是恕,即由父母推之祖宗、子孙,亦是恕之理;其验此心之诚,则忠也,属孝一边。若尽恕之道,则天下一家,中国一人矣,非仁而何?如此推验,似多曲折,不如《西铭》之简易,然人人能信得及,较《西铭》层次可证,为易晓也。①

这里由孝入手,层层论证,最后归结于理学家所强调的以天下万民为同胞,以万物为朋友的天地万物一体之仁。张载对这种"民胞物与"的思想进行了简要的论证,为后来的理学家大为褒扬,他在《正蒙》《乾称》篇说:"乾称父,坤称母;予兹藐焉,乃混然中处。故天地之塞,吾其体;天地之帅,吾其性。民,吾同胞;物,吾与也。"张载的这种论证植根于传统的气论,认为人与万物都是由一气而生,代表宇宙的天地就是气的源起,因此万物与人都是天地的子女,人对天地万物应该像对待自己的兄弟朋友一样,只有这样,才能充仁之量,是理学的最高理想。张载是从哲学的角度论证,具有很高的抽象性。而刘古愚是从一般人具体可感的孝亲入手,由孝顺父母推到祖父母,由祖父母推到不可知的远祖,由不可知的远祖继续推下去,人的来源最终不得不归结为天。敬爱、孝顺父母之情也由父母而祖父母,而曾而高,敬爱、孝顺之情最终也归结为天地。同理,我爱自己的子孙也逐层推到万事不可知的子孙,对之也同样具有慈爱之心。这里实际上包含着对不认识的人的仁爱。父母爱我之心与爱兄弟之心无异,我也应以父母爱兄弟之情而爱兄弟,这是由孝到悌。既然天地是我的远祖,天地所生一切之物质,均为我的兄弟,应该对天地万物抱有同样的仁爱之心,这是通过悌推到天地万物一体之仁。经过这样一番推论之后,最后通过忠恕之道,再次论证民胞物与的观点。在这一过程中,刘古愚也引用了张载通过人与万物禀赋一气的论证方法。这种天地万物一体的情怀就是儒家的仁,由孝到仁,孝是仁的入手处与重要的体现者,这与孔子"孝悌为仁之本"的思想是契合的。刘古愚在天地万物一体的思想中特别强调合群,要"中国为一人",这也是当时国人摆脱涣散、团结自强时代精神的体现。

这一论证看似与传统说法全然不同,实际上也是有着礼制及经典依据的。孝子孝亲,帝王、贵族祭祀远祖自不必说,就是把天地当作父母,也是依

---

① 刘古愚:《孟子性善备万物图说》,《烟霞草堂遗书》之六,第10—11页。

据商、周祖先因其母吞鸟卵及"履大迹"而"感生"的经典传说而立论,而商祖契、周祖弃均以帝喾为感生父,帝喾又是天帝,也就是天神,是天的人格化,所以天地为远祖是有所本的,只不过刘古愚去掉其宗教感应的内容而代之以哲学推理,在通俗说法背后是有较深厚的文化内蕴的。

其实张载从人与天地共同禀赋一气的角度论证万物一体,民胞物与,从哲学的角度已经把这个观点做了成功而简洁的证明,而程颢以桃仁、杏仁喻天地万物一体之仁,也颇为形象。刘古愚之所以要重新从孝入手,不惜多费曲折地进行论证,目的在于将此论证进一步通俗化,以普通人可知可感的孝悌来代替、补充抽象的"气",就使一般民众更容易接受。这也是刘古愚将理学由精英化向大众化转化的表现之一。① 而且刘古愚的这个论证方案,层层递进,有条理可循,切实质朴,这也是刘古愚实学思想的体现。刘古愚阐述理学思想是在儒家遭遇巨大挑战的情况下进行的。庚子以后,海外留学大兴,西学大畅,已经有人要抛弃宋儒"守身之学",刘古愚本着合时、质实、浅近的原则对理学进行讲论,目的是捍卫、解救儒学适应时代的因素,表明儒学在当今时代是切实可行的,人人能知能行②,这是他理学思想的总特点。

既然孝悌取得并代替了仁的地位,那么孝悌就可以被运用到各个领域之中,成为"万世王道之本源"。从天子、诸侯、卿大夫直至士、庶人,只要尽了孝悌之道便是尽了各自的职责,至此便达到了天下一家、中国一人的境地。反之,如果他的所作所为没有达到本阶层及本职的要求,便没有尽到孝道。平天下、守社稷、尽职守、勤学问、务耕稼分别是天子、诸侯、卿、士、庶人尽孝道的应有之义。③ 对于每一阶层的职责与孝的联系,刘古愚都有详尽的叙述,这

---

① "'天地之帅吾其性,天地之充吾其体',是吾禀气于天地而成形,禀理于天地而成性,天地吾父母,民胞物与,眼前便见,不待推测,直截了当,不如上所言许多曲折。然理极精深,恐非钝根人所能遽悟。故本孝子享亲,仁人享帝,及禘礼王者、祖感生帝之意,层层推衍,实证我与民物同为天地所生,欲人之易晓也。"《孟子性善备万物图说》,《烟霞草堂遗书》之六。

② 刘古愚在《与门人王含初论致良知书》(《烟霞草堂文集》卷五)中说:"且今日讲学不必与禅家争性理,当与耶氏争事功;且不必与耶氏争事功,当使中国之农、工、商、贾,不识字之人,皆自命孔子之徒,为孔子之学,其有功吾教,较之辨明正学,盖不止百倍也。夫'良知'者何?即世俗所谓'良心'也,'致良知'者何?做事不昧良心也,此则蠢愚可晓,妇孺能喻矣。欲尽收中国之民于学舍,'致良知'三字何以哉?此吾向所谓今日讲学宜粗浅不宜精深者,此也。"

③ 刘古愚:《〈孝经〉本义》,《烟霞草堂遗书》之四。

里不一一罗列,仅就天子一项略作剖析。

刘古愚认为天子之所以为天子,主要在于其伦理上的根据。就各人所见的明德而言,天子并没有特殊之处。他与庶人一样禀受宇宙父母之气而成性,唯天子是明德的先觉早慧者。就孝而言,他能尽孝之量,布于四海,所以天子具有教化治理天下人的能力、义务,及在此基础上产生的权力。并不是因为某人在政治上的地位尊崇,使用强力使天下人服从,这样取得天下是不合理的。文王之所以称王,并不是因为其子孙孔武有力,代代为王,主要是文王具有崇高的德性,能充孝之量,无此条件,单有政治上的基础是不应称王的,下面这段引文明白确当地表达了刘古愚的这一观点:

> 封建之世,天子一位盖悬于虚,德为天下归往者即为王者,禹汤文武是也。政令不及天下,朝觐治狱讴歌不归之即为无王者。夏自启及少康以后,殷自太甲及六七贤君以后,周自成康及宣王中兴,其有国与诸侯无异……不仁而得国者有之矣,不仁而得天下者未之有也。……故天子之位不可以弋取而天下不可以兵争……天下不可以力征经营也,充吾爱敬之量而已矣。①

显然刘古愚对中国历史上通过征伐暴力而取得天下的天子们是批判的,对这种政治体制也是不满的,希望政治能在一种较为公平的原则下运行。此外,他从"民胞物与"出发,认为在"天子"面前人人平等,人人均可祭天,只是庶人不能用天子的仪式而已。之所以有此主张,主要是出于应接基督教挑战的动机。刘古愚不仅感到中国在科学技术上的危机,也深深地体会到传统的以孔子为代表的文化系统,也在西方文明的冲击下面临着危机。"近日天主教又人人得借耶稣以拜天,以驾于吾儒教之上,谓吾孔子为人,不能统天下之人;岂知吾孔子以人人之父母推到天,正是以人人之天统人人。"②基督教人人可以祭天,孔子也主张人人可以祭天,由孝道而推,人人既为天之子,不独皇帝一人,所以孔子之教也有兼收四海之民的博大作用,并不在耶教之下。刘古愚为了保持中国固有的文化,便抬出孔子以为传统文化的旗帜,通过对孔子的重新解释,以与西方文化抗衡,"今欲强中国,须孔孟之道妇孺皆晓,否则尧舜以来之中国,外人将抚而治之,耶稣因而教之矣。"③这种以弘扬儒学

---

① ② 刘古愚:《〈孝经〉本义》,《烟霞草堂遗书》之四。
③ 刘古愚:《〈修齐直指〉评》,《烟霞草堂遗书续刻》。

来捍卫中国文化、应对基督教挑战的危机的思路与康有为是一致的。

六、刘古愚理学思想的特点

(一)心学为宗与不分门户

通过对刘古愚理学思想的分析我们可以看到,在心性论、修养论等核心问题上,刘古愚理学思想属于王学一系。他在心性论上继承了王阳明的良知说,又借用刘宗周"意"的概念,对"良知"的儒家内容进行了归拢,摒弃龙溪、泰州一派的现成良知说;在修养论方面虚悬了程朱一派的格物致知论,代之以"诚意";只是在宇宙论方面对程朱一派略有继承。无论是刘古愚理学思想的内在理路,还是他外在的从学经历(由阳明学而进入到理学的研习),都充分体现出他的理学思想基本属于王学一系,学派特色非常明显。刘古愚以王学为归宿,与他的学术经历有关,也与理学的发展逻辑一致,可以说刘古愚是在对理学发展的历史、功能及理学与社会结合的实际情形深入洞观的基础上选择王学的。

他对理学历史的认知集中在《与门人王含初论致良知书》中。王含初就是刘古愚门下精通数学的王章。刘古愚从陈宪章(白沙)、湛若水(甘泉)与王阳明的关系入手进行分析。刘古愚认为王阳明的致良知说"较白沙、甘泉为实"。陈白沙主张"静中养出端倪",而此"端倪"为何物?湛甘泉主张"随处体认天理",而此天理谁"体认"之?又是谁使之"随处"?此端倪自然是儒家的价值观,体认者是自己,而使自己体认此"天理"、养出此端倪的内在主宰便"不得不归之'良知'"。陈白沙主张"静中养出端倪"在他的那个时代,是切实推进理学发挥修身作用的有效之举,自有其历史的合理性。宋元以来,朱子学被作为科举取士的内容,虽然士子均诵习程朱,但是不过为了猎取功名,所讲求的只是文字本身,而文字所指向的修身内容多被弃之一边,"以文词取士,朱子之学行而不畅,别为道学一派,知守朱子家法者,即十人论,不过千万分之一,其他无非以语言文字求圣人之道,盖皆知语言文字,而不知有道矣"。在此情形下,陈白沙想让人摆脱文字,"于静中养出端倪",所强调的是于词章锢蔽之中,让人们切实见到儒家真精神(天则),切实体认,身体力行。陈白沙的说法犹如种树,"此静中养出端倪"就是培养儒家精神的真种子,"然后滋培、灌溉,发荣滋长,自成佳木,而无恶荫"。并不是说"养出端倪"便可不学,便可废弃具体的修养功夫。陈白沙明言"端倪",言"养出",为修学之萌芽,也只是为学的开始,并不代表为学的全部。湛甘泉考虑到人们只求业师白沙的"静中端倪"而忘却"即物穷理之功"的细致功夫,所以提出"随处体认天理",为师说补出"养出端倪"以后功夫,湛若水之说是对乃师学术的补充,而不是背弃师说,别开一途,自立新派。陈白沙"静中养出"之"端倪"可看作儒家"道之体",而湛甘泉"随处体认天理"可看作儒家道之用,体用相资,不可废弃任何一方。但是俗儒又拘泥于文字,不做融会贯通的理解,将二者分别开来,认为是宗旨不同的两家,只见其相反而不明其同时可以相成。而王阳明则在此两家的基础上提出"致良知"之说:

> ……阳明出而力为沟通之。曰"静中养出之端倪",何也?即吾心中惺惺不昧之天理也。其"随处能体认天理"者,何也?即吾心中时时自出之端倪也。其体清明精粹,故属之"知",具于吾生之初,而为道之大原,不为气质物欲所蔽锢,故曰"良",推之事事物物,无处不有,无时不见,则一身之大用又该焉,故须"致"。是白沙、甘泉之说,阳明以三字该之,而天人、内外、本末、精粗,一理融贯,其简易直捷,为何如哉?①

王阳明借鉴了陈白沙重内在修养的理路,吸收湛若水"随处体认"的方法,而提出"致良知"的为学宗旨,吸收了白沙、甘泉的长处,而完成了彻底以心统驭一切的理论建构。在这里,无论是白沙还是甘泉,刘古愚都指出他们在当时的历史条件下的重要贡献,其学术的长处和不足都是在具体的社会、历史情境下体现出来的,尤其是各派都有其长处,其出发点都是好的。

刘古愚还结合宋代以来的历史,对二程、朱熹、陆九渊、王阳明等理学各大家进行了评述。二程继承周敦颐又有所发展,将周敦颐的"主静"改为"主敬",尤其是自己悟出"天理",奠定了理学的理论基石。当时二程之学影响不大,在师生之间私相授受,研究学问与自身修养紧密结合,出于坦诚,没有功利因素掺杂于其间,凡是信从二程"主敬穷理"之说,以此为学问宗旨,都堪称圣人之徒。所以朱熹谨守"主敬穷理"宗旨,不敢稍失,欲将程学发扬光大。朱子一意表章程学,并没有自己别立一派,实际上也没有必要别立一派。而与朱熹同时期的陆九渊兄弟提出不同于程朱的心学宗旨,在学理上可以与程

---

① 刘古愚:《与门人王含初论致良知书》,《烟霞草堂文集》卷五。

朱并列,自有其独得之处。当时程朱理学的正面效应还在释放之中,其重视格外在之物而轻视直接在内心修养上用功(重外轻内)的弊病还没有充分体现出来,陆九渊兄弟的心学尚未有很强的社会需求,其学未免发之过早,是以朱熹因此力拒陆九渊,是出于维护理学学行一致的动机,并非有门派意识掺杂其间。刘古愚把朱熹与陆九渊的争论解释成时机合适与否的争论,而淡化甚至否定其门派畛域。至宋理宗表章道学,学禁大开,由元至明,朝廷取士均主程朱之学,程朱之学成为官方提倡的主流学术而畅行天下。学子在功名利禄的引诱下,徒腾口说,真心信从程朱之学的寥落可数,程朱之学开始流于空谈,其学术固有的弊端也就充分表露出来了:

> (程朱学)"主敬"不窥其源,则拘而难久;穷理不窥其源,则泛而无归;其浅尝者又致饰于文貌,比附于语言,而大道乃日隐矣。于是白沙出而指示入手之法,使人先认本体。甘泉又使证之物事,阳明会和二家之说,括以"致良知"三字,单传直指,一针见血,使学人闻言立悟,有所执持,以循循于学问之途。故自阳明之说出,海内学人蜂起,名儒辈出。盖自周程创兴儒教以来,未有若斯之盛也。然弟子于师,虽亲授其传,究难尽同于其师,源远而流益分,背其师说者必多;势盛则附从者众,又不能保无败类杂于其中。明末国初,诸儒鉴王学末流空疏之失,欲矫而救之,遂痛诋阳明。夫矫末流之空疏可也,以空疏诋阳明不可也,诋阳明而以"致良知"一语为遁于虚,尤不可也。①

刘古愚对程朱学弊病的概括是"'主敬'不窥其源""穷理不窥其源",所谓"不窥其源",就是指程朱的由"格外在之物"而致"穷内在之理"的修养方法上的间接、曲折,而且外物包括价值中性的自然之理,而理学的目的是伦理价值,这中间也有不能契合的地方。集中表达此思想的朱熹所撰写的《大学格物补传》很大程度上是出自比拟,"今日格一物、明日格一物"不一定能带来"一旦豁然贯通"的义理顿悟。如果有人执着于朱熹的格物说,则有可能难以获得义理的解悟(如王阳明格竹的故事),或逐于外物而忽略了儒家的价值追求,这就是刘古愚所说的"重外轻内""拘而难久""则泛而无归"等弊病。白沙、甘泉都是强调直接在心体上用功,也就是说舍弃对外在事物研究这一曲折,

---

① 刘古愚:《与门人王含初论致良知书》,《烟霞草堂文集》卷五。

而直切伦理修养之本体。王阳明在本体论上彻底转向心本论,在湛若水尚且依违的"理"被王阳明彻底抛弃,在修养论方面也否定了对中性事物研究可以洞达伦理本体的可能,直接在心本体上用功,就伦理本身讨论伦理,更加切近儒家主题①。所以刘古愚评价王阳明"单传直指,一针见血"也是恰当的。

但是王学也有其弊端,王阳明虽然把致良知看作是一个双向循环往复的无穷过程,但是王阳明本人也承认"利根人"一悟洞达本体,而本体一旦呈露,就会无往而不中节,人就达到成圣的境地。而且王学针对朱子而发,未免强调本体多而讨论功夫少,因此有空疏之弊。实际上,理学各派都是针对当时儒学发展具体实际,在补偏救弊的基础上提出各自的宗旨,作为伦理学说体系,没有十全十美、不存在缺点的学说。刘古愚对理学发展的内在逻辑的总结是非常准确的,站在阳明学300年后新的历史阶段,刘古愚尤其能够结合各个时期的历史实际,指出各派可以适应时代的长处,又能够准确认识到各派在实践中所逐渐呈露出的不足,在此基础上,提出各派应互相补充的观点,并且只有互相补充,才能扬长避短。他虽然宗阳明,但是也能够清醒地看到阳明学的不足,并且提出阳明学之所以一时产生巨大影响,除了其学说本身的原因之外,还有朱子学在客观上为学人补充了具体的伦理修养的功夫(使学人闻言立悟,有所执持,以徇徇于学文之途)。当朱子学的影响日渐式微、王学全面行进的时候,王学的弊病又充分暴露出来了。此时有人又要全盘否定王学,也就是否定明代以来理学发展的新成果,这也是不应该的。刘古愚从理学发展历史的角度总结出各派应该相资为用,不能以一派否定另外一派,这是对理学发展客观规律的尊重,也是对历史文化遗产的尊重。

但是,程朱与陆王之间互相攻讦,彼此否定,从修养的角度而言,须有一

---

① 20世纪80年代以来有论者谓朱熹的"格物致知"以及程朱一派重视对外在之物的研究有助于自然科学的发展,有其长处。实际上,程朱一派提到自然不过是为儒家伦理寻求本体论的证明,而这种证明也主要是建立在类比推理之上的,无论是张载还是程朱,都非常清楚地表达了不以寻求研究自然规律为目的的明确态度。这样,既然是以伦理为旨归,那么期望通过对中性自然物的研究而达到伦理目的就没有什么必要性。当然,程朱的格物之"物"不仅仅是中性的自然物,还包含着具有价值指向的人的各种行为,包括读书、做学问等。但是,在理学体系之下,要求格物致知能够导致自然科学的发展则不会达到目的,而相对于儒家伦理修养而言,则未免显得支离、曲折。所以,王阳明的心本体实际上是把自然与应然两个领域划开,就伦理问题谈伦理问题,因此是理学发展的进步,也是中国哲学发展的进步。

个下手处;就刘古愚而言,他选择王学为下手处,在王学的基础上积极吸收各派的有益成分,刘古愚认为这样才能充身心修养之量,也是对先贤的正确态度,并不株守一派。

刘古愚之所以竭力反对门户之分,还有挽救中国文化危机,应对西方文明挑战的深远意味。

"良知"之说,出于孟子,"致知"之说,见于《大学》。谓阳明扭合两书为近于巧,则是;谓此语背于圣道,迷误学者,则非也。然亦安知《大学》"先致其知","致知在格物"之"知",非"未致"时之"良知"?"知至"之"知"非"已致"之"良知"?则"致良知"又即朱子"因已知之理,以求至乎其极"之谓也,而"致良知"又偏于"道问学"矣。故吾谓:凡诋阳明者,谓入于禅,遁于虚,皆胸中有物,未尝平心以究其旨。一见"致良知"三字,怒气即生,遂不惮刻论深文,以罗致其罪也。我于人辨程朱、陆王者全不置词,不欲争闲口古①也。今哓哓告汝者,以汝今甫有志于学,即染市井斗口恶习,我心为之戚然。且今日讲学不必与禅家争性理,当与耶氏争事功;且不必与耶氏争事功,当使中国之农、工、商、贾,不识字之人,皆自命孔子之徒,为孔子之学,其有功吾教,较之辨明正学,盖不止百倍也。夫"良知"者何?即世俗所谓"良心"也,"致良知"者何?"作事不昧良心"也,此则蠢愚可晓,妇孺能喻矣。欲尽收中国之民于学舍,"致良知"三字何以哉?此吾向所谓今日讲学宜粗浅不宜精深者,此也。②

西方文化携强大的物质文明之力,对中国造成巨大压迫,随着国运的衰微,中国文化也面临着严重的危机。传教士又大力宣扬不信仰宗教的中国人为半野蛮,应当接受基督教文明的"开化"。刘古愚与康有为一样,对中国文化抱有深重的忧患意识,希望复兴儒学,向世界宣示儒学就是中国人之"教",就是中国人的信仰。但是,即使在中国人自己而言,也有否定儒学的倾向,在刘古愚看来,如果否定了儒学,中国文化将更难支撑。在这种情况下,若还在理学内部争正统,以一派排斥另外一派,则是内斗,消解了共同对外的力量:"如兄弟分祖父之业,一自为嫡长,一自为私爱,始而口舌争,继而狱讼起,干

---

① 当为"舌"。
② 刘古愚:《与门人王含初论致良知书》,《烟霞草堂文集》卷五。

戈寻,骨肉至亲,遂成陌路,而祖父之家业已日耗于讼斗,而为邻里所得。"①不仅不应该在理学内部分门派,而且也不要与禅宗争什么性理方面的正宗,应该把力量集中在干实事,富强中国,这样才能有效应对基督教的挑战(当与耶教争事功)。不仅如此,还应该让全国之人,无论农工商贾还是妇孺老幼,都能够信奉孔子,使孔子之教切实风行国中,中国在此基础上团结起来,才是最终目的。这里刘古愚提倡孔教应为全国人民所深入普遍地信奉,无论是在当时还是在今天,都没有实现的可能,而且儒学之衰微不可阻挡,遑论全民信从,刘古愚的这一期待必然落空。但是作为一个地域辽阔历史悠久的伟大民族——中华民族必须有独特的民族精神以凝聚自己的人民,刘古愚此时的"孔教""孔子"也包含着民族精神凝聚体的内容,从这个意义上说,刘古愚维护传统文化的精神就是可贵而崇高的了,至于此种民族精神的内涵究竟是什么,则不同时代的人可以根据当时的具体情境作阐释,但不变的是必须具有这种民族精神。刘古愚并将此推而广之。基督教虽然对中国造成巨大压迫,基督教传教士从行动上充当侵略中国的帮凶,在思想上打击并意图泯灭中华民族的文化自信心,但是刘古愚还承认耶稣教也是凝聚西方国人的精神,可以与我们"并域而居",由此可见刘古愚博大的文化情怀。但是对于中国人来说,要与基督教文化"并域而居",首先须保存自身,消除文化危机,要达此目的,必须吸收包括佛教在内的中国文化一切优秀的东西,彻底摒弃无谓的门户之争,大家都凝聚在以孔子为符号的民族精神之下。

  即京师喻之,在京师西者,以东为正途,在南者以北向为正途,而居东居北者则必反在西在南者之向,而始得其正。学道者之才质与其所处之时势盖有千百之殊,不仅如往京师之途,可以四面八方该也。乃欲学圣人者,必出于朱子之一途,是居京师西以向东为正,而必居东、居南、居北者之一循其轨也,毋乃不通之论乎?且朱子守程子之说,而多不相同,程子亲受周子之传,而宗旨不同。明道、伊川亦自气象不同。程子与横渠中表也,而学术不相同,彼时不分门户,北宋讲学之风气盖纯于南宋也。今日讲学,万不宜自隘程途。愚一孔子之道为的,任人之择途而往,不惟不分程朱、陆王,即荀、杨、管、商、申、韩、孙、吴、黄老、杂、霸、词章以及农、工、商、贾,皆为

---

① 刘古愚:《与门人王伯明论朱陆异同书》,《烟霞草堂文集》卷五。

孔子教之人。苟专心向道，皆能同于圣人。而耶、佛亦可为吾方外之友，如孔子之于老子，楚狂、沮溺等。盖九流皆吾道之支，而耶教则与吾并域而居，其教之兴灭、盛衰，各视其行之心力如何，其是非不能以口舌争也。①

如果说理学产生时期先行诸儒是为应对佛教文化挑战的话，刘古愚对理学进行阐释和发挥就是面对着基督教文明的挑战。佛教文化毕竟是在农业文明的条件下，佛教文化与儒家文化在其所凭依的物质力量强度方面处于同等地位的。而基督教文化利用现代科学技术，把自己打扮成现代科学技术的根源，它所产生的压迫性要更强。而且除了基督教之外，还有真正与现代科学技术互为表里的西方现代世俗文化，在这种物质效能差别巨大的情况下，中国文化如何重新凝聚自己的人民，则面临着更大的困难。刘古愚阐释儒学只是开始意识到此问题，意识到固有的文化精神不能丢，并做了初步的、萌芽性的尝试而已，但此尝试在中国文化在近代凤凰涅槃的过程中也是非常可贵的，而且他那执着忠诚的精神尤感人至深。

（二）经世为归与实学底色

将精神修养与经世致用相结合是刘古愚理学思想的另一个突出特点，在介绍其理学思想内容时我们已经将此一一点出，这里再略作总结。不管后人对理学的空疏无用如何批评，但是从理学的奠基人张载、周敦颐、二程，到理学集大成者朱熹，再到心学宗师陆九渊、王阳明，这些大家都有将其学说发挥实际作用的目的，他们都提倡真知、实行，王阳明明确承认，只要保持良知不失，就是处理"兵刑钱谷"这样的"俗事"，也都是"实致"良知②。正如刘古愚所总结，后来的理学家之所以别立门派，其中一个重要原因就是解决在理学实践中"徒腾口说"的空虚之弊。但是传统的理学家更加注重的是如何将伦理道德切实落实到实践行为之中，如何建设人的道德意志，并将道德意识付诸实施。刘古愚更加关心的是如何在心本体中容纳经济、科学等"时务"内容，即使是伦理修养本身也要脉络清楚，让文化水平很低甚至是不识字的人也有具体的路径可循。比如刘古愚更多地用"明德"代替王阳明的"良知"，

---

① 刘古愚：《与门人王伯明论朱陆异同书》，《烟霞草堂文集》卷五。
② 王阳明：《王阳明全集》卷四《文录一·与陆原静·丙子》，上海：上海古籍出版社，1992年版。

"明德"与"良知"的内涵及哲学地位是一致的,但是刘古愚用"明德"一词是为了突出它的实践属性(包括管理社会的方法,不仅仅是道德实践),"明德"的外化就是"亲民"(治理国家、管理社会事务),"明德"必须在"亲民"上见,不"亲民"无以见"明德"之全量,这是在心本体上灌注实学的精神。

"平天下"是"亲民"的内在要求和最高目标,刘古愚提出理财是平天下的重要内容,将经济活动作为"平天下"的必要内容,不能满足百姓基本的生活需求,就不能"平天下",将一向为传统主流意识所轻视的经济问题作为"仁德"的重要内容,这也是对传统理学思想的根本性扭转。

心性问题是理学中最为精微的部分,刘古愚宗心学,而心学尤其注重借鉴禅宗荡相遣执、微妙玄通的"般若智",但是刘古愚通过"孝"来逐层论述"民胞物与"的精神,将各种抽象的哲学思辨作可知可感的朴素化论证,这是其在修养方法方面的实学化阐释。这种朴素化的阐释也许有其弊端,对理学精微的内心修养体系有所简单化,但这却是理学通俗化、平民化的尝试。在理学的发展历史上,泰州学派的王艮及其后学曾经有过理学通俗化、平民化的尝试,王艮门下有瓦匠、樵夫,王艮后学在农村讲学,将理学与农民的生产结合起来①。但是王艮的思想中有着突出的宗教色彩,王艮本人也有些宗教家的气质。刘古愚却更多地发挥中国传统的实践理性特色,并具有现代科学的精神,没有什么宗教、迷信的成分。在向学生阐释理学的时候,也注重用浅近、平实的语言,重在实行,不走高深的玄思路线,凡此种种,皆是其实学特色的体现。

(三)传圣人之心以合当时之势

刘古愚的论著都是为了适应时代需求而发,经历了戊戌政变与庚子事变之后,他对传统学术进行了更加深入的反思,加之烟霞草堂从学者也都是出于求真学问,科举、功名的功利因素基本被去除。在学术思想方面,刘古愚已

---

① 王艮门下弟子朱恕,字光信,泰州草堰场人。以打柴为生,勉强可以温饱。他从王艮那里学道之后,成为一个精神上自在超脱的人。陶匠韩贞,字乐吾,兴化县人。因贫不能还债,仅有的几间茅屋也被抵偿出去,住在破窑之中。本不识字,听说朱恕的事迹后,便拜其为师。朱恕死后,从学于王艮儿子王襞,在教化当地平民方面韩贞做出很大贡献,他自己有所得之后,就以教化乡里为己任,引车卖浆者流咸从之学,韩贞因材施教,悉心点拨,受其影响者不下千人,韩贞有《乐吾集》。袁承业编:《明儒王心斋先生遗集》卷三。

经不在意各种外在的牵绊,各种教条、形式化的权威被冲破,直接面对时代问题对传统学术进行思考,舍弃圣人因时而发的各种具体论断,阐释圣人文字背后能与时代契合的精神,用刘古愚自己的话来说就是"传圣人之心";

> 论今日之患者,谓在士子读书知古而不知今,吾则谓在于习文而不自治其心。挟求富贵之见以读书,寻章摘句,以求中试官之式,则书皆二千年以前之言语、行事,于今日人之身世何涉?故程子谓《中庸》为孔门传授心法,朱子于《序》畅言之。蔡氏作《〈书集传〉序》,又尽发其蕴。夫圣人不能预测后世之变,而能预定后人之心。圣人先得我心所同然,我为今日之人,心为今日之心,以圣言治我今日之心,即能治我今日之事,而应其变。然则世变亟而人才不出,乾嘉以来攻心学之儒为之也。向在味经为时务斋与同人讲习,即拈《论语》首章"时习"二字为的。盖"时习"二字即圣人传心以读《六经》《论语》法也。……乡曲陋儒,识固庸鄙,加以身世所感,又有大不得已于中者,激而为言,必失圣人本旨。不忍弃而姑存之,见者以为深山之痛哭,哀其意焉可也!①

这段话有两个关键:一是"时习",二是传心。"时习"二字出于《论语》首章《学而》,文曰:"学而时习之,不亦说乎?"就是以时代需要为标准,对经典做适应时代的阐释,不拘泥于字句甚至经典的本义,刘古愚自己也承认他不少阐释有失"圣人本旨",但与时代需要相比,两千年前的"圣人本旨"不必硁硁株守。与研究纯学问相比,刘古愚更加注重学问的功能,在"合时"的思想下,将经典融入现代意义。如果我们局限于个别的字句解释,刘古愚有些说法显得很笨拙,甚至可笑,如果从总体精神来看,他是在艰难地探索一种与传统价值相结合的新的学术、思想体系。刘古愚的理学、经学研究与现代的诠释学有些相似,只是在近代以来的历史上,刘古愚的诠释学才刚刚开始,因而有许多不成熟的地方,但是他脱开圣人字句的羁绊,寻求新的时代精神,则是正确的方向。再者,脱离圣人以及传统到一个什么样的度,如何脱离,则是另外一个重要问题,涉及对传统如何继承的问题,刘古愚的回答是"传心"。这里"心"的含义应该主要是价值,也包含具体处事的方法、原则等。所谓今日之心,即与古人有不同的地方,今日之心当合今日之事。"圣人能预定后世之

---

① 刘古愚:《〈论语〉时习录序》,《烟霞草堂遗书》之五。

心","圣人先得我心所同然",这当中合理的内容是指出价值有永恒性的一面,有些传统的东西必须继承,这里刘古愚在对待传统问题方面,认识到有必须变的一面,还有须坚守的内容,这是扬弃的观点,这种方向是正确的。实际上理学的历史就是以今日之心参证古人之心的过程,所传者为"心"而不是具体的字句、观点、判断,这也是基本符合理学的发展历史的。

20世纪以来,当代新儒家的路线实际上也是以今日之心以合今日之势,并扬弃地传古人之心。80年代以来,中国大陆一度掀起研究新儒家的热潮,新儒家的影响迅速扩大。今天看来,新儒家也有一些问题。他们将民主、科学的精神与传统儒学精神相结合,这个方向是对的,但是在具体论证及哲学构建方面还有不能适应当代社会需求的地方,总体来说,就是还没有把当代最新的时代精神融进哲学构建之中,其体系的开放性仍然不够。就新儒家的创始人之一熊十力来说,熊先生的论证方法主要是借鉴《周易》、佛教的方法,甚至所举例子也多借用传统的譬喻,如海水与"众沤",等等。被称为最具创造力、堪称新儒家水平代表的牟宗三先生也主要是以儒家与康德哲学对照,对比理学与康德之短长。牟先生解读出儒家即存有即活动的智慧,使其在当代具有活力,这自是其在继承熊十力等前辈的基础上的巨大贡献,但是,牟先生笔下的新儒家即使与康德哲学相比也有着巨大的不足,那就是这种体系还没有或者来不及(也许有人认为没必要)吸收融摄当代科学的内容,而康德正是在对当时自然科学进行概括的基础上建立其体系的。没有对当代科学的概括与融摄,仍然不免有中世纪的烙印,其说服力必定有重大欠缺。西方哲学总是能够站在融摄同时期科学的最前沿,哪怕后现代哲学也是如此。新儒家在20世纪80年代以来的活跃,从一个侧面显示出中国哲学(不是冯友兰所谓的"哲学在中国",而是植根于中国文化血脉中的"中国哲学在当代")自我发展的脉动,但是对当代科学的忽视或者无力融摄,是其最大缺陷之一。至于另外一种精神——民主,其在20世纪有了很大发展,但是其曲折比科学更大,踬踣者屡,在哲学层次的吸纳也很显艰难。海外学者傅伟勋提出用诠释学的方法来实现中国传统价值、哲学与时代精神的契合[①],应该是目前比较具有现实性的道路。

---

① 傅伟勋在其2005年在生活·读书·新知三联书店出版的《从西方哲学到禅佛教》中有对孟子的阐释学解析,笔者以为是一个比较有价值的可资参考的范例。

反过来我们再看刘古愚的理学研究,他也在探索一种传统价值与当代精神相结合的方式,立足现代而坚决捍卫有价值的传统精神,也体现出了诠释学的方法。其内容在当时,对他所面对的人(沉湎于旧学、经典的士子)应该是非常新鲜的,具有引领性的,推动了当时内地思想的进步。在今天看来也有其正确的方向,对我们正确对待传统也有启发意义。

第十二章 经学思想与方法

一、经学研究举例

刘古愚在维新变法时候受到迫害,不仅仅是因为变法,主要是他对康有为大力褒扬,包括对他的今文经学的赞同与传播,后人多把刘古愚看作关中"经学领袖",是主张今文经的代表人物。刘古愚一生以教学为业,他对经学自然有很深造诣,但刘古愚学术的关注焦点并不在经学,他对清代流行的考据学是很抵触的,认为其钻故纸堆,与社会现实没有直接关系,空疏无用,其功用尚不如理学之直切人心。在与康有为思想接触之前,也并没有什么推崇今文经学的迹象。与康有为通信之后,今文经学的取向非常突出,山居期间的著作尤其如此,在观点及方法方面与康有为的相通之处极多,可以说刘古愚今文经学是康有为直接影响的结果。甲午战争之前,从刘古愚课士授徒的一些文字来看,其对传统的考据学是很熟悉的,也注意以考据为工具,培养学生研治经典,养成学问。现存刘古愚的一些经学著作有的也很平实,实事求是,不做微言大义的发挥,看不出今文经学的特点,倒是注重义理的发挥,抓住要害,不枝不蔓,不做繁琐引证。《文集》中的《凯风过小解》《漆沮既从解》就是这方面的代表。在张鹏一所撰写的《刘古愚年谱》中,甲午之后的作品大多列出,并无此两篇,可能是甲午之前未受到康有为影响的作品,从其口气来说,很像讲堂记录。即使是甲午之后的作品,也是排除康有为影响的刘古愚的"本色"作品。以下是对《漆沮既从解》的简要介绍。

"漆沮既从"出自《尚书·禹贡》,原文是:"黑水、西河维雍州。弱水既西,泾属渭汭,漆沮既从,沣水攸同。荆、岐既旅,终南、惇物,至于鸟鼠。"大意说大禹疏通雍州地区的重要河流,泾河、漆沮河、沣水都纳入固定的水道,不再为患。除《禹贡》之外,《诗经》也多次提到"漆沮",《大雅·绵》:"自土沮漆……率西水浒,至于岐下。"《周颂·潜》:"猗与漆沮,潜有多鱼。"《小雅·吉日》云:"漆沮之从,天子之所。"《周颂·潜》《大雅·绵》所述事与先周公刘、古公亶父有关,《史记·周本纪》载,公刘"自漆沮渡渭,取材用,行者有资,居者有畜积,民赖其庆。百姓怀之,多徙而保归矣。周道之兴自此始。"可见漆沮对周族兴起具有重要意义。《小雅·吉日》叙述周宣王事迹。《禹贡》是中国地理学鼻祖,备受历代地理学家和地理学著作的重视。但漆沮究竟是现在的哪条河流,自西汉桑钦、东汉班固及北魏郦道元以来即众说纷纭,莫衷一是。宋代程大昌直至清代许多学者对此问题发表过意见,一直难以达成共识。其中原因一是当时称漆沮(或单称漆、沮)的河流有多条,在确定哪条为《禹贡》所称上有分歧;二是战国末期秦国开凿了郑国渠,将泾水与洛水联系起来,而据《禹贡》:"导渭自鸟鼠同穴,东会于沣,又东会于泾,又东过漆沮,入于河。"漆沮正好处于渭河的另一条支流泾河之东,而此处由于郑国渠在北部平行于渭河,使由北向南注入渭河及其支流的水道发生了方向的改变,而《水经》及《水经注》还有班固的《汉书·地理志》等比较详细的地理学著作都是西汉及以后的作品,要说清楚郑国渠开凿以前《禹贡》所描述的水道是有困难的。加之不少讨论关中地区水道的学者并没有实地考察该地区的地形地势,有的仅仅凭借书面资料进行主观取舍,因此扞格不通之处甚多。

刘古愚作为关中人士,对周文化非常敬仰,他所长期执教的味经书院正处于泾河之北,郑国渠的南部,他对《禹贡》所述的渭河流域既有深厚感情,又熟悉该地区实际情况,撰文考证漆沮,有其深意。文章一开头,刘古愚即直接表明自己的观点,认为漆沮应该是现在的洛水(此指黄河以西在陕西境由北向南流向渭河的河流,而不是河南境内由南向北流向黄河的洛河),而不应是多数人所认为的石川河(第一层):

> 以石川河当漆沮,先儒多有此说,予不谓然。禹记各州之水,虽视施功与否,亦因地势以表界,于雍州,言渭,则陇西以下之水该之矣;言泾,则北地以下之水该之矣;言沣,则三辅由南入渭之水该之矣;言漆沮则上郡之水至三辅入渭者该之矣。若以石川河当之,则源近不足该北山之水,而冯翊之水莫大于洛,岂不为害,禹能略之?则知漆沮宜为洛,而不当为石川河也。①

刘古愚认为《禹贡》这里提到泾水、沣水、漆沮,虽然主要是记述对该地河流治理的情况,但是也有将河流作为地理标志的意义,泾水、沣水都可以作为渭河流域一定地区水系的代表性河流,而石川河规模太小,不足以表征一定的水

---

① 刘古愚:《漆沮既从解》,《烟霞草堂文集》卷二。

系,能够代表北山及冯翊地区水系的应该是洛水。

接着(第二层)刘古愚通过推测"渭汭"的所在地来确定漆沮当为洛河而不是石川河。《禹贡》"漆沮既从"的前一句是"泾属渭汭",另外《禹贡》又有"浮于积石,至于龙门、西河,会于渭汭",刘古愚认为此处在"龙门""西河"附近的"渭汭"就是朝邑(今大荔县)华阴之间的地区,也就是民间所说的三河口,《左传》"虢公败戎于渭汭"也是此地。据此推断"渭汭"所在地并无问题,刘古愚进而认定,《禹贡》经文"泾属渭汭"的"渭汭"与此为一地,并不是泾水在注入渭河之地另有入口处称之为"渭汭"。刘古愚认为"渭得从泾之属而东有汭也",也就是说渭水得到泾水注入后其势更加壮阔,在泾水注入渭河的东方形成了"汭",当然,按照刘古愚的说法,这个"汭"就是朝邑与华阴之间的"渭汭",于此地注入泾河的漆沮被指为洛水也就合情合理了。问题是刘古愚如此解释不免牵强,泾水入渭河之口距洛水入渭河口直线距离有上百公里,言泾河为什么非要牵扯百里之外的那个"汭"呢?即便是《禹贡》叙述有此跨度,那么为什么此"渭汭"不能解释成泾河入渭之"汭"呢?这是刘古愚不严密处。

之后(第三层),刘古愚有根据《禹贡》"导渭水"的文字论证漆沮就是洛水而非石川河。《禹贡》云:"导渭自鸟鼠同穴,东会于沣,又东会于泾,又东过漆沮,入于河。"刘古愚说:

> 导水又东,过漆沮即"漆沮即从"之"漆沮",下即从之入于河,见过漆沮时,即入于河也。若以为石川河,则过漆沮后尚几三百里方入河,以经文言"过"者证之,洛汭去大伾三百余里,泽水去大陆三百余里,过后均言"至于此",过后不言"至于",明是过即入河,则漆沮当为洛水,而不当为石川河水也。①

刘古愚这一层的论证以经文证经文,根据《禹贡》所记述黄河的流向(即"导河")②所用的"过"和"至于"两词的指称意谓,刘古愚指出,《禹贡》用"过"之后并用"至于"说明河流所过之地与下面所至之地有很长距离,如黄河"过"洛汭向东至于"大伾"还有300余里,而在"导渭水"的句子中只有"过"漆沮,

---

① 刘古愚:《漆沮既从解》,《烟霞草堂文集》卷二。
② "导河"部分在《禹贡》中的记载为:"导河、积石,至于龙门;南至于华阴,东至于厎柱,又东至于孟津,东过洛汭,至于大伾;北过降水,至于大陆;又北,播为九河,同为逆河,入于海。"

而没有"至于"什么地方,也就是说渭河过漆沮之后即直接入于黄河,而此漆沮也只能是洛水了。此段体现了刘古愚对经文细致入微的把握,并结合实际地理情况进行论证,很具合理性。

接下去由"从"字入手进行解释(第四层):

> "从"诸家训为"从渭经",特书"从",则以"不从"为不治。惟洛水有不入"渭"时,后世如是,安知禹时不如是?故禹特言"既从",亦著其治。若石川河,则未有不从渭者,禹何以特言之?特言既"从",知为洛水而不当为石川河。"恒、卫既从",训为"各从其道",盖以从为顺,横为逆也。石川河《水经》有一支东入洛,若今之石川河,则止能南入渭,不能东入洛,而洛则不南入渭,必东入河;东入河,即虑冲决。成化时,洛入河近,同治时,洛复入渭水。《经注》"洛入渭",《汉志》"归德"下,"洛入河""怀德"下云"洛入渭",则古时必时入河、时入渭,是有可从可横之势者,洛也。故经以"既从"幸之,则知漆沮当为洛而不当为石川河也。①

"从"字注家解释为"从入渭水",犹如"恒、卫既从",解释为"各从其道",纵向入渭为从,为顺,横流不入渭为逆,大禹治水,将一度横流为灾而不入渭的漆沮顺利导向渭河,所以用"从"字以表示治水的效果。这样既可横流不入渭,又可纵流入渭的就是洛水。《水经注》记载洛水入渭河,《汉书·地理志》有时说洛水入渭河,有时说入黄河,实际情形也是如此,明朝成化年间,洛水入黄河,同治年间又入渭河,就实际情形而言,如此可纵可横的,也是洛水②。刘古愚同时又举出了石川河在《水经注》记载中也有"东入洛"之时③,而如今的石川河河道固定,只能南流入渭河,不可能东流入黄河。就其可纵可横之势及历史的变动情况而言,也只能是洛河。

然后刘古愚解释为什么有指漆沮为石川河的说法(第五层)。

> 洛为漆沮,《孔传》、阚骃、郦道元、孔颖达、颜师古均同,而以石川河为漆沮则始于程大昌。盖《水经》无漆水,而注中有,俗称"浊

---

① 刘古愚:《漆沮既从解》,《烟霞草堂文集》卷二。
② 洛水入黄河是由于晋陕交界向南流动的黄河河道的位移,黄河向西位移,洛水入黄河;黄河向东位移,洛水入渭河。
③ 此处叙述非常复杂,《水经注》说"沮水"汇合石川河之后,一脉顺着郑国渠东入洛水。见陈桥驿:《水经注校证》,北京:中华书局,2007年版,第406页。

谷水"为漆水,又沮水入洛之道绝,遂指石川河为漆沮水,后人又指同官水为漆水,而洛遂不得为《禹贡》之水。夫郑渠汉时已废,白公始凿之,白渠尾入栎阳,而郦叙沮水入洛,所经历历,若非自然之道,何以郑渠既废,而此流不绝尚数百年之久? 则知宋以前以洛为漆沮者,沮入洛之道存,无可疑也。宋以后,以石川河为漆沮者,沮入洛之道迹不可寻,故以一沮当漆沮也。①

较早为《尚书》作传的孔安国说"漆沮一水也,亦曰洛水",后来的经师孔颖达、颜师古都认为漆沮东流入洛水,因而洛水就是《禹贡》中的漆沮,郦道元在《水经注》、阚骃在《十三州志》中也持此说。最早提出石川河为漆沮的是宋人程大昌。刘古愚认为之所以程大昌有此说,是宋代以来不能辨认沮水入洛的渠道,又将《水经注》中民间俗称的"漆水"当作大禹治水时期的漆水而产生的错误。刘古愚说《水经》没有提到漆水②,《水经注·沮水注》提到"漆水"的"来历",注文的大意是浊水上承云阳县的大黑泉,东南流入郑国渠,"又东历原,迳曲梁城北,又东迳太上陵南原下,北屈迳原东与沮水合,分为二水,一水东南出,即浊水也。至白渠与泽泉合,俗谓之漆水,又谓之漆沮水。"③而此水又东南流,这就是今天的石川河,此即宋以来人们将石川河当作漆沮的原因。在刘古愚看来《水经注》记述的是民间的"俗称",并不是《禹贡》时期所指称的"漆水",因此作为民间俗称的"漆水"所汇入的石川河也不是《禹贡》时期真正的"漆沮"。同时,后人又将经铜官川而与沮水汇合的"铜官水"也称为漆水,正是由于这样的民间俗称,使洛水逐渐与漆沮的称谓脱离关系。刘古愚认为真正的沮水就是《水经注·沮水注》所说的沮水,也就是班固在《汉书·地理志》中所说的出于"直路县",最终"东入洛"的那条沮水。郦道元《沮水注》引证了班固的话后,具体而详细地交代了此"沮水"的流向:"今水自直路县东南……迳宜君川,世又谓之宜君水……又东南流迳祋祤县故城西……南合铜官水……又南出土门山西,又谓之沮水。又东南历土门南原下,东迳怀德城南……又东迳汉太上皇陵北……沮水东注郑渠……循郑渠,东迳当道城南……又东迳莲芍县故城北……又东迳粟邑县故城北……其水

---

① 刘古愚:《漆沮既从解》,《烟霞草堂文集》卷二。
② 殿本《水经注》中《水经》文字中有漆水,但宋本"漆水"作"柒水",刘古愚说《水经》"无漆水",不知据何版本。
③ 陈桥驿:《水经注校证》,第406页。

又东北流,注入洛水也。"①刘古愚认为,郦道元所叙述的就是沮水的自然河道,因为郑国渠在汉代已经废弃,而北魏的郦道元仍然清晰地叙述了沮水的流向,说明北魏时期沮水入洛的水道依然是畅通的,其下游既不与郑国渠完全重合,说明宋以前的人们依然把洛水当作沮水。刘古愚指出宋人程大昌把石川河当作漆沮,是不了解古代河道的具体情况而造成的②。刘古愚进而正面进一步说明洛水即是漆沮的原因(第六层):

> 《水经注》叙沮水更名石川水,又西南迳郭羕城与白渠支渠合,又南入于渭水,下云其一水东出,即沮水也。明提此为沮水,则阚骃谓洛为漆,以沮水入洛,故有沮名。盖"漆""沮"声近,自殷、周转为洛,而漆沮见于《禹贡》,故于沮入后乃举本名,则人知洛之为漆矣。③

这里运用音韵学解释漆、沮、洛之间的关系。刘古愚的结论是班固、郦道元所说出于直路的沮水就是《禹贡》所谓的"沮",发源于白于山的洛水就是"漆",因此"漆沮既从"说的就是洛水被疏导纵向流入渭河。

刘古愚最后指出,石川河不仅不应该是古书中的漆沮,而且也不是沮水,《水经注》言明沮水东出郑国渠、白渠,最终入洛。后来人们为了防洪与灌溉,挖掘了一条向南的支渠,此渠道容纳了北方的治谷、清谷、浊谷三谷之水及沮水的一部分。由于水流日益冲刷,河道变深,沮水南流入渭比东流入洛便捷,于是东向之水逐渐断绝,沮水完全流入渭河。此时流入渭河的下游沮水已经与洛水没有关系,沮水之名也就只有在上游沿用。这里刘古愚有交代不清楚

---

① 陈桥驿:《水经注校证》,第406页。

② 这里刘古愚没有具体说程大昌错在何处。程大昌在《雍录》中引《长安志》说明石川河是沮水"正派":"所谓沮水者,《长安志》曰:'自邠州东北来,至华原县南流,乃合漆水入富平县石川河。'石川河者,沮水正派也。所谓漆水者,《长安志》曰:'漆水自华原县东北同官县界来,南流入富平县石川河',是为合漆之地。"当代学者史念海先生根据实际地形勘察指出,程大昌所引用的宋敏求著《长安志》本来就有错误:"宋邠州治所在今彬县。华原县为今耀县,当时为耀州的治所。邠州本无沮水。就是有沮水也不能东北流到耀州。因为邠州北部高旷,其间小水皆南流入于泾水,不能再折而流向东北。宋敏求所指的当是汉时出于直路县的沮水。至于由同官县流来的所谓漆水,乃是《水经注》的同官水,与漆水无关。这应是宋敏求的误说。"清人胡渭将程大昌所引用的《长安志》当作不可移易的定论,也随着错了下来。见史念海:《释〈禹贡〉雍州"终南惇物"和"漆沮既从"》,《河山集》第九集,西安:陕西师范大学出版社,2006年版。

③ 刘古愚:《漆沮既从解》,《烟霞草堂文集》卷二。

的地方,而且是按照他所理解的"情理"进行推理。从实际情形来看,此支渠即应为石川河,既然石川河容纳了沮水之水,那么为什么石川河不能被称为沮水呢?如果此支渠不是石川河,又是什么渠道呢?于此,刘古愚并没有交代。

20世纪以来,学者运用新的科学方法,经过严密的实地考察,对渭河北岸的支流在历史上的演变情况有了更为科学、正确的认识,尤其是国内学者辛树帜、史念海等诸先生经过持续深入的研究,解决了一些问题。辛树帜提出漆沮不是哪一条固定的河道,应该是指原郑国渠一带的沼泽地,也就是古书所说的沮洳地。史念海先生在此基础上又对此问题进行了深入的研究。史念海先生首先区分了泾水以东与以西的漆沮水,泾水以西的漆沮与《禹贡》"漆沮既从"无关,这就排除了历代纷扰的一些干扰因素。接着,史念海根据在今石川河与郑国渠交汇处多泽薮、多沮洳的事实,又结合汇聚这里的河流无论其上游称谓如何,皆被称为沮水、漆水或漆沮水,而流经此沮洳地的河流又各有所称的现象,指出各条河流之所以有漆、沮之名,就是因此地多泉泽渊薮而得名,因此,漆沮既不能仅落实于石川河,而且程大昌主张石川河是漆沮也有错误。史念海的这一观点不仅解释了纷杂烦乱的有关漆沮的文献记载,并说明这与孔安国、桑钦、班固所说的沮水东入洛是郑国渠开凿之后的情况。此问题涉及渭河流域多条河流,关系复杂,史念海先生曾绘制《漆沮图》,为便于理解问题,我们将此图复制如下(见下页):

史念海先生如此解释,各种古人的记载都有了着落。问题是孔安国、班固以及《水经》的作者桑钦如何就无视郑国渠开凿以前的情况而仅仅将郑国渠开凿后的情况当作永恒不变的实事呢?笔者猜想,有没有可能郑国渠就是沿着沮水入洛的河道开凿的呢?实际上包括《水经注》在内的相关文献的记载不完善,甚至彼此矛盾,要确指《禹贡》中的"漆沮"几乎是不可能的,但是我们可以逐渐逼近事实本身,也可以纠正前人的一些明显的错误。从当代的研究成果再来看刘古愚的研究,有以下几个方面是值得称道的:

第一,将实地考察与文献结合起来,不仅仅在文字中讨说法、定从违。虽然刘古愚的一些推测显得太过大胆,但其背后有着事实的支撑,这事实就是他对关中地理的了解。刘古愚固然没有如史念海先生那样进行了大量、细致的实际调查,他否定石川河为漆沮的一个重要理由是石川河规模太小,不足以统泾水之东渭河北岸之水,而洛水的规模比石川河要大得多,《禹贡》不言

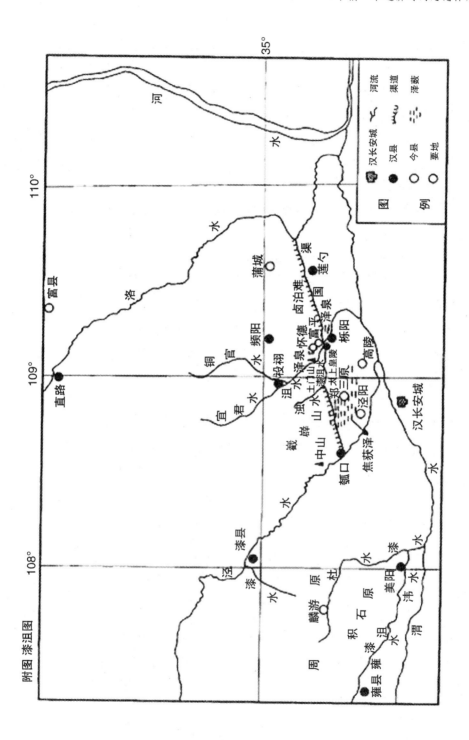

附图 漆沮图

此河而言石川河,于情理不通。此理由是逻辑上的理由,他的经典依据就是孔安国、桑钦、班固等汉人的说法,后人要否定他们的说法其理由必须更充分;而在刘古愚看来,程大昌、胡渭提出的理由都不足以起到否定的作用。刘古愚的这些推理看法都有很坚实的基础,史念海先生也无法否认孔安国、桑钦、班固等人的说法:"上面这些具体情况也可以证明孔安国和桑钦所说的话是不错的。孔安国说漆沮就是洛水,桑钦也说沮水东入于洛。所说的都是郑国渠开凿成功以后的情况。郑国渠凿成后,沮水受到壅塞,改道随渠东流,注入洛水,故孔安国和桑钦皆作如此说法。用这样的话来解释《禹贡》导渭所说'东会于泾,又东过漆沮入于河',也是可以说通的。因为当时洛水南入于渭,其入渭处也是在泾水之东,渭水在纳入洛水之后才入于河。"这里实际上也就是刘古愚的观点,洛水就是漆沮水。此后史念海先生又说"不过这是在郑国渠开渠成功之后的事。其时郑国渠上游早已淤塞不通,沮水还是通过郑国渠的渠道流入洛水的"①。为什么不通,史念海先生并没有解释。

第二,所考证的不是与现实无关的过去的、静态的对象,而是与现实生活及时代精神价值需求有着密切关系的对象,这也显示了他的实学特色。

第三,不迷信权威,勇于破除成见。胡渭的《禹贡锥指》享有很高的学术地位,但是刘古愚根据他对渭河流域水系实际情况的理解,否定了胡渭的观点。据史念海先生研究,胡渭以及他所推崇的程大昌都是仅仅从纸面文字中寻求结论,因而不免闭门造车,与事实不符。刘古愚虽然没有直接指出胡渭等人的错误,但是他时刻将文献与实际情况相对照,因此能够摆脱文字的束缚,于诸家注中取其要害,无需繁琐称引。

二、与康有为的联系及今文经方法的运用

作为一位密切关心时事的学者,他致力于解决实际问题的学术研究,这就与传统的学术研究有了很大的不同,形成于两千年前的六经的具体论断已经不能束缚刘古愚的思想,"当事之务"是他关注的问题中心和是非判别的标准,于此相反的论断,哪怕是出于圣人,也可以修正。但是刘古愚也没有从形式上否定孔子,而是借用孔子的旗帜去重新阐释适应时代需要的价值内容。

---

① 史念海:《释〈禹贡〉雍州"终南惇物"和"漆沮既从"》,《河山集》第九集,西安:陕西师范大学出版社,2006年版,第95页。

"六经注我"本是中国流行甚广的一种学术传统,陆九渊也表现为六经注我,这并不能与今文经画等号。在与康有为联系之前,他的研究也没有今文经的迹象,"治经宗《周礼》《左氏传》、史精《四史》《通鉴》"[①],这基本与今文经无涉,并且刘古愚精通的经典正是古文经的《周礼》《左传》。但是刘古愚在与康有为接触之后,其学术研究受到康有为的影响很大,在阐释传统经典方面表现得更为大胆,有时基本脱离经典原意,经典语句成为刘古愚思想的一种装饰,而实际内容则是刘古愚自己的,前述政治、经济思想都是如此。尤其是刘古愚直接用康有为所提倡的发明孔子旧说,阐释孔子微言大义,揭示刘歆伪造经典的方法,刘古愚也因此深遭时忌。那么刘古愚为什么如此接受康有为的观点呢?我们认为有以下几个方面的原因:

其一,康有为明尊孔子,实际否定传统儒家的某些保守观点的思想正适应了当时时代的需求,尤其是康有为提倡的公羊三世说与稍后风行的"进化论"思想有契合的地方,刘古愚也正是在这种时代大潮中,与康有为的思想一拍即合。

其二,刘古愚与一二好友在关中奋斗数十年,基本与外界没有应和,而康有为的变法思想正中其怀抱,因而视康有为的呐喊如空谷足音,使刘古愚备受鼓舞。在康有为活动的激励下,刘古愚的维新活动更有声色。刘古愚及其弟子在维新运动期间(1895—1898)受到张之洞幕府集团(以柯逢时为中介)和康有为集团的直接支持,刘古愚与康有为在感情上有亲近感。

其三,刘古愚在维新时期遭受迫害的直接原因是宣传康有为思想,康有为的今文经学无论如何受到学界及各政治派别的反对,但戊戌政变后,作为政治要犯的康有为仍然是改革、进步的主要代表,孙中山的革命思想在拒俄运动之后才逐渐广为国内舆论所接受[②],而此时刘古愚已不及见。蓬蓬勃勃的维新运动被慈禧太后突然腰斩,而此后的"己亥建储"、利用义和团、与八国交战等一系列倒行逆施的活动从反面显示了康有为路线的优点,以维新志士身份而隐居深山的刘古愚又无缘得见海外各种新的学说,维新变法以及康有为的某些思想仍然是其精神支柱,辛丑之后,他喊出"疲癃愿缓须臾死,得见吾皇立宪新"的心声。

---

① 刘瑞骕:《行状》,《烟霞草堂文集》附录。
② 杨天石:《1901年至1905年的拒俄运动》,《晚清史事》,北京:中国人民大学出版社,2007年版,第233—261页。

其四,康有为提出的保种、保教的思想一定程度上喊出了捍卫中国传统价值、文化的时代心声,这也与刘古愚的思想深相契合。

其五,山居期间,政事日非,刘古愚对此极端不满,但在讲堂上又不能公开批判慈禧太后,而用微言大义的方式解说经典,正是教育学生的可行方法,所以山居期间的经学著作今文经的特点尤其突出。刘古愚大量体现今文经学思想、方法的著作都是在山居期间写成的。以上前四项我们已经在叙述刘古愚事迹的时候多有交代,下面结合第五项,对刘古愚的经文经学研究略作阐述。

1898年3月,刘古愚与康有为曾有书信往返讨论经学。刘古愚赞同康有为的刘歆变乱家法的主张,但反对《周礼》是伪造的,并在此信中提出儒学非孔学、孔学为道家的说法。康有为的复信没有再举刘歆作伪《左传》《周礼》的证据,而是说明了他考证伪经的良苦用心:"此事关中国太平之局……'伪左'不去,则《春秋公羊》不明;《春秋公羊》不明,则太平之治不出。……今当发明大同太平之时,非终于拔乱之旧。此义既明,以后孔子乃尊……国变相急,危亡不远,保国之事恐不易得,惟保种、保教人人与有责焉。"①并希望刘古愚以其学术名望去发明孔子为教主之义。这封信对刘古愚影响很大,《周礼》是他"乡学观"的经典基础,他不会认为这是伪书的,对其余经书的看法,治经乃至治史,刘古愚很明显地采用了今文微言大义的方法。

我们先介绍一下刘古愚对刘歆的看法。他接受了刘歆伪造《左传》的说法。首先,他在《〈汉书·艺文志〉注》中举出了多条刘歆作伪的例子。我们知道,《汉书·艺文志》是依据刘歆所著的《七略》写成的,而刘歆《七略》又源自其父刘向所著《别录》。刘古愚在注文中指出,传世的刘向所列战国诸子共九流十家,即儒、道、阴阳、法、名、墨、纵横、杂家、农家、小说家。但是,兵家、术数家、医家均应包括在百家之内,这几家在战国时期都有很大势力,而且十分重要,医家尤甚。但之所以未被列入,原因是刘歆对刘向的观点进行了窜改,在此基础上写成《七略》,而不列此三家。"刘歆变乱父书,以声音点话之学,上参西汉博士传经之席、忘亲非圣,真千古罪人矣!"②其次,《左传》是刘歆按《国语》伪造的,世上并无"左丘明"其人。之所以产生左丘明作《左氏春

---

① 刘古愚:《烟霞草堂文集》卷六。
② 刘古愚:《〈前汉书·艺文志〉注》,《烟霞草堂遗书》之十一。

秋》的说法是由于讹传而成。他说,"左史记言",《国语》乃记言之书,依左史之法写成,所以也可叫作"左史"。孔子得七十二国宝书以为《春秋》,书成后,所保留的原书即称之为《左史国语》,后讹传而为《左氏春秋》,"左史"后讹传为"左氏","左丘"遂为人名。《史记》只有"左丘失明",失明指其目盲而非其名,谓左丘明为人名而为《左传》之作者,于经典无根据,其伪显然。《论语》"左丘明耻之"当是"左史耻之","盖巧言令色足恭,匿怨友人,此等言论皆左史之法所深耻。孔子作《春秋》悉本古史之法,故与之同也。"①孟子叙道统相承,两举《春秋》,如果真是左丘明与孔子同作《春秋》,为什么孟子无一言道及呢?而且《公羊》《谷梁》二书均不书姓名,为何独《左传》不隐姓名,反而不传于汉初,显系伪造。

刘古愚还基本上接受了康有为的刘歆伪造古文经的说法(《周礼》除外)。在《〈汉书·艺文志〉注》中言道:"近人有《伪经考》,谓古文之学创自刘歆,'六经'中所列古文,皆歆窜入其父书中者,子政所校,据古今文,不列古文为经也,其说甚是。"他赞同《费氏易》《毛氏传》为刘歆伪作。

  盖古今文之异,只在乎字形,子政习《谷梁春秋》《鲁诗》,不应取不立博士之《毛诗》《左氏》。《费氏易》行于民间,不应四家博士所传之经,反脱"无咎悔亡",而费氏与古文独同,则歆之作伪以诬其父也明矣。②

此外,刘古愚还根据自己的思想主张提出对刘歆古文经的诘难。对于儒家经典,刘古愚有这样一个观点,即《六经》所言为孔门大道之全体,囊括了儒家的所有思想主张及学术成就,《论语》是对各经的阐发,当列于经后,而不能先于《六经》,之所以特崇《论语》是后世道学家崇语录的风气所致。诸经之中,蕴含孔门圣意"本原"即精神核心的是《孝经》,刘古愚认为《孝经》为群经之首。《汉书·艺文志》首列《五经》,并将当时的研究成果附于各经之后。五经之后,所列为《孝经》,《孝经》后列有《尔雅》三卷二十篇,《小尔雅》(刘古愚注:"尔"字据宋祁注补)及《弟子职》各一篇,《说》三篇。此后班固别辟一项为"小学"类,列有《史籀》《八体六类》《仓颉》《凡将》《急救》《元尚》《训纂》《别字》《仓颉传》、扬雄《仓颉训纂》、杜林《仓颉训纂》《仓颉传》等小学类书12种。在小学类的末尾,刘古愚对刘歆提出诘难。

①② 刘古愚:《〈前汉书·艺文志〉注》,《烟霞草堂遗书》之十一。

他首先从《孝经》入手。刘古愚主张《孝经》为入学之基,小学生应首先学习《孝经》,刘古愚主张对少年儿童进行文字基本功的训练,同时也要教之习算。也就是说,圣人的精神是儿童不仅要学习各种技艺(包括训诂、算学等),而且还应进行伦理教育,使之孝悌亲仁。他认为《汉书·艺文志》安排的"小学类"是不符合这一精神的;而班固《艺文志》又是摘自刘歆《七略》,所以刘古愚就把《艺文志》当成刘歆的作品对之进行驳难。他认为,《孝经》类后列有《尔雅》《小尔雅》两种,是讲文字的训诂的,《古今字》讲字的形体与声音,而《弟子职》则是讲弟子的洒扫应对进退之仪节。这两类书目,一类是讲伦理道德的,一类是讲文字学的,正符合孔子《论语·学而》中"弟子入则孝,出则悌,谨而信,泛爱众,行有余力,则以学文"的原则。所以,"五经类"这一部分文字是出自刘向之手,与圣人宗旨相合。"文字训诂"一类列于《孝经》之后,正符合儿童教育的规律,而且《孝经》后所列训诂类书目已经能够代表训诂的成果。刘歆为了提高古文经的地位,在此篡改了刘向的遗书,又加入了"文字"一类,使之与五经并列,专为一门学问,称之为"小学",此后弟子专以小学为学而不讲扫洒应对之仪,失掉圣人"谨而信,泛爱众"的宗旨,专以训诂辞章为务,不能成"蒙以养正"的圣功,这种学风的转变从西汉元、成之时开始,其罪魁是妄亲非圣,变乱父书的刘歆。

从中我们可以看到,同是主张刘歆作伪,刘古愚与康有为在立足点上又有所不同。康有为以微言大义的手法,三世三统之义来反对古文经,刘古愚则是站在理学的立场上,反对古文经学不修伦理的古朴做法,上面的矛盾实际上是理学与经学的矛盾。以考证训诂为主的古文经虽然就其方法上及其所取得的成果而言,均给人以一种"实学"的印象,实际上这种实学也是一种脱离现实的实学,与当时破家亡国的社会形势不相涉,因而流于空虚,成为刘古愚所深恶痛绝的"章句训诂"之学。这里虽然直接用意是在为今文经学张目,实际上还是刘古愚自己反对"章句训诂"思想的继续。刘古愚接受今文经学也是有其固有思想基础的,但在立脚处及着眼点方面与康有为有异。康的主要目的在于推销自己的政治主张,其注意的焦点在现实政治,而作为一个教育家的刘古愚则主要是为了矫正学风及整个社会风气,其用力的领域在于文化与社会伦理方面。

此外他还从考据的方面对刘歆进行了批驳。刘古愚注意到"小学类"所列各书及其书目后的一段文字中用"篇"字,而《孝经》类中的《古今字》则用

"卷"字。《古今字》已失传,以《尔雅》三卷的分量来推论《古今字》,则其篇幅亦当很长,这样,按刘古愚推测,《古今字》就可以囊括"小学类"的《史籀》,及李斯、赵高、胡毋敬、司马相如、李长、史游、扬雄等作品的内容。《古今字》是统括古籀、篆、隶之形,所以刘歆"小学类"所列书目是重复而无意义的。这是刘歆为了抬高古文经有意篡改父书,而被班固原文录入《汉书·艺文志》造成的异常现象。

从上面的叙述我们可以看出,刘古愚指责刘歆作伪所举的考证方面的证据多凭主观推断,以两千年后的臆测来判定汉代书目的内容及其相互关系,是没有说服力的。而且在刘所处的时代,《汉志》中所列书籍大多散佚,班固则能见到当时大部分的藏书,刘古愚的这种推断是难以令人信服的。所谓刘歆作伪说,据目前的文献研究,尤其是考古学的研究成果,日益说明其不能成立。所以,我们须明确一点,刘古愚的这一观点是不正确的。但刘本人并不是一个考据家,他的注意焦点是当时的社会事务,在当时的社会情形及学术背景下,不能仅以学术观点的正误来评判一个人的高下。

此外,古文、今文二家对于六经的排列顺序也不相同。刘古愚赞同《诗》《书》《礼》《乐》《易》《春秋》这样的今文排法,认为这要优于东汉古文家所提倡的《易》《书》《诗》《礼》《乐》的序列。至于认为经文中含有孔子的微言大义,则更是今文经学应有之义,"夫子经世之微言大义莫备于《春秋》",他主张用推究圣人以口传经时所阐发的隐义,但后来经学"重事实、抑口说,则有《春秋》之事,无《春秋》之义矣。口说原不必尽符圣人本意,然学者由此推求圣人作《春秋》之本意,必犹有存者⋯⋯"①他不仅用微言大义的方法解经,也以之解史,谓《史记》本之《春秋》,其中的义理有许多地方没有直说,只有暗示,需要读者细心推究,他主张读《史记》要由"显者而推隐者",太史公继承了孔子微言大义的笔法,得圣人之大道,谓"孟子传孔门史之心,董子传孔门史之义,史迁传孔门史之法"②。用这种方法,《史记·货殖列传》成为阐述他"工商为本,仁义源于食货,利为天地之生机"的思想的经典依据。

山居期间,刘古愚还用今文经的方法写成了一些强烈影射当时现实政治的作品,如《襄王得罪于母故书出说》《孔子周游列国说》《孔子请讨陈恒说》

---

① 刘古愚:《〈汉书·艺文志〉注》,《烟霞草堂遗书》十一。
② 刘古愚:《〈史记·太史公自序〉注》,《烟霞草堂遗书》之十。

《母后擅政立太子》《天王出居于郑》《论吕后、武后》等。

《襄王得罪于母故书出说》是影射慈禧太与光绪皇帝的。此文见《烟霞草堂文集》卷一，与此类似的文字还有《天王出居于郑》，载《文集》卷七《杂著》中。相比而言，《天王出居于郑》较简短，有些地方没有充分展开，层次也不太明晰①。之所以有这样类似的文字两出的现象可能是《天王出居于郑》是当时学生在课堂上的记录，故收录于杂著作，而《襄王得罪于母故书出说》则是刘古愚讲课后的手定稿，所以收录在作为正式著作的《文集》中。例如《文集·杂著》中的《黄道周以唐王聿键称号福州》《清兵克长沙》《孙可望遣人劫由榔杀吴贞毓等》就是出自张季鸾的听课日记。② 另外，张鹏一记述刘古愚为诸生说"天王出居于郑"时，提到张柬之、裴炎以及武后的事③，这样的内容在今传《天王出居于郑》《襄王得罪于母故书出说》中都没有明确提到，而在《杂著·论吕后、武后》中则有此内容，可见张鹏一记录的版本也与上述二文有所不同，这应该是不同的学生记录差异而致。张鹏一在《刘古愚年谱》中就补充了不少现《烟霞草堂文集》中未收录的内容。《刘古愚年谱》记载刘古愚为诸生讲《天王出居于郑》是在光绪二十五年（1899）六月，《襄王得罪于母故书出说》写定应该就在该年。

---

① 全文如下：《公羊传》曰："天王出居于郑，王者无外，此其言出何？不能乎母也。"注训"不能"为"不能事母"，谓"罪莫大于不孝，故绝之言出也"。下无废上之义，得绝之者，明母得废之，臣下得从母命。按：此注非也。臣下得从母命，此秦以后法，非三代圣王之制。《传》谓："不能乎母，非不孝其母也，"此"能"字当如《左传》"能行大事乎？曰："能"之"能"，"不能"言不忍于其母也。王本可以诛叔带，今以母之故，不能诛叛逆，而被其出，虽为匹夫之孝，然究失之仁柔，不为大恶，故不援"王者无外，不言出"之义，而为之讳，直书"出居"而不去其"天"，见人子可以不忍于其母，而与共天位之诸侯、大臣，独不闻天王之出居，而兴师以正王居乎？故引曾子之言（国亡，然后以国为姓。《公羊传》时鲁未亡，不应有鲁姓，故知曾子之讹）曰"是王也"，谓居于郑者是王，与太叔居成周者，非王也。"不能乎母"者，其此之谓欤？谓溺爱少子，召狄灭周，得罪宗庙，臣民人人得而诛之，而王为之子，则不能推刃于其母，又不能坐以待大杖之加，则止有出居之一法也。此义不明，汉世有母后之祸。夫封国之君，能臣诸父昆弟，何以不可制母？致令妇人昧夫死从子之义，阴乘阳位，至唐之武氏而极，经义不明，所关岂浅鲜哉。

② 张鹏一：《刘古愚年谱》第299页："本年（引者按：1902年）烟霞从学日记，今存季鸾日记一册，先师批其明季唐王、桂王事实数条，已载《文集》卷七《杂著》内。"而上述几条则都与唐王、桂王有关，张季鸾日记应该指这几条。以此例之，《杂著》中的不少内容是从学生听课笔记中征集来的，多非刘古愚手定。

③ 张鹏一：《刘古愚年谱》，第161—162页。

下面我们以《襄王得罪于母故书出说》为主,介绍刘古愚的今文经风格。《公羊传》鲁僖公二十四年文曰:"冬,天王出居于郑。王者无外,此其言出何?不能乎母也。鲁子曰:'是王也,不能乎母者,其诸此之谓与。'"①刘古愚一开篇就亮明自己的观点:"天王出居于郑,王者无外,即不得言出,此何以书'出'?幸也,何幸尔?幸王之能自全也。"这在句式、口气方面都与《公羊传》类似,唯观点与历来各家注解不同。接着是交代襄王、惠后以及叔带之间关系的史实。也用问答句式,大致意思是,周襄王是惠王的儿子,襄王生母早亡,惠后为其继母。惠后宠爱其子带,而她得宠于惠王,是以王子带势力很大,被封为甘昭公。惠后及惠王欲立叔带为太子,只是在诸侯的主持下,襄王才得以继承王位。即位后的襄王一直谨慎侍奉母亲,以惠后爱子之心爱叔带,以求能孝顺继母,与惠后处理好关系,用刘古愚的话来说就是"求能于母"②。但惠后与叔带母子依然忌恨襄王,最终导致叔带发兵攻打襄王,襄王"出居"郑国。这里刘古愚所用的都是《左传》所记述的史实,接下来刘古愚说:

> 出亦失其居矣,故书曰"出居于郑"。郑亦王土也,居即王居矣。若曰"出"者,出其母之陷阱而仍居祖宗之土也。王者无外,不言"出";不能乎母,则可以言"出"。子无推刃于母之义,坐而待杀,则申生其共,非大舜大杖则走之义也。走可谓孝乎?曰匹夫之孝,非天子之孝也,故不曰不孝乎母,而曰不能乎母,能则母不能出王矣。

这里刘古愚再次强调"出"是逃脱牢笼、陷阱的意思。这显然是通过庆幸襄王得以逃出后母势力所造成的危险,而痛惜光绪皇帝为慈禧太后所囚禁。在后面,刘古愚很动感情地写道:"今居于郑者天王也,居成周则乱臣贼子。若曰请看成周谁为天子?乱臣贼子,人人得而认诛之。而诸侯不动,天崩地裂,人人悼心。失国而诸侯不闻,则周之亡久矣!"很明显,囚禁光绪皇帝的慈禧及后党诸人是乱臣贼子,人人得而诛之,天下诸侯应该起来勤王。此思想与康

---

① 李学勤主编:《春秋公羊传注疏》,北京:北京大学出版社,1999年版,第248页。

② 这里刘古愚所用"能"字的含义就是侍奉、孝顺以及关系和睦的意思,与《公羊传》本文的"能"字是一个意思。而在《天王出居于郑》中则将"能"字解释为"忍心杀母"之"忍心""下决断"的意思,可见刘古愚这里并不是客观地解释经文,也不是为求得《公羊传》的原意,而是借助《公羊传》用类似康有为的方式阐发《公羊传》背后的所谓"微言大义",实际上是在表述自己的观点。

有为、梁启超、唐才常后来的勤王思想是高度一致的。这里并提到"推刃于母",这使我们联想到康有为谋划围攻颐和园、诛杀慈禧太后的计划。接着阐释天子之孝与匹夫之孝的区别,天子不能与一般百姓一样,砠砠于母子之义,甚至像舜的小杖则受、大杖则走的做法也非天子之孝。天子以保国家、卫社稷、维护君臣大义为大孝,天子既然可以臣其叔伯,母亲自然也是臣服的对象。襄王在叔带的进攻下,以不忍后母之心为辞,放弃抵抗,不是天子之大孝,不过是匹夫之孝。刘古愚并用《公羊传》文字说是"不能于母",不是"不孝于母"。次年,刘古愚写成《〈孝经〉本义》,强调《孝经》是孔子手定,非后世弟子所作,尤其盛发"天子之孝"与"匹夫之孝"的根本区别,其深层动机也是为了强调光绪皇帝反抗慈禧太后的合理性,也就是说天下人将矛头指向慈禧太后集团是合情合理的。

接下来刘古愚从正面论述母后无权驱逐天子,天子的权力来自父,来自天,而非来自母:

> 子受命于父者也,非受命于母也,母尤不可出王。王者父天而母地,万民所归往也,得乎丘民者也,故曰"天子"、曰"天王"。诸侯有世子,不能世国,诸侯受命于王者也;王有世子,不能世天下,天子受命于天者也。诸侯失地名,天子出居不名,命未绝于天地,不得而绝也。故天王之母,不可出天王,故曾子曰"是王也",惧人以匹夫之义责之也。

这里的意思非常明显,刘古愚是在告诫学生,慈禧太后实际控制的朝廷并无合法性。刘古愚之所以提"曾子曰"是因为他认为鲁姓是因鲁亡国后以国为姓,《公羊传》写成的时候鲁尚未亡国,所以《公羊传》中"鲁子曰"为"曾子曰"之误写。刘古愚的观点与康有为出逃后声讨慈禧太后的观点非常一致①,只不过康有为在海外,更为直接,措辞更加激烈。

刘古愚《杂著》中有《论吕后、武后》一篇,结合西汉及唐朝的史实,再次声明,母后不能干政,不能废天子,也无权立太子,如武后等,毁李唐宗庙,已经不是李氏之妇,与叛逆无异,这也不是客观地论列历史,而是寻找"春秋大

---

① 康有为认为慈禧不过是先王之遗妾,无权柄政,更无权囚禁光绪皇帝。康有为在《戊戌与李捉摩太书及癸亥跋后》云:"我国经义,帝者以嫡母为母,不以庶母为母。伪太后在同治则为生母,在今上则为先帝一遗妾耳。岂可以一淫昏之宫妾,而废圣明之天子哉?"《康有为全集》第五集,北京:中国人民大学出版社,2007年版,第12页。

义",并针对"己亥建储"之事为现实张目。

> 武后易唐为周,更姓改物,毁唐宗庙为武氏之庙,则非李氏之妇,即不得为中宗母。毁唐宗庙之日,大臣即宜力与之争,不能得,以兵声其罪而诛之可也。吕后未易刘为吕,其少帝亦托名孝惠子,后世宫府隔绝,其真伪外廷恐难与母后争辩。天子即以世及为常,又无母后不预政之禁,吕后立少帝,大臣岂能遽以兵从事?故必待吕后之死,而后诛诸吕、废少帝、迎文帝也。然此皆就后世家天下之局,相沿之私意言之,非圣人官天下之公义也。自古为天下之君,不自号天子也。三代以上曰王,则为天下人所归往,天下人皆归往,方谓之王,则王非一人所能私立,即非一人所能私废。孔子作《春秋》于王上加一"天"字,即"天子"之意。盖谓王者,必得乎天心也。天无形声可接,得天与否,何从叩而知之?则"天视自我民视,天听自我民听","天王""天子"之天,即民也。民心与之,即天心立之;民心去之,即天心废之也,故天子非一人所能废立。天子之父能废己之子,不能废天子之子,故曰"得乎丘民为天子",不曰"得乎父者为天子"也。天子之父且不能废天子,况母乎?《春秋》于襄王出居于郑,特书"天王亡国而出",王不去天,此圣人之微言大义也。是时惠后爱少子带,召狄师,逐襄王,立子带,是以母废子,而《春秋》不与其废,故特书"天王",谓天子为天下人所共戴,其母不得以私情废也。以此例之,母不能废天子,则废中宗时,裴炎之请武后废之为非矣!裴炎之请既非,则张柬之五王之讨,为是也。母不得废天子,即不得立天子,则吕后之立少帝,非矣。立少帝为非,平、勃诛诸吕于吕后生存之时而不为过,此《春秋》意也。然不行于后世已久,吾今发之,必骇人听闻而不敢信矣。

这里刘古愚影射慈禧太后的意图是非常明显的,与春秋三传之意均有不同。汉以来的注家对此事的解释都是批评襄王,或谓其不智,或谓其不孝。上述与叔带恩怨的叙述即来自《左传》,在《左传》的叙述中,惠后、叔带固然无良,而襄王拒绝抵抗,弃社稷于不顾,之前又不能消弭祸端,为不智。《谷梁传》则说:"天子无出,出失天下"[①],也是贬抑周襄王。《公羊传》言其"不能事母",

---

① (清)钟文烝:《春秋谷梁经传补注》,北京:中华书局,1996年版,第323—324页。

其原意应该是不能处理好与母后的关系,致使招致大祸。何休《公羊春秋解诂》则谓襄王"不能事母,罪莫大于不孝,故绝之。言'出'也,下无废上之义,'得绝之'者,明母得废之,臣下得从母命。"①《汉书·霍光传》云:"周襄王不能事母,《春秋》曰'天王出居于郑',繇不孝出之,绝之于天下也。"此文是霍光废除昌邑王文书中的句子,自然是指不能孝顺母亲为罪。《盐铁论·孝养篇》"周襄王……被不孝之名,以其不能事母也"。看来汉代今文经的经师都认为周襄王不孝,何休继承此说。至于将"出"解释为"逃出牢笼"则更是刘古愚的独创。在《母后擅政立太子》一文中,刘古愚甚至赞成汉武帝立子杀母的残酷做法。刘古愚说汉元帝不忍心继承武帝的制度,而后族王氏专权,西汉最终亡于王莽;北魏以立子杀母为残忍,中断此制度,最终因胡太后乱政而灭亡。联系这样的事实,主张立子杀母这样残酷的制度,应该是刘古愚一时愤激之言,其矛头指向慈禧太后是不言而喻的。当时慈禧太后立载漪之子溥儁为大阿哥,意在取代光绪皇帝,史称"己亥建储"。流亡海外的康有为、梁启超大力反对,刘坤一等国内大臣也不赞同,列国亦不予承认,掀起政潮。刘古愚这里用今文经的手段表达政见,其动机一目了然。

《孔子周游列国说》《孔子请讨陈恒说》《朋党论》则是就康有为之出逃有感而发。

《孔子周游列国说》也采用设问的句式,首先通过一问一答指明孔子周游列国并不是为了传道,按照刘古愚的理解,孔子要传道不是到各地上门干谒,既然大道在此,求道者应该来向孔子学习,所谓"闻来学,不闻往教"。此说以后来的标准论当时的事情,并未做到知人论世。刘古愚进而指出孔子出行是为了逃避季氏的杀戮之祸,而孔子招祸的原因是主持"堕三都"。"堕三都"就是要拆毁季孙、孟孙、叔孙三桓的堡垒,以加强鲁君的势力。这时季氏的权力已经落到家臣公山不狃手中,解除季氏费城的武装正是季氏所盼望的。那季氏为什么要杀孔子呢?刘古愚认为季氏是受了齐国权臣陈恒的蛊惑。陈恒篡齐急于三桓之篡鲁,陈恒看到孔子削夺三桓势力,公室强大,如此齐国必将效法鲁国,要加强齐国国君势力,像鲁国一样抑制卿大夫势力,陈氏必首当其冲。因此陈恒决定联合季氏,离间孔子与鲁君、季氏的关系,进而除掉孔子。陈恒并与季氏密谋,晓以利害,谓孔子削弱二氏,最终将不利于季氏,只

---

① 李学勤主编:《春秋公羊传注疏》,北京:北京大学出版社,1999年版,第248页。

有除掉孔子,三桓联合,停止孔子的堕三都行动,季氏才可保无虞(这也是刘古愚的推测)。陈恒赠送鲁国女乐,季氏受之,鲁君沉湎于女乐,怠于政事,季氏并接受陈恒的计谋,决定除掉孔子。郊祭的时候分给大夫祭祀用过的肉而又不给盛祭肉的器具(不致膰俎),刘古愚认为这就相当于国君赐臣下食物而又不给筷子,埋伏着杀机。齐国忌惮孔子,并馈送女乐以消弭鲁公与季氏的意志,这样的事情《史记》均有记载,至于此谋出于陈恒与季氏的联合,欲置孔子于死地,则是刘古愚的观点。郊祭不致膰俎是对所有的鲁国大夫都不致膰俎,并非针对孔子一人,这可能是一次失礼行为,也可能是当时礼崩乐坏的体现,将此与后世专制帝王以权术对待臣下相类比也失于牵强,他所用于证明自己观点的也全出于推测,并无直接的事实依据:

> 谓女乐之馈出自陈氏,此何据而云然乎?曰以昭公之出陈氏,援齐简公之弑,三家庇陈知之也。齐为昭公出师伐季,陈武子在行,第骂之以口,而季氏犹恐伤之,则陈氏之党季氏,明矣。简公之弑,孔子请讨,哀公使告三子,三子不可,是时政在季氏,必季氏不可,叔、孟始从而不可也,则季氏之党陈也。使夫子卒用于鲁,收三家之权以归鲁君,陈氏为乱,鲁君必自讨之,岂待孔子之请哉?此陈氏谋齐所大忌者也。陈之谋取齐,急于季氏之谋鲁,故其忌孔子也,亦甚于季氏。若女乐之馈,出自齐君,则为无因,故知其为陈氏之谋,而无疑也。

刘古愚论证季氏欲杀孔子的文字如下:

> 季氏欲杀孔子,公不敢远也,郊不致膰,盖即为食不设箸之意也。则杀孔子谋已定,而孔子不能不行矣。不用孔子,孔子辞官居乡可矣,曷为即去国也?曰以孔子去之速,知季氏必欲杀孔子,而圣人已风其机也。夫使受女乐为定公,公仅怠于政,则孔子不惟不当去国,宜先尽三谏不听之义,然后以礼辞官,始为情义兼尽。今乃不脱冕而行,违去父母国,迟迟之说,类小丈夫悻悻之为,大圣人岂肯出此?故知孔子之行为桓子欲杀孔子,孔子见机而作也。又证以孔子出入之迹,而知孔子决为避祸,非为行道也。

孔子在外共十六年,宋、卫不容,避地陈、蔡,绝粮菜色,屡发思归之叹。夫为行道而出,道不行而归,儒生之去来何与国家事,岂不进退自如?而孔子不能也。其出也,师已送之曰:"夫子为罪也",当时不罪夫子,师已何为辨其无罪? 而夫子亦曰:"彼妇之口,可以出走。"言彼妇口于桓子,已不得不走出也。"彼妇之谒,可以死败",谒进其谋也,死谓夫子,败谓国事,则夫子出走为避死,明矣。故其归也,必待冉有用于季氏,季氏召之而后敢归也。且由此可证季氏罪孔子者,非第曰抑私家强公室也,必诬孔子为党人,不惟不利于季,并不利于鲁,群小附和,而孔子之徒遂皆不敢居鲁,从陈、蔡之四科是也。故终桓子之身,鲁人无敢谋复孔子者。及桓子将死,始自悔其非,遗言康子召孔子,而其臣犹沮之。幸召冉有,得复用于季氏,而有清邑之捷,乃始恍然于孔子之党不惟利鲁,且利季也,始召孔子,孔子乃敢言归。则前此之不敢言归,为季氏,明矣。

刘古愚笔下为避祸而出走的孔子非常类似于康有为,康有为正是因慈禧太后集团欲杀之,"见机而作",逃亡海外,真正周游列国。刘古愚还进而推论,季氏势力必然污称孔子为党人,使孔子之徒遂皆不敢居鲁,这正是戊戌政变之后,一些赞成康有为政见的人被视作党人,经受政治迫害的现象,此情境于康有为为实,用在孔子身上则完全是臆测。因此刘古愚与其是说孔子,倒不如是为康有为逃离虎口、避难海外张目。其内在意蕴也很明显,康有为出逃是高尚的、正义的,与圣人孔子的行为一致①。相信一向以圣人自命的康有为看到此文,也会莫逆于心的吧。

在《孔子请讨陈恒说》中,刘古愚提出,孔子向鲁哀公建议讨伐陈恒是出于对于当时形势的周密判断,孔子此计若用,不仅鲁国得以不灭,齐国、晋国之权也不会为大夫所篡夺,鲁、齐、晋三国之权皆归国君,收回权力的三国就可以行王政,不必行春秋时期的霸政,战国之祸也不会出现,这是中国历史转折的大关头,可惜鲁哀公不能有为,孔子的建议不得实行。刘古愚认为孔子对如何实施讨伐陈恒有周密的计划。一旦鲁哀公决心讨伐,三桓必不肯为将,则鲁哀公亲自为将,此时冉有为季氏所用,冉有必率鲁国左师以响应鲁哀公,令孟之反率领右师,以有若、樊迟、微虎为车右,以宰我、子贡到卫国去联系子路,子路率领一支卫国军队为声援,在孔子的谋划下,依仗清邑新胜之声

---

① 张鹏一在《刘古愚年谱》第 162 页中说:"今《烟霞文集·杂著》中《母后擅政立太子》,皆己亥居山中以为西太后那拉氏而发。其《孔子周游列国说》《孔子请讨陈桓说》《朋党说》皆指戊戌后康先生出亡,有感而作,以示山中从学者。""陈桓"《烟霞草堂文集》为"恒"字。

威,定能斩陈恒之首级。齐国既定,鲁国三桓自然会交出权力,齐鲁结盟,再联合宋、卫及郑,远接纳楚国、越国,举行中原会盟,申明法纪,可以挟制晋国韩赵魏三家将权力交还给晋国国君。于此,可以实施礼乐征伐自诸侯出,"则孔子之道大行于天下,而生民何至有战国之祸,且将尽去暴君虐民之根株,而行六经所言,万世太平之基不由此立哉?!"①姑且不论齐国能否底定,就是鲁哀公亲自为将的第一步就难以实现,当时鲁国已经是"政在季氏,祭则寡人",鲁国的军权是仅凭礼乐制度的道义就能收回的吗? 如果事情是这样简单,春秋时期就不会出现礼崩乐坏的局面。这里也只是说明一种讨伐无道的道理,倒是与康有为暗中运作的勤王运动有一致的价值诉求。

《朋党说》是一篇短文,全文如下:

> 余尝谓,士气为祖宗所培养,党祸为士气所郁结,国家之命脉、《诗》《书》之效验也。观之往史,汉、唐、宋、明有党祸,而三国六朝、两晋、金、元无之,非汉、唐、宋、明享国日久,贤君亦多,教化入人者深耶? 及其叔季,小人用事,而《礼》《乐》《诗》《书》之泽,不能遽泯,故邪正相激,致成党祸。譬人,元气素盛而自为戕害,不能遽绝,必积为格阻相争之症,以尽溃其血气,而后始毙。当其未毙,其喘遏、郁结、呻吟、痛苦,反不如元气素亏者,渐然而尽,而不知其禀气之厚,固非常人所及也。夫党祸之起,必其君德不明,小人用事之秋;又必其祖宗留贻尚有一二正人在位之时。小人以正人不便于己,必欲排而去之;正人以小人不便于国,亦欲排而去之。两相水火,而君不能主持于其上,则小人必胜,君子必败,而祖宗培养数百年,草茅之士必有念切本朝,悯其颠覆,闻小人之得志而怒,闻君子之被患而戚者。私忧窃叹,又足触小人之忌,不难尽举其数而诛除之,而党祸遂流于草野,天下骚然,时事败坏决裂,不可收拾而国亡矣。故其君德不明,致疾之原也;其小人用事,所致之疾也。其一二正人在位,则气禀之厚也;其草野之私忧窃叹,则又气之厚而又厚也。正人既尽,而国随之,则元气尽而身亡也。唐风气不如汉、宋、明,故三代党祸及草野而唐独无之。证之往史,可以恍然于党祸之所由起矣。夫诸君子身家且不恤,何论富贵,其触小人之怒,必有大

---

① 刘古愚:《孔子请讨陈恒说》,《烟霞草堂文集》卷一。

不得已于中者,而后人犹哓哓焉,何其与小人之甚也。
这里刘古愚很明显地是为康有为之党做辩护,对他们大力予以褒扬。戊戌政变之后,清廷原有的帝、后两派势力逐渐转化为新党、旧党两派。中国专制政治下,历来严禁朋党,而汉、唐、宋、明之灭亡都有党争的因素,一些有为的帝王竭力避免大臣结党营私,一有苗头,打击、根绝不遗余力,如康熙皇帝打击明珠、索额图的党派。一些士大夫也将党争中的各种势力等量齐观,认为党争各派都是削弱国家元气的罪魁。在这种逻辑之下,康有为、梁启超以及刘古愚等维新志士蒙被康党之名,政治上受到迫害,虽然开明之士对维新志士是肯定的,但是当时尚有很大的政治势力以朋党之名迫害维新志士,民间舆论一般也将维新派与结党营私之人等量齐观。刘古愚此论意在说明,所谓"朋党""党争"应该有正义与非正义的区别,这里仍然沿用的是君子与小人的概念,而当国家之衰亡、破灭之时,君子是建设性力量,切不可与小人一党等量齐观:"夫诸君子身家且不恤,何论富贵,其触小人之怒,必有大不得已于中者,而后人犹哓哓焉,何其与于小人之甚也。"

刘古愚此论虽然也是为时事而发,但是在评价历史上的党争及党派方面却很有见地,其意义不仅仅在借题发挥,影射时局。历史上的君子党确实有过激的地方,一些"君子"要么缺乏政治才能,只有"临危一死报君王",如方孝孺等;要么缺乏政治气度与谋略,在与"小人"斗争中一败涂地;甚至过激而执着,不讲策略,简单以党派划定阵营,客观上不利于政治局势向好的方面发展,明末的东林党此特点尤其明显。尤其是在明末及南明时期,即使一些颇负盛名之人,其政治处置在客观上也有许多负面的效果,如南明的侯方域、桂王朝的王夫之等。即便如此,"君子党"捍卫正义的作用是不可磨灭的,具有超时代的永恒意义。即使在今天,也有人难以将君子党的策略与道义区分来看,要么以其道义的力量掩盖策略上的拙劣,要么以策略上的拙劣而否定其道义的力量,如有人为了肯定东林党而提出东林非党论[①]。刘古愚这篇短文并没有涉及君子党的策略评价,但是肯定其道义力量则是正确的。这篇短文虽然不乏今文经之风格,但是言简意赅,不枝不蔓,内蕴洪深,遗细部而存风神,颇能显示刘古愚拙朴简古的文风。

有些方面刘古愚还将康有为的今文经学观点做了进一步发挥,如结合

---

① 樊树志:《东林非党论》,《复旦学报》,2001年第1期。

《史记·太史公自序》提出了自己独特的孔学为道学的儒学观。司马迁在《史记·太史公自序》中叙其家世时写道："太史公（即司马谈，司马迁之父）学天官于唐都，受《易》于杨何，习道论于黄子。"刘古愚在此句下注云：

> 即《春秋》义法。道论当即《春秋》之大义微言。若为黄老之学当云"习道"，或"习道德"。叙史之源从论学术说入，可知《史记》一部是言道，非记黄帝以来至汉之事也。"道"即治天下之"道"，原出于天，而孔子集其大成。故史谈所谓大道，孔子之道也。世儒以孔子为素王，丘明为素臣，以《左传》为传《春秋》也。《左传》不传《春秋》，其释经皆刘歆伪为。素臣之实，当推《史记》。①

我们可以看出，刘古愚以今文经学的观点、方法解释《史记》，认为《史记》包蕴、发明、继承孔子的微言大义，《左传》并不传《春秋》，《史记》不仅是一部史书，更是一本载道之书，而且他还在这里提出司马谈所习之道乃《春秋》微言所蕴之道。这也是康有为的一贯主张。从历史角度看，刘古愚的这种看法是不正确的，这当中所贯穿的一种思想观念就是扩大儒学的外延，要把道家的一些思想精神归之于孔子名下，这是通过扩大孔子提出的"道"的含义的方法来实现的。他在给康有为的书信中对这一思想表述得比较清楚。刘古愚认为太史公《论六家之要旨》中所尊崇的道家属于孔学，而不属于黄老学。"道"为《大学》"格致诚正、修齐治平"之道，是"黄帝、尧、舜、禹、汤、文、武、周公"一脉相传，至孔子而集大成者。周衰以后，政教分离，孔子独传教化之道，由于他专门从事传道的事务，其学说不能见诸行事，遂与后世之"虚无"无异，"人见其从事简编，以'儒'诟之，而儒之名遂于是起。"孔子从来没有把自己的学说称为儒学，孟子称儒必与"杨、墨"对言，没有以"儒"称孔子。在刘古愚看来，从历史渊源而言，孔学源于黄帝到周公的古代列圣，由经典而言，《诗》《书》《礼》《乐》《易》《春秋》为孔子手订，《孝经》为仁义之源，而六经仅为载道之陈迹，其中含有许多有待发掘的微言大义。这样孔子与六经的关系就不是那么十分密切了，六经只代表孔子学说的部分，《孝经》是孔子学说的精神所在，而《论语》亦是孔子随经说法的言行记录。这样，孔学的范围便扩大了，六经以外仍有孔子思想，即使六经中亦有许多尚待阐明的内容在。而传统的以六经为业，谨守经训的儒生及这一知识分子群的总称——儒家，便

---

① 刘古愚：《〈史记·太史公自序〉注》，《烟霞草堂遗书》之十。

和圣人之间有了一定的距离,按刘古愚的逻辑,孔学与儒学并不是二而一的,中间有不同者在。儒家也是百家之一,它也从圣学而来,但偏重于训诂章句,在义理实践方面有所欠缺。这样,儒学的地位无形中就被降低了,它并不直接代表圣人的思想主张,与诸子是平列的,刘古愚又认为,在百家中,儒、道二家距孔学最近:

  道为儒家之内,儒为道家之外,孔子则合内外之道之分。儒家之失为训诂词章,得则程朱也;道家之失为黄老清静,得则陆王也。史谈之学孔子由德性入,故尊道抑儒。①

此段是《论六家之要旨》中对道家的论赞中"与时迁移,应物变化,立俗施事,无所不宜。指约而易操,事少而功多。儒家则不然"句下的注文。《论六家之要旨》显然是抑儒崇道,太史公司马谈是属于黄老道家的。但是刘古愚却把司马谈归之孔学,司马谈所学之道主要是孔子的德性之道,所抑之儒乃章句训诂之儒。从中我们可以窥到,刘古愚划分哪种学问属于孔学的标准为:凡是对时势有补的即为圣人之学,为孔学;凡某种有缺陷的及与时势相忤的均不属于孔学,这基本上没有什么可靠的文献根据。实际上把孔学只赋予一种极抽象的意义——道,而道的另外一个解释就是仁。道在中国传统哲学的语汇中是真理的别名,而仁则是最高的伦理范畴。在刘古愚的思想中,仁与道就是孔学的规定,孔学是主要讲伦理的,而圣人又是为万世立法的,他的思想永远是正确的。孔子之道除了伦理德性方面之外,鲜有具体的规定。反过来,只要符合真理,有补于时世的均为圣人之学,均为孔学,孔学又称道学、道家:

  阴阳、儒、墨、名、法、道德均为孔子之道,均非孔子之道。其术孔子能择其精,其人孔子能取其长。②

六家中凡有所善、有所长之处均为孔子所有,所以六家均为孔子之道,而它们又各有所短,从这一角度而言,又皆非孔子之道。在《〈汉书·艺文志〉注》中,他干脆说:"九流十家如圣门四科,德行即道家也,言语、政事、文学皆儒家也。"诸子百家皆孔学,各种学术全属于道家。在《与门人王伯明论良知书》也说不仅程、朱、陆、王皆为孔学,即使"荀、杨、管、商、申、韩、孙、吴、黄老、杂霸、词章以及农工、商、贾皆为孔教之人,苟专心向道,皆能同于圣人。"

---

  ①② 刘古愚:《〈史记·太史公自序〉注》,《烟霞草堂遗书》之十。

这种观点也与康有为有密切关系。康有为尊孔子为教主,与基督教的耶稣相类比。康有为的《新学伪经考》认为传世儒家经典中一大部分为刘歆所伪篡,《孔子改制考》则认为孔子所手订的"真经之全部分为孔子托古之作"①,群经既然是孔子的托古之作,其字面上的意思就不是真正的孔子的意思,应该发掘字面背后的"孔子真意",也就是孔子的微言大义。孔子真意究竟如何发掘、能否发掘是另外一个问题。在此逻辑之下,经典不容置疑的权威地位被打破,六经与诸子等各种学术处于同等地位,不再是不可置疑的,也有其局限性和错误。刘古愚尊崇孔子,也有意将孔子神圣化,将世间一切有价值的学问都归之于孔子的名下,但同时又将六经与诸子等列,这些思想、观点都受到康有为的直接影响。

山居之后,刘古愚尊崇孔子为教主并借以挽救、保存、发扬中国文化的思想非常明确。光绪二十五年(1899),在给梁峻山讲《孟子》的时候,刘古愚将孔子与耶稣、摩哈默德相提并论,他说耶稣、摩哈默德为上帝子,汉儒谓孔子受天命为素王,如果祭祀为宗教之起源,那么我们应该常拜孔子,方为从孔子之教。当然刘古愚非常明白,世间并无鬼神,祭拜孔子也不是向鬼神求福佑,只是以孔子为天威之象征,信孔子之教以善其身,就是获得福佑。刘古愚之所以提倡祭拜孔子、尊崇孔教,主要源自对中国文化深深的危机感,"今五大洲相通为一大战国,此争彼夺,必定于一而止,若仅如汉、唐、宋、元、明之威力以混一宇内,恐势有不能,必须有至圣之德,以服五大洲人之心。而教各不同,则此后因教而争,势所必然,而孔教极弱,故发明孔教而张大之,为今日急务。"②

三、今文经学在刘古愚学术思想体系中的地位

由上述可见,刘古愚受康有为今文经学的影响非常明显,除了上述几篇文章之外,刘古愚晚年的著作有许多也有着比较突出的今文经学的特点,而刘古愚的著作主要是1895年后,尤其是1899年隐居烟霞草堂期间写成的。那些涉及今文经学的著作有的是为学生批改课业的记录,如《〈汉书·艺文志〉注》(为梁峻山批改课艺的记录)、《〈史记·太史公自序〉注》(为陈燮兄

---

① 梁启超著,朱维铮校注:《梁启超论清学史二种》,上海:复旦大学出版社,1985年版,第65页。

② 张鹏一:《刘古愚年谱》,第164页。

弟及其子瑞骆批改课艺的记录）；有的是先给学生讲课，然后撰集成书，如《〈论语〉时习录》就是为四川酆都傅姓学生讲解《论语》之后写成的；有的是专门著述如《孟子性善备万物图说》《〈孝经〉本义》《〈大学〉古义》等。上述这些著作在刘古愚整体学术著作中占有重要地位，尤其是《〈孝经〉本义》，此书正是在刘古愚对学生大谈今文经学的时期写成的，今文经学的思想、方法在该书整体思路中具有很突出的地位，刘古愚那些谈学术史的著作也围绕着康有为提出的刘歆伪造经典而展开，这样，一个问题就凸显出来了，康有为对刘古愚思想的影响究竟有多大，今文经学在刘古愚整个学术体系中占有什么样的地位？

要回答这一问题，我们首先看刘古愚在哪些方面接受并应用了今文经学，不能仅仅凭借今文经学方法在其著作中的分布来下结论。刘古愚接受康有为今文经学主要表现在以下几个方面：其一，运用今文经学的方法影射时政，在这里，政治宣传、启蒙的成分多，而学术的成分少。其二，刘古愚接受了康有为认为刘歆篡改、伪造经典的观点，但是某些方面有所保留，比如他不认为《周礼》是刘歆伪造。其三，对先秦、两汉以来的学术史进行重新评估，这是第二个方面的自然延伸。其四，接受康有为以微言大义的方法来解读传统经典，将儒家经典放在与其他各家学术等同的地位上。其五，刘古愚接受、认同康有为的孔子为教主的观点，希望以此与西方基督教世界进行文化竞争。以上五点又可以分为两个方面，第一方面是观点，主要是第二、第五点；第二方面是方法，就是用微言大义的方法，不拘泥于传统经典、学说的字面意思，进行适应时代需要的解释。在刘歆伪造经典的这一观点之下，刘古愚对儒家与其他各派的传统学术作重新评估，这里涉及刘古愚对整个学术史的看法，如提出了孔学为道学，儒学非孔学的观点。刘古愚的主要学术兴趣和学术成就不在学术史方面，而且这一观点在刘古愚生前并未大规模传播，主要是给他的儿子瑞骆及个别学生讲课时的发挥，刘古愚本人在实际上也是认为儒学就是孔子的学术①，之所以提这样过激的观点，主要还是为打破传统儒家的思想

---

① 在刘古愚写成《〈史记·太史公自序〉注》的第二年，刘古愚撰写《孟子性善备万物图说》，在《题辞》中有这样的句子："孔教重仁，人与人偶；墨传兼爱，欲驾儒右。有子舆氏，扇洙泗风。道尊性善，治尚大同。道出于天，是为吾性；物备于我，是为吾用。图孔孟旨，传孔孟心。海风怒撼，用戒儒林。"这里"欲驾儒右""儒林"二字都是传统的儒学的含义，也就是孔子所创立的学派。

束缚服务,其论学术史也是以此为工具,为提高传统各学派的地位张目,属于矫枉过正之语。从学术的角度来看,刘古愚所接受的康有为今文经学主要是采用其方法,康有为今文经的方法使刘古愚感到更加便利于阐述其自己的思想,是工具性的,刘古愚的学术思想和治学方法、兴趣本身并没有因今文经学而发生实质性的改变,今文经学在刘古愚整个学术思想体系中并不占主要地位。从刘古愚学术发展的逻辑历程来看,也有以下几个方面的原因可以说明此问题:

第一,刘古愚在接受康有为思想之前,其思想体系已经成熟,康有为的思想使他觉得有了知音之感,所以他说,"康梁适吾党耳"。

第二,刘古愚的主要学术成就在经世致用的实学(包括西学),在传统学问中,他所注重的是理学,而不是经学,他反对为经学而经学的繁琐考证,对经学兴趣不大。

第三,在时代巨变的促使下,刘古愚对经学及传统注释系统的字句、观点已经不再株守,超越经传字面意思做大胆的、适应时代需求的解释是刘古愚的一贯风格,在与康有为接触之前既已如此。刘古愚在给学生讲课时大力强调突破经典具体文句的限制,不胶柱鼓瑟,对经典作符合时代需要的诠释,如《泰西机器必行于中国说》《谕昧经诸生》等篇就是典型的例子。刘古愚一贯坚持的"西学中源"实际上也是对经典文句的突破。刘古愚与康有为本来是两条独立的河流,在刘古愚这条河流即将入海之时,汇入了康有为今文经学一脉之后,便更加壮阔,而其主流不会发生根本性的改变。

反过来看,刘古愚与今文经学的因缘正为康有为学术在学界发生影响的情况提供了一个生动的个案。康有为集中表述其今文经学的著作《新学伪经考》《孔子改制考》出现之后,立即引起巨大反响,梁启超将其比喻为思想界的飓风、火山喷发,实不为过[①]。尽管康有为主观武断的做法引起了学界、政界的极大反弹,但是就学术问题而言,他客观上适应了当时士大夫阶层普遍存在的突破两千年前产生的经典束缚的情绪和要求,即使许多人不否定孔子的权威,但经书逐渐不是神圣不可怀疑的教条了,康有为的两部著作犹如春雷,使人感到炫目、震荡,两千年来统治人们思想的儒家经典的坚冰在此春雷

---

① 梁启超著,朱维铮校注:《梁启超论清学史二种》,上海:复旦大学出版社,1985年版,第64页。

的震荡下,开始不可逆转地消解。就其与当时思想界的关系而言,又如一股强风,将本来各自燃烧的消解经典的火焰联成一体。梁启超评价康有为的今文经学的作用时说:"《伪经考》既以诸经中一大部分为刘歆所伪托,《改制考》复以诸经之全部分为孔子托古之作,则数千年来共认为神圣不可侵犯之经典,根本发生疑问,引起学者怀疑批评的态度。虽极力推挹孔子,然既谓孔子之创学派与诸子之创学派,同一动机,同一目的,同一手段,则已夷孔子于诸子之列。所谓'别黑白定一尊'之观念,全然解放,导人以比较的研究。"[1]从刘古愚这一个案来说,梁启超的这一评价是非常确当的。

---

[1] 梁启超著,朱维铮校注:《梁启超论清学史二种》,上海:复旦大学出版社,1985年版,第65页。

下编 维道济时的思想体系

第十三章　刘古愚与关中地方文化

一、关学的传统及关中学者的学派自觉

"关学"作为一个学派既有相对固定的内涵,又是一个不断发展的过程,其名称的由来及内涵是历史上关中以及关中之外的学者创立并不断丰富的。作为学派内涵的"关学"一词最早是指张载的学术,因其与同时代的二程等学者的学术思想有联系又有所不同,因而有关学、洛学的不同。朱熹之后,学者又将张载的学术与其他理学学派相区别,而产生了关、濂、洛、闽等不同学派的区别。明清时期,学者在总结宋代以来学术发展史的时候,也经常提到关学,《宋元学案·序录》,"关学之盛,不下洛学",刘宗周说:"关学,世所渊源,皆以躬行礼教为本,而泾野先生实集其大成"[1];全祖望在《二曲先生窆石文》中称李颙"上接关学六百年之统"[2];是以"关学"作为一个学术派别为明清之际学界所公认。这里所谓的关学实际上是指关中儒学,关中的佛教、道教、伊斯兰教以及明清之际传入的基督教不在"关学"内涵之中,关中儒学是关学最基本的内涵。

关学的学术自觉达到一个新阶段以冯从吾编订《关学编》为标志。冯从吾(1557—1627),字仲好,号少墟,学者称为"少墟先生",西安府长安人,万历十七年(1589)进士,官至工部尚书。冯从吾于万历二十年(1592)削籍归里,讲学著述25年,在此期间,他搜集历史上关中儒学学者的事迹,写成《关学编》一书。《关学编》卷首是籍贯在秦的孔子四位弟子,即秦子(名祖,字子男)、燕子(名伋,字子思)、石作子(名蜀,字子明)、壤驷子(名赤,字子从),以此作为关学源自孔子的象征。正文实际上是从张载开始,到明王之士(字欲立,号秦关)结束,在从宋到明末近600年的历程中,正式收录仅33人(不包

---

[1] 黄宗羲著,沈芝盈点校:《明儒学案》,《师说·吕泾野柟》,北京:中华书局,1985年版,第11页。
[2] 全祖望:《鲒埼亭》卷十二,又见李颙著,陈俊民点校:《二曲集》,北京:中华书局,1996年版,第614页。

括附传)。张载以下,每人都简要介绍其生平事迹,最后是对其学术宗旨的概括,并分析其学术师承、源流。《关学编》虽然篇幅不长,却是冯从吾发凡起例精心营构之作,其编撰凡例称:"是编专为理学辑,故历代名臣不敢泛入。""国朝诸儒,特录其所知盖棺定论者,其所未知者,姑阙之以俟。"①可见,此书首重学术,并不考虑职位高低,所谓盖棺定论,必是世所公认,须是于学术创立、发展产生重要影响者,泛泛之辈不予收录。冯从吾的好友张舜典在后序中说:"是编……不载文词,不载气节,不载隐逸,独载理学诸先生,炳炳尔尔也,不论升沉,不计崇卑。"②此"三不载"也可见其择取之精严。用今天的视角来看,冯从吾至少以下三个条件为入选《关学编》的标准:一是学术上开宗立派的领袖人物;二是对学术发展、兴盛起到关键性作用的人物,或承续学脉的重要弟子、学人;三是学行修养足以影响乡邦风俗,甚至风动全国的盛德君子。堪称开宗立派的人物其实只有张载,在《关学编》第一卷除张载及其弟张戬之外,有张载弟子五人,即吕大忠、吕大钧、吕大临、苏昞、范育,另有侯仲良、刘愿二人。侯仲良为二程门人,并向周敦颐问学,刘愿为天水人,冯从吾也并没有说他是张载弟子,倒是说他潜心"伊、洛之学"③。通过对张载兄弟及张载弟子苏昞、范育、三吕的介绍,将张载开创关学,弟子承续、发扬的情况做了简略概括,"关学"奠立的情况略具有梗概。

严格来说,在《关学编》中北宋以后各位关中学者都不具备开宗立派的地位,他们只是传承、发展了关中理学。金人占据关中之后,儒学遭受很大打击。元朝统治时期,虽然有许衡、刘因等在关中创建学校、复兴儒术,但关中理学只是延续不绝而已,说不上繁荣。冯从吾《关学编》所列金朝关学学者仅杨君美(名天德)一人,元时有杨焕、杨恭懿等11人。明朝是关学活跃时期,"化理熙洽,真儒辈出"诸大儒相互唱和,各学派师承秩然,"钧天并奏,一时学者歙然向风,而关中之学益大显明于天下"④,从规模及影响来说也确实如此。段坚开端,与周蕙、李锦、张杰相互响应,关学一时得以复兴,有所谓关陇学派、三原学派,南大吉又将阳明心学传入关中,又有心学一派。尤其吕泾野

---

① 冯从吾撰;陈俊民,徐兴海点校:《关学编》,北京:中华书局,1987年版,第1页。
② 冯从吾撰;陈俊民,徐兴海点校:《关学编》,北京:中华书局,1987年,第62页。
③④ 冯从吾撰;陈俊民,徐兴海点校:《关学编》,北京:中华书局,1987年,第15页。

(枏)学高名盛,先后在北京、山西、南京为官、讲学,"环向而听者先后几千人"①,与当时学者湛若水、王阳明、王廷相过从甚密,声名远播朝鲜。《关学编》的作者冯从吾也为当世大儒,自宋张载后,关学在全国的影响以此为盛。但是明代关学诸子在理学方面并没有根本性的创获,关陇学派基本上是沿袭程朱的路子,三原学派源自薛瑄,也是程朱派,在学术的开创性方面不能与张载相提并论,这也是不得不承认的事实。

《关学编》给人印象最深的是第三个标准下的内容,这也是该书最具特色、最精彩的部分。冯从吾用很大的篇幅叙述所收录的学者高尚的道德,而关学的开创者张载则正是这一方面的楷模。张载是在儒学遭受佛道严重挑战的情况下进行学术创造的,当时儒学不仅在哲学方面逊于佛教,而在日常礼仪方面佛教也深入到百姓之中,尤其是丧葬礼仪多用佛教、道教,号称"礼仪三百,威仪三千"的儒学面临着被边缘化的尴尬地位②。张载对儒学重新进行形而上层面论述目的就是表明"大道精微之理"儒家也能谈,甚至要优于佛老,以此让学者从内心服膺儒家主张,从而自觉践履儒家礼仪规范。张载在做地方官的时候"每月吉,具酒食召父老高年者会于县庭,亲劝酬之,使人知养老事长之义"。乡居横渠镇之时,推行儒家的丧祭之礼,同知太常礼院之时,极力建议运用正统的儒家典礼。但是无论是在民间还是庙堂,儒家传统典礼多已荒废,乡人非笑之,连太常礼院的长官及专官也习惯于不纯之礼,不能恢复比较纯正的儒家典礼。庙堂之制非一人所扭转,张载即在横渠镇推行儒家礼仪,乡人逐渐接受了张载的做法,"相效复古者甚重,关中风俗为之大变"③。进一步把张载改进乡邦风俗发扬光大的是蓝田吕大钧兄弟。当时张载在关中倡行礼教,"后进蔽于习尚,其才俊者急于进取,瞽塞者难于领解,寥寥无有和者。"吕大钧对张载的主张深信不疑,他精研礼仪,与其兄吕大忠、弟吕大临一起,为乡民制定了《乡约》,体现"德业相劝,过失相规,礼俗相交,患难相恤"④的精神,推行于蓝田乡间。此乡约切合乡间实际,又保持儒家礼仪

---

① 冯从吾撰,陈俊民、徐兴海点校:《关学编》,第44页。
② 范育在《正蒙序》中说:"自孔孟没,学绝道丧千有余年,处士横议,异端间作,若浮图老子之书,天下共传,与《六经》并行。而其徒侈其说,以为大道精微之理,儒家所不能谈,必取吾书为正。世之儒者亦自诧曰:'吾之《六经》未尝及也',从而信其书,宗其道,天下靡然同风,无敢置疑于其间,况能奋一朝之辩而与之较是非曲直乎哉!"
③ 冯从吾撰;陈俊民、徐兴海点校:《关学编》,第2—3页。
④ 冯从吾撰,陈俊民、徐兴海点校:《关学编》,第9—10页。

精神,因而得到成功的推广,在关中产生了深远的影响,直到近代还在发挥着作用,而且对整个中国农村的影响也是非常巨大的。吕大钧的弟弟吕大临精研各种仪礼制度,成为历史上著名的礼学专家。

当然,推行儒家之礼不仅仅在于外在的行为规范,还有外在规范之上的内在精神,这种精神包括儒家的政治理想、为人、为官的底线与原则等。但是在专制政治下,实际的政治运行常常凌驾于制度、原则范围之外,与儒家的政治理想更是常常发生冲突,张载及其弟张戬的做法却是宁可舍弃政治前途,绝不放弃原则,张载兄弟皆因此而仕途偃蹇。

这样,张载关学就显示出一种深深植根于其内在学术逻辑的突出特点:切实践行儒家道德礼仪规范。这一特点也为后来总结中国学术发展史的学者所公认,如刘宗周说张载关学以"躬行礼教为本",而冯从吾的《关学编》正是浓墨重彩地总结了关学自张载以来的这一特色。在记述金元时期的学者时,我们屡屡可以看到冯从吾不惜笔墨地记述他们在乡间躬行儒家礼教,摒除佛道杂俗,反过来,佛道礼俗需要一代一代的人不停地"摒除",也正说明佛教风俗在民间的盛行,也可见关学学者推行礼教意志的坚定。《关学编》所收录的明代儒者13人(不包括清人编辑的《续编》)也都体现了躬行礼教的特点①,这是对宋、元关学传统的继承,而明代初中期关中学者多受山西学者薛瑄影响的学术渊源也巩固了这一特征。黄宗羲说:"关学大概宗薛氏,三原又其别派也。其门下多以气节著者,风土之厚,而又加之以学问也。"②薛瑄恪

---

① 现在将《关学编》有关记录摘录如下:28页,段坚:"治父母丧以尊古礼……居家严内治,凛然为乡邦典型"。29页,张杰:"先是,里俗多用浮屠法,先生一切屏去,乡人化之"。32页,周蕙:"尝正冠婚、丧祭之礼以示学者,秦人至今尊之。"34页,李锦:"事亲色养备至,执丧尽礼,力纠异端。至今省会士大夫不作浮屠事,实自先生始。"39页,薛敬之:"自太学归,而尊人相继殁,徒跣奔葬。时大雪盈尺……亦不知避。后遂病足,值冬辄发。"39页,王承裕:"自始好学礼,故教人以礼为先。凡弟子家冠昏丧祭,必令率礼而行。又刊行蓝天吕氏乡约、乡仪诸书,乡人由之。三原士风民俗至今贞美,先生之力居多。"47页,马理:"先生一切体验于身心,与同门友秦西涧伟作告文告先师,共为友专循礼之学,以曾子'三省'、颜子'四勿'为约,进退容止,力追古道。康僖公深器异之,一时学者即以为今之横渠也。""先生又特好古礼仪,时自习其节度。至冠婚、丧祭礼,则取司马温公、朱文公与大明集礼折中用之。处父丧与嫡生母之丧,关中传以为训。乃其难进易退之节,人尤以为不可及,尝曰:'身可绌,道不可绌;见行之可仕,惟孔子能之。下此者,须自揣分量可也。'仲鸟先生曰:'爱道甚于爱官',当世以为确论。"

② 黄宗羲著,沈芝盈点校:《明儒学案》卷九《三原学案》,第158页。

守程朱之学,注重实践:"河东之学,悃愊无华,恪守宋人矩矱,故数传之后,其议论设施,不问而可知其出于河东也。若阳明门下亲炙弟子,已往往背其师说,亦以其言之过高也。"①黄宗羲将薛瑄及其子弟与王阳明以及门下相比较,愈显其谨守程朱的风格。

"躬行礼教"的另外一个表现就是保持高尚的道德节操,不因政治之污浊而随波逐流,真诚地坚持道德理想,具有一种"虽千万人吾往矣"的赤诚与卫道情怀。明代关中学者之所以风动天下,除了坚持不懈地讲学、实践之外就是这种不计个人得失的卫道情怀,也即是所谓的"以礼抗势",吕柟(号泾野先生)就是一个典型代表。

吕泾野的一生是一个矢志于实践理学的坎坷过程。明孝宗去世,他与诸生往哭,声泪俱下,那些只是做做样子的人们纷纷笑他太迂腐。在北京时,他的老师孙行人病故,孙的儿子不在身边,他穿着重孝前去哭拜。他认为这是符合儒家典礼的,因为典礼规定,"丧无主,比邻为主",对于老师,更应该如此。任南京国子监祭酒的时候,让学生们按图示学习《仪礼》中的典礼,登降俯仰一依典制,钟鼓铿锵,管龠和鸣,一派古风,被称为"真祭酒"②。他一生为官也以理学的原则为归依,不畏强权,为了坚持原则不顾忤逆当道,全不是只为仕进而行的那种乡愿作风。正德三年(1508)中进士第一,被擢为状元。当时宦官刘瑾炙手可热,因刘瑾是兴平人,与泾野为同乡,刘瑾前往道贺,却遭拒绝,刘瑾对此恨之入骨。后来又因为西夏王谋反,吕柟趁机上书请皇帝参加宫中的经筵讲习,亲问政事,不要委政宦官,再次深深得罪刘瑾。吕柟的建议武宗不纳,吕柟只有辞官。刘瑾被处死后,吕柟的卓识伟节为天下人称颂,台省交章推荐,家居三年后被起复。他又劝武宗勤于政事,早立太子,遣义子、黜番僧,撤回各地镇守宦官。武宗是著名的顽劣皇帝,这些谏言逆其龙鳞,疏被留中,吕柟因而再次引退。世宗皇帝即位,由于吕柟声望极高,又被启用。嘉靖三年(1524)因"大礼议"③上书切直,触怒世宗,与王阳明弟子邹守益一起被下诏狱。吕柟因此直声天先下,世人称之为"真铁汉",此次又被贬谪到山西解州。三年后(1527)转南京吏部考功郎中,官至南京礼部右侍

---

① 黄宗羲著,沈芝盈点校:《明儒学案》卷九《河东学案》上,第109页。
② 冯从吾撰,陈俊民、徐兴海点校:《关学编》,第41—46页。
③ 大礼议:明宫廷中争议世宗生父尊号的事件。武宗无子,世宗以藩王继帝位,追封其生父兴献王为皇考,遭到群臣反对。后世宗将一百余人下狱,杖杀十余人。

郎。又因为在权臣霍韬与夏言之间直言排解二人对对方的偏见而被霍韬与夏言同时怀疑党附各自政敌。当时夏言在北京秉国政,霍韬为南京礼部尚书,是吕柟的顶头上司。在不论公义,以宗派为是非的大环境下,公诚无私的吕柟无法安于职位,遂因事致仕。四年后卒于乡,卒之日,高陵人为之罢市。

  冯从吾的品行及遭遇都与吕柟极其相似。冯从吾除了坚持不懈地讲学之外,就是无所畏惧地捍卫儒家的道德、政治理想。冯从吾所处的环境比吕柟更恶劣,他身值明朝末年,万历皇帝常年不上朝,内政日非,朝中党争达到白热化的程度;外患不断,建州女真在关外步步进逼,丧师失地,边关屡屡告急。万历二十年(1592),正当皇帝生母生日庆典之际,冯从吾上书劝谏,直指万历皇帝种种劣行:"陛下郊庙不亲,朝讲不御,章奏留中不发。试观戊子以前,四裔效顺,海不扬波;己丑以后,南倭告警,北寇渝盟,天变人妖,叠出累告。励精之效如彼,怠斁之患如此。近诵敕谕,谓圣体违和,欲借此自掩,不知鼓钟于宫,声闻于外。陛下每夕必饮,每饮必醉,每醉必怒。左右一言稍违,辄毙杖下,外庭无不知者。天下后世,其可欺乎!愿陛下勿以天变为不足畏,勿以人言为不足恤,勿以目前晏安为可恃,勿以将来危乱为可忽,宗社幸甚。"此番话别说对皇帝,就是对一般人也显得丝毫不留情面,简直就是指着鼻子责骂,犹如长辈训顽童。万历皇帝极为震怒,传旨廷杖,阁臣以皇太后生日为辞,竭力营救,得免,冯从吾第一次辞官归里讲学。冯从吾因此直声震天下,为四方宗仰。后被启用河南道,巡视长芦盐务。巡视还朝之后,赶上万历皇帝大批罢斥言官,冯从吾又被削籍。终万历之世,冯从吾未再被启用,可见皇帝对其痛恨之深。冯从吾乡居讲学 25 年,创建关中书院,关中学术大振。光宗即位,先后以尚宝寺卿、太仆寺少卿、大理寺卿起用,皆以兄丧未赴。天启二年(1622),擢左佥都御使,两月后进左副都御使。当时朝中因三案再起政潮,廷议中,冯从吾说:"李可灼以至尊尝试,而许其引疾,当国何心!至梃击之狱,与发奸诸臣为难者,即奸人也。"①"三案"内幕极其复杂,牵动皇室内部以及许多朝中大臣的利益甚至身家性命,冯从吾要求彻查与皇帝之死有关的"红丸案"、殴击太子的"梃击"案,与东林诸君子声气相和,又深为有关官员所嫉恨。此时冯从吾又与邹元标建"首善书院"讲学,而邹元标又是晚明著名诤臣,政敌以此攻击二人,冯从吾请辞,皇帝温旨挽留。但是邹元标被看作

---

① 《明史》卷二百四十三《冯从吾传》,北京:中华书局,1962 年版。

东林干将,政敌必欲去之而后安,给事中郭允厚、郭兴治复相继上疏攻击邹元标。冯从吾敬重邹元标,与邹一起辞官归里。天启四年(1624),又起为工部尚书,此时经过激烈的搏斗,魏忠贤彻底击败了东林党,赵南星、高攀龙相继去官,冯从吾已经成为阉党眼中钉,第二年,再被削籍。阉党并不甘心,派其党羽乔应甲为关中巡抚,拆毁关中书院,对冯从吾"窘辱备至"[①],天启七年(1627),冯从吾抑郁而终。阉党被诛后,追复冯从吾原官,赠太子太保,被毁坏的关中书院也被重新修复。

从事功、为政的角度来看,吕柟、冯从吾在处事方式、时机把握方面不无讨论余地,他们也不是成功的政治家,其宦途是悲剧性的,这与明末东林派诸君子非常相似,但是他们的行为却把儒家的道德理想推到极致。他们的价值不在于一时一事的成败得失,从具体事例来看,吕柟、冯从吾的行为不足以撼动刘瑾、魏忠贤,不足以使武宗、世宗、神宗改变其荒唐的行事,但是他们的行为是扳倒刘瑾、魏忠贤不可或缺的合力中的重要一极,也使武宗、世宗、神宗这些皇帝最终有所忌惮,不得不在一些方面向群臣让步。在具体行为上,他们不是成功果实的现实享受者,但是他们用一腔热血捍卫了时代的正义,在沉沦的时代,挺立了一种使世道人心免于彻底沉沦的精神。冯从吾是构建关学精神的重要人物,更是凝聚、总结、发扬这种精神的关键人物。冯从吾用笔状述吕柟等人的事迹,更是用热心和鲜血塑造关学之魂。在《关学编》中我们可以看到张载及其弟子创建学派,金元诸君子将程朱学再次传入关中,明代关陇学派、三原学派相继倡道,彼此应和,南大吉将阳明学传入关中,一层一层,脉络秩然,这是关学发展的线索,也是关学之骨架。从中我们可以看到,关学与全国学术发展紧密相连,是整个中国学术中的一个有机组成部分,不停地接受着中华学术大传统的滋养。同时,《关学编》总结了历代乡贤躬行儒家礼仪规范,改变、塑造、维系乡邦风俗的事实;发扬了关中学者捍卫社会正义、践行道德理想的高尚节操;这是关学纵向的传统,是关学一以贯之的独特之处,是关学的灵魂。

概言之,冯从吾的《关学编》着重总结了关学的两个突出特征,其一为以儒家行为规范风化乡里,其二是以高尚的道德节操捍卫儒家道德理想。这正

[①] 王心敬:《关学续编》卷一,载冯从吾撰,陈俊民、徐兴海点校:《关学编》附录,第73页。

是刘宗周、黄宗羲所总结和赞誉的关学"以躬行礼教为本"的一体两面。

因此冯从吾《关学编》是关学作为一个地方学派或者说学术传统走向自觉的里程碑，它不仅仅是关学的总结，也是对关学传统重要的建构，李元春说"《关学编》，少墟先生所辑，以章吾关学，即以振吾关学者也"①，此确为不易之论。冯从吾在建构关学、塑造关学之魂方面是非常成功的。

首先，冯从吾精严的选材为关学奠定了极高的学术与道德基调。上文已经提到，冯从吾《关学编》所收录的人物中，有的可以不具备三个条件中开宗立派这一条，但是必须同时具备余下两条，也就是同时具备具有相当的学术造诣和足以影响乡邦风俗的贡献和高尚的道德节操，此二者缺一不能入选。如明代王恕，他历仕英宗、景帝（代宗）、宪宗、孝宗、武宗五朝，裁抑宦官专横，安定西南边疆，消弭流民内乱，为官正直，多次犯颜直谏，为中贵宦官所严惮。为南京兵部尚书时励精图治，使多为闲曹冷署的南京官场充满活力，民谣有云："两京十二部，独有一王恕"。《明史》谓："恕扬历中外四十余年，刚正清严，始终一致。""弘治二十年间，众正盈朝，职业修理，号为极盛者，恕力也。"②堪称有明一代名臣，而且官职尊崇，至南京兵部尚书，北京吏部尚书，卒后"赠特进左柱国太师"。《明史》有传，黄宗羲《明儒学案》将其列为《三原学案》第一人，也有篇幅较长的传记。但是《关学编》并没有为王恕立传，而是详细地介绍了王恕的儿子王承裕，就是因为王恕的学术造诣并没有达到可以收入《关学编》的水平，黄宗羲对王恕的学术造诣也有比较客观的评价："先生之学，大抵推之事为之际，以得其心安者，故随地可以自见。至于大本之所在，或未之及也。"③与王恕相比，其子王承裕更符合学者的标准，因而冯从吾弃王恕而选王承裕。这样，《关学编》实际上就是一个关中学者的光荣榜，得入此册者，皆为学术道德方面的卓越楷模。

其次，冯从吾之后，关中学者接其踵武，学派、学脉自觉代代相传，关学得到了进一步光大，《关学编》不停地被接续就是一个典型的例证。冯从吾之后，李颙的学生王心敬（字尔缉，号丰川）首次为关学编作《续编》，收录了冯

---

① 李元春：《关学续编序》，载冯从吾撰，陈俊民、徐兴海点校：《关学编》附录，第66页。
② 《明史》卷一百八十二《王恕传》，北京：中华书局，1982年版。
③ 黄宗羲著，沈芝盈点校：《明儒学案》卷九《三原学案》，第160页。

从吾①、张舜典、张烈、马嗣煜、王徵、单允昌（附单允昌之弟单允蕃以及同邑人王侣）、李颙及其门下弟子王化泰、王建常、党湛、白焕彩、张珥、李士瑛、薛启允、张承烈、马秇士、杨尧阶、杨舜阶、王吉相、李重五、罗魁、文佩、王承烈。周元鼎（勉斋）又将王心敬补入，另补入清代学者若干人。李元春（1769—1854）再次作《续编》，李元春《续编》不仅是接续冯从吾之后的清代学人，还补充了冯从吾未收的宋代、明代学者，是对冯从吾《关学编》的扩充。宋代有游师雄（景叔，张载弟子），明朝有刘玺（宜川）、刘儒（以聘）、刘子诚（伯明，附载其弟刘叔贞）、温予知（无知，附其弟温日知）、赵应震（廉夫）、盛以宏（子宽）、杨复亨（季泰）。清朝的人物收录了王茂麟（附刘中白）、王建常、王宏度（文含）、谭达蕴（士奇，附龚若晦）、王宏学（而时，附其弟弘撰、宏嘉）、王心敬、马秇士（相九）、孙景烈（酉峰）、王巡泰（零川）。李元春的《续编》与王心敬的《续编》也可以说是接续冯从吾《关学编》的两本书，李元春除了收录王心敬书中所没有的宋代、明代人物之外，还收录了王心敬书中所包含的部分人物，这些交叉人物，李元春《续编》稍为详细。李元春已经迈入近代，李元春的弟子、清末以恪守程朱门户著称的贺瑞麟选择他认为特别敬佩的清朝学者七人，为其作传，这七人分别是刘鸣珂（伯容）、王承烈（逊功）、张秉直（萝谷）、史调（复斋）、李元春（桐阁）、郑士范（治亭）、杨树椿（损斋，附赵凤昌、张元善、李蔚坤）。其中杨树椿、赵凤昌、张元善、李蔚坤都是李元春的学生，也就是贺瑞麟的同门。贺瑞麟此编也有以继承关学自认的学术自觉与担当。

自冯从吾《关学编》之后，历代凡有续编，必有续刻，因此，从明末到清末，《关学编》及其续编刊刻不断。光绪十七年（1891），柏景伟又重新编辑、刊刻《关学编》，收入了从王心敬到李元春的历次续编，并将贺瑞麟所编清朝七人（加附录实际上是十人）小传也纳入续编，是为沣西草堂刻本。此刻本有柏景伟的前序、刘古愚的后序、贺瑞麟的"小识"，主要由柏景伟与贺瑞麟共同编辑完成。柏景伟基本编定《关学编》时，已经身患重病，其前序实际上是刘古愚按照柏景伟的口授写成的，其思想是二人共同的，刘古愚对沣西草堂本《关学编》做了最后的校订。但今人陈俊民、徐兴海点校的《关学编》并没有收录刘古愚的后序。

---

① 附录有与冯从吾一起在关中书院讲学的周传诵、周至训导刘波（陇州人）及冯从吾弟子党还醇、白希彩四人。

王心敬、周元鼎、李元春、贺瑞麟诸人学术观点或有不同,如贺瑞麟在"小识"中明确批评柏景伟不分门派的主张,力持程朱为正传,但是他们在弘扬冯从吾所塑造的关学灵魂方面却并无二致。可见,自冯从吾之后,关学始终处于一种学派、学脉的自觉状态之中,这与宋元明关学显隐间出的情况形成鲜明对比。

二、关学的经世致用实学传统及李颙对这一传统的复兴与张大

其实关学还有一个传统,冯从吾《关学编》并没有对之有明显的自觉与有益的总结与提炼,这是关学的一条伏脉,那就是对自然科学以及各项具体技术的研究与重视,这是关学实学特色的重要体现。此一脉络依然是创自张载,宋代后逐渐湮没,明朝有所彰显,但不突出。明清之际,在经世致用思潮的荡涤下,加之西方传教士所传入的自然科学的促发,此一脉络得到进一步发扬,尤其是李颙对此大力推阐,使关学再开新境界。清朝统治稳定后,此一脉络依然绵延不绝,刘古愚在吸收西方近代自然科学的基础上对这一传统又做了划时代的深入和拓展,对关学做了极大的发扬和转换。

(一)张载对关学实学传统的奠定

"实学"是一个含义广泛而不乏笼统的词,在这里我们主要指其注重研究具体事务倾向,也就是注重理学所谓"器"的倾向,包括传统所谓的天文地理、礼乐兵刑等一系列具体事务以及自然科学。张载注重研究具体事务的倾向已如上述,他注重自然科学研究并在这方面有较大贡献已经为学界(包括自然科学史界)所公认,著名科学史专家郑文光、席泽宗说:"宋代唯物主义哲学家张载,是古代地球运动理论的继承者和发展者:他对地球的自转和地游,都有十分确切的认识。"[①]张载创建理学宇宙论的内在理论需求也使其对当时的自然科学多有关注,这一点笔者曾在《关学及其著述》中加以论述,这里不再重复[②]。张载的弟子吕大临等人也继承并发挥了他的实学特色,在自然科学方面,李复尤其能绍述师说。李复在《关学编》中没有传,全祖望《宋元学案》《吕范诸儒学案》中发掘了李复的材料,并录其奏议两道,对其生平做了

---

① 郑文光、席泽宗:《中国历史上的宇宙论》,北京:人民出版社,1957年版,第111—112页。

② 方光华等著:《关学及其著述》,第30—32页。

简要的介绍。陈俊民先生根据《宋元学案》的线索,结合楼钥《攻媿集》的材料,对李复的事迹及学术进行了介绍,并称李复坚持了张载的气本论思想,尤其是能继承张载注重对实际事物及自然科学研究的传统,为关学"正传"①。李复是吕大临、范育等张载弟子的后辈,但仍然是张载的及门弟子。"以进士累官中大夫、集英殿修撰。……紫髯修目,负奇气,喜言兵事。于书无所不读,亦工诗。"②他在陕西多入守边将领的幕府,但是这些将领多迂腐不知兵事,李复的建议得不到采纳,而他又耿直不屈,因此去官。后来外敌入侵秦州,李复已经是病体孱弱的一位老人,但是因为他有通晓兵事的名声而被朝廷强迫启用,以守秦州空城,最后战死③。李复著有《潏水集》40卷行世,曾在饶郡(今江西波阳)刊刻行世,后屡有散佚。四库馆臣从《永乐大典》中辑出李复的存留文字,厘为16卷。第一卷是奏疏,第二卷为表,三、四、五卷为书牍,第六卷为记,七、八卷分别为赋、序跋、铭文、杂著,九至十六卷为诗文。《四库全书总目》对《潏水集》有较高评价:"今观是集,如谓扬雄不知道,谓井田兵制不可遽言复古,皆确然中理。其他持论,亦皆醇正……又久居兵间,娴习戎事,故所上奏议,大都侃侃建白,深中时弊……至其考证今古,贯穿博洽,于易象、算术、五行律吕之学无不剖析精微,具有本末,尤非空谈者所可及。在宋儒之中,可谓有体有用者矣。"④今观《潏水集》可见李复涉猎十分广泛,除军事外,他对于音律、盐法、水利、历法、地理、术数等多有研究,尤其精于历法、易学,此外还撰有《夔州药记》,对于医药亦有独得之见。四库馆臣对李复的评价还是比较切合实际的。

下面引李复一段文字,以见其学术思想之一斑:

> 日月之行各有度数,所行之道其由自可推。然月者阳体内藏、众阴外附者也,其象坎卦,坎卦阳在中而阴在外,是为水也。水乃受光,非发光者。水之有光待日与火照之方出,月之有光待日照之方

---

① 陈俊民著:《张载哲学思想及关学学派》,北京:人民出版社,1986年版,第16页。

② 黄宗羲原著,全祖望补修,陈金生、梁运华点校:《宋元学案》,卷三十一《吕范诸儒学案》,北京:中华书局,1986年版。

③ 据楼钥《攻媿集》卷五十二《静斋迂论序》。另《宋史·高宗本纪》载:建炎二年(1128)春正月:"金人陷秦州,经略史李复降",说李复投降。

④ 永瑢等撰:《四库全书总目》卷一百五十五集部八,北京:中华书局,1965年版,第1336页。

出,《礼》所谓"溯于日者"是也。半照为弦,全照为望,望为日光所照反夺日光者。当日之冲有大如日者,历家谓之"暗虚"。"暗虚"为月,则月光必灭,故为月食,张衡亦曰,当日之冲,光常不合,是谓暗虚,在星则星微,遇月则月食。若日夺月光,遇望必食,然亦有不食者,由其所行之道异也。所行之道若交则犯,故日月相食也。交在朔前则日食,在望则月食。大率一百七十三日有余而道始一交,非交不相侵犯,故朔望不常食也。道不正交,故有斜食、半食、上食、下食,虽然,此其大略也,其余不能逃其数矣。①

这是对日食、月食形成原因的一种科学假说。李复提出:日食、月食是由两种因素构成的,一种是某种物体(暗虚)的遮蔽,一种是日月的运行轨道,日月在不同的地点形成斜食、半食、上食、下食,等等。这基本上与现代关于日食、月食的思想是一致的。只是当时人们尚不完全清楚太阳、月亮、地球的运行关系,不能确切地指出这种"暗虚"到底是什么。他对月亮发光的原理也做了正确的认识和解释,认为月亮因反射日光而发亮。这些都是当时比较专门、精深的自然科学知识,李复这方面的造诣可见一斑。

从现存李复文集中看不到他专门论述心性论的内容,有两首诗可见李复这方面主张之一斑:

其一
一气偶暂聚,灵府合虚明。
至人遗世氛,妙静无将迎。
索珠迷罔象,鼓琴有亏成。
渺渺千海波,今朝浮沤轻。

其二
杯水入沧溟,浩浩通无际。
原心方寸间,混合周天地。
后稷勤稼穑,颜渊甘箪食。
行己在一时,流芳播万世。
至道不远人,安行近且易。

第一首侧重人与自然的关系,人是一气凝聚而成,虽然人为万物之灵,但

---

① 李复:《潏水集》,卷五《答曹铖秀才书》,影印文渊阁本《四库全书》。

是消散之后,仍然归于天地之间,所以人不能斤斤计较于世间得失,对外界事物要顺其自然,毋存将迎之念;如置身大海,随着千顷波涛而起伏;如昭氏鼓琴,不动一弦则万声俱在,一动手指反而失却天籁之音。第二首侧重于人对于社会、历史的关系。一杯水倒入大海之中,就成为无边沧溟的一部分;方寸之心只要通天地之性,即可包含宇宙。赫赫周祖后稷奠定周族兴盛的基础,也是从耕种庄稼开始;颜渊箪食陋巷,刻苦学习,能得圣道之真谛。大道并非拒人于千里之外,在日常行动中即可践履,凡人也可流芳百世。第一首诗当中包含了张载气本论的内容,也有庄子、佛教通脱、洒落的气象,可见李复开阔、宽广的胸怀与境界。第二首体现了人心通天心、沟通宇宙论、心性论、修养论的思想。

李复的事迹长期隐暗不彰,其入张载之门时间较短,而且目前我们无法直接看到他讨论心性论方面的内容,虽然通过部分诗歌可以见其理学思想的一些特点,但若凭此说他为张载"正传"根据恐怕有些薄弱。但是李复在具体技术尤其是在自然科学方面发扬了张载关学的特点则是不争的事实。在本书中,我们把关学的这一特点称为"实学"特色。有将实学定义为"有体有用之学",也就是既讲心性道德修养的问题,又注重对具体事务的研究,不囿于"重道轻器"的一般儒学传统,这样的界定基本适合关学的特点,关学的实学特色除了对具体技术性事务进行研究之外,还具有明显的重视自然科学的特色,本文就在上述意义上使用"实学"这一概念。

(二)明代中后期关学实学特色的抬头:韩邦奇与王徵

金元时期,关学处于延续、维系阶段,已有的研究氛围受到很大破坏,此时的关学突出的是"躬行礼教"的特色,对具体技术的研究也多在礼仪规范方面,对自然科学重视不突出。明朝时期关学的这一特色又得到了一定的彰显,韩邦奇、王徵就是其中的典型代表。

韩邦奇(1479—1555),字汝节,号苑洛,朝邑(今陕西大荔)人,明正德三年(1508)进士,初授吏部考功司主事,旋升吏部员外郎,后来长期在地方为官,历浙江、山东、山西等地,在地方官方面曾为封疆大吏(山西巡抚),后又分别在南京、北京朝廷任官,官至南京兵部尚书,卒后赠太子少保,谥恭简。韩邦奇得享永年,虽然以高官显位致仕终老,但他的仕途并非一帆风顺。先是因抑制宦官、揭露浙江百姓疲于贡献茶鱼的惨状而触怒了武宗,被下诏入狱,后削职为民。此后又四度被召用,四度乞休。他的罢官、辞官或出于为民请命,或出于自己的政治、道德原则得不到实施,表现了关中学者共有的气节。《关学编》收录了韩邦奇,冯从吾评其曰:"识度汪然,涵养宏深,持守坚定,躬行心得,中正明达,则又一薛敬轩也。"①同时,韩邦奇又具有练达的政治才能,往往能遇事镇静,具有先见之明,能消弭祸端于无形。在处理宁王朱宸濠谋叛、稳定大同军队叛乱后的复杂局面等事件中都体现了他这方面的才能。韩邦奇之所以能够多次被启用,不仅仅是因为他高尚的道德操守,其政治能力也是重要的原因。韩邦奇的政治能力与他的实学造诣直接相关,《明史》云:"邦奇性嗜学。自诸经、子、史及天文、地理、乐律、术数、兵法之书,无不通究。所撰《志乐》尤为世所珍,亦有以焉。"②对其在技术方面的评价很高。

时人公认韩邦奇最突出的造诣在音乐方面。中国传统音乐学包含非常丰富,既是一门艺术,又与哲学、礼仪密切相关,而且还涉及精密、高深的计算问题。按照传统的音乐理论,要定音必须有精密的乐器,而黄钟一器的长短、内径则是确定音准的关键。韩邦奇对黄钟律管确定、制造方面有很大贡献,黄宗羲曾对此有简单介绍,由此我们可见韩邦奇音乐以及自然科学造诣之一斑。

> 声气之元,在黄钟之长短空围,而有不能无疑者。先生依《律吕新书》注中算法,黄钟长九寸,空围九分,积八百一十分。用圆田术,三分益一,得一十二,以开方法除之,得三分四厘六毫强,为实径之数,不尽二毫八丝四忽。以径求积,自相乘得十一分九厘七毫一丝六忽,加入开方不尽之数,得一十二分,以管长九十分乘之,得一千八十分,为方积之数,四分取三,为圆积八百一十分。盖蔡季通以管长九寸为九十分,故以面积九分乘管长得八百一十分。其实用九无用十之理,凡度长短之言十者,皆分九为十,以便算也。今三吴程路,尚以九计可知矣。则黄钟长九寸者,八十一分,以面积九分乘之,黄钟之积七百二十九分也。③

《苑洛志乐》20卷,内容非常丰富,以上只是其中的一个例子,由此可见韩邦奇对算术非常精通。《四库全书总目》对该书评价也比较高:"虽其说多

---

① 冯从吾撰,陈俊民、徐兴海点校:《关学编》,第50页。
② 《明史》卷一〇一《韩邦奇传》,北京:中华书局,1982年版。
③ 黄宗羲著,沈芝盈点校:《明儒学案》卷九《三原学案》,第166页。

本前人，然决择颇允。又若考定度量、权衡、乐器、乐舞、乐曲之类，皆能本经据史，具见学术，与不知而妄作者究有迳庭。所撰《志乐》尤为世所珍，亦有以焉。"①今人张振涛曾在其著作中涉及《苑洛志乐》，指出其学术价值②，并根据今日民间笙师的演奏指法习惯以及对《苑洛志乐》卷八所著录的17管笙音位问题进行了校注，指出《苑洛志乐》"是目前我们所能看到的、中国文人最早记载17管笙各苗律高、谱字及其相和指法的文献。虽然记述中免不了前后矛盾且简略不详，但这也是弥足珍贵的材料了。"③这是从音乐角度对韩邦奇进行研究的成果，在数学方面还未见有人对之进行系统研究。

除了音乐方面的内容外，韩邦奇的著述多以研究《周易》的形式呈现，如《易学启蒙意见》（又名《易学疏原》）、《易说》《易占经纬》等，韩邦奇又是《周易》研究的专家。他一生勤于笔耕，著述丰富，主要有《苑洛集》《苑洛志乐》《大同记事》《禹贡详略》《性理三解》《易占经纬》《书说》《易说》《律吕新书直解》等。

韩邦奇在学术方面直接追本张载，《关学编》及《明儒学案》都引用了韩邦奇学生白璧对其师的评价："先生天禀高明，学问精到，明于数学，胸次洒落，大类尧夫，而论道体乃独取横渠。"④在哲学方面，韩邦奇继承了张载的气本论，他通过辨析"气""太极""道"等范畴，批驳了二程以"道"为本，"道"为形而上学，"气"为形而下的观点：

> 混沌之初也，一元之气。渣滓融尽，湛然清宁，而万象皆具一极中，《易》所谓"太极"，天之性也。及其动静继成之后，气化形生，并育并行，是天率天之性而行，是之谓天道，夫子所谓"一阴一阳之谓道"，《中庸》所谓"道并行而不相悖"者也⑤。

"太极"就是宇宙原初的混沌元气，太极指一种状态，而非别为一物。元气分为阴阳之后，其气化流行的状况称之为"道"。这样就把"太极""道"等概念

---

① 纪昀总纂：《四库全书总目》，石家庄：河北人民出版社，2000年版，第1019页。
② 张振涛：《笙管音位的乐律学研究》，济南：山东文艺出版社，2002年版。
③ 张振涛：《清明两代17管笙音位文献的校注》，乔建中、薛艺兵主编：《民间鼓吹乐研究——首届中国民间鼓吹乐学术研讨会论文集》，济南：山东友谊出版社，1999年版，第437—438页。
④ 冯从吾撰，陈俊民、徐兴海点校：《关学编》，第50页。
⑤ 韩邦奇：《正蒙拾遗序》，《苑洛集》卷一，嘉庆七年朝邑刊本。

统一到"气本论"之中①,这是对张载哲学的复归。韩邦奇在继承张载气本论方面是自觉的,他著有《正蒙拾遗》,从张载的《正蒙》入手,表达其哲学思想,该书收入《性理三书》之中,是韩邦奇重要的哲学著作之一。500年后的韩邦奇可谓善继横渠之志者。

韩邦奇门下较著者有杨爵、杨继盛,此二人均为明朝著名谏臣,时人称为"韩门二杨",杨爵独能传韩邦奇律吕之学。

相比而言,王徵在科学及实用技艺方面的研究比韩邦奇较多地受到重视。王徵(1571—1644),字葵心,又字良甫,自号了一道人,加入基督教后取教名为斐理伯(philippe),陕西泾阳县鲁桥镇人。王徵一生经历比较简单。万历二十二年(1594)中举,此后即展开了漫长而艰难的科考之路,"十上公车,始克博一第"②,直到天启二年(1622)才中进士,授直隶广平府推官,此时王徵已经52岁,开始步入老境。王徵在历年进京应试的过程中,于万历四十三年(1615)结识在京西班牙传教士庞迪我(Diego Pantoja,1571—1618),因一年前王徵阅读了庞迪我的《七克》③一书,对庞迪我非常敬佩,王徵遂于是年受洗加入天主教,并开始了钻研西方科学技术的生涯。天启四年(1624),因继母去世去职守孝,服阕,改为扬州府推官,又过一年之后,父亲去世,王徵再度还乡守制。崇祯四年(1631),因徐光启学生、当时的登莱巡抚孙元化的推荐,王徵出任山东按察司佥事。同年8月,孔有德等人发动吴桥兵变,第二年正月,孙元化、王徵俱被俘,后被放归。孙元化被朝廷处死,王徵充军,不久被赦免,此后一直居乡。崇祯十七年(1644),李自成到西安,王徵不应闯王之召,绝食自尽。

---

① 学界对韩邦奇的研究还很不充分,其音乐方面的成就只是稍微涉及,在哲学方面较有代表性的论文有葛荣晋:《韩邦奇哲学思想初探》,《孔子研究》1988年第1期;翁泓文:《韩邦奇之"本体论"研究》,《台湾观光学报》,2003年第1期;翁泓文:《韩邦奇"元气与形气"之论述》,《台湾观光学报》,2005年第3期;章晓丹、白俐:《"形而上学之谓道,气而上之谓性"——韩邦奇哲学思想新探》,《西北大学学报》(哲学社会科学版),2010年第5期。另有西北大学周喜存硕士学位论文《韩邦奇及〈苑洛集〉研究》(2007年),介绍了韩邦奇的生平,并从文献学的角度对《苑洛集》的内容、版本及流传情况进行了介绍。

② 宋伯胤:《明泾阳王徵先生年谱》,西安:陕西师范大学出版社,1990年版,第4页。

③ 《七克》是宣扬天主教伦理的书,主要内容是"谦让以克骄傲,仁爱以克嫉妒,舍财以克悭吝,含忍以克愤怒,淡泊以克饮食迷,绝欲以克色迷,勤于天主之事以克懈惰之事。"

在这份看似简单的履历中,却蕴含着王徵极不平凡,甚至惊心动魄的一生。当王徵步入官场的时候,明朝的各种矛盾也开始大规模爆发,他生当明朝末年,"盗贼、饥荒,海内连绵不绝,"尤其是满洲在东北逐步蚕食,逐渐逼近山海关。王徵不仅卷入、见证了影响当时时局国运的重大事件,还在中西文化交流的历史上做出重要贡献,具有非常突出的地位。孔有德的吴桥兵变虽然最终被平息,但是山东地方遭受巨大蹂躏,尤其是孔有德、耿仲明后来投降满洲,带去了当时中国最先进的、从国外所引进的红衣大炮以及各种火器,使满洲掌握了这些先进技术,为最后入主中原奠定了技术上的基础。所以说,官位不显的王徵是那个时代重大问题的交汇点、体现者、参与者。

王徵经世致用的实学思想和突出的成就是三个因素作用的结果:一是家庭的影响,二是明朝政局动荡的触发,三是当时比较活跃的中西文明交流的哺育。王徵的父亲和舅父都对技术和器物之学感兴趣,父亲王应选天性机巧,精通算术、地理、星命诸家,王徵幼承庭训,在这方面产生了兴趣。舅父张鉴监生出身,官至河东盐运使,通理学,对于张载、二程之学有深入的研究,精通易学,著有《易占发蒙说略》。张鉴对各种技术问题有很深造诣,王徵称其舅父"辟天地之秘,泄鬼神之奇"①。在任太原同知时,"创制各色战车、护城悬楼、翻车、易弩等器,皆巧思独运,总督萧公大亨使造式布诸边焉"②。王徵6岁即从学于舅父,可以说一生的思想、学术的基本倾向就是由其舅父奠定的。王徵对其舅父感情极深,对舅父的评价是"舅而师也","舅而父也"③。在家庭环境的影响下,王徵对工艺制造产生了浓厚兴趣,"因书传所载化奇肱,璇玑指南,及诸葛氏木牛流马、更枕石阵、连弩诸奇制,每欲臆仿而成之"④。同时,除了父亲与舅父外,乡人工匠马了贪也对王徵进行了指导,使王徵在这方面有了很大的进步。步入仕途之后,面对满洲日益紧逼、朝廷丧师失地、各地在繁重赋税及天灾的影响下,变乱不断的时局,王徵更加究心于经世致用之学,"于凡兵阵、城守、积贮、制器之宜,无不究极其要"⑤。以期报效国家,惠及百姓。他在司理广平(河北广平)期间适值漳河涨水,肥乡(今

---

① ③ 宋伯胤:《明泾阳王徵先生年谱》,第27页。
② 王心敬:《关学续编》,见陈俊民、徐兴海点校:《关学编》,第78页。
④ 王徵:《两理略自序》,见李之勤辑:《王徵遗著》,西安:陕西人民出版社,1987年版,第12页。
⑤ 王心敬:《关学续编》,陈俊民,徐兴海点校:《关学编》,第50页。

河北肥乡)决堤,他用自制的鹤饮、龙尾、恒升、活枢等器疏引江水,以利围堵堤坝。他还自己为滏阳河设立了一个"活闸",使死涩难启的河闸大为改善,原来用20余人方能启动,改制后一个人即可应用自如。他还曾经设计制造过活动兵轮,上面满是刀枪,转动用以麻痹敌人,还有不用人而万弩齐发的弩机,不用火而万炮齐发的火机。

与西方传教士接触之后,王徵对机械以及自然科学的研究达到了一个新阶段。除了庞迪我之外,王徵与金尼阁(Nicola Triguh,1577—1628,西班牙人)、龙华民(Nicolas Longobardi,1595—1654,意大利人,于万历二十五年即1597年来华)、邓玉函(Joannes Terrentius,1567—1630,又名函璞,瑞士人)、汤若望(Johann Adam Schall Ven Bell,1591—1666,德国人,又名道未)皆过从甚密。这些人既是虔诚的天主教徒,又对自然科学有极深造诣。王徵曾就意大利传教士艾儒略(Julius Aleni)与杨廷筠合译《职方外纪》所载各种奇妙器械向邓玉函请教。邓玉函有着很高的科学造诣,与伽利略相交甚笃,同为灵采研究院院士,通晓医学、哲学、矿物学。邓玉函微笑着向他解释,《职方外纪》之外,"诸器甚多,悉著图说,见在可览也,奚敢妄!"①这引起王徵更大的兴趣,在邓玉函的指导下,对当时传入中国的各种西方器械进行深入研究,选取其中当时最为急需、最为方法简便、最为精妙的编为一册,名曰《远西奇器图说录最》。此书有原理,有结构解析,有图说,还有应用方法,介绍了重心、地心引力、物体本重、点线面形、三角形、四边形、圆、椭圆、多棱形、体积、容积、水平面等概念和自然科学知识。《远西奇器图说录最》中"组成各种机械的机件计有:杠杆、滑车及复式滑车、辘轳、轮轴、搅轮(绞盘)、曲拐、曲柄连杆、瓜瓣辘轳(相当于长齿轮)、行轮(人在轮内或轮外爬行利用本身重力使轮旋转)、灯轮、星轮、凸轮、齿轮、齿轮系、蜗杆与蜗轮、棘齿轮、飞轮及抽水机。所用的原动力则有:牲畜力、人力、人的重力,有的地方已知道用弹力和惰力,其次是风力和水力"。王徵所翻译的大都是十六七世纪的机械,伽利略所发明的杠杆、滑车、螺旋及其用法都见于该书,比例规亦是伽利略的发明,这些器械在伽利略有生之年即由邓玉函和王徵传播到中国。这说明王徵介绍的各

---

① 王徵:《远西奇器图说录最序》,见宋伯胤编著:《明泾阳王徵先生年谱》(增订本),西安:陕西师范大学出版社,2004年版,第115页。

种器械"都是比较先进的,且程度并不低下"①。此外,王徵在机械工程方面的著述还有《诸器图说》《额辣济亚牖造诸器图说》,此两部书不是纯粹的介绍,书中有些内容是将西方技术与中国古代技术加以融合之后的创制。

王徵在介绍、研究西方科学技术,尤其是机械、几何方面在中国历史上具有划时代意义,有人甚至将其与徐光启相提并论,将此二人并称为"南徐北王"。他所定的点、线、面、杠杆、斜坡、滑车等译名一直沿用至今,只有少数如"斜坡""藤线"被改为"斜面""螺旋线"。

王徵另外一项突出的贡献就是他是中国人中首次探索用拉丁字母为汉字注音的人。传教士利玛窦著有为方便西方人学习汉语的《西儒耳目资》,用拉丁字母为汉字注音,王徵与金尼阁对该书又进行了完善,他们在利玛窦的基础上又写成《问答》129条,王徵独立写成《释疑》51条及《三韵兑考》部分。《三韵兑考》将《洪武正韵》《沈韵》《等韵》三部韵书与金氏的50韵摄每韵五声之系统加以对照,是以中国人为阅读对象,对言语语音和音节结构做详细分析的著作。《西儒耳目资》是我国语言文字史上第一部用拉丁字母为汉字注音的专著,具有很高的价值及贡献。"(一)它照顾了汉语自身的特点和中国音韵学固有的成就,以声母、韵母来区分汉语音节;(二)拼读准确快捷,不同于传统的'反复切摩以成音'的繁难办法;(三)对汉语音节做了音素分析,用音素化方式写出字音,揭示了字音结构的秘密,为我国的音韵学、文字学提供了科学的方法和研究工具,也为表示汉语语音或汉语拼音文字找出了最少的字母单位;(四)用符号加在韵母上边,为现在的注音字母和汉语拼音开了先例;(五)建立了一套拼音制的术语,该术语体系中西结合,照顾了科学性和汉语特点,对现代的拼音术语体系起到了启发和促进作用;(六)记载了明末中原音韵的语音系统、音值和字音。"《西儒耳目资》"绝不是简单地供西方人士学习汉语汉字的工具书,而是我国语音文字学的一个组成部分,而从其对中西语言文字的比较研究来说,它又具有普遍语言文字学的意义,即国际文化的意义。"②王徵在汉字注音方面做出了突出贡献。1949年后,在推广普通话过程中,《西儒耳目资》曾被整理出版。

王徵在明末国家衰敝的时代背景下,与徐光启、杨廷筠等优秀知识分子

---

① 刘仙洲:《王徵与我国第一部机械工程学著作》,《机械工程学报》,1958年第6期。

② 杜松寿:《罗马化汉语拼音的历史渊源》,《陕西师范大学学报》,1979年第4期。

突破儒家"君子不器"的观点,致力于实学研究,并推动了这一思潮向更深、更广的方向发展,是一位伟大的时代先行者。在这个开创性的过程中,王徵的思想、灵魂也经历着巨大的冲突。周围的人不理解他,并是善意地提醒"吾子向刻《西儒耳目资》,犹可谓文人学士所不废也。今兹所录,特工匠技艺流耳,君子不器,子何敝敝焉于斯!"王徵即以现实需要的道理及孔子的事迹来回应:"学原不问精粗,总期有济于世人;亦不问中西,总期不违于天。兹所录者,虽属技艺一务,而实有用于民生日用、国家兴作甚急也。倘执不器之说而鄙之,则尼父系《易》胡以又云备物制用,立成器以天下利莫大乎圣人?且夫畸人罕构,绝学希闻,遇合最难,岁月不待,明睹奇而不录以传之,余心不能已也。"①对传统重道轻器观念的突破已经不易,但是王徵要对一些根深蒂固的传统观念进行突破则更为困难。王徵无子,在他的父亲与妻子的竭力主张下,王徵不得已又纳妾。但是这与天主教不准纳妾的规定产生了激烈冲突,王徵曾经多次想遣去其妾,但是又面临着妻子与父亲的巨大压力,王徵为此面临着巨大痛苦,最终据天主教教义而去妾。王徵之死世人多注意其为大明殉节,其实何尝没有在中西文化冲突中灵魂被撕裂的因素呢?

三、李颙开辟关学"适用"的新境界

李颙(1627—1705),字中孚,陕西周至(原字为盩厔)人,因"山曲曰盩,水曲曰厔",自号二曲,后又自署曰"二曲土室病夫""多惭夫"等。家世寒微,李颙15岁的时候(崇祯十四年,1641),父李可从在河南襄城与李自成所领导的农民军作战时阵亡。李颙9岁入学,不到20天就因病辍学,之后断断续续地随其舅父读《大学》《中庸》,其中文字尚识读不全。父亲去世后,母子生活愈加困窘,甚至有时一天只吃一顿饭。母亲为人纺织的收入十分微薄,李颙无力再入学塾,但李颙向学之志坚定,逢人请教,遂得通读四书,打下了初步的文化根基。17岁看到《冯少墟先生集》,"恍然悟圣学渊源,乃一意究心经史,求其要领"②。从此走向研究理学的道路,广泛涉猎《性理大全》《伊洛渊源录》《近思录》《程氏遗书》《朱子大全集》等理学著作,乡里藏书丰富的富户因李颙酷爱学习,开放其藏书,任凭李颙阅读,这为李颙学术发展提供了良好

---

① 王徵:《远西奇器图说录最序》,宋伯胤编著:《明泾阳王徵先生年谱》(增订本)第116页。
② 王心敬:《关学续编》,见陈俊民、徐兴海点校,《关学编》,第85页。

的客观条件。

当时时局动荡,兵祸不断,清顺治九年至十七年(1652—1660),李自成余部王才、周禹等十余股势力与清军进行着长期的斗争,贺珍等率领的军队曾经攻入周至,进逼西安,李颙与乡人走避堡寨,备受刀兵之苦。在现实的触发下,李颙致力于研究经世致用之学,并著有《帝学宏纲》《经筵僭拟》《经世蠡测》《时务急着》,打下了李颙思想的实学底色,同时对词章考订之学也很有兴趣,下了不少功夫。顺治十四年(1657),李颙在病中摄神静坐,对于理学家"默坐澄心"之说有了新的感悟,于是弃去考据之学,专意于理学研究,学术旨趣基本定型。李颙曾回忆:"余初茫不知学,泛滥于群籍,汲汲以撰述辩订为事,以为学在是矣。三十以后,始悟其非,深悔从前之误。自此鞭辟著里,与同人以返观默识相切砥,虽居恒不废群籍,而内外本末之辨,则析之甚明,不敢以有用之精神,为无用之汲汲矣。"①此时,李颙声名日高,不断有人投入门下,"及门者至四千人"②,李颙又先后到河南襄城、江苏常州讲学。东归之后,陕甘总督鄂善修复关中书院,邀请李颙主讲于此。由于他周流各地,李颙逐渐成为名满天下的名儒,与黄宗羲、孙奇逢被称为"海内三大儒"。自康熙十二年(1673)开始,陕甘总督鄂善等人多次向朝廷推荐李颙,康熙皇帝也多次特旨征召,李颙一概拒绝。朝廷开"博学鸿词科",康熙欲借此笼络全国名士,从中央到地方采用延请与逼迫的方式,许多不与清朝合作的名士都被迫入都应试,有人作诗嘲讽曰:"圣朝特昌试贤良,一队夷齐下首阳。"李颙抱着必死之志,坚不赴京应试,康熙皇帝只好遂其志愿。辞博学鸿词的次年(康熙十八年,1679),李颙感觉自己名高受累,险些失节,于是辞去关中书院教席,隐居乡里,荆扉反锁,独居陋室,过起了与世隔绝的生活,只有至亲好友王弘撰、李因笃、顾炎武过访时才开门接纳。康熙四十二年(1703),皇帝西行至陕西,点名欲见李颙,李颙再次以死相拒,但命其子以《四书反身录》《二曲集》进呈御览。康熙再没有勉强,赐他一面"操志高洁"的匾额,一代名君与旷世遗民可谓两得其宜。

李颙一生大力提倡理学,其名声也是由讲学而致,这与明清之际批判、反思理学的思潮形成鲜明对比,仿佛李颙只是沿着吕泾野、冯从吾的路子继续

---

① 李颙著,陈俊民点校:《二曲集》,北京:中华书局,1996年版,第562页。
② 王心敬:《关学续编》,见陈俊民、徐兴海点校,《关学编》,第86页。

着明代关学的途程,梁启超称李颙"为旧学(理学)坚守残垒,效死勿去"①,与顾炎武、阎若璩反对理学、直接反求古经的新学术路径,与颜元、李塨之求实际事务,与黄宗羲、万斯同由史学而推致于当事之务,与王锡阐、梅文鼎之专治天学、开自然科学之端绪等诸种适应新时代、具有创新性的学术派别相比,李颙提倡理学仿佛与时代精神脱节。其实李颙的思想中体现着鲜明的时代精神,他的思想也是在对时代进行深入反思的基础上形成的,绝非置身世外抱残守缺,只不过李颙是以颇具关学特色的形式反思并开创新的学术形式的。

可以概括李颙学术主旨的关键词有两个:一是"明体适用",二是"悔过自新"。我们先来看"明体适用","明体适用"的提法最早见于《周至答问》:

> 问:"何为明体适用?"曰:"穷理致知,反之于内,则识心悟性,实修实证;达之于外,则开物成务,康济群生,夫是之谓'明体适用'。明体适用,乃人生性分之所不容已,学焉而昧乎此,即失其所以为人矣!明体而不适用,便是腐儒;适用而不本明体,便是霸儒;既不明体,又不适用,徒灭裂于口耳记诵之末,便是异端。"

这里非常清楚地说明了"明体适用"的内涵,就是将理学的心性修养与外在的现实事功有机地结合起来。"明体"与"适用"二者缺一不可,"明体"解决的是事功的内在价值方向,涉及人生内在道德境界问题,这是延续了宋明理学的传统;"适用"强调儒生必须有实际的经世致用才能,是在对当时各种理学末流(包括王学末流、朱学末流)空谈心性,不关心实际事物的空虚流弊的矫正,由此而言,李颙正是着眼于解决当时理学流弊而提出了明体适用的学术宗旨。他的学术思想与时代精神是密切相连的。"明体适用"的主张是李颙在三十岁的时候提出的②,此后李颙的思想、行为有了很大变化,尤其是晚年闭门谢客,这形式上与其所说的"适用"大相径庭,倒和他所批评的"迂儒"形式上很相似,但在其思想深处,"明体适用"这一为学宗旨总是一直没有变化。

就是在提出"明体适用"的第二年,李颙学术思想发生了较大转变,坚定了服膺心性之学的信心,将此前写就的《帝学宏纲》《经筵僭拟》《经世蠡测》《时务急着》等付之一炬,但这并不意味着与经世致用的思想告别,而是不再

---

① 梁启超著,朱维铮校注:《梁启超论清学史二种》,第4页。
② 《周至答问》是李颙弟子张密对李颙讲学的记录,篇首《小引》标注时间为"顺治丙申"即1656年,是年李颙虚岁三十。

做纸上谈兵、随人脚跟的学问,要实有所得。康熙八年(1669),李颙为门人张珥开列的书目即以明体适用为总纲,"明体类"书目包括:《象山集》《阳明集》《龙溪集》《近溪集》《慈湖集》《白沙集》《二程全书》《朱子语类大全》《朱子文集大全》《吴康斋集》《薛敬轩读书录》《胡敬斋集》《罗整庵困知记》《吕泾野语录》《冯少墟集》。"适用类"书目包括:《大学衍义》《衍义补》《文献通考》《吕氏实政录》《衡门芹》《经世石画》《经世挈要》《武备志》《经世八编》《资治通鉴纲目大全》《大明会典》《历代名臣奏议》《律令》《农政全书》《水利全书》《泰西水法》《地理险要》。由此可以一目了然:李颙是将理学与当时非常盛行的实学结合起来了,而不像一般的清代学者一样将其放到相互对立的位置上。在对"适用类"书目进行说明时,体现了李颙对军事、律令、农业等各种经世致用学问的高度重视。如谈到军事方面的著作时,李颙说:"有志当世,往往于兵机多不致意,以为兵非儒者所事。然则武侯之伟略,阳明之武功,非耶?学者于此,苟能深讨细究而有得焉,则异日当机应变,作用必有可观。"[①]李二曲以遗民自居,与抗清志士顾炎武等相交莫逆,作为一名誓死效忠明朝的志士,经历了父亲战死、国家破败、饱尝人生艰难的李颙仅仅满足于空谈心性不研究具体的复国、治国的学问,那是不可能的。在晚年将自己封闭在陋室的时候,李颙的"适用"追求依然不变。在这一时期写成的《四书反身录》中说,学者在体认"天理"之后,"由内而外,递及于修齐之法,治平之略:《衍义》《衍义补》《文献通考》经济类书,《吕氏实政录》及会典、律令,凡经世大猷、时务要着,一一深究细考,酌古准今。务尽机宜,可措诸行,庶有体有用,天德王道一以贯之矣,夫是之谓'大学',夫是之谓'格物'。"[②]李颙荆扉反锁、不与世接是有其不得已的苦衷的。正是因为自己四处讲学,名高当时,使朝廷非欲其臣服不可,李颙通过以死相抗得以不赴博学鸿词,可以保全节操。李颙坚定决绝的遗民志向是当时多数人所不能比拟的。眼看着复国无望,而清政府又对其软硬兼施,李颙只能通过这种与世隔绝的方式对清廷做消极对抗,而其内心则埋藏着巨大的痛苦。李颙的这一行为不仅不是对其经世思想的放弃,而正是对这一思想的践行,虽然没有实际的功业,但他洁比秋

[①] 李颙对律令也很重视:"律令,最为知今之要。而今之学者,至有终身未之闻者。读书万卷不读律,致君尧舜终无术,夫岂无谓而云然乎?"见李颙:《体用全学》,李颙著,陈俊民点校:《二曲集》,中华书局,1996年。

[②] 李颙:《四书反身录》,收入李颙著,陈俊民点校:《二曲集》。

霜的气节,在当时天崩地解的时代正显其"大用",这种不乏自虐式的行为也正是对其"悔过自新"为学宗旨极端性的体现。

"悔过自新"也是李颙弟子及后世学者非常重视的,被认为是李颙为学宗旨的体现。实际上"悔过自新"不过是明体的一种方式,属于"明体"的范畴。李颙理学从根本上还是属于阳明一系的,他的修养论植根于王阳明的"致良知"说,良知本无不善,人之有过错来自良知被遮蔽,"悔过自新"就是要恢复良知莹然净洁的状态。"悔过"必须在"起心动念处潜体密验。苟有一念未纯于理,即是过,即当悔去之;苟有一息稍涉于懈,即非新,即当振而起之"[①]。李颙在《学髓》中有斋戒、静坐的方法,并有示意图,此示意图给人留下深刻印象,结合李颙晚年隔绝人世的做法,有人认为将"明体适用"与"悔过自新"看作是李颙不同人生阶段的不同学术主张,这与事实是不相符的。而且从逻辑上来说,"悔过自新"不过是"明体"方法而已,李颙的学术宗旨可以用"明体适用"一言概括[②]。

明确了李颙思想主旨之后我们来讨论李颙与关学的问题。在这一问题上,学界有着不同的看法,这与对关学内涵的理解和界定直接相关。前文已经提到,"关学"一词始自张载,宋代只是将"关学"作为对张载理学的称呼,内涵是很明确的。明朝以来,关学的内涵发生了变化,黄宗羲、全祖望等学术史家将关学的内涵推广到"关中理学"的层面,不仅仅局限于张载学术,凡是在关中传承、发扬关中理学的都可以纳入关学的范围,冯从吾的《关学编》也是如此。这是古代学者对于"关学"的看法,也是"关学"的第二种含义。当代学人同时从这两个层次来探讨"关学",如侯外庐、邱汉生、张岂之先生主编的《宋明理学史》就是从"张载理学"的这个角度探讨关学的,这是"关学"狭义的含义。陈俊民先生沿用明人对关学的看法,将关学视作"关中理学",其外延也从张载延续到明清之际的李颙,并探讨了关中理学的独特性,尤其以"躬行礼教"为标志。陈先生的说法于古有所本,尤其是用现代学术的方法探讨了关学自身的逻辑内涵,对关学研究做出很大贡献,其《张载哲学思想及关学学派》词约义丰,论述精到,实为力作。但是陈先生关学到李颙终结的观点却不无可议之处。

---

① 李颙:《悔过自新说》,载李颙著,陈俊民点校:《二曲集》。
② 笔者曾对李颙的学术内在逻辑作专门讨论,参见方光华等著:《关学及其著述》,第四章第一节《李颙与清代关学的发展》。

陈先生将"关学"界定为"关中理学",认为"辩明关学即'理学'是研究关学思想的重要前提"①,即使在这一前提下,得出李颙终结关学的结论也有值得商榷之处。首先,李颙本身是一位理学家,他并没有终结关中理学。陈先生认为李颙终结关中理学的依据是李颙提出"儒学即理学",认为这是用经学代替理学,与顾炎武的"'理学,经学也',真如冰壶秋水,两相辉映。这都是公开主张用'儒学''经学'代替'理学',抛弃'理学',向原始儒学还原。这表明理学思潮已经衰落,也表明关学思想开始终结"②。其实李颙所谓的"儒学即理学"无论其内容还是学术效果、学术影响都不能与顾炎武的"理学即经学"相提并论。顾炎武的"理学即经学"在方法上是要根本否定理学,反对理学家依傍佛学、道家对儒家经典做新解释,要复归到经学文本本身,寻求其原意,从学术效果来说,"理学即经学"直接开启清代经学考据之风,其学术旨趣和方法确实与理学有了根本的区别。而李颙则是反对经学考据的,他仍然沿用着理学的基本方法和基本观点,谁都无法否认李颙是一位理学家。至于李颙返归到孟子的四端说,等等,任何的理学家都本于孟子的性善论,这并不足以说明违背了理学。

当时关中确实不乏以金石、考据著称的人物,如王宏撰的金石、书画为当代所重,李因笃在音韵学方面很有造诣,与顾炎武为学术知己,但是就关中学术风尚而言,考据、小学并没有压倒理学,倒是李颙的学术影响力占有压倒性地位,即使以小学闻名的王宏撰、李因笃本人也兼宗理学。王宏撰于朱陆两派折中调停,各取所长,"盖有见于格物致知之训,朱子为正;太极无极之辨,陆子为长"③。李因笃尊崇朱子,穷十年之力研究朱子学,"博极群书,然以朱子为宗,音训之学尤独绝一时"④,正如我们不能以吕大临研究金石而否定其理学家身份一样,王宏撰、李因笃理学学者的身份也同样不容否认。况且二曲及其弟子以理学一时光耀关中,考据学并不是关中占主流的学术形态。

其次,这与清代关中学术发展的实际情形及关中学者的自我认同不相符。李颙门下弟子在陕西者甚多,而且多名高当世,弘扬理学甚力,这些人的学术盛年多在18世纪上半叶。二曲弟子之外有武功孙景烈,也传承理学,

---

① ② 陈俊民著:《张载哲学思想及关学学派》,北京:人民出版社,1986年版,第3、28页。

③ 王宏撰:《正学隅见序》,清光绪二十一年敬义堂刻本,陕西图书馆藏。

④ 张骥:《关学宗传》卷三十二,陕西教育图书社民国十年铅印本。

"讲四子书,又恪守考亭(朱熹)注,而析理之细,直穷牛毛茧丝"①。孙景烈生于1706年,卒于1782年,是18世纪中后期陕西著名的学者。孙景烈的弟子王巡泰(零川)恪尊师说,"以窥关、闽,因酌见道源"②。王巡泰于乾隆甲戌年(1754)中进士,先后在山西五寨、广东兴业、广西陆川任县令,后任职吏部,曾在乾隆四十二年(1777)主持修撰广西兴业县志,他应该是活跃在18世纪下半叶的人。另外,李颙的再传弟子还有张秉直(王心敬学生),潜心程朱之学,也是18世纪中后期的笃信理学的学者,门户意识甚严的贺瑞麟将其收入《关学续编》。跨越18世纪和19世纪的关中著名理学学者有李元春(1769—1854),而贺瑞麟则直接传承李元春的衣钵。至于柏景伟、李寅、刘古愚等,虽然师承不像贺瑞麟以及李颙门下诸子源远流长、脉络清楚,但是都是服膺并传承理学的,可以说,从李颙到刘古愚,关中理学一直传承不绝。即使是从"关中理学"这个角度来看,关学也一直延续到近代,其到李颙而终结的说法与事实是不相符的。如果说李颙之后,关中理学只是处于守成状态,理学失去了活力,没有什么创造力,因此而断定关学终结于李颙也是难以自圆其说的。金元时期,关中理学只是传承、接受程朱一派,并无什么创造,实际上包括吕泾野、薛敬之、冯从吾等人在内,这些关中理学家他们在学术上也没有什么根本性的创造,那么金元时期的关中理学可以称为关学,明代关中理学可以称为关学,为什么唯独清代关中理学就不能称为"关学"呢?同时,将关学延伸到明朝显然是接受了冯从吾《关学编》的影响,而清人从李颙弟子王心敬到贺瑞麟、柏景伟、刘古愚,这些人都将清代以理学学者为主体的学术形态称为关学,尤其是李颙及门弟子也将其师纳入关学的系列,而我们认定李颙之后关学不复存在,这与关中学者的自我认识也是不相符的。

其实,与明朝关中诸位理学大家相比,李颙的不同之处不在于他放弃理学,而在于他拓宽了理学的范围,在理学的学术逻辑中接纳了经世实学的内容。明代关学著名人物如薛敬之、吕泾野、冯从吾等人,在践行儒家道德、礼仪规范方面堪称楷模,但是在他们的学术逻辑中,并没有内在地将研究具体实际问题的实学收纳进来。薛敬之很大程度上复归了张载的气本论,但并没有承续张载对自然科学研究的兴趣和传统,在这方面做出贡献的则是韩邦奇,而韩邦奇在这一传统的接续方面与李颙不能相提并论。明朝末年,王徵

---

①② 陈俊民著:《张载哲学思想及关学学派》,第110页。

在各种社会危机的冲击下,对自然科学及经世实学的研究达到很高水平,关学的实学传统有了比较强劲的复归。李颙对国破家亡的感触比王徵更深,他与当时全国兴起的实学思想相呼应,形成了以"明体适用"为宗旨的学术风格,突破了传统理学"重道轻器"的观念。"明体"与"适用"是李颙学术中不可分离的一体两面,这就体现了"道器并重"的观念,从这个角度上来说,李颙不仅没有终结关学,而且极大地总结、发挥了关学的传统,将关学发展到一个新阶段,是张载之后关学又一划时代的人物。

为了明确问题,我们将李颙与关学的关系再做收束和总结。从张载到李颙600年的历程中,关学形成了以下优秀传统:(1)躬行实践儒家礼仪规范,以此改善乡邦风俗;(2)以满腔赤诚的情怀,践履、捍卫儒家道德理想,生死毁誉,在所不惜;(3)致力于研究实际事物的经邦济世精神;(4)对自然科学的重视。前两项可以归纳为"躬行礼教",后两项可以归结为"经世实学"。在躬行礼教方面李颙与关学历史上的任何人物相比也绝不逊色,像李颙这样坚决地不与清政府合作的事例,当时在全国也极为少有,难能可贵。在实学方面,李颙本人在科学技术方面成就不突出,但是他有容纳当时最新、最先进科学技术的视野和胸怀,如他敏锐地注意到对西方科学技术的接纳和吸取,在"适用类"书目中就有《泰西水法》。宋代以后,包括李颙思想成熟之前的明朝,关学的经世致用特点虽然在一定的时期,在不同的人物身上或隐或显地体现出来,但是除了王徵、李颙之外还没有人达到学术自觉的程度,经世实学尚不是其学术体系中不可分割的必然组成部分。王徵改变了"重道轻器"的观点,但是他在理学方面的造诣和学术影响都不足以影响一个时代的学风,也就是说他理学方面的造诣和影响不能和李颙相比。李颙就是这样一个能够左右、影响一个时代学风的大学者,所以将李颙作为关学的集大成者和继往开来者也不过分。全祖望说:"关学自横渠而后,三原(马理)、泾野(吕柟)、少墟(冯从吾)累作累替,至先生而复盛。"这样的评价是实事求是的[①]。

二曲本人由于特殊的时代环境最后走向与世隔绝,但二曲的实学精神却被其弟子不绝如缕地传承下去,这与颜李学派传统两代而绝的情形也形成鲜明对比,于此也可见关中独特的风土在孕育、保持地方学术特色方面所显示的力量。在继承、发扬二曲实学传统方面比较突出的弟子是杨屾。杨屾字双

---

① 全祖望:《二曲先生窆石文》,《鲒埼亭集》卷十二。

山,陕西兴平三家镇人,为我国著名农学家,《关学续编》未有收录。"少出周至大儒李二曲之门,二曲许为命世才,遂潜心圣学,不应科举。自天人性命之旨,以逮农桑礼乐靡不洞究精微。"①因其在家乡推广种桑养蚕技术,受到当时陕西巡抚陈宏谋的大力表彰,其所在的三家镇也改名为"桑家镇"。杨屾著作现在流传下来的有《蚕桑备要》《修齐直指》《豳风广义》等,阐述"明体适用"之旨,而且在"适用"的方面确实已经达到了专门研究的水平。杨屾卒于18世纪下半叶(1787年去世),其门下弟子齐倬、郑世铎深得杨屾学术之三昧,他们为杨屾的《修齐直指》等著作作注,进行详细解析,表现了精深的专业知识,可以说杨屾、齐倬、郑世铎将李二曲经世致用的实学传统一直脉络不绝地延续到近代。杨屾生前死后都赢得很大荣誉,道光皇帝对其《豳风广义》评价很高,"手论褒嘉,命人祀乡贤",光绪二十六年(1900),家乡官绅为杨屾立祠堂,乡人对之非常崇敬,每年四月四日官绅到祠堂前祭奠。近代关中理学名家兴平张元际推广并介绍杨屾、齐倬的学术,为杨屾作传。当代科技界对杨屾的学术成就非常重视,并给予很高评价:"《知本提纲》中的施肥'三宜理论(时宜、土宜和物宜)',是历代施肥经验的集中总结。""杨屾进一步从更为宏观的'日行三道,地分五带'的视野入手,提出'知三道之行,则天时始可乘;识五带之分,则地利始可尽矣'的观点。杨屾除了继承阴阳理论以外,又融入'五行',阴阳五行虽早盛行于汉,但杨屾这里是以天、地、水、火、气为五行,天、地、水、火称'四精',气则为'精之会'。他把五行结合到耕作、播种、密度、耘锄、施肥等具体环节中去,而以'气'的消长盛衰贯通之。他把人食谷物、肉、茶、果等理解为采五行的生气,才能维持人的生命代谢,而把人体排泄的粪尿理解为'五行生气'的'余气'。所以这种余气才能滋养禾苗。这种思想实际上已接近于营养元素的概念,几乎可以呼之欲出。只因缺乏近代化学知识和化学元素的分析,表达不出来而已,所以杨屾的理论显然较陈旉的地力常新和马一龙的阴阳化生又深入一层。"②

四、以关学优秀传统为支撑,解决时代重大问题——关学传统

---

① 张元际:《杨双山先生事略》,载刘古愚《〈修齐直指〉评》,见《烟霞草堂遗书续刻》。
② 游修龄:《清代农学的成就和问题》,游修龄编著:《农史研究文集》,北京:中国农业出版社,1999年版,第231、233、234页。

与刘古愚独特的学术思想

在中国近代思想史的历程中,刘古愚是一个非常独特的个案,其独特的表现之一就是具有明显的地域色彩。在近代群星辉映的思想家群体中,无论是直接推动历史进步的一流思想家如康有为、梁启超、孙中山、严复、章太炎、谭嗣同,还是在推动历史进步方面稍逊一等的冯桂芬、郑观应、王韬、黄遵宪,等等,他们或者有着长期在外国的经历,或者置身于东南沿海地区,与北京、上海等政治、新思想中心有着密切的联系,而刘古愚平生却只有一次东出潼关到北京应试的外出机会,其余时间都是活动在比较闭塞、在近代改革过程中不活跃的西北地区。但是无论在思想上还是在对社会的实际影响上,刘古愚都对中国的进步起到了重大的推动作用,而他的这种推动作用也首先是通过推动西北地区的进步而实现的。可以毫不夸张地说,刘古愚是西北走出中世纪的直接推动者,是伟大的启蒙者,他犹如一把火炬,在思想上照亮了西北(尤其是陕西)通向现代化的道路,其先进的思想与闭塞的环境形成极其鲜明的反差。土厚水深的关中地区到底给了刘古愚什么?他的新思想与传统文化的关系如何?这是历史事实给我们提出的一个重要而具有启发性的问题。如果用一句简单的话来回答这个问题的话,那就是以关学即传统文化为支撑,解决时代重大问题。刘古愚这一个案不仅在中国近代化历程中具有独特性和典型性,而且在传统与现代的关系问题上,也就是如何继承、发扬传统的问题上也具有重要的启示意义。细分析起来,以下几个方面非常值得重视:

(一)刘古愚紧紧抓住现代最大、最新、最核心的问题

这三个"最"字在这里有绝对性也有相对性。就其相对性而言,是刘古愚在关中地区这个特殊环境,以其个人学养、思想甚至能力而言,所能把握的大、新、核心的问题,也可以说,刘古愚在某些方面可能并不是全国最先进的。就其绝对性而言,刘古愚始终是尽自己的一腔赤诚,以有利于国家民族为最高目的和唯一目的,不断地把握着时代的最新脉搏,思想始终处于进步之中,没有停滞,可以说鞠躬尽瘁,死而后已。他在最早的时间抓住了时代最大的问题。不到20岁的时候就敏锐地意识到,中国已经不能固步自封,必须与世界交流,吸收西方先进的文化,进行深度的自我改造。在如何改造方面,他认为:首先,要学习西方的自然科学技术,为此,就必须对传统的学术进行新的阐释和整合;其次,以科学技术及新的管理方式为支撑的现代工商业是当代

财富新的、最大的来源,必须转变传统重农抑商的经济思想;再次,扭转广大民众的传统观念(开风气)是实现上述转变的入手处和重要途径;最后,在西方文化强势侵略下,必须保持和发扬民族文化中固有的优秀传统,教育是实现上述目的的重要手段,也是刘古愚等发挥作用的主要阵地。以上问题前文交代已经比较充分,这里不再展开。

(二)刘古愚学术思想的来源问题

这是研究刘古愚的一个重要问题,也是刘古愚不同于同时期其他学者的关键所在。分析这个问题需要抓住两个要点:一是时代的促发;二是实学思想的底色。关于刘古愚的实学思想问题在书中提到过多次,这里把实学的内涵略作总结。"实学"是一种以解决实际问题为旨归的学术倾向,在不同的时代有不同的内涵。明清之际,实学思潮大兴,此时的实学内涵包含以下几个方面:其一,有别于理学末流空谈心性的作风,主张将理学观念切实运用到身心实践中,如刘宗周、黄宗羲、李颙,甚至顾炎武都有此倾向,李颙的"悔过自新说"是其代表。其二,也是出于反对理学末流,一些学术大家不满于宋明理学援佛老入儒,一定程度上脱离儒学经典进行抽象思辨,而主张回归经典本身,求得圣人经典的本义,顺着这一思路,掀起了考据学。考据学后来为考据而考据,走入了实学的反面。其三,出于反清复明的实际需要,研究包括军事在内的各种实用性、技术性的学问,如顾炎武通过实地考察研究学问,颜元、李塨的经世致用实学等。其四,西方传入的各种自然科学技术与明清之际挽救民族危亡的社会思潮相结合,形成的研究天文、历法、算学等侧重于自然科学的学问。除了考据学之外,上述几个方面的实学内容均为刘古愚所注意。对于刘古愚来说,一个重要的问题就是学术资源非常贫乏。由于自身家庭的贫困以及陕西饱经战火,刘古愚虽然结识了李寅、柏景伟、胡子周这样的藏书颇富的朋友,但是可以见到的书籍仍然十分有限。刘古愚在研究实用技术、自然科学方面可凭借的资源是很少的,后来经过刘古愚、柏景伟、柯逢时、赵舒翘等人的努力,味经书院购置了一些基本的经史著作,如粤雅堂丛书、海山仙馆丛书等。刘古愚研究自然科学是从朱世杰的《四元玉鉴细草》开始的,后来又陆续看到了梅文鼎、李锐、梅毂成的一些数学著作,基本掌握了天元术。从刘古愚《文集》以及《遗书》中我们可以看到,他后来又得到了伟烈亚力和李善兰合译的《带微积拾级》、丁取忠的《白芙堂算学丛书》。刘古愚研究数学直接是从元代数学以及明清之际的梅文鼎、李锐、梅毂成入手的,逐渐吸收近代伟烈亚力、李善兰等人的影响,从古典的天算学逐渐进入到近代的代数、微积分等高等数学之中。刘古愚本人并没有弄通微积分,他的学生王含初(章)在刘古愚的引导、鼓励之下,终于攻下了微积分。这样一种治学的路径是刘古愚思想中浓重的"西学中源"①思想的根源。许多人说刘古愚的学术思想与颜习斋非常类似,如王典章在《刘古愚像赞》中说:"茫茫宙合,孰橐孰钥?天哀我民,是诞先觉。明季硕儒,曰颜习斋,通天地人,继往开来。筚路初启,明而未恢。发挥光大,集于吾师。"②其实颜习斋自清初之后,其学术即告沉寂,刘古愚很可能并未见到颜元的著作,他们之间思想的相似不过是殊途同归,没有直接影响的证据③。总之,明清之际天主教传教士传入中国的包括天算学在内的各种自然科学是刘古愚西学、自然学一个最初的,也是重要的来源。后来又吸收了当代的一些西方自然科学著作,以数学方面居多,刘古愚也很可能看到过魏源的《海国图志》,他多次提到魏源,总之,不出江南制造总局、同文馆以及东南地区各新式书院所刊刻的100多种西学书籍范围。除此之外,刘古愚没有机会直接接受其他西学内容,也就是说他不可能有直接接触西方人以及在中国刻印的西学书籍之外的内容。康有为、梁启超、马建忠、薛福成、王韬、郑观应等东南地区的知识分子有直接到国外体验的机会,或者有到香港、上海感受西方文化的机会,这样的感受刘古愚是没有的。

刘古愚接受西学另外一个重要的渠道是《万国公报》。在刘古愚的《文集》中曾经提到俄国彼得大帝的"遗诏":

> 俄大彼得遗诏云:"印度者,世界之天府,若得此则不效英国,縻流血而克并吞矣。"后俄皇爱烈删德急灭土国以图窥印度,即遵此遗诏也。且昔拿破仑第一初次用兵,即攻及埃及者,百年前英往印度之孔道也。水师既败,后潜师登陆,谋攻亚克,东据印度,兵又不胜,乃忍气吞声而归。观其临终语曰:"余生平第一失计只未破亚克城。如昔攻而拔之,则欧、亚、印度等国归我掌握矣。争雄天下何难?"观俄、法二皇遗嘱,其未得主盟欧、亚者,均由未得志于印度,而让英人

---

① "西学中源说"来自明朝末年,后来在梅文鼎、王锡阐等人的数学、天算学研究中得到进一步发挥。
② 刘古愚:《烟霞草堂文集》卷首。
③ 李岳瑞:《烟霞草堂文集序》曰:"先生崛起西北,其时习斋之书尚未盛行。"

坐大,则印度关系五洲甚钜,信哉。①

《万国公报》81卷(光绪二十一年九月,1895年10月)第一篇文章《强弗友刚克论》(林乐知、蔡尔康合著)提到俄国彼得大帝"遗诏":"俄皇彼得临终顾命有云,朕欲举亚洲之全境俾尽臣服于俄,今乃赍志以殁,惟愿后世子孙,终成朕志,毋忽。似此大志,二百余年来,后皇果世守之,亦无人能强令之。是亚洲之大祸酿于彼皇之片言也。"这主要说的是俄国针对亚洲的侵略计划。两年后,在第96号(光绪二十二年十二月,1897年1月)《俄罗斯前主大彼得顾命》中即全文披露了彼得大帝的"遗诏",这里所登载的"遗诏"主要是针对欧洲的,其中第九条涉及印度:

> 俄国进逼康斯提挪泊(突厥都城)之役,得有余暇,必全力窥伺印度全部(按是时之印度尚未经英占也)既然得印度,而善治之,即可为地球之主,是故俄国于突、印两国,必日与之寻衅,岁与之用兵,直至两国死心塌地,愿服从于俄,然后罢手。乃设法振兴叙利亚,及突厥所属之小亚细亚诸地,俾与英国及印度重复古者通商之政。

此外,土耳其也是"遗诏"中重点经营的对象。作者林乐知、蔡尔康并在"遗诏"全文之前有序言,在此"序言"中特意提到彼得大帝"遗诏"对中国的危害:

> 《万国公报》馆主则曰:年来欧洲诸大国防俄国之局,实属无懈可击,彼波罗的海口、黑海峡、波斯海湾,皆如沉千寻铁索于其底,而且联盟立约,与慎守关,夫俄犹水也,水势之流就下、就弱,是故黄海危矣(指直隶朝鲜海面而言)!大彼得顾命十四条,主角毕露,咄咄逼人。

刘古愚在甲午战争之前就得以见到《万国公报》,1895年81卷的文章《强弗友刚克论》已经收入《中东战纪本末》一书,刘古愚所提到的彼得"遗诏"其内容、观点与《万国公报》类似,应是出自此报。另外,刘古愚在《壕堑私议》中提到法国不允许德国设立常备军,德国即用轮流训练不断遣散、再招募的办法建立了强大的军队,这可能是来自王韬的《普法战纪》。自1896年六月派陈涛等人南下湖北、上海,次年,与梁启超通信,南方的各种书报络绎西来,刘古愚才有机会较大规模地见到国内出版的一些新学书籍,但是一年

---

① 刘古愚:《印度为各国必争之地》,《烟霞草堂文集》卷七。

之后,这种与东南较为畅通的渠道就因戊戌政变而再次封闭。刘古愚随之隐居深山,消息愈加闭塞,直到1903年执教甘肃兰州大学堂的时候局面才有所改变。

不要说与王韬那些曾经有出国经历的人相比,就是与康梁相比,刘古愚对西学、新学的接触机会也是非常少的。这种客观情况就决定了刘古愚学术面貌的特点,即他还主要是以传统的经典、史书为基础,在对这些资料进行富有时代意义的解释的形势下进行其思想转变,对西北地区进行思想启蒙的。在形式上,与康有为时时处处将中学与西学相比附有明显的区别,刘古愚是将传统学术赋予新的意义,用各种"臆解"的形式来表达其思想。

在这种外来信息相对匮乏的情况下,刘古愚就非常注重从陕西本地吸取有益的思想、文化资源。刘古愚最初服膺此思想是由于其关中书院业师黄彭年的启迪,后来味经书院创建者许振祎奠定了味经书院经世实学的学术传统,这些都是关中以外的因素,当然刘古愚接受这一思想的基础是由于中法战争的触发。在时代形势的促发下,经过黄彭年的启蒙,刘古愚不断地从关中的现实与历史两个方面吸取营养,强化其实学思想及信念,丰富其实学思想的内容。实学注重对传统所谓的"形而下之器"的研究,至于实学的内容边际,不同时期、不同人有非常巨大的差别。黄彭年所提倡的实学主要是回归经史,是一种原则和方向。结识李寅和柏景伟之后,刘古愚与他们一起从事各种造福乡里的经邦济世活动,比如筹办保甲,维持地方,赈济灾荒,施种牛痘等,使刘古愚的现实才干得到提高。同时他广泛地与关中有文化基础和经世抱负的乡绅、商人接触,从实践中学习到了大量的经济学知识,对经济问题,尤其是工商业的本质及现代作用有了感性的和理性的认识,这在确立刘古愚经济思想方面具有重要作用。包括柏景伟在内,关中人士所能给刘古愚提供的现实知识是零散的,比如对科技、西学的认识在当时的关中就比较贫乏和落后,在达到一定层次和深度之后,刘古愚只能在哲学的层面,面向历史去获取精神的支持,这个历史、哲学的支持很大程度上也来自关学。

刘古愚非常完整地继承了关学的优良传统,主要体现在以下四个方面:

首先刘古愚对关中先贤非常尊敬,一直有意识地整理、总结他们的学术思想,自觉地向其学习。他曾经带领弟子校勘《三礼义疏》,整理蓝田吕氏兄弟的礼学研究成果,辑成《三礼佚说》。刘古愚对李颙非常崇敬,"尤乐道亭林、二曲两先生"①,刘古愚"经世守身"并重(或"明德新民一贯")就是李颙"明体适用"的翻版,二者在哲学层面是完全一致的。在具体技术方面直接向二曲弟子学习,如刊刻杨屾的《邠风广义》《蚕桑备要》及《修齐直指》等,并对《修齐直指》做了评注。将杨屾及关中传统养蚕技术编成歌诀,在关中进行推广。他与柏景伟、贺瑞麟一起编校《关学编》,更见其对关学的学术自觉。刘古愚对关学传统的继承是他同时代人共见共闻的,其子瑞骢为国使馆写的《公禀》中说:"关中自李二曲、王沣川、孙酉峰诸先生讲学后,人才销乏,多溺于贴括,甚至束书不观。故儒与同邑李编修寅、长安柏孝廉景伟交相淬励,以读书致用、转移风气为己任。李编修早逝,独与柏孝廉振起宗风,立'求友斋',刊刻有用书籍,饷遗学者。"所谓"振起宗风"就是振起关学之宗风。逻辑上来说,经世致用的实学思想主张研究一切有益于社会、国家的学问,自然科学(无论东方还是西方的自然科学)在逻辑上说也包括在经世致用的实学思想之内,刘古愚就是以关学的这种思想为支持,孜孜不倦、不计毁誉地致力于中西自然科学的研究与传播。关学实学思想的长处在刘古愚的身上有突出体现,其不足也在刘古愚的身上打下了印痕,如在科学技术的问题上,刘古愚主张以实用为第一原则,不免有强调实用有余,重视自然科学之原理不足的弊病,这一点叶尔恺也曾经指出过。

其次,刘古愚对传统的理学思想也很重视,并不懈地持守与发扬。明朝关学自然是以理学为主要形态,自李颙之后的清代关学也是以理学为主体,考据学等其他学术形态也存在,但理学仍然是其主流,在近代之前的清代关中学界,理学的影响是超过其他学术形式的,而清末影响最大的关中三大儒柏景伟、贺瑞麟、刘古愚都是持守理学的。这种学术特色也是对关学自觉继承的结果。贺瑞麟承接李元春,师承渊源清晰,刘古愚转益多师,但在坚守理学方面显然是受二曲的影响,承传着二曲的精神:

> 二曲先生当明之季,仍守心学之说,近日讲学家多非之,不知前明诸儒言心是因举世驰于词章,惟勤记诵,不求心得,故矫以反求诸心,为学者指出千古学圣之源,即孟子"圣人先得我心同然"之旨也。末流之弊或流于空虚,然国初诸儒俱矫之以读书穷理而讳言心,则终流于记诵词章,高者亦不过训诂考据而已。二曲先生不言心而言

---

① 张季鸾:《烟霞草堂从学记》,《烟霞草堂遗书续刻》附录。

身,从日用行习之际实见天命精微之理,则无一毫空虚影响之谈,而亦不流于词章记诵,此书(笔者按:即《修齐直指》)纯发此旨。二曲之学,双山为得其精也。①

清全盛时期的主流学术是考据学,理学饱受批评,清末西潮盛行,理学再度受到否定。但是刘古愚却坚持理学,反对考据学,他反对考据学的理由就是考据学与现实社会需要没有直接关系,这是以经世致用的实学精神反对考据;他又指出"读书穷理"的方法依然会流于辞章记诵,不能直接有益于心性修养,是以心学切实收束人心,与二曲"悔过自新"目的、宗旨、方法是一致的。

再次,刘古愚继承并发扬了关学捍卫道德理想的伟大情怀。刘古愚一生为民族生存、国家富强贡献了一切,可以说是一位道德完人,其大公无私的精神与吕泾野、冯从吾、李二曲相比毫不逊色,关学优秀的道德传统在刘古愚的身上得到了淋漓尽致的体现和发挥。而且刘古愚并不像吕泾野、冯从吾、李二曲那样更多地体现在精神、文化方面的建树,其所办实业虽然往往失败,但是他在教育上的建树是非常卓越的,完全可以列入近代大教育家行列。

最后,继承了关学改善乡邦风俗的传统。刘古愚一生致力于开风气,这一点前文也多有交代,无需赘述。

刘古愚对关学传统的继承与前人不尽相同,有其独到之处。站在时代潮头之上,以时代需要对关学精神进行扬弃,这是一个基本的原则,在此原则下,刘古愚是多向度、多层次地立体继承的。首先,刘古愚沿着李二曲一脉,从二曲弟子杨屾到二曲再传弟子齐倬,形式上仿佛有着师承脉络。其次,又远师冯从吾甚至张横渠及张门吕氏兄弟,这样刘古愚对关学的继承又是多条线索的、多维度的。关学其他人实际上也是这样继承关学传统的。比如薛敬之、韩邦奇直接发挥张载的气本论,而他们自身又同时有着不断的师承关系,也是多线式的继承。全祖望曾经慨叹,张载之后,关学之传何其寥寥,张载没有通过直接师承关系将其学术传到金朝、元朝,这与洛学相比似乎美中不足,但是张载著作流传下来,而且张载的学术也通过洛学、闽学得以流传,加上他崇高的学术地位,即使他没有直系传承的线索,也并不影响关中学者直接通过其著作传承其学术和精神,600年后的明朝如此,800年后的晚清也是如此。所以师承不明,程朱、阳明学并行,并不影响关中学人传承关学自身的传

---

① 刘古愚:《〈修齐直指〉评》,《烟霞草堂遗书续刻》。

统。在此我们不得不钦佩陈俊民先生对关学"独立思路"及独特而连续的"学统"的阐释中所体现的眼光和智慧①。

(三) 刘古愚在关学发展历程中的地位

大致而言,可以将关学分为两个阶段,从宋代关学创立到明清之际李颙对关学的拓展为第一阶段。从李颙到刘古愚为第二阶段。第一阶段也可分为两个小的阶段,即宋到金,关学的创立及延续;明朝,关学的兴盛。李颙对关学的发展主要表现在将理学与实学在学术逻辑层面结合起来,即"明体"与"适用"为不可分离的一体两面,李颙在学术层面上拓展、明确了关学的经世致用内涵。关学的两大阶段以三个重要人物为关节点,即张载、李颙、刘古愚。刘古愚直接继承了李颙"明体适用"的学术宗旨,但是在体与用两个层面都对关学进行了根本性的改造。"体"的层面指关学的哲学层次及根本性的价值层次。刘古愚通过将"明德""亲民"两个传统概念进行改造,在哲学的层面直接将经济尤其是工商业纳入到理学最高本体之中(不管这个本体叫作什么,心、明德、良知都可以),在民本的基础上还一定程度上吸纳了民主的思想以及一定程度的平等思想(刘古愚在这两个方面都有明显的局限),这是前代关学所不具备的,因此只能是古典或者古代的形态,刘古愚将其注入了近代的因子。在"用"的层面,刘古愚极大地拓展了关学中实学的范围和内容,将西方近代科学作为经世致用的必要内容,这也是前代任何一位关学学者所不具备的。

可以说,刘古愚将关学做了根本性的转化,在保持关学四种优秀传统的同时,对这四种传统的内容作了划时代的改造,一言以蔽之,就是注入了近代的因子。其实到刘古愚时代,作为传统学术形态的关学已经结束,而关学的精神则依然存在。

这就涉及一个曾经聚讼一时的抽象继承问题。从刘古愚的个案来看,抽象继承不仅是可能的,而且真正的继承必须包含抽象继承的方法。其实传统本身必然是具有一定抽象性的。比如礼就是一个抽象的名词,再比如实学,李颙有李颙所理解的实学,张载有张载所指向的实学,李颙的实学可以用其

---

① 参见陈俊民著《张载哲学思想及关学学派》,《总论一》中《关学的"中兴"和"学统"》及《关学的独立思路》两部分,第17—23页。

"适用类"书目概括,张载的实学也可以用"躬行礼教"来概括,其内容、具体体现都不同,而刘古愚的实学中一定要包含数学、近代自然科学,谁又能否定刘古愚所理解的自然科学不是实学的内容呢?从张载到刘古愚不同内容的实学又可以用抽象的"经世致用"来概括,"经世致用"的内容是什么,继承者完全可以根据具体的时代需要来理解、来执行,从这个意义上来说就是抽象继承。又比如,在古代,跪拜是礼的表现,那是等级社会的礼;在现代,握手也是礼的体现,是平等社会的礼。无论是等级制度的礼还是平等精神的礼,只要是人与人之间关系的一种外在仪式化的表征,都可以称之为礼。我们承认平等的社会下,人与人也应该有一种彼此关系的仪式化体现,这就是对礼的继承,但是这种继承不是照搬古代,我们只是继承了一种精神,这就可以称为抽象继承。

五、维新运动的陕西模式

目前学界对于戊戌维新运动的研究还是主要集中在核心地区及与核心人物方面,对于在当时引起激烈政治震荡的人物及事件关注较多,而对于地区性的维新运动研究不够充分。就地方维新运动而言,上海、湖南、天津等地一直受到重视,因为这些地方的维新运动在一开始就与中央的维新运动紧密联系在一起,尤其是湖南后来发展成各派政治势力的一个激烈的角力场,离开湖南,戊戌维新运动的核心叙事链条就不完成,湖南是包括康有为、梁启超、光绪皇帝在内的维新变法核心事件的必要一环,因此湖南虽然是内地一省,实际上却是中央维新举措一个有机环节。除了湖南、上海、天津以外,全国各地的维新变法活动都不约而同地展开着,如山西、贵州等地在巡抚、学政等高级官员的推动下创办学堂,传播时务之学,维新运动也开展得有声有色,这些地方与大众所关注的"核心人物""核心事件"关系不是非常密切,我们可以把这些地区称为维新运动的"次级地区"。但是,如果我们换一个视角来看,这样的"次级地区"绝不是不重要的地区,其事件也绝不是不重要的事件。

所谓的"视角的转换",就是从"政治视角"向"社会视角"的转换。慈禧太后发动的戊戌政变使维新运动成为此后一系列政治事件的一个新开端,直到辛亥革命爆发,戊戌维新运动的政治效应依然不减,甚至到1927年,北伐取得基本胜利,国共两党开始激烈的武装斗争,戊戌维新运动政治效能基本消逝。戊戌政变使朝廷中出现了激烈对立的维新派与保守派两种政治势力,这两种势力的对抗决定着政局的走向。康梁等人激进的政治活动引起保守派的强烈反弹，政变之后的第二年就发生了"己亥建储"之事。慈禧的这一举动招致维新派强力反对，在戊戌政变之后比较深入地介入中国政局的外国势力也明确反对慈禧太后废黜光绪皇帝。面对这两种势力，慈禧太后及顽固派进一步走向反动，最终利用义和团事件宣布对八国开战，直接导致八国联军占领北京。经过八国联军的强力压迫，载漪、刚毅等保守势力被清除，慈禧被迫实行新政，做了戊戌维新运动的"遗嘱执行人"。经过愚蠢的对外国战争之后，清朝最高当局最终放弃了对外国侵略的抵抗，在之后的拒俄运动、日俄战争期间，无力、无心发挥保卫国家的职能，孙中山倡导的武装革命在1904年前后在全国范围内形成潮流，于是维新派（此时也称"保皇派"）、革命派、中央当权派之间又形成了激烈博弈的局面。武昌起义、清帝退位之后，晚清当权派为封建军阀所取代，政治方面依然是三派的大搏斗。维新派形成了一个多头的、复杂的政治群体，梁启超成为这个阵营的重要角色，在民国初年到袁世凯复辟再到1917年段祺瑞执政期间，梁启超利用其影响力先后两次协助军阀势力破坏了既有的国会，客观上为军阀控制政权起到为渊驱鱼的作用。而康梁一派也成为孙中山所领导的革命派的死敌，始终没有和解，直到1927年北伐军取得基本胜利，康梁维新派才彻底退出政治舞台。这一系列尖锐、激烈的政治斗争伴随着全国的大动荡、大灾难，人们的视线都集中在政治斗争方面，加之康梁成为孙中山的敌人，在国民党控制全国政权的时候，他们的正面作用长时期得不到客观的对待。新中国成立后，近代史研究也长期集中在政治史方面，在戊戌维新运动问题上，湖南、上海等处于政治斗争中心的维新运动得到重视，而其他地区的维新运动一时无暇顾及。

包括革命在内的政治活动是社会改造与社会进步的手段、基础，却并不是社会进步本身，疾风暴雨的政治革命并不能代替春风化雨的社会建设。上个世纪90年代以来，学界开始注重轰轰烈烈的革命斗争之外的社会进步问题，研究的视角也开始从政治视角逐渐转向社会视角。

从社会视角以及文化视角来看，戊戌维新运动的失败只是局部的、暂时的，其深层的社会进步成果很多被保留下来，并不断发展着。从这个视角来看，"次级地区"陕西的维新运动也有其典型性和代表性。以下几个方面的特点值得注意：

(一)地方士绅成为维新运动的主要推动力量

就陕西维新运动的形态而言,地方士绅为主要发动、实施者,并得到官方的支持、许可,以书院等教育机构为中心。时务斋、味经讲会、崇实书院的创立都是由刘古愚发端的,这些维新事业是在刘古愚的主持下推进的。不仅如此,刘古愚以及他的弟子们直接掀起并推动了陕西思想、文化方面的近代化革新运动,刘古愚是陕西维新运动、思想启蒙的灵魂人物。陕西官方对维新运动给予了一定的支持,尤其是学政赵惟熙态度积极,1897年到任的学政叶尔恺对维新事业也是支持的。陕西巡抚魏光焘主持创办了游艺学堂(1月)、陕西中学堂(7月)、陕西武备学堂(8月),这些学堂的教学内容都包含近代自然科学、西学的内容,属于维新运动的组成部分。

在兴办具有近代性的教育机构,甚至创办工厂的初期,陕西都没有遇到太大的阻力,所以刘古愚及其弟子以士绅的身份比较顺利地掀开了陕西维新运动的帷幕。湖南情形与此有所不同。湖南人对外界的了解比陕西人深,郭嵩焘、曾国藩、左宗棠等人都是得风气之先者,对湖南士风有所影响,欧阳中鹄及其弟子谭嗣同、唐才常等人积极倡导西学。但是湖南守旧势力也非常强大,谭嗣同、唐才常等人开设算学馆的活动因当地官绅的抵制一度受挫。1895年,学政江标到湖南后,积极支持,并首先通过岁课考试奖掖新学:"搜取试卷中之言时务者,拔为前列,以为之招。嗣是每试必如此,其持迂谈者弃勿录,凡应试者不得不稍购新书读之。"①江标此举实际上已经发动了湖南维新运动之机。同年,湖南巡抚陈宝箴到任,也批准了谭嗣同、唐才常等人开设算学馆的建议,但是由于各方面的原因,算学馆至1897年才正式开设。后任学政徐仁铸、湖南盐法道黄遵宪、湖南巡抚陈宝箴均大力支持维新运动,湖南官方在推动维新运动的主动性方面比陕西要突出得多。包括学政赵惟熙也是顺势而为,魏光焘是在维新运动高潮之时创办了一些维新事业,其主动性与湖南是有差别的。

(二)以教育为主,尤其致力于基层县乡思想、风俗、文化的改进

全国的维新运动都是从思想领域开始的,《时务报》等新式报刊风行全国

---

① 谭嗣同:《浏阳兴算记》,谭嗣同著,蔡尚思、方行编:《谭嗣同全集》上册,北京:中华书局,1981年版,第184页。

也是思想启蒙的体现。湖南地方的维新运动也是从推行新式教育(如算学馆)发轫,但是随着时务学堂的开办、《湘学报》《湘报》的风行,康有为的弟子梁启超、韩文举以及湖南本地人谭嗣同、唐才常等人欲以南学会为湖南议会之基础,提倡开设议会,甚至有反清的言论,使维新运动的政治色彩迅速升温,引起叶德辉、苏舆等忠于清政府人士的强烈反弹,最后得到湖南学术名宿王先谦等人的支持,反对派力量迅速结合起来,抛出《湘绅公呈》,招致湖广总督张之洞的干涉,并酿成全国性的政治风潮。相比之下,陕西的维新运动要温和得多,主要在教育领域,由味经书院逐渐延伸发展到西安、三原等地。当维新运动由教育领域延伸到社会风俗改革领域的时候,也引起了陕西地方势力的强力反弹,如不缠足学会、女学堂等因保守派的反对未能实施,但是直到戊戌政变,并没有造成较大的政治对抗。刘古愚的注意力主要集中到通过教育改良基层风俗,改进县乡一级的风俗、文化以改进农业与工业生产方式是他注意的焦点,其乡学观就是典型的体现,刘古愚及其弟子在政治方面的兴趣不是很突出。相比之下,陕西维新运动对全国的影响与湖南相比有明显的差距。但是它的意义也是不容忽视的。它开启了陕甘文化、经济近代化的端绪,经过刘古愚多年持续的熏陶,他的一大批弟子致力于地方教育,尤其是在基层教育方面贡献非常突出,此后陕西近代化的历程不可遏制地持续推进,一大批专业人才充实到各行各业。经过陕西维新运动洗礼的于右任、张季鸾等在推动整个国家进步方面做出了巨大贡献。辛亥革命后,由于各方面的原因,陕西成为各派势力角力的场所,长期处于战乱状态,陕西的建设事业受到重大挫折。刘古愚所培养出来的专门人才不能有一个好的施展才能的环境,但就是在这样的环境下,李仪祉、杨松轩、王授金等人依然为乡邦建设事业做出很大贡献。基层的社会改革难以左右、改变大的政治环境,在另一方面,无论什么样的环境下,社会的进步都必须依赖这些点滴的、持续的社会建设力量。

(三)具有突出的自发性和相对独立性

毫无疑问,陕西的维新运动是在全国的时代大背景下展开的,也不断地受到全国范围内各种因素的滋养,包括东南、北京等先进思想的传入以及宋伯鲁、李岳瑞等在外地为官的陕西籍官员直接推助,也包括魏光焘这样亲身经历了甲午战火洗礼的高级官员以及赵惟熙、叶尔恺等开明学宪的支持与努力,这都是不容忽视的。但是陕西当时的封闭性还是非常突出的,陕西维新运动的灵魂人物刘古愚在接触西方思想、学术方面与湖南的维新运动要角谭嗣同、唐才常相比有很大的差距,刘古愚虽然与在陕西的外国传教士有过接触,但从外国人身上直接接受新思想的痕迹基本没有,至于曾经有出洋经历的江标、黄遵宪,刘古愚就更不能与之相比了,时务斋、味经讲会都是刘古愚未受外界影响下直接组织起来的。1897年后,外界思想传入后,陕西的维新运动受外界影响主要体现在刘古愚接纳了康有为的今文经学的这个思想动员工具,魏光焘等大吏在朝廷变法诏书的促动下办了一些新式学堂,陕西维新运动基本上还是在固有的轨道上前进,没有发生大的转折,这也是与湖南不同的地方。

(四)注重民族问题,致力于通过文化融通、经济发展来消除各民族间的隔阂

这是陕西维新运动非常突出的特点,这一思想主要是刘古愚极力坚持和弘扬的。

(五)传统优秀学术文化的作用明显

传统实学思想以及关学传统对刘古愚的影响我们已经多有论述,这里我们还想就传统文化的精神、形式在近代重大转型过程中所能发挥的作用再说两句。毋庸讳言,刘古愚接受西学的量和对西学的理解程度方面与康有为、梁启超有着明显差距,刘古愚直到去世,也没有脱离"西学中源"形式的藩篱,他对民主、自由、平等思想本义的理解还有一间之未达,他的学术阐释也多以传统的经典为形式上的依据,与康有为、梁启超、谭嗣同著作中充满新名词有着明显的不同。难能可贵的是,刘古愚就是以比梁启超更加贫乏的西学知识在很大程度和广度上实现了近代化的转型。在教育方面,刘古愚的普及教育思想,注重妇女、儿童教育的思想以及教育方法,教育与基层社会文化进步的关系,教育与经济的关系等多方面都实现了近代化的转型。在经济思想方面刘古愚在哲学层面也完成了传统经济思想向近代经济思想的转型。在军事方面,他一定程度上掌握了在火器时代防守、进攻的某些规律,天才地提出了在落后的殖民地国家采取全民皆兵的战略战术问题。在理学方面,刘古愚正确论述了义利关系,实现了义利观的近代转化。在政治思想方面,刘古愚

否定同一性平等，认识到差别性平等的必要性和重要价值，晚年基本上接受了民主政治的思想。如果我们从刘古愚的整个思想体系、内在精神来看，其近代性达到了相当的程度，他已经突破了中国旧的等级制度、小农社会思想的藩篱，为后人开启了一条进一步迈向近代化的正确的道路。刘古愚在阐释这些思想的过程中用的主要是传统的语言，如开风俗、平天下、全民皆学、治乡、明德新民、经世守身并重，等等。在中国近代化的过程中，我们要直接地、原原本本地输入与介绍西方的学术思想，越全面、越深刻越直接越好，因此，像严复、胡适、李大钊那样的学理上的输入是非常必要的，这些人不是太多，而是太少，中国近代化过程中，对西学的研究不是太深，而是太浅，所以中国社会改变的进程中才有太多的曲折。像孙中山、陈独秀、李大钊、毛泽东等人在政治上进行民主的、社会主义的"顶层设计"的人也是必需的，甚至康有为那样企图用《日本变政考》《俄彼得变法纪》那样粗线的资料进行政治"顶层设计"也是必要的，在中国历史的进步方面都起到不可磨灭的贡献。但是，即使原原本本、不折不扣地理解了西方民主、自由思想，即使原原本本、不折不扣地理解了马克思主义，在将这些思想运用到中国社会的过程中仍然面临着如何与中国实际相结合的重大问题。世界上不存在可以原封不动克隆制度的成功事例，也不存在原原本本不折不扣实施某种思想的事例，这是中国近百年历史所昭示的道理。而且近代中国人口有4亿之多，在戊戌维新时期、辛亥革命时期、五四运动时期，能够理解这些思想的人有多少？对于内地省级城市以及县乡一级的乡村民众，宣讲那些中国自古以来就没有实施过的民主、自由、平等的思想，要改变自秦始皇、汉武帝以来的重农抑商的经济思想，面对巨大保守势力，甚至完全无条件抵制西方思想的广大民众，是用完全陌生的西方语言更切合实际、更有效果呢，还是用传统的语言灌注近代化的精神更切合实际、更有效果呢（姑且不论传播者是否能够原原本本地掌握这些思想）？从味经书院学生接受新思想的过程来说，无疑后一种方法是不可省略的必要一环。所以，从传播者、启蒙者的角度来看，刘古愚的方法仍然是必要的，而且对闭塞地区、下层民众，尤其必要。从这个角度来看，刘古愚是一个成功的启蒙者、新文化的传播者。

再者，科学技术可以移植，科学精神、科学意识必须逐步培养。在人文学科领域，在关涉终极关怀、关涉民族精神问题的学科如哲学、伦理学方面（与本书关系不大的文学、艺术方面姑且不论）却不能完全用另外一种文化语言来表述,尽管我们必须接受世界范围内的价值共识,但必须有自己的语言,有民族的气派,刘古愚在理学思想方面用传统语言来表述人文精神方面的内容也代表着正确的方向。在哲学方面,我们理应创立中国的哲学,而不仅仅是"外国哲学在中国"的重复与复制。

最后一点需要明确的是,刘古愚及其所领导的陕西思想启蒙运动是非常典型的以传统的实学思想为资源、内在推动力和新思想生长砧木的一种思想转型形态。传统的实学思想不及严复所引进的进化论思想更有"科学成分",从刘古愚的个案来看,也不及康有为的公羊春秋学对旧学更具有"破坏力",但是实学思想没有进化论的机械性,也没有公羊春秋学的武断(这种武断尽管对旧学就有摧枯拉朽的作用,但是它与学术事实有着很大的差距也对后来的学术思想造成了伤害和混乱),传统的实学思想是一种成见最小(甚至没有成见)、最具有敞开性的传统文化资源,它只是一种态度、一种倾向,如山谷般虚心接纳着一些新的思想。这一点是陕西维新运动,也是刘古愚思想昭示给我们的一个非常独特而宝贵的路径,这是笔者研究刘古愚思想所获得的重要启示之一,也期望得到学界的充分重视。

总之,陕西维新运动虽然就其在全国的影响性而言,与湖南、上海等地有差距,但是它极大地推进了陕西以及甘肃社会文化的近代化进程,也是全国维新运动重要的组成部分,尤其是其与湖南、上海等地相比所体现的独特路径,更具有启发性意义,在中国近代化过程中有其典型意义。

参考文献

书籍

(1)[清]刘古愚著.烟霞草堂文集[M].1918年王典章思过斋刻本.

(2)[清]刘古愚著.烟霞草堂遗书[M].1918年王典章思过斋刻本.

(3)[清]刘古愚著.烟霞草堂遗书续刻[M].1918年王典章思过斋刻本.

(4)张鹏一著.刘古愚年谱[M].西安:陕西旅游出版社,1989.

(5)[清]刘宝楠著.论语正义[M].诸子集成本.上海:上海书店出版社,1989.

(6)[清]焦循著.孟子正义[M].诸子集成本.上海:上海书店出版社,1989.

(7)李学勤主编,《十三经注疏》整理委员会整理.春秋公羊传注疏[M].北京:北京大学出版社,1999.

(8)[清]钟文烝著.春秋谷梁经传补注[M].北京:中华书局,1996.

(9)杨伯峻著.春秋左传注[M].北京:中华书局,1990.

(10)[明]李道平著.周易集解纂疏[M].北京:中华书局,1994.

(11)[南宋]朱熹著.诗集传[M].上海:上海古籍出版社,1980.

(12)[南宋]朱熹著.四书章句集注[M].北京:中华书局,2010.

(13)[清]孙星衍著.尚书今古文注疏[M].北京:中华书局,1986.

(14)[清]孙希旦著.礼记集解[M].北京:中华书局,1989.

(15)李学勤主编,《十三经注疏》整理委员会整理.孝经注疏[M].北京:北京大学出版社,1999.

(16)[清]王先谦著.庄子集释[M].诸子集成本.上海:上海书店出版社,1989.

(17)国语[M].上海:上海古籍出版社,1988.

(18)陈桥驿著.水经注校证[M].北京:中华书局,2007.

(19)[西汉]司马迁著.史记百衲本[M].北京:商务印书馆,1980年影印.

(20)[西汉]司马迁著.史记[M].北京:中华书局,1982.

(21)[东汉]班固著.汉书[M].北京:中华书局,1962.

(22)[西晋]陈寿著,[刘宋]裴松之注.三国志[M].北京:中华书局,1959.

(23)[唐]李百药著.北齐书[M].北京:中华书局,1972.

(24)[唐]令狐德棻,等著.周书[M].北京:中华书局,1971.

(25)[元]脱脱,等著.宋史[M].北京:中华书局,1976.

(26)[清]张廷玉,等著.明史[M].北京:中华书局,1974.

(27)[清]赵尔巽著.清史稿[M].北京:中华书局,1977.

(28)王钟翰点校.清史列传[M].北京:中华书局,2005.

(29)朱寿朋编,张静庐等点校.光绪朝东华录[M].北京:中华书局,1958.

(30)中国第一历史档案馆编.光绪朝朱批奏折[M].北京:中华书局,1995.

(31)宋伯鲁,等编.续修陕西通志稿[M].

(32)于宝轩编.皇朝蓄艾文编[M].台北:台湾学生书局,1965.

(33)[清]胡骏,等纂.德宗景皇帝实录[M].北京:中华书局,1987.

(34)[南宋]楼钥著.攻媿集[M].四部丛刊初编集部一百一十二卷.

(35)[北宋]李复著.潏水集[M].四库全书集部60别集类.

(36)[北宋]张载著,章锡琛点校.张载集[M].北京:中华书局,1978.

(37)[北宋]程颢,程颐著.二程集[M].北京:中华书局,2004.

(38)[明]韩邦奇著.苑洛集[M].嘉庆七年朝邑刊本.

(39)[明]顾宪成著.顾文端公遗书[M].汪里宗祠藏板,光绪丁丑重刊.

(40)[明]王守仁著,吴光等点校.王阳明全集[M].上海:上海古籍出版社,1992.

(41)[明]吕柟撰,赵瑞民点校.泾野子内篇[M].北京:中华书局,1992.

(42)[明]刘宗周著,吴光编.刘宗周全集[M].杭州:浙江古籍出版社,2007.

(43)[明]冯从吾撰,陈俊民、徐兴海点校.关学编[M].北京:中华书局,1987.

(44)[明]王徵著,李之勤辑.王徵遗著[M].西安:陕西人民出版社,1987.

(45)[明]黄宗羲著,沈芝盈点校.明儒学案[M].北京:中华书局,1985.

(46)[明]李颙著,陈俊民点校.二曲集[M].北京:中华书局,1996.

(47)[清]全祖望著.鲒埼亭集[M].四部丛刊初编集部.

(48)[明]方以智著,侯外庐主编,中国社会科学院历史研究所中国思想史研究室编.方以智全书[M].上海:上海古籍出版社,1988.

(49)[清]永瑢,等撰.四库全书总目[M].北京:中华书局,1965.

(50)中国史学会.中国近代史资料丛刊:戊戌变法[M].上海:上海人民出版社,1957.

(51)中国史学会.中国近代史资料丛刊:义和团运动[M].上海:上海人民出版社,1957.

(52)王韬著.弢园尺牍.收入近代中国史料丛刊续辑[M].台北:文海出版社,1983.

(53)郑观应著,夏东元编.郑观应集[M].北京:人民出版社,1982.

(54)马建忠著.适可斋纪言[M].北京:中华书局,1960.

(55)康有为著,姜义华、张荣华编校.康有为全集[M].北京:中国人民大学出版社,2007.

(56)梁启超著.饮冰室合集[M].北京:中华书局,1989.

(57)梁启超著,朱维铮校注.梁启超论清学史二种[M].上海:复旦大学出版社,1985.

(58)张之洞著,苑书义,等编.张之洞全集[M].石家庄:河北人民出版社,1998.

(59)王照著,小航文存.收入沈云龙主编.近代中国史料丛刊[M].台北:文海出版社,1969.

(60)魏源著.魏源集[M].北京:中华书局,1976.

(61)龚光典著.金粟斋遗集.收入沈云龙主编.近代中国史料丛刊[M].台北:文海出版社,1969.

(62)汪康年著.汪康年师友书札[M].上海:上海古籍出版社,1987.

(63)严复著,王栻编.严复集[M].北京:中华书局,1986.

(64)谭嗣同著,蔡尚思、方行编.谭嗣同全集[M].北京:中华书局,1981.

(65)胡思敬著.戊戌履霜录.收入沈云龙主编.近代中国史料丛刊[M].台北:文海出版社.

(66)黄庆澄,等撰,陈庆念点校.东游日记 湖上答问 东瀛观学记 方国珍寇温始末[M].上海:上海古籍出版社,2005.

(67)陈涛著.审安斋遗稿[M].上海:上海商务印书馆,1918.

(69)陈定详著.清黄陶楼先生年谱[M].1978.收入王云五主编.新编中国名人年谱[M].第二编.台北:台湾商务印书馆.

(70)吴永口述,刘治襄笔记.庚子西狩丛谈[M].长沙:岳麓书社,1985.

(71)叶德辉著.觉迷要录.收入沈云龙主编.近代中国史料丛刊.三编第三十三辑[M].台北:文海出版社,1987年版.

(72)于右任著,刘永平编.于右任集[M].西安:陕西人民出版社,1989.

(73)梁启超主编.清议报影印本[N].北京:中华书局,2006.

(74)梁启超主编.新民丛报影印本[N].北京:中华书局,2008.

(75)黄炎培著.中国教育史要[M].北京:商务印书馆,民国十九年.

(76)范长江著.中国的西北角[M].上海:上海书店出版社,1948.

(77)林乐知主编.万国公报影印本[M].台北:华文书局股份有限公司,1968.

(78)时务报[N].北京:中华书局,1991.

(79)申报[N].影印本.1895—1898年.上海:上海书店出版社,1983.

(80)中国人民政治协商会议全国委员会文史资料研究委员会编.文史资料选辑:第7卷第25辑[M].北京:中国文史出版社.

(81)陕西党史资料丛书.(一)[M].西安:陕西人民出版社,1985.

(82)中国民主同盟中央委员会文史委员会,中共陕西省委研究室编写.杨明轩[M].

西安:陕西人民出版社,1991.

(83)中共咸阳市委党史资料征集研究委员会.咸阳党史资料集五:辛亥革命在咸阳[M].

(84)中国人民政治协商会议陕西省咸阳市委员会文史资料委员会.咸阳文史资料:第7辑[M].1994.

(85)陕西省地方志编纂委员会编.陕西省志.第七十卷.报刊志.政协兴平县文史资料委员会编.兴平文史资料:第10辑[M].西安:陕西人民出版社,2000.

(86)苑书义,等著.中国近代史新编[M].北京:人民出版社,1986.

(87)汤志钧著.戊戌变法史[M].北京:人民出版社,1984.

(88)汤志钧著.戊戌变法人物传稿[M].北京:中华书局,1982.

(89)汤志钧著.戊戌变法史[M].上海:上海社会科学院出版社,2003.

(90)孙志亮、马林安、陈国庆主编.陕西近代史[M].西安:西北大学出版社,1992.

(91)戚其章著.甲午战争史[M].上海:上海人民出版社,2005.

(92)丁文江,赵丰田著.梁启超年谱长编[M].上海:上海人民出版社,1983.

(93)王晓秋主编.戊戌维新与近代中国的改革[M].北京:社会科学文献出版社,2000.

(94)宋伯胤著.明泾阳王徵先生年谱[M].西安:陕西师范大学出版社,1990.

(95)李俨著.中算史论丛:第4集[M].北京:科学出版社,1955.

(96)陈俊民著.张载哲学思想及关学学派[M].北京:人民出版社,1986.

(97)吴宓著,吴学昭整理.吴宓自编年谱[M].北京:生活·读书·新知三联书店,1995.

(98)西北大学历史系.旧民主主义革命时期 陕西大事记述(一八四〇——一九一九)[M].西安:陕西人民出版社,1984.

(99)方光华,等著.关学及其著述[M].西安:西安出版社,2003.

(100)茅海建著.戊戌变法史事考[M].北京:生活·读书·新知三联书店,2005.

(101)茅海建著.戊戌变法史事考.(二集)[M].北京:生活·读书·新知三联书店,2011.

(102)王尔敏著.晚晴政治思想史论[M].台北:台湾世纪出版社,1969年版.

(103)侯外庐、邱汉生、张岂之.宋明理学史[M].北京:人民出版社,1984年版.

(103)闾小波著.中国早期现代化中的传播媒介[M].北京:生活·读书·新知三联书店,1995.

(104)黄彰健著.戊戌变法史研究[M].上海:上海书店出版社,2007.

(105)张朋园著.梁启超与清季革命[M].长春:吉林出版集团有限责任公司,2007.

(106)杨天石著.晚清史事[M].北京:中国人民大学出版社,2007.

(107)张彦仲著.张彦仲经济文集[M].北京:北京航空航天大学出版社,2005.

(108)陈景磐著.中国近代教育史[M].北京:人民出版社,1983.

(109)陈学恂主编.中国近代教育史教学参考资料[M].北京:人民教育出版社,1986.

(110)宋原放主编.中国出版史料.近代部分:第3卷[M].武汉:湖北教育出版社,济南:山东教育出版社,2004.

(111)瞿同祖著,范忠信、晏锋译.清代地方政府[M].北京:法律出版社,2003.

(112)王策来编著.杨乃武与小白菜案[M].北京:中国监察出版社,2002.

(113)李清桓著.《五方元音》音系研究[M].武汉:武汉大学出版社,2008.

(114)路小可著.民国大老吴稚晖[M].兰州:兰州大学出版社,1997.

(115)史念海著.河山集:第九集[M].西安:陕西师范大学出版社,2006.

(116)傅伟勋著.从西方哲学到禅佛教[M].北京:生活·读书·新知三联书店,2005.

(117)余英时著.论戴震与章学诚[M].北京:生活·读书·新知三联书店,2000.

(118)林毓生著.中国传统的创造性转化[M].北京:生活·读书·新知三联书店,2011.

(119)[美]柏克赫司特(H. Parkhurst)著,曾作忠、赵廷为译.道尔顿制教育[M].北京:商务印书馆,1924.

(120)张振涛著.笙管音位的乐律学研究[M].济南:山东文艺出版社,2002.

(121)乔建中,薛艺兵主编.民间鼓吹乐研究 首届中国民间鼓吹乐学术研讨会论文集[M].济南:山东友谊出版社,1999.

(122)张国焘著.我的回忆[M].北京:东方出版社,1998.

(123)潘荣胜主编.明清进士录[M].北京:中华书局,2006.

(124)汤志钧、陈祖恩、汤仁泽编.戊戌时期的教育[M].上海:上海教育出版社,2007.

(125)王进、杨江华著.中国党派社团辞典[M].北京:中共党史资料出版社,1989.

(126)张作耀,等著.中国历史辞典[M].北京:文化艺术出版社,1991.

(127)杨际贤主编.中华百年教育家思想精粹[M].北京:中国盲文出版社,1999.

(128)周銮书、汪叔子、刘良群、余从荣选注.江西古文精华丛书:奏议卷[M].南昌:江西人民出版社,1996.

(129)郑文光、席泽宗著.中国历史上的宇宙论[M].北京:人民出版社,1957.

(130)冯友兰著.中国哲学史[M].上海:上海书店出版社,1947.

论文

(131)李虎.关于刘古愚评价中的几个问题[J].咸阳师专学报:文科版,1995(5).

(132)韩洁.《味经时务斋课稿丛抄》研究[J].天津师范大学硕士论文,2007.

(133)王天根.西北出版中心味经刊书处与维新氛围的媒介建构[J].史学月刊,2010

(2).

(134)邬国义.天演论陕西味经本探研[J].档案与历史,1990(3).

(135)梁经旭.陕西近代新闻事业的奠基人——刘古愚[J].新闻知识,1990(9).

(136)梁经旭.刘古愚与时务斋随录[J].报刊之友,1995(4).

(137)张惠民.清末陕西著名出版机构——味经官书局[J].编辑学刊,1995(4).

(138)张惠民.《关中学报》的传播理念及其科技传播实践[J].新闻与传播研究,2003(1).

(139)孔祥吉.戊戌变法时期第二次公车上书述论[J].求索,1983(6).

(140)张玉法.清季的立宪团体[J].台湾"中央研究院近代史研究所"专刊(28),1985.

(141)王天根.《天演论》版本时间考析两题[J].安徽史学,2005(3).

(142)俞政.严复翻译《天演论》的经过[J].苏州大学学报:哲学社会科学版,2002(4).

(143)闵杰.戊戌学会考[J].近代史研究,1995(3).

(144)张玉法.戊戌时期的学会(1895—1898)[C]//王晓秋主编.戊戌维新与近代中国的改革.北京:社会科学文献出版社,2000.

(145)武占江.李颙与关学[J].西北大学学报:哲社版,1998(1).

(146)武占江,孟昭信.关学、实学与新学[J].西安电子科技大学学报:哲学社会科学版,1999(4).

(147)武占江,王桂巧.刘古愚经济思想述论[J].西安电子科技大学学报:哲学社会科学版,2003(3).

(148)茅海建.公车上书补证二[J].近代史研究,2005(4).

(149)刘仙洲.王徵与我国第一部机械工程学著作[J].机械工程学报,1958.

(150)杜松寿.罗马化汉语拼音的历史渊源[J].陕西师范大学学报:哲社版,1979(4).

(151)[法]巴斯蒂.中国近代国家观念溯源——关于伯伦知理《国家论》的翻译[J].近代史研究,1997(4).

(152)严寿澂.从改善民生、革新行政到议员政府、普及教育[J].近代史研究,2006(2).

(153)李向军.清代救灾的制度建设与社会效果[J].历史研究,1995(5).

(154)罗宏才.从张鹏一日记看康有为"盗经"风波[J].文博,1995(3).

(155)张忠立.清代官员的俸禄制度[C].中国古代官吏制度文集,劳动人事出版社,1985.

(156)叶世昌.清末关于本位制度的讨论[J].中国钱币,1992(4).

(157) 申满秀.从"抑商"到"重商"观念的转变[J].贵州社会科学,1999(6).

(158) 张海林.论王韬经济思想的时代特征[J].苏州大学学报:哲学社会科学版,1992(2).

(159) 樊树志.东林非党论[J].复旦学报:哲社版,2001(1).

(160) 游修龄.清代农学的成就和问题[C]//游修龄编著.农史研究文集,北京:中国农业出版社,1999.

后　记

　　2013年10月19日深夜完成了《刘光蕡评传》书稿,不知不觉间与传主刘古愚结缘已有20多年。1992年在西北大学中国思想文化研究所读研究生,阅读《续修陕西通志稿》时,了解到刘古愚作为一方学术领袖而致力于创办大型机器纺织工厂,对此产生了兴趣,很想深入了解刘古愚其人,这一想法得到研究所老师的支持,后来即在张岂之先生、任大援先生的指导下,以刘古愚作为硕士学位论文的研究对象,开始阅读刘古愚的遗著。研究生同学王志友在旧书摊上觅得点校本《刘古愚年谱》,慨然相赠,为我的论文写作提供了很大方便。

　　在研究过程中发现,刘古愚除了是一位教育家之外,还是一位伟大的启蒙者,是西北走出中世纪的领路人,他的理学思想、教育思想、经济思想、民族思想都有非常独到之处,他的思想观念是非常卓越的。尤其是在读他遗著的时候,我常常被他赤诚报国、矢志民族复兴的爱国情怀所打动。攻读博士学位期间,我的兴趣转向先秦思想史及中国古代思维方式方面,对刘古愚的研究暂时搁置下来,但是依然关注着有关刘古愚的资料以及研究成果。20多年来,陕西之外的近代史研究者对刘古愚越来越关心,这方面的资料积累越来越多。不禁想起张岂之先生所说的,一个人的学术研究应该尽量做到一个"通"字,不能仅仅局限于博士论文的研究视野。张先生是主张通古今、通中外的,这是一个很高的目标,鄙陋如我者很难达到,但是总是不能忘情于对于刘古愚的关注,加之从2002年开始,我从事中国近代报刊史的教学和研究,又增加了一些对于近代史方面的认识,总想把关于刘古愚的一些新认识形诸笔墨。2011年新春之际,西北大学方光华教授邀请我参加"关学文库"的编撰工作,要标点出版《刘古愚集》,并写一部新的评传,这对我来说真是天赐良机,于是欣然应命。

　　当我再次提笔的时候,发现以前对一些问题的理解还不太深入,于近代思想大家康有为、严复、梁启超、章太炎的把握也不太全面,缺乏为刘古愚定位的基本思想坐标,有些方面还不完备。可以说至今不愧的一点是从一手资料出发,基本事实没有走样,无论在什么时候,都不是学术垃圾,学术深浅是个人造诣问题,并不关学风,也算不太唐突传主这位道德完人。今天的这部书稿也未必就能完全摹写出传主伟大的人格和灵魂,这仍然与学力之浅有关,可能涉及灵魂的东西别人的描摹会永远有不及之处吧。

在点校刘古愚文集的时候,时时为其所打动,像这样赤诚的人物,真是近代史所少见,可谓俯仰无愧怍。当初哪能想到竟然能与刘古愚先生结缘20年,以后可能还要继续表述当时笔下难以写出的相关内容。如今关于刘古愚的各种研究资料不断丰富,尤其是自己的阅历有了变化,又提起笔再为刘古愚写新传,内心又有了不同于以往的感受。学问无止境,不仅仅是因为可研究的东西太多了,就某一个具体的领域而言,往深钻研也是无止境的,在刘古愚研究这个领域沉潜多年,希望能够为学界贡献一点经得起时间考验的东西。

去年完成初稿的时候,正值刘古愚先生诞辰170周年、逝世110周年。机缘之巧殆有不期然而至者。20年前,初写此书的时候,住进了医院,阑尾留在了刘古愚先生的家乡——西安。20年后重写《刘光蕡评传》的时候,一些纷扰又纷至沓来,不亚于当年,此中甘苦心中自知。完稿后,略志数语,以记录人生的一段经历。

感谢"关学文库"编委会给我这样的机会,感谢西北大学出版社编辑人员的精心编校。

武占江

2013年10月

图书在版编目(CIP)数据

刘光蕡评传/武占江著.—西安：西北大学出版社，2014.12

（关学文库/刘学智，方光华主编）

ISBN 978-7-5604-3540-4

Ⅰ.①刘… Ⅱ.①武… Ⅲ.①刘光蕡（1843~1903）—评传 Ⅳ.①K827=53

中国版本图书馆 CIP 数据核字（2014）第 312447 号
本书受河北经贸大学出版基金资助

出 品 人	徐　晔　马　来	
篆　　刻	路毓贤	
出版统筹	张　萍　何惠昂	

刘光蕡评传　武占江 著

责任编辑	王学群　　装帧设计　泽　海
版式统筹	刘　争
出版发行	西北大学出版社
地　　址	西安市太白北路 229 号　　邮　编　710069
网　　址	http://nwupress.nwu.edu.cn　　E - mail　xdpress@ nwu.edu.cn
电　　话	029-88303593　88302590
经　　销	全国新华书店
印　　装	陕西向阳印务有限公司
开　　本	720 毫米×1020 毫米　1/16
印　　张	25.75
字　　数	408 千字
版　　次	2015 年 1 月第 1 版　2016 年 3 月第 2 次印刷
书　　号	ISBN 978-7-5604-3540-4
定　　价	52.00 元